第六章　魏蜀吴三国鼎立

第七章　内外交困的两晋

第八章　南北朝的对峙

第九章　隋帝国的建立与破灭

第十章　大唐帝国的盛衰

中国历史评鉴录

王式智——著

华龄出版社
HUALING PRESS

图书在版编目（CIP）数据

中国历史评鉴录 / 王式智著 . -- 北京 : 华龄出版社，2021.9

ISBN 978-7-5169-2103-6

Ⅰ. ①中… Ⅱ. ①王… Ⅲ. ①中国历史—研究 Ⅳ. ① K207

中国版本图书馆 CIP 数据核字（2021）第 190410 号

策　　划	崔正山	责任印制	李未圻
责任编辑	魏鸿鸣	装帧设计	广　岛

书　　名	中国历史评鉴录	作　者	王式智
出　　版 发　　行	华龄出版社 HUALING PRESS		
社　　址	北京市东城区安定门外大街甲 57 号	邮　编	100011
发　　行	（010）58122255	传　真	（010）84049572
承　　印	北京天宇万达印刷有限公司		
版　　次	2022 年 4 月第 1 版	印　次	2022 年 4 月第 1 次印刷
规　　格	710mm × 1000mm	开　本	1/16
印　　张	28.25	字　数	350 千字
书　　号	ISBN 978-7-5169-2103-6		
定　　价	88.00 元		

目录

第一章　神话和传说的时代

第二章　夏商周三代的递嬗

第三章　嬴秦帝国的兴亡

第四章　刘邦兴汉与王莽篡位

第五章　光武中兴与曹丕篡汉

第十一章　混乱的五代十国

第十二章　贫弱的大宋帝国

第十三章　横跨欧亚的元帝国

第十四章　大明帝国

第十五章　清帝国的建立与丧亡

第一章

神话和传说的时代

生活在地球上的人类，对于他们的祖先及其赖以生存的世界，都有着美丽的神话和传说。绝大多数的民族都相信天地万物，当然也包括人类，乃是上帝（或神圣）创造出来的。至于他们民族的始祖，希腊人认为是至尊的普罗米修斯所创造。印度人认为是第一尊神苏阿衍菩把自己劈成了一男一女，繁衍而成为众多的人类。在《旧约全书》里，到了第六天，耶和华才用地上的尘土，比照自己的形象造了一个男人；然后又从这个男人的身上，取出一根肋骨，造了一个女人；他们两个在伊甸园里，成了夫妇；他俩的子孙，布满大地。此外，有些民族认为他们的祖先是神（上帝）的选民，有些民族认为他们的祖先是神和人的后裔，有些民族认为他们的祖先是灵兽和人的后裔。世界上各民族有关其祖先原始生活的传说，多瑰丽动人。我们中华民族亦不例外。盘古氏的开辟天地，是神话；三皇五帝的功业，是传说。

第一节　盘古以来的神话

我们中华民族创世的神话，似乎最为奇特。盘古是人，不是上帝，不是神。刘恕说："天地混沌如鸡子，盘古氏生其中。万八千岁，天地开辟。阳清为天，阴浊为地。盘古在其中，一日九变，神于天，圣于地。天日高一丈，地日厚一丈，盘古日长一丈。如此万八千岁，天数极高，地数极深，盘古极长。然则生物始于盘古，天地万物之祖也。其死也，头为五岳，目为日月，脂膏为江海，毛发为草木。"（刘恕《资治通鉴外纪·卷一·庖牺以来纪》）"先儒说盘古，泣为江河，气为风，声为雷，目瞳为电，喜为晴，怒为阴。""秦汉间俗说，盘古头为东岳，腹为中岳，右臂为北岳，左臂为南岳，足为西岳。""吴楚间说，盘古夫妻，阴阳之始也。"

天地混沌如鸡子，混沌指的是什么呢？皇甫谧的《帝王世纪》解释说："昔者天地未分，谓之太易。元气始萌，谓之太初。气形始端，谓之太始。形变有质，谓之太素。质形已具，谓之太极，亦曰混沌。"这解释，读起来难免有太微妙太精细的感觉，拿太极来说明混沌，对于后学者也不会有多大的帮助。我们只能说混沌即是太极，乃是天地未开辟前的原始的结构。因为盘古氏生长在这个结构的中间，所以它的形状如同鸡子（蛋）一样。

因为盘古氏生在混沌的中间，一日九变，神于天，圣于地。盘古氏是主动的、积极的。天的日高一丈，地的日厚一丈，虽然不一定受到盘古氏的制约和影响，盘古氏至少是和天地同时存在同时生长的。

刘恕是宋朝京兆人，去古已远，其说不经。开头只说盘古，后来又说盘古夫妻，盘古的妻子从哪里来？盘古的头和四肢怎样会变成五岳？目、脂膏、毛发怎样会变成日月、江海、草木？盘古的泣、气、声、瞳、喜、怒怎样会变成江河、风、雷、电、晴、阴？盘古、天、地三者的结构关系果真如同鸡子吗？这在今人看来，都是难以理喻和自圆其说的。如果我们把它当作中华民族创世的神话，却是弥足珍贵的。因为：第一，它说明盘古氏是人，不是神，不是上帝。这个人和天地同时存在，同时成长。第二，它说明盘古氏的身体发肤，呼吸喜怒，变成了宇宙间的万物，生物始于盘古。第三，它说明盘古、天、地三者，都是先万物而存在，是万物的创造者。第四，它说明盘古夫妻乃是我们中华民族亦即全人类的始祖。

刘安于《淮南子》中说："昔者共工与颛顼争为帝，怒而触不周之山，天柱折，地维绝。天倾西北，故日月星辰移焉""于是女娲炼五色石以补苍天"。刘恕又说："庖牺氏没，女娲氏代立，号女帝，是为女皇。元年辛未，风姓。蛇身人首。作笙簧，张云幕而枚占神明。往古之时，四极严，九州裂，天不兼覆，地不周载，火爁炎而不灭，水汪洋而不息。猛兽食精民，鸷鸟攫老弱，于是女娲氏炼五色石以补苍天，断鳌足以立四极，杀黑龙以济冀川，积芦灰以止淫水。天不足西北，故日月移焉；地不足东南，故百川注焉。苍天补，四极正，淫水涸，冀川平，蛟虫死，颛民生，承庖牺制度，无所革造，在位一百三十年。"（刘恕《资治通鉴外纪·卷一·庖牺以来纪》）女娲氏是女皇，身体像蛇一样的灵活，她的炼石补天，乃是继盘古开辟天地以后最动人的神话。第一，它给盘古氏的开辟天地加上一层神奇的附丽。天地虽然开辟了，难免不完整，欠周全，偶然或被鲁莽而暴烈的人物所破坏，所以九州裂，火爁炎，水汪洋。怎么办呢？总要有一个神样的伟大人物来解救，于是出现了蛇身人首的女皇女娲氏，炼五色石，断鳌足，杀黑龙，积芦灰来补救。第二，它给初民时代的滔滔洪水和高涨热焰做了一个玄秘的说明。上古的洪水为患乃是极为普遍的，古籍的记载多有可考。上古的山林燃烧、火山爆发和地壳破裂，也是间常出现的。第三，它给中国的地理形势，即西北高、东南低做出瑰丽玄妙的解释。西北多山，宜于仰望日月的光华。东南多水，造就景色秀丽的原野。第四，它说明冀川，亦即河北一带乃是中华民族较早定居的地方。

皇甫谧的《帝王世纪》也说："伏羲氏蛇身人首，神农氏人身牛首。"世界上当然不可能有这两种人。伏羲氏蛇身人首，象征着他的身体如蛇一样的灵活，能够潜匿于森林之中，猎食禽兔，游泳于河川之中，捕捉鱼鳖，过着渔猎的生活。神农氏人身牛首，象征着他的面貌像牛一样，能够生存于草原地区，嚼食蒭草，吞吃谷物，过着农耕的生活。蛇身人首和人身牛首的神话帮助我们了解初民的两种不同的生活。

许慎《五经正义》说："圣人皆无父，感天而生。"中国古籍的记载，确是如此。如华胥履大人之迹而生伏羲，安登感神龙之首而生神农，附宝见电光绕斗而生黄帝，女节感流星而生少昊，女枢感虹光而生颛顼，庆都感赤龙而生尧，女嬉吞薏苡而生禹。自有人类以来，没有男人，女子是不可能生出儿女的。无父感天而生的神话，一方面说明在婚姻制度没有建立以前，儿女只有知道母亲为谁氏，不能知道父亲为谁氏。另一方面则是后人欲推尊祖先，因而神化其祖先以示有别于常人而已！

中国的四裔民族，亦有类似无父感生的神话，如盘瓠蛮族的祖先为犬，高车突厥的祖先为狼，九陉蛮的祖先感浮木而生。大概人类各种族的进化，都经过母系社会的阶段，其时亲属杂交，子女只知有母，不知有父，后人为要推尊其始祖，遂造作臆断，谓为天神、灵兽或秀木所托化了。

民族的神话，源诸初民对于其种族所由来的一种丰富的想象力。中华民族创世的神话，认为我们的始祖盘古氏和天地共始生，成万物，并没有假借上帝、天神、灵兽、秀木，用来附会渲染。在全世界的创世神话中别具一格。

第二节　三皇五帝的传说

三皇五帝的传说，起于两千二百年前秦王嬴政的议尊号。嬴政兼并了六国，认为秦王这个称号，和周王、燕王、赵王、齐王、魏王、韩王、楚王没有什么差别，不足以称成功，并传后世，乃于二十六年召集丞相、御史、廷尉议尊号。其时的丞相王绾、御史冯劫、廷尉李斯，经过一番研讨，会同奏称："昔者五帝地方千里，其外侯服甸服，诸侯或朝或否，天子不能制。今陛下兴义师，诛残贼，平定天下，海内为郡县，法令由一统，自上古以来未尝有，五帝所不及。臣等谨与博士议曰：古有天皇、有地皇、有泰皇，泰皇最贵。臣等昧死上尊号，王为泰皇……"（司马迁《史记·卷六·秦始皇帝本纪》）因为王绾、冯劫、李斯三人于廷议中提到五帝和三皇，足证当时已有三皇五帝的传说。时代越往后，后人对于这个传说，附丽也越多。

西汉的司马迁作《史记》，始于《五帝本纪》，对三皇没有记载。唐朝的司马贞作《补史记三皇本纪》。宋朝的刘恕作《资治通鉴外纪》，于盘古氏之后，叙述天皇氏、地皇氏、人皇氏、有巢氏、燧人氏、庖牺氏、女娲氏、神农氏，使得三皇到底是谁，更增疑云。

和三皇一样，五帝到底是谁，亦有不同的说法。孔子删书，断自唐虞。孔子为什么不记述尧舜以前的事情？有人认为唐虞以前是传说的时代，孔子不能引传说为信史。有人认为在孔子的时代，也许根本没有三皇五帝的传说。《易经·系辞下》说："古者庖牺氏之王天下也。庖牺氏没，神农氏作。神农氏没，黄帝尧舜氏作。"有人因此认定庖牺、神农、黄帝、尧、舜为五帝。但是，在孔子的记述中，既没有正面道及五帝，我们自不宜据此而附会臆说。

管子说："明一者皇，察道者帝，通德者王，谋得兵胜者霸。"（管子《兵法篇》）管仲生当孔子之前，管子这本书，大部分都是后来的好事者加上去的，所以连管仲死后的事情，也有记述。不过，上引这十八个字如果不是管仲本人所说的话，至少亦足以代表周秦或秦汉期间部分学者对于皇、帝、王、霸的看法。大概当时的学者，对于古代的统治者，有一个口耳流传的分类，认为能够发明或创新一种事物，改善人民的生活，便可称为皇；认为能够洞察或明白事物的道理，领导人民进步的，便可称为帝；认为能够道通仁义，以德服人者，便可称为王；认为能够谋得兵胜，以力服人者，便可称为霸。

刘恕对于天皇、地皇、人皇的记述，简略而暧昧。"天皇氏、天地初立，元气肇始。岁起摄提，有神人一身十一头，号曰天皇。或云一姓十二人，被困在西北柱州昆仑山下，治一万八千岁。天皇之先，乾曜合元，天地成位，君臣道生。君有五期，辅有三名。君之用事五行，王亦有五期。辅有三名，公卿大夫也。”（刘恕《资治通鉴外纪·卷一·庖牺以来纪》）“地皇氏代天王，一姓十一头，兴于熊氏龙门山，定星辰，分昼夜，以三十日为月，十一月为冬至，治一千年，或云八千年，或云一万一千年”；“人皇氏代地皇，九头，兄弟九人，生于刑马山，出于堤地之口，依土地山川形势，裁度为九州，谓之九国，各居其一，而为之长。人皇居中州以制八辅，驾六羽，乘云车，使风雨。兄弟各三百岁，或云各一百岁，一百五十二代，合四万五千六百年，谓之九头纪”；“一云天皇、地皇、人皇，兄弟九人，分长天下”。其记天皇，君之用事五行，王亦有五期，以公卿大夫为三辅，不过说明当时已有众人之事，必须建官分职去处理而已。其记地皇，定星辰、昼夜、月日、冬至，不过说明当时已能制作历算，以记时间日期而已。其记人皇，依山川，分九州，不过说明当时已经区划疆界，以便辖地分治而已。至于驾六羽，乘云车，使风雨，乃是描述出巡的神话。而所记的年岁，复作不肯定的语意，足见秉笔之际，连他本人也是不大采信的。刘恕所编织的天皇、地皇和人皇，显然还不能满足后人好奇求知的心理。

如果我们以燧人、伏羲、神农为三皇，似乎更合乎初民生活进化的历程。

“上古之世……民食果瓜蚌蛤，腥臊恶臭，而伤害肠胃，民多病疾。有圣人作，上观星象，下察五木，钻燧取火，炮生为熟，养人利性，避臭去恶，以化腥臊，而民说之，使王天下，号曰燧人氏。”（谯周《古史考》）这就是说，燧人氏代表火的发明。由于火的发明，化腥臊，去臭恶，减少病害，改善了人民大众的生活，燧人氏遂被当时的人民推举为天下的领袖。

“大皞庖牺氏，风姓，代燧人氏继天而王。母曰华胥，履大人迹于雷泽而生庖牺于成纪。蛇身人首，有圣德。仰则观象于天，俯则观法于地，旁观鸟兽之文与地之宜，近取诸身，远取诸物，始画八卦，以通神明之德，以类万物之情。造书契，以代结绳之政。于是始制嫁娶，以俪皮为礼。结网罟以教佃渔，故曰宓牺氏。养牺牲以充庖厨，故曰庖牺氏。”（司马贞《三皇本纪》）这就是说，伏羲氏代表八卦（符号）、书契（文字）、嫁娶（婚姻）、网罟（渔猎）、牺牲（牧畜）的五大发明，改善了当时人民的生活。当时最使人民感激其恩德的，可能还是结网打鱼的渔猎和养殖牺牲的牧畜。当然，依从人类社会进化的观点，替代结绳的文字发明，以俪皮为礼的婚姻制度，也是两件极为重大的事情。

“神农氏，姜姓。长于姜水，以火承木，故曰炎帝。古者民茹草饮水，采树木之实，食蠃蚌之肉，多疾病毒伤之害。神农以为人民众多，禽兽难以久养，乃求可食之物，相土地燥湿、肥硗、高下，因天之时，分地之利，教民播种五谷。作陶冶斤斧，为耒耜锄锣，以垦草莽，然后五谷兴，以助果蓏实而食之。又尝百草酸咸之味，察水泉之甘苦，令民知所避就。当此之时，一日而遇七十毒。神而化之，使民宜之，天下号曰神农。”（刘恕《资治通鉴外纪·卷一·庖牺以来纪》）这就是说，神农氏代表耕稼和医药的发明。这两大发明使得古代的人民进入农耕的生活，减轻疾病的苦楚，贡献是非常巨大的。

三皇是三位伟大的发明家，一位发明取火，一位发明牧畜，一位发明农耕。他们都将发明公开出来，教导人民，改善了人民的生活。他们也获得了人民的拥戴，很自然的，被推举为人民的领袖。当时的人民还发自尊敬和钦佩的心情，即以他们所发明的，来称呼他们和他们的后人。

孔安国的《尚书序》，皇甫谧的《帝王世纪》，都以伏羲、神农、黄帝为三皇，而以玄嚣（少皞）、颛顼、帝喾、尧、舜为五帝。司马迁的《五帝本纪》，指的是黄帝、颛顼、帝喾、帝尧、帝舜。相传黄帝都于涿鹿（今河北省涿鹿县），颛顼都于帝邱（今河南省濮阳县），帝喾都于亳（今河南省偃师县），帝尧都于平阳（今山西省临汾县），帝舜都于蒲阪（今山西省永济市），而且都是一家人。

“黄帝者，少典之子，姓公孙，名轩辕。生而神灵，弱而能言，幼而徇齐，长而敦敏，成而聪明。轩辕之时，神农氏世衰，诸侯相侵伐，暴虐百姓，而神农氏弗能征。于是轩辕乃习用干戈，目征不享，诸侯咸来宾从。而蚩尤最为暴，莫能伐。炎帝欲侵凌诸侯，诸侯咸归轩辕。轩辕乃修德振兵，治五气，艺五种，抚万民，度四方，教熊罴貔貅貙虎，以与炎帝战于阪泉（今河北省怀来县）之野，三战而后得其志。蚩尤作乱，不用帝命，于是轩辕乃征师诸侯，与蚩尤战于涿鹿之野，遂禽杀蚩尤。而诸侯咸尊轩辕为天子，代神农氏，是为黄帝。”（司马迁《史记·卷一·五帝本纪》）“黄帝邑于涿鹿之阿，迁徙往来无常处，以师兵为营卫。”“黄帝举风后、力牧、常先、大鸿以治民。……时播百谷草木，淳化鸟兽虫蛾，旁罗月日星辰土石金玉，劳动心力耳目，节用水火财物，有土德之瑞，故号黄帝。”以上所引，说明：第一，当神农氏的后人没有力量用来抑制诸侯的侵暴，轩辕氏乘势崛起，习用干戈来征伐不听命的诸侯。第二，轩辕氏后来打败了炎帝，擒杀了蚩尤，遂取代神农氏，被诸侯推举为部落的共主（帝、天子）。第三，当时的诸侯（部落主）对天子（共主、帝）还没有养成绝对服从的习性，各地叛服无常，黄帝虽然邑于涿鹿之阿，仍须不时前往各地征伐，所以迁徙往来无常处，以师兵为营卫。第四，黄帝知人善任，以风后、力牧、常先、大鸿为主要的助手，帮同治理百姓，人民安居乐业。第五，黄帝特别留意地力与资源的开发，教导人民种植五谷和桑树，使人人都有饭吃，都有衣穿；并且还要人民劳动心力耳目，节用水火财物，养成勤劳节约的风气。他的德化，甚至泽及鸟兽虫蛾，金石水土。黄帝是一个多才多艺的贤能领导者，是无可置疑的。

“帝颛顼高阳者，黄帝之孙而昌意之子也。静渊以有谋，疏通而知事，养材以任地，载时以象天，依鬼神以制义，治气以教化，絜诚以祭祀。北至于幽陵，南至于交阯，西至于流沙，东至于蟠木。动静之物，小大之神，月日所照，莫不砥砺。”（司马迁《史记·卷一·五帝本纪》）这就是说，第一，颛顼是一个深谋远虑、通达事理、留心天时地利、讲求教化和敬重祭祀的人，他能够继承父祖的遗业。第二，由于颛顼的谨慎治理，北至幽陵，南至越南，东至海，西至居延，都推尊他为部落的共主（帝、天子）。从颛顼的治绩来说，他有资格被称为贤能的领导者。

“帝喾高辛氏者，黄帝之曾孙也。……高辛生而精灵，自言其名。普施利物，不于其身。聪以知远，明以察微。顺天之义，知民之急。仁而威，惠而信，修身而天下服。取地之财而节用之……明鬼神而敬事之。其色郁郁，其德嶷嶷，其动也时，其服也士。帝喾既执中而徧天下，月日所照，风雨所至，莫不从服。”（司马迁《史记·卷一·五帝本纪》）帝喾是一个才德俱优、节用爱民、敬事鬼神、处事中和的领导者，所以月日所照、风雨所到的地方，人民都听命服从于他。

“帝尧者，放勋，其仁如天，其知如神，就之如日，望之如云，富而不骄，贵而不舒。黄收纯衣，彤车乘白马，能明驯德，以亲九族，九族既睦，便章百姓，百姓昭明，合和万国。”（司马迁《史记·卷一·五帝本纪》）“尧又曰：‘嗟！四岳，汤汤洪水滔天，浩浩怀山襄陵，下民其忧，有能使治者？’皆曰鲧可。尧曰：‘鲧负命毁族，不可。’岳曰：‘异哉！试不可用而已。’尧于是听岳用鲧，九载而功用不成。”“于是尧妻之（舜）二女，观其德于二女，舜饬下二女于妫汭，如妇礼，尧善之。乃使舜慎和五典，五典能从。遍入百官，百官时序。宾于四门，四门穆穆，诸侯远方宾客皆敬。尧使舜入山林川泽，暴风雷雨，舜行不迷。尧以为圣，召舜曰：‘汝谋事至而言可绩，三年矣，汝登帝位。’”以上所引说明：第一，尧的治理人民，仁爱、勤劳、俭仆、节用，由亲而疏，由近而远，做到了合和万国的境界。第二，尧知道鲧不能治理当时的滔滔洪水，因为四岳的力保，不得已而用鲧。鲧治水九年，未能成功。第三，尧听说舜贤能，先妻以二女，观察其处理家庭的表现。再试以吏事，考验其历事教育、内政、外交和财经的才能，都着成绩，然后传以帝位。在中国历史上，尧是最为后世所称道的天子。

“虞舜者，名曰重华。舜父瞽叟盲，舜母死，瞽叟更娶妻而生象。象傲，瞽叟爱后妻子，常欲杀舜，舜逃避。及有小过，则受罪。顺事父及后母与弟，日以笃谨，匪有懈。”（司马迁《史记·卷一·五帝本纪》）“舜耕历山，历山之人皆让畔。渔雷泽，雷泽之人皆让居。陶河滨，河滨器皆不苦窳。一年而所居成聚，二年成邑，三年成都。”“舜举八恺，使主后土，以揆百事，莫不时序。举八元，使布五教于四方，父义、母慈、兄友、弟恭、子孝，内平外成。……舜宾于四门，乃流四凶族（混沌、穷奇、梼杌、饕餮），投诸四裔，以御螭魅。”“皋陶为大理，平，民各伏得其实。伯夷主礼，上下咸让。垂主工师，百工致功。益主虞，山泽辟。弃主稷，百谷时茂。契主司徒，百姓亲和。龙主宾客，远人至。十二牧行而九州莫敢辟违。唯禹之功为大，披九山，通九泽，决九河，定九州，各以其职来贡，不失厥宜。方五千里，至于荒服。”以上所引，说明：第一，舜是出名的孝子，又能够处人，是天生的领袖人才。第二，舜用八恺主后土，百事以兴。舜用八元布五教，百姓亲和。舜流放混沌、梼杌、穷奇、饕餮四凶族，四方向化。第三，舜任命皋陶、伯夷、垂、益、弃、契、龙及十二牧，均有卓越的成就；而禹治洪水，定九州，修职贡，厥功尤伟。在中国历史上，舜是和尧并称的圣明天子。

五帝是五位贤能的领导者。由于他们的洞察事理，英明领导，人民得到安定和平的生活。他们之中，每一位都曾替广大的百姓服务，每一位都在中国历史的演进中做过贡献。

第三节　原始国家的形成及其与边疆民族的交往

孔子说："饮食男女，人之大欲存焉。"人类因为食色这两种冲动的作用，便组织了家庭，创造了社会，建立了国家，促使全体人民共谋生活的安定和进步。

太古的时代，地广人稀，果实多，禽兽亦多。在人与兽争的期间，人众不多，食物的获得，并不怎样困难。男女的交配，不媒不聘，极其自然。等到人众繁衍，生口增多，广大的土地上到处都有人类的足迹，禽兽也就渐渐减少了。这时候，人类因着维持共同生存的需要，相聚为部（村）落，形成氏族。人与人之间的接触，远比初民时代复杂。共同聚居于一个部（村）落的人民，自然需要守望相助。

自伏羲氏以俪皮为礼，始制嫁娶，有了婚姻制度以后，家庭的组织出现了，而且一直就成为社会稳定、国家安宁的最重要因素。后来，更由于母系社会而进入父系社会，各部落实行族外婚制，同一氏族的男女，不能通婚。某一个氏族的男子，必须向另一个氏族求娶女子，才能婚配。这使得人与人之间，氏族与氏族之间，由于血缘的混合，行动的交往，接触增多，关系愈加复杂。

人类最初食物的取得是随环境而异的。居住森林地区的人，以猎取野兽为生。居住草原地区的人，以采取植物为生。后来人口增多，居住森林地带的人，将猎取到的野兽饲养起来，进而一群一群地放牧，而变为游牧民族。居住草原地带的人，将采集而来的植物栽培起来，进而一片一片地耕种，而变为农耕民族。

黄帝轩辕氏，又称有熊氏，是北方的游牧民族。先战胜炎帝，再战胜蚩尤，以游牧民族来统治农耕民族。这两种不同生活方式的民族，住在同一地区，时日既久，渐渐地过着以农业为主的生活。后来不但言语相同，习俗相同，信仰相同，更因为彼此通婚而发生同一的血统，铸成了炎黄一家的中华民族的最早世系。两大氏族的和平共存，以及由和平共存而发生的新事物，如领土的扩大、人口的增多、环境的变换、生计的营求，便创造了许多新文化。相传黄帝“设官分职，划野分州，经土设井，以塞争端”“立步制亩，以防不足”“命曦和占日，常仪占月，臾区占星气，伶伦造律吕，大挠作甲子，隶首作术数，容成著《调历》”“伯余作衣裳，胡曹作冕，于则作履，伯益作井，雍父作杵臼，巧垂作舟，奚仲作明堂宫室之制，赤将作木正，宁封作陶正，共鼓仪获制舟楫”“仓颉作文字，史皇作图”“挥作弓，夷作矢，掘奇作阵法”“岐伯作内经，雷公究脉息，俞跗擅解剖，巫彭处方饵”“范金为货，制金刀，立五币”。从黄帝时代的制作发明看来，实在具备了原始国家的规模，使得后世的中国人，都自称是黄帝的子孙。

自神农氏教民耕稼，中原地区的人民最先进入农耕的生活。黄河流域的沿岸，散布着固定的部落（氏族），通沟渠，修水利。黄帝轩辕氏进入中原后，因为农耕能够供应更充足较可靠的食物，北方的游牧民族，自然需要与土著的农耕民族相结合。自黄帝以至于帝舜，莫不教授农时，力田耕嫁，以裕民食。他的元妃嫘祖，更教导当时的女性种桑、养蚕、缫丝。以农业为中心的其他有益于人类生活的新事物、新文化，也随着全面发扬起来。但居住于边远地区的人民，或因为土壤气候的不宜耕种，或因为不肯放弃骑射的游牧生活，他们的生活方式，自然要和中原地区不同。这些居住于边疆地区的游牧民族，猛勇强悍，习于骑射，居处无定，遇到水草贫乏或寒冷异常的季节，很自然地要对农耕民族发出新奇的好感，羡慕其丰足的生活。在求生与掠夺欲念支配之下，还可能聚众入侵中原，劫夺粮食、衣服、财物，甚至妇女和儿童。

皇与帝，都是远古时代的君长。所谓皇，时代较早，是某一个部落中自然产生的领袖。纵使他也为其他部落所尊重，乃是属于自发性的，并没有加上强制的约束的力量。至于帝，时代较迟，乃是各部落公推出来的共主或盟长，亦即原始国家的君主，对内担负有会盟、平讼、祭祀、伐叛和巡狩的责任，借以维持部落间的和平，确保人民生活的安定和丰足。对外他还要和边疆地区的游牧民族打交道，毋相侵暴，确保中国和边疆民族的和平。“黄帝北逐荤粥，会诸侯于釜山”，说明了天下的共主，有责任领导国内的各个部族，一起赶走入侵的部族。

自黄帝至尧舜，四百年间，《竹书纪年》有颇多与边疆民族交往的记载：

“黄帝五十九年，贯胸氏来宾，长股氏来宾。”

“颛顼七十八年，术器作乱，辛侯灭之。”

“帝喾十六年，使重帅师灭有郐。”

“帝尧十六年，渠搜氏来宾。”

“帝尧二十九年，僬侥氏来朝，贡没羽。”

“帝尧七十六年，司空禹伐曹魏之戎克之。”

“帝舜十五年，帝命夏后有事于太室。”

“帝舜二十五年，息慎氏来朝，贡弓矢。”

“帝舜三十五年，帝命夏后征有苗，有苗氏来朝。”

“帝舜四十二年，元都氏来朝，贡宝玉。”

上引各事，有用宾字，有用朝字，有用贡字，有用灭字，有用伐字，有用事字，有用征字。贯胸氏、长股氏、渠搜氏、僬侥氏、息慎氏、有苗氏、元都氏、术器、有郐、太室、曹魏之戎，都是边疆地区的部落（氏族），足证五帝和边疆民族的交往，已经有着多种不同的关系。

第四节　禅让政治

黄帝开始称帝，帝颛顼、帝喾、帝尧、帝舜，都是黄帝的子孙。

帝尧知道嗣子丹朱的不肖，不足以授天下，于是将帝位传舜。帝舜子商均亦不肖，舜乃预荐禹于天，舜崩三年，禹践天子位。帝尧和帝舜本其天下为公的胸襟，传贤而不传子，天下后世的人都在赞美他们，称颂为禅让政治。

中国历史发展到五帝的时代，管理众人之事的政治已经相当复杂。作为一个天下的共主，有许多的工作必须处理。田地的耕稼、五教的普施、历算的订颁、祭典的举行、寇贼奸宄的防治、山林川泽的掌管、各州贡赋的征集、边疆民族的交往，都需要物色有才能的人物，帮同主持。特别是部落与部落间发生冲突，或是某一个诸侯起来叛乱的时候，更有待共主的排解或弭平。凡此种种，从事务的性质来说，都是加诸共主的艰巨的职责。从行为的表现来说，则是共主所特有的极大的权力。共主能够以命令动员普天下的人力和财物，从事其决定要做的工作，所以羡慕权力的人，都称说当共主的富有天下。帝尧和帝舜肯将富有天下的权位，不传给自己的儿子，而禅让当时的贤能，当然是一种极为崇高的道德行为。他们二人得到天下后世的赞颂，可说是实至名归。自古以来的中国知识分子，深刻了解家天下政治的祸害，对于传说中尧舜的禅让政治，都表示由衷的称颂。

在中国历史中，是不是只有尧舜实施禅让政治？刘恕《资治通鉴外纪》："昌意子颛顼，十年而佐少皞，十二而冠。颛顼二十登帝位。""少皞孙峤极之子曰喾，生而神贤，自言其名，年十五，佐颛顼。帝喾三十登帝位。"如果刘恕所说有其可靠性，则少皞和颛顼早就舍亲子而传位给贤能的侄子了。刘恕又说："帝挚，在位九年，不善崩。或云荒淫无法度，不修善政，见废。""帝尧，帝喾之子。年十五，长十尺，佐兄挚，受封唐侯。……常梦攀天而上之，年二十而登帝位。"颛顼、帝喾和帝尧都是先充当一段时期的佐理政事，然后登上帝位的。

司马迁说："尧曰：'嗟！四岳：朕在位七十载，汝能庸命践朕位？'岳应曰：'鄙德忝帝位。'尧曰：'悉举贵戚及疏远隐匿者。'众皆言于尧曰：'有矜在民间者曰虞舜。'尧曰：'然！朕闻之，其如何？'岳曰：'盲者子，父顽，母嚚，弟傲，能和以孝，烝烝治，不至奸。'尧曰：'吾其试哉。'"（司马迁《史记·卷一·五帝本纪》）"舜谓四岳曰：'有能奋庸美尧之事者，使居官相事。’皆曰：‘伯禹为司空，可美帝功。’舜曰：‘嗟，然！禹，汝平水土，维是勉哉。’”如此说来，舜和禹都是经过四岳（元老重臣）的推荐，先被任命为佐理政事，而后登上帝位的。

司马迁又说：“尧崩，三年之丧毕，舜避让丹朱于南河之南，诸侯朝觐者不之丹朱而之舜，狱讼者不之丹朱而之舜，讴歌者不讴歌丹朱而讴歌舜。舜曰：‘天也夫。’而后至中国，践天子位焉，是谓帝舜。”（司马迁《史记·卷一·五帝本纪》）“舜子商均亦不肖，舜乃豫荐禹于天，十七年而崩，三年丧毕，禹亦让舜子如舜让尧子，诸侯归之，然后禹践天子位。”是则舜和禹不仅经过四岳的荐举，做过佐理政事，而且于帝尧和帝舜死后，还避让一段时间，因为得到诸侯和人民的归心，然后不得不登上帝位的。

“禹崩，以天下授益。三年之丧毕，益让帝禹之子启，而辟居箕山之阳。禹子启贤，而天下属意焉。及禹崩，虽授益，益之佐禹日浅，天下未洽，故诸侯皆去益而朝启，曰：‘吾君帝禹之子也。’于是启遂即天子之位，是于夏后帝启。”（司马迁《史记·卷二·夏本纪》）“有扈氏不服，启伐之。”“有扈夏同姓，或云启之庶兄，以尧舜传贤，禹独与子，故伐启。”从有扈氏的表示反对，不惜以兵戈相见，足证当时确实存在着公天下的禅让政治。

被传为千古美谈的禅让政治，似乎并非自唐虞时候开始。禅让的方式，也并不是很草率的。三皇时代，无可查考。到五帝时代，可能已经成为一种相沿成习的帝位继承制度。当在位的统治者（帝、共主）年老时，可以商请四岳（元老重臣）推荐一位贤能的青年，或杰出的人才，作为佐理政事，考验他有没有领导的才能和服务的品德；当年老的统治者亡故，三年丧毕，再经过诸侯和民意的选择，然后践位为新任的统治者（帝、共主）。

第五节　地下材料的发现

人类已经进步到科学的时代。在人类理性充分觉醒的今天，我们对于开辟天地、炼石补天一类的神话，只能说是借此来欣赏老祖宗们别开生面的想象力。对于三皇五帝的传说，很自然的，我们会持着怀疑的态度，没有人敢于肯定其为真人真事。但是，自一九一二年以来，中外的人类学家、地质学家和考古学家却在我国的地下，发掘出很多的资料，证明三皇五帝的传说，大致是正确的。

一九二六年十月，当时的北平学术界举行了一个盛大的学术讲演会。瑞典的地质学家安德生博士在会中讲演，结论是："在中国境内确有原始人类的遗留，这地点在离北平不远的周口店。"（该次学术讲演会原为欢迎来华访问的瑞典皇太子安德生博士的讲演，主要在证明二十多年以前德国舒罗塞教授对于龙骨的研究结论。）这报告震惊了当时在场的听众，也引起全世界学术界的兴趣和重视。稍后，在美国罗氏基金会的支持下，包括英、美、法、德、奥、加、瑞典以及我国地质学家在内的周口店发掘工作开始了。我国的丁文江博士领导着这个组织，主持室内研究的是加拿大的步达生博士，指挥发掘工作的是瑞典的卜林博士。到了一九二七年十月，卜林博士在龙骨山向谷的一面，寻到了一颗完整的臼齿，镶在露地的头骨上。步达生致力于这颗臼齿的研究，确定它是一个大约八岁孩子的第一臼齿，是古人类学上的一个新种。步达生博士推断这是五十万年以前的人类，并且命名为"中国北京人”。次年的春天，周口店又掘出一个成人下颚的右半，与三颗牙齿连在一起；还有一个孩子的下颚部分，和几块碎骨片。一九二九年的十二月，在第二洞发现了一个完整的头骨，一部分掩盖着松沙，另一部分夹在硬土中。由于这一个完整头骨的发现，对于“中国北京人”的许多推测，提供了充足的证据。消息传播到全世界，五十万年以前人类的老祖宗北京人复活了。魏登瑞博士说：“中国猿人（北京人）虽为原始性，但绝对属于真的人类。”“北京人是人，与大猩猩不同。”

在龙骨山的洞穴里，与“北京人”同时出土的，有大量的兽骨、火灰、余烬和木炭，也有植物的种子和果核，还有石器和骨器。这些东西，和“北京人”同一地质，同一时代，代表着“北京人”的文化。用这些东西，可以描绘出一幅“北京人”生活的图画。

李济博士曾经就“北京人”的生活状况，加以推断。他说：“猿人出土的兽骨，百分之七十是鹿骨，其他是豹、穴熊、剑齿虎、土狼、象、水牛、野猪、马等类。‘北京人’似乎能用投远的武器，像木造的标枪来狩猎；因为这些兽类有的是猛兽，有的能够疾走，没有投远的武器，是不能单凭赤手空拳所可猎取的。洞穴里的木炭、火灰、余烬和烧过的兽骨，可以证明北京人会烤肉了。可以想象得到，在北京人以前，已经发明了火。如果中国真有燧人氏的话，那也一定在北京人之前。猿人洞发现了植物的种子，说明了北京人并不是只会食肉。那些古植物的种子，是榆科、朴树属，与它相同的现代的种类，生长在北美洲和亚洲北部，是一种矮小的灌木。最足以证明北京人文化发展阶段的，应该是遗留下来的大量石器。这些一石器，可分为中锋砍器、偏锋砍器、石片器和石核器四大类。”（李济《北京人的体质与生活》）

在洞穴的最里层，有一个高出的土台，北京人用鹅卵石把死者的头骨围起来，台前还供了许多兽角，便是最原始的礼器。这说明了五十万年以前的北京人，便已存在着拜祖的观念。

北京人是人类最古老的祖先，有语言，会打猎，能用火，知道敬拜祖先，能够创造工具，有他们的文化生活。面目如绘，生活如绘。

一九二三年夏，法国神父德日进、桑志华等人在宁夏的水东沟、绥远鄂尔多斯东南的萨拉乌苏沟和陕西榆林南的油枋头发现大量的石器，其中有穿孔用的尖锐器及刮磨器。随同石器而发现的哺乳类化石，有犀、象、马、骆驼、野牛、水鹿、羚羊、鬣狗，可以确定为旧石器时代的器物。以所在地层推断，约在四五万年以前。其时的人类应该过着渔猎的生活。他们有着简单的技术，能够利用兽骨和石块，制作器物。

一九三三年，为着穷追北京人的遗迹，扩大了周口店的发掘工作。无意中在北京人所在的山顶发现一洞，从洞内得到人类化石七件，体骨数十，石器、骨器以及动物化石甚多。依据专家的推测，这洞中的七具人类化石，可能是一个家庭。有一个约六十岁的该是丈夫，另一具四十岁左右的该是妻子，其余可能是这个家庭的分子。依出土的石珠和有孔的兽齿，山顶洞人已经懂得装饰。由发掘到的尖头器和有孔小砾石，山顶洞人已经懂得钻孔和缝制。由海蚶和厚壳蚌的发现，可知山顶洞人更有走远路的能力。另有权仗和厚葬死者的宗教，礼的观念有着进一步的发展。山顶洞人生存的时代，距今约在一万五千年以前。

一九二三至一九二四年间，安德生博士在辽宁锦西县的沙锅屯、河南渑池县的仰韶村、甘肃齐家坪、马厂沿、辛店、寺洼村、朱家寨、沙井村六处，以及山西夏县的西阴村，从事发掘，获得很多的石器，如石刀、石斧、石杵、石镞、石瑗、石环、石珠、石纽、石圆板，很多的陶器，如罐、碗、鬲，有单色的，有彩色的；很多的骨器，如骨针、骨锥、小锥针、凿刀；很多的兽骨人骨以及极似蚕茧的东西。遗址中还发现了方形和圆形的房屋基址，正式的宗庙似已出现。东起河南，西到甘青，整个的黄河流域，都有彩陶的遗物，故称彩陶文化，其中尤以仰韶村最为丰富，亦称仰韶文化。安德生博士认为仰韶文化的年代，约在公元前三千年，相当于黄帝到夏朝。其时的人民，已有相当发达的农业，能够编织衣裳，有村落，知道畜牧，会制作陶器，也有一些铜制的器物。他们已由渔猎的生活，进步到牧畜和农耕。

一九三〇至一九三一年间，梁思永在山东历城县的城子崖龙山镇、河南安阳县的后冈，发掘了很多石器和陶器遗物。陶器黑色而光亮，乃是新石器时代晚期的东西。陶器多用海滨的黑土，质地极细，薄如蛋壳，上面有云雷纹、树叶纹，称黑陶文化，亦称龙山文化。已出土的黑陶有碗、杯、盆、盘、鼎、罐，相伴出土的石器为石斧、石凿、石铲、石镞，骨器有锥、簪、针、梭、笄、卜骨，散布在河南、山东及辽东半岛，代表中国沿海一带的东方文化。龙山文化的年代，约在公元前二千年。

一九二八至一九三七年间，中国的考古学家在河南安阳小屯殷墟发掘出很多的甲骨。殷墟甲骨是商朝的遗物，甲骨上多有祭祀和卜卦的记载。经过专家的研究，甲骨上所记的内容，多与商朝的历史和传说相符合。

在沙锅屯、仰韶村、城子崖和甘肃、青海各地所掘出的人骨，证明和现代华北人的骨骸，同属一系。从北京人和山顶洞人的发现、仰韶的彩陶、龙山的黑陶、殷墟的甲骨以及各地出土的遗物，经研究表明，当时我们的祖先已经组织家庭，知道用火、造屋、牧畜、农耕、养蚕，制造石器、骨器、陶器、铜器和进行交易。这与故老相沿的神话和传说，差不多完全符合。

第六节　评鉴

一、世界上每一个民族都有其创世的神话。一般地说，各民族信奉的上帝虽不一致，却都将创造天地、万物和人类的伟大业绩，归功于上帝或神圣。只有我们中国人说："然则生物始于盘古，天地万物之祖也。"这一种不假借上帝或神圣来创造世界及人类，及以人类与天地共始生、成万物的神话，和我们历史文化中充满天人合一的思想，照耀民本主义的光辉，有其密切的共同的根源。

二、有盘古氏的开天辟地，就有女娲氏的炼石补天，隽永生动，发人深思。所谓蛇身，乃是说明有像蛇一样灵活的身手。女娲氏生当"四极严，九州裂，天不兼覆，地不周载，火爁炎而不灭，水汪洋而不息，猛兽食精民，鸷鸟攫老弱"的时世，于是以其伟大的神力，"炼五色石以补苍天，断鳌足以立四极，杀黑龙以济冀州，积芦灰以止淫水"，然后"苍天神，四极正，淫水涸，冀州安，蛟虫死，颛民生"，解救了当时人民的灾难，保障了当时人民的生存，这是何等伟大的贡献？应劭的《风俗通》还有"俗说天地开辟，未有人民，女娲抟黄土造人"，把创造人类的功绩也归之于她呢！在我们中国的神话与传说中，伟大的女性并不很多，纵有如华胥、安登、附宝、庆都、女节等名女人，大都母以子贵，仗着生有圣明天子的儿子而成名。真正依靠自己的卓越贡献而为后人所称道的，神话中的女娲氏，传说中的嫘祖而已。嫘祖是黄帝的正妃，因教导当时的女性种桑、育蚕、缫丝，制成衣服，所以称颂后世。古代中国虽然是一个男权的社会，只要你有贡献于社会，保障人民大众的生存，改善人民大众的生活，不管你是男性还是女性，都能够获得中国社会的崇敬，扬名千古。

三、孔子说："饮食男女，人之大欲存焉！"这饮食男女加上合群理性，乃是造成人类进步的主要动力。因为人类是合群的动物，能够用互助团结的方式，增强力量，觅取食物，保卫自己，这就创造了社会（团体）。因为人类是理性的动物，乃能由游杂乱交而进入配对，这就组织了家庭。有了家庭，有了社会（团体），随着时日的推进，合群的范围越来越广，男女的限制越来越多，觅取食物的方式愈来愈便利，改善生活的手段越来越合理，人与人之间的关系，也就更加错综复杂。于是组织加强，礼俗产生，制度建立，新的事物不断出现，需要一个强有力的人物或团体，去处理已经发生和将要发生的众人之事。也就是为着保障人民大众共同的生存，供养人民大众美好的生活，这就出现了部落的政治组织，而逐渐演进成为原始的国家。我们也可以说，国家是人民在互助生活中为着改进保和养两大问题才发展起来的。

四、在三皇的时代，各部落聚居的人众不会很多。众人之事，比较简单。卧则呿呿，起则吁吁，饥则求食，饱则弃余。智欺愚，强凌弱，众暴寡的事情，难得出现。部落与部落之间，也少交往。谁有发明，谁能够以创新的东西来增加人民大众的食物，减少人民大众的病害，改善人民大众的生活，维护人民大众的安全，部落中的每一个人都会向他学习，跟着他行动，尊敬他，拥护他，推举他为部落的领袖，邻近部落的人，都会闻风来归。连边远部落的人民，也会尊敬他，听命于他。

五、到了五帝的时代，人类合群生活已有显著的进步。管理众人之事，也就日益繁剧。耕稼、共工、山泽、贡赋、教化、典礼、祭祀、讼狱、征伐、宾客，都有待部落共主指派有才能的人去办理。部落的共主、天子、帝的地位和权力，因而扩张到非常尊崇的程度。这时候，统治者的是否贤能，关系天下人民至大。贤能则造福百姓，不肯则祸害人民。由元老重臣的推荐，得到年老统治者的同意，使居官相，佐理政事。等到年老统治者亡故，再由诸侯民意公决，然后登上帝位，成为继起的统治者，这可能是中国历史上最好的元首继承制度。在此种继承制度之下所表现出来的禅让政治，名义上虽然是君主，事实上行的是民主。因为每一个被推举为帝的，都必须才能卓越，要肯替人民服务，作为其继承帝位的首要条件和责任。

六、三皇是三位伟大的发明家，五帝是五位贤能的领导者。他们都曾对当时的人民，做出卓越的贡献，使中国历史的车轮，再一步地向前推进。在三皇的时代，生活资料的解决，尤以食物的取得，最为人民所关心。所以发明取火的人、发明牧畜的人、发明耕稼的人，都被推举为群众的领袖。到了五帝的时代，众人之事，比前复杂多了。为了办好众人之事，对付外来（边疆）民族，以保障人民的生活，更需要贤能的部落的共主。这说明：民生是历史进化的重心，而政治、民族、经济三者，则是保障人民生存进化的必须具备的条件。

七、黄帝轩辕氏，又称有熊氏。黄帝以熊为姓，又能习用干戈，我们有理由相信他是北方的游牧部族。他南下打败了东方的炎帝，又打败了南方的蚩尤，遂被推举为天下的共主，这是原始国家的中央领导的开始。皇帝是五帝的第一人，也是中国历史上第一个被公认为普天下的领导者。黄帝既成为各部落的共主，并没有废弃东方和南方部族的农耕生活，相反的，可能还要北方的游牧部族南下学习农耕，以使食物增加，供养生民；他的元妃嫘祖，还教人民育蚕，用来制作衣裳，就是很好的证明。加上长期的和平相处，相互通婚，时日久了，分不出谁的祖先是黄帝，谁的祖先是炎帝，谁的祖先是蚩尤，这就造成中国史上中华民族的第一次大结合。所以我们中国人都说炎黄一家，都自称是黄帝的子孙。

八、最迟从黄帝开始，中原地区的共同领导者（共主），必须重视居住于边疆地区的游牧民族，需要和他们打交道，做到和平相处，彼此共存，才能保障境内人民的安全，使人民过着和平丰足的生活。《竹书纪年》中颇多边疆民族来宾、来朝、来贡和征、伐、讨、灭的记载，这说明：历史刚开始就出现而且存在着民族问题，有待处理。

九、中国文明发源于黄河流域，即今山东、山西、河南、河北、陕西一带地方，中国人（中华民族）乃是土生土长于黄河流域的人种，再结合四裔的边疆部族而融合起来的。这一观点，原是不争之论。但自海禁开通，少数外国学者发现中国的象形文字和埃及的楔形文字，有其类同的地方；中国上古的黄帝和巴比伦的酋长奈亨台发音相似，于是有中国人种西来说的兴起。有中国学者，颇有响应。民国成立，经过中外考古学家、人类学家和地质学家的辛勤工作，发掘出北京人、山顶洞人以及彩陶文化、黑陶文化、殷墟时期等不同历史时期的人类骨骸，特别是沙锅屯、仰韶村、城子崖和甘肃青海各地挖掘出来的人骨，证明和现代华北人同属一系。中国人乃是土生土长的民族，又恢复为不争之论了。

十、中国自尧舜以后，才算信史。对于三皇以及五帝中黄帝、帝颛顼、帝喾的故事，大都凭口耳流传，后来的学者，既不信其为有，也不信其为无，都在抱着迟疑的态度。一九二一至一九三〇年间，因为中外考古学家、人类学家和地质学家的贡献，使得大量的地下资料出土，发现了北京人、山顶洞人、旧新石器时代的人类骨骸；更从随同出土的木炭、灰烬、石器、骨器、甲骨文字、动物化石、彩陶、黑陶、植物种子、蚕茧等来推断，我们中国人老早知道用火，并且已由渔猎而进入畜牧和农耕的生活。这和三皇五帝的传说，不谋而合。

第二章

夏商周
三代的递嬗

夏商周的关系非常密切，史家合称三代。商灭夏后，夏的遗民一部降服于商，一部退回山西与周通婚姻。夏商周的血缘，实在经过长期的混合。从夏朝开始，中国正逐渐形成封建的国家。商代夏，继续朝着这一方向发展。周起陕西，渭水流域开发后，东向灭商，建立了一个极具规模的封建王朝。夏朝自禹至桀，四百三十二年，约当公元前二一八三年至前一七五一年。商朝自汤至纣，六百四十年，约当公元前一七五一年至前一一一一年。周自武王克商至幽王，三百四十一年，称西周。自周平王东迁至贞定王元年，三百零三年，称春秋。自贞定王二年至秦始皇完成统一,二百四十六年，称战国。合春秋与战国，亦称东周。东西周合共八百九十年，约当公元前一一一一年至前二二一年。如计算至周赧王五十九年，即秦昭襄王五十一年入秦，尽献其邑，并移去九鼎，则东周应为五百一十五年，合东西周共为八百五十六年，约当公元前一一一一年至前二五六年。

第一节　禹受舜禅

夏禹，名文命，相传为黄帝孙子颛顼的后裔。帝尧时，洪水滔天。禹的父亲鲧，治水九年，洪水不息，功用不成，殛死于羽山。舜摄政。举禹使续成鲧的治水之业。禹受命后，立即与皋陶、益、后稷等领导各地的诸侯和百姓，以傅土行山表木，树立标志，测定高山大川的形势。“禹伤先人父鲧功之不成受诛，乃劳身焦思，居外十三年，三过家门不敢入。薄衣食，致孝于鬼神，卑宫室，致费于沟域。陆行乘车，水行乘船，泥行乘橇，山行乘檋，左准绳，右规矩，载四时，以开九州，通九道，陂九泽，度九山。令益予众庶稻，可种卑湿。命后稷予众庶难得之食，食少，调有余相给，以均诸侯。”（司马迁《史记·卷二·夏本纪》）十三年而洪水平。进而发展农业，以裕民食。后来得到四岳的推荐，使居官相事。禹摄政十七年，帝舜崩于苍梧之山，三年丧毕，诸侯咸归心，禹遂代舜践帝位。

禹的开九州，通九道，陂九泽，度九山，乃是依据山川土地的形势、人众的聚居、出产的状况以及交通的便利。司马迁说：“禹行自冀州始。冀州：既载壶口，治梁及岐。既修太原，至于岳阳。覃怀致功，至于衡漳。其土白壤。赋上上错，田中中。常卫既从，大陆既为，鸟夷皮服。夹右碣石，入于海。”（司马迁《史记·卷二·夏本纪》）“济河维沇州。九河既道，雷夏既泽，雍沮会同。桑土既蚕，于是民得下丘居土。其土黑坟，草繇木条。田中下，赋贞，作十有三年乃同。其贡漆丝，其篚织文，浮于济漯，通于河。”“海岱维青州。嵎夷既略，潍淄既道。其土白坟，海滨广潟，厥田斥卤。田上下，赋中上。厥贡盐絺，海物维错。岱畎丝、枲、铅、松、怪石。莱夷为牧，其篚酓丝。浮于汶，通于济。”“海岱及淮维徐州。淮沂其治，蒙羽其艺。大野既都，东原底平。其土赤埴坟。草木渐包。其田上中，赋中中。贡维土五色，羽畎夏狄，峄阳孤桐，泗滨浮磬，淮夷玭珠臮鱼。其篚玄纤缟。浮于淮泗，通于河。”“淮海维扬州。彭蠡既都，阳鸟所居。三江既入，震泽致定。竹箭既布，其草惟夭，其木惟乔，其土涂泥。田下下，赋下上上杂。贡金三品，瑶琨、竹箭、齿、革、羽、旄。岛夷卉服。其篚织贝，其包橘、柚锡贡。均江海，通淮泗。”“荆及衡阳维荆州。江汉朝宗于海，九江甚中。沱涔已道，云梦为治，其土涂泥。田下中，赋上下。贡羽、旄、齿、革，金三品，杶干栝栢，砺砥砮丹，维箘簬楛，三国致贡其名，包匭菁茅，其篚玄纁玑组，九江入赐大龟。浮于江，沱、涔、汉，踰于雒，至于南河。”“荆河维豫州。伊、雒、瀍、涧，既入于河。荥播既都，道荷泽，被明都。其土壤下，土坟垆。田中上，赋杂上中。贡漆、丝、絺、纻，其篚织絮，锡贡磬错。浮于雒，达于河。”“华阳黑水维梁州。汶嶓既艺，沱涔既道，蔡蒙旅平。和夷底绩，其土青骊。田下上，赋下中三错。贡璆铁银镂砮磬，熊罴狐狸织皮。西倾因桓是来。浮于潜，踰于沔，入于渭，乱于河。”“黑水西河维雍州。弱水既西，泾属渭汭，漆沮既从，沣水所同。荆岐已旅，终南惇物，至于鸟鼠。原隰氐绩，至于都野。三危既度，三苗大序。其土黄壤。田上上，赋中下。

贡璆琳琅玕，浮于积石，至于龙门西河，会于渭汭。”夏禹所开的九州，乃是冀、沇、青、徐、扬、荆、豫、梁、雍，亦即平治洪水以后为使人民安居耕稼而区划的行政区域。尧舜禹之时，中国的人口大都聚居于山东、河北、河南、陕西的一带。沇州、青州、徐州，都在现今的山东省。禹的通九道，乃是疏通黄河、长江、淮水、洛水……使无壅塞。禹的陂九泽，乃是在九州的大湖大泽周边修筑堤防，用以蓄积上流的雨水，适时宣泄，使无泛滥。禹的度九山，乃是开通九州以内如砥柱山、大别山、王屋山……的道路，便利行旅。对于平治洪水后的各州，禹还相视其土地的肥瘠与特殊的出产，决定其应该上贡天子的财物。

在帝舜的晚年，凡是重大的政事，差不多都是命禹去办理。帝舜十四年，命禹代虞事；虞掌管山林川泽，是中央政府财赋的主要来源。帝舜十五年，命夏后有事于太室。帝舜三十二年，命夏后总师陟方岳。帝舜三十三年元月，禹开始摄政。帝舜三十五年，命夏禹征有苗，有苗氏来朝。这以后，天下的大势已在夏后氏。舜崩三年，禹践帝位，都阳城（山西省翼城县），“颁夏时于邦国。”（陆费逵校正《竹书纪年》）夏时就是今日的阴历，其法以月绕地球为标准，平年十二月，大月三十日，小月二十九日，全年为三百五十四日。以之与地球绕日的回归年相较，每年约差十一日二十一时。每十七年，多余七个整月。为安置这七个整月，乃采取闰月之法，三年一闰，五年再闰，十七年七闰。闰年之中，凡十三个月，三百八十四日。夏历的节气，多合农时，后世虽略有改正，一直仍为民间所沿用。“禹退而作三城，强者攻，弱者守，乱者战”。我国城郭的建筑，自禹始，“养国老于东序，养庶老于西序”。我国学校的设置，亦自禹始，“收集天下美铜，铸为九鼎”。九鼎以象天下的九州，每州一座，详列山川形势、人物状况的金属模型，类似今日的地图或模型，亦为国家庄严的象征。

帝禹五年，南下巡狩，大会诸侯于涂山。帝禹八年，又会诸侯于会稽，杀了后到的防风氏。

夏禹是一个自奉俭约而肯忠勤国事的人，对于自己的衣食及宫室，力求节省；对于鬼神的祀典，力求丰盛；对于公用的农田水利，不惜破费，力求耐固。当他受命治水，身执耒臿，以为民先，胫无胈，胫无毛，手足胼胝，肢体偏枯，居外十三年，三过家门而不入。相传他的女儿命仪荻作酒，禹饮后感觉甘美，从此疏仪荻，绝旨酒，并且说后世必有以酒亡国者。因为帝禹的一生，都是牺牲自己，贡献国家，服务人民，所以被后人称为大禹。

第二节　夏启传子

夏禹践帝位，知道理民平讼的皋陶最为贤能，荐于天，授以政，亦将如尧舜禅让的故事。不幸皋陶死，禹再举掌管山林川泽的伯益，任以政事。帝禹十年，东巡狩至会稽而崩。三年丧毕，伯益让帝禹的儿子启而避居箕山之阳。或因为启的贤能，得到天下百姓的拥戴；或由于伯益的摄政时日短暂，舆情未洽；或可能是禹的治洪水，开九州，贡献太大，天下人民把感谢帝禹的心情，转嫁到他的儿子身上，诸侯皆去伯益而朝启。启即帝位，是为夏后帝启。

有扈氏居陕西的鄠县，本是夏的扈国，启的同姓，认为启的接受帝位，乃是破坏当时公天下的禅让政治，表示反对。帝启亲领六师去讨伐。将战，启作甘誓：“嗟！六事之人，予誓告汝：有扈氏威侮五行，怠弃三正，天用剿绝其命，今予惟恭行天之罚。左不攻于左，汝不恭命；右不攻于右，汝不恭命；御非其马之正，汝不恭命。用命赏于祖，弗用命戮于社，予则孥戮汝。”（《尚书·甘誓》）有扈氏被帝启所击灭，天下的诸侯都拥戴帝启。帝启加诸有扈氏的罪名，‘威侮五行’，‘怠弃三正’，帽子很大，内容空洞，所以《淮南子》说有扈氏为义而亡。

帝启没有请四岳举荐贤能的人来佐理政事。帝启六年，伯益薨。《晋书·束皙传·纪年篇》却书：“益干启位，启杀之。”事实真相如何？后人难以推断。

帝启崩，子帝太康立。我国历史上帝位传子的局面，从此开始。

太康不是一个贤能的领导者。他喜好畋猎，盘游无度，不理政事，被臣下有穷氏后羿利用夏民的怨恨，举兵于鉏（河南省滑县），乘机夺取安邑（今河南省平阳县）。把太康放逐到阳夏，筑城而居，名义上仍为天下的共主，在位二十九年。太康崩，弟中康立，居商丘，征后羿不胜，在位十三年。中康崩，子相立，为后羿所迫，弃商丘，逃避到山东，依同姓斟灌氏（今河南省观城县）及斟寻氏（今河南省巩义市）。这时候，有穷氏后羿恃其善射，不修民事，又为他的部下寒浞所杀。寒浞非常残忍，切碎后羿的尸体，用火炙烧，送给后羿的儿子；后羿的儿子不忍食，自杀于穷门。寒浞承袭了有穷氏的称号，自为帝，并且劫收了后羿的妻妾，生浇和豷二子。浇多力，能陆地行舟。后来寒浞命浇杀死帝相，攻灭夏的族人斟灌氏和斟寻氏，夏后氏的政权乃中绝，由寒浞统治了三十九年。帝相的妻子后缗逃回母家，生少康。少康就由外祖父有仍氏（今山东省济宁市）教养长大，奔到虞国（今河南省虞城县），得到有虞氏的援助。有田一成，有众一旅，能布其德，以收夏众。其后寒浞自恃诈力，不恤民事。夏后氏有一个名叫靡的遗臣，先事后羿，羿死，为避寒浞逃到有鬲氏（今山东省德平县），收拾起斟灌氏和斟寻氏的余众，起兵杀死寒浞，而立少康。少康兢兢业业，号召复国。少康又使汝艾灭浇于过（今山东省莱州市），使杼灭豷于戈（今河南省洛阳与开封之间），被寒浞冒姓的有穷氏终于完全灭亡。夏后氏的少康重立为帝，史称少康中兴。这就是太康失国、少康复国的故事。

经过后羿、寒浞的内乱，夏朝统治的威望大受影响。八传至帝孔甲，好事鬼神，淫乱败德，诸侯多不服命。相传其时“天降二龙，有雌雄，孔甲不能食”，而未获豢龙氏（司马迁《史记·卷二·夏本纪》）。后来以刘累为御龙氏。雌龙死，刘累把它做成肉酱，夏后帝孔甲食之味美，使再求，刘累无法供应，又怕被罚，惧而迁去。三传至帝履癸立，是为桀。桀有力，能申铁钩索，手搏熊虎，是一位大力士。他暴戾顽贪，虐政淫荒，武伤百姓，“天下颤恐而患之”。（刘恕《资治通鉴外纪·卷二上·夏商纪》）“伐有施，有施人以妹喜女焉。妹喜有宠，所言皆从。为倾宫瑶台，殚百姓之财，肉山、脯林、酒池，可以运船，糟堤可以望十里，一鼓而牛饮者三千人，妹喜笑以为乐。”“桀臣千辛，恃威凌轹诸侯，以及兆民。左师曹触龙，谄谀不正，贤良郁怨，诸侯不宾。开龙逄引黄图进谏曰：‘古之人君，躬行礼义，爱民节财，故国安而身寿。今君用财若无穷，杀人若恐不胜，天殃必降，而诛必至，君其革之。’立而不去。桀于是焚黄图，杀龙逄，众庶莫敢直言，大臣同患。桀愈自贤，国人大崩。”

夏朝的末世，诸侯叛命，帝位本已不稳，再碰上这样一位好色、荒诞、奢侈、信谗、拒谏、暴虐而又刚愎的子孙，灭亡的命运乃是注定的了。

第三节　汤王放桀

汤王名履，是契的后人。帝舜的时候，契佐禹治水有功，受命为司徒。司徒的职责在敬敷五教，使百姓亲和，其后封于商。自契至汤，已经传了十四代，而且八迁都邑。

汤王都亳，在今河南省的商丘，后迁偃师。汤在灭夏以前，曾经击灭葛（今河南省宁陵县）、韦（今河南省滑县）、昆吾（今河南省濮阳县）等国，占有黄河的下游、河南的东部、山东的西部以及河北黄河南北一带的地域。汤王是一位贤能的领导者，又得到伊尹的匡助，乘夏桀的残暴虐民，提出吊民伐罪替天行道的号召，举兵伐夏，誓于亳都百姓。“王曰：格尔众庶，悉听朕言，非台小子，敢行称乱。有夏多罪，天命殛之。今尔有众，汝曰我后不恤我众，舍我穑事而割正夏。予惟闻汝众言，夏氏有罪，予畏上帝，不敢不正。今汝其曰：夏罪其如台，夏王率遏众力，率割夏邑，有众率怠弗协。曰：时日曷丧，予及汝偕亡。夏德若兹，今朕必往。尔尚辅予一人，致天之罚，予其大赉汝。尔无不信，朕不食言。尔不从誓言，予则孥戮汝，罔有攸赦。”（《尚书·商书·汤誓》）大战于安邑的鸣条，打败了夏桀的军队，获桀于焦门，放桀于南巢（今安徽省巢县）。后二年，夏桀死于亭山，汤王还为之禁弦歌舞。

汤王灭夏后，把夏朝的九鼎迁到商邑。商朝的国运并非很好，一开始就碰上接连六年的大旱。因为汤王勤政爱民，对于贫苦无食，则铸币以相捄，民得其所，安然度过困乏。汤王崩后，帝外丙、帝仲壬都短命，伊尹立汤王的长孙太甲为帝。伊尹以三风十愆，谏于太甲：“……制官刑，儆于有位。曰：‘敢有恒舞于宫，酣歌于室，时谓巫风。敢有殉于货色，恒于游畋，时谓淫风。敢有侮圣言，逆忠直，远耆德，比顽童，时谓乱风。惟兹三风十愆，卿士有一于身，家必丧。邦君有一于身，国必亡”。太甲立三年，表现得非常恶劣，不明是非，不遵法度，败德乱行。伊尹于是放太甲于桐宫，自摄行政，朝见诸侯。太甲居桐宫三年，并不怨恨伊尹，而且悔过自责，日迁于善，伊尹又迎回太甲。帝太甲自是修德，诸侯咸服，百姓也过着安定和乐的日子。

商人以尚鬼著称，对天神、地祇、人鬼，均甚崇拜。尤其对祖宗的祭祀，更为虔诚隆重。认为祖宗虽已身亡，然而其精灵仍然存在，有感情、有意志、有权威，和生时完全一样。而且认为其祖宗的精灵常在上帝的左右，故能影响上帝的降灾授福，较生时更具势力。遇有国家大事，便以卜辞的方式，向祖宗询问和请示，消极的则在无灾无祸，积极的则希望获得保佑和降福。他如疾病、生育、风雨、丰年、征战、田猎以及一旬一夕，莫不有卜。

商代的王位继承，是以兄终弟及为原则。但亦限于嫡长子。先传嫡长子，依次再传嫡长子之弟，兄弟尽方传子，或还立长兄之子。在位的三十君主中，兄弟相及者约居半数。此种制度之优点为国有长君，但其弊则在无兄弟可传时，往往引起堂兄弟的争位，酿成王室的大乱。殷末的九世之乱，就是这个缘故。

商代已经实行封建制度，这在卜辞中，可以见到方、伯、侯、子、男、田、亚等名称。从卜辞和铭刻中，亦可以见到御史、卿事、宰、太史寮、亚、士、史、射、小臣、有司等官称。商代似已实行一夫多妻制，王之配偶，正室虽限一人，但妃嫔则可有数十人。妇好之名，屡见于卜辞。商代多次迁移都邑，有人遂认定其为游牧部族；但卜辞中多“贞受黍年”“受稻年”“受禾”“告麦”等记载，是可证明商人过的乃是以农业为主的生活。牧畜要在专供祖先牺牲，田猎乃为王者娱乐而已。商代的历法，分别为纪祀法、纪季法、纪月法、纪旬法、纪日法、纪时法六种。以十天干一周为一旬。以干支纪日，从甲子至癸亥每六十日循环一次，以当日为今日，当夜为今夕。分白昼为十段，曰妹，曰兮，曰明，曰朝，曰大食，曰中日，曰昃，曰小食，曰暮，曰昏。夜则统称为夕，不分段。

太甲称太宗。太甲死后，五传至太戊，在位七十五年，任用尹陟、巫咸，修先王之政，明养老之礼，早朝宴退，问疾吊丧，治历三年，远方仰慕明德，重驿而至者七十五国，商道复兴，号中宗。十八传至武丁，号高宗，在位五十九年。武丁为王子时，欲知民好恶，出入民间，稔知民隐。及立为帝，得到傅说为相，天下大治。武丁和太戊是商朝在位最久，也是最好的两个君主。

商朝和边疆民族的关系，一般来说，并不很好。帝河亶甲四年，征蓝夷。五年，彭伯韦伯伐班方。帝阳甲三年，西征丹山戎。帝武丁三十二年，伐鬼方。五十年，征豕韦……这样的西征北讨，当然足以宣扬武威，导致远方国家的来朝。但战争的损耗毕竟太大，殷商的国力，大受影响。

祖甲虽有让位的美誉，祖庚死，嗣位三十三年，习于淫乱，殷商的国势再度衰弱。帝武乙败德胡为，竟然用土木做些泥巴人，木头人，说是天神，跟他下棋玩乐，还要别人也跟着做。天神如果输了，就想法子加以污辱。有一天，帝武乙猎于河渭之间，遇到暴雷殛死。及受辛立，是为帝辛，天下称他为纣，迁都朝歌。司马迁说他“资辩捷疾，闻见甚敏，材力过人，手格野兽。知足以拒谏，言足以饰非。矜人臣以能，高天下以声，以为皆出己之下。好酒淫乐，嬖于妇人，爱妲己，妲己之言是从。于是使师涓作新淫声，北里之舞，靡靡之乐。厚赋税以实鹿台之钱，而盈巨桥之粟。益收狗马奇物，充仞宫室。益广沙丘苑台，多取野兽蜚鸟置其中。慢于鬼神，大聚乐戏于沙丘。以酒为池，悬肉为林，使男女裸，相逐其间，为长夜之饮。百姓怨望而诸侯有畔者。”（司马迁《史记·卷三·殷本纪》）“用费仲为政，费仲善谀好利，殷人勿亲。纣又用恶来，恶来善谗毁，诸侯以此益疏。”

西伯姬昌背地叹息纣的暴行，被崇侯虎告发，帝纣囚姬昌于羑里。经过南宫括、散宜生、闳夭等的营救，以美女宝物托费仲呈献。西伯姬昌释放后，帝纣赐以弓矢斧钺，专事征伐，势力益强。姬昌长子伯邑考为帝纣御马，帝纣竟烹之为羹，以赐姬昌，姬昌得而食之。帝纣说：“谁曰昌圣？食其子尚不知！”

帝纣的残暴，有加无已。商容是人人尊敬的贤者，帝纣却废掉他不用，民心大失。叔父王子比干进谏，帝纣大怒：“比干自以为圣人，吾闻圣人之心有七窍，信有诸乎？”居然剖出比干的心。箕子惧，被发佯狂。微子数谏不听，远去国外。

帝纣是一个有才能有勇力而无德行的人。他的荒淫、奢侈、信谗、拒谏、刚愎、残暴，比夏桀有过之而无不及。

第四节　武王伐纣

周武王名发，周文王子，是后稷的后裔。后稷名弃，尧举弃为农师，教民耕稼。帝舜的时候，封于邰（今陕西省武功县）。商帝武乙三年，命古公亶父为周公，赐以岐邑（今陕西省岐山县）。子季历为牧帅，掌管征伐，由是强大。孙姬昌为西伯，亦即周文王，司马迁说他“遵后稷、公刘之业，则古公、公季之法，笃仁，敬老，慈少。礼下贤者，日中不暇食以待士，士以此多归之。伯夷、叔齐在孤竹，闻西伯善养老，盍往归之。太颠、闳夭、散宜生、鬻子、辛甲大夫之徒，皆往归之。”（司马迁《史记·卷四·周本纪》）“帝纣囚西伯于羑里，闳夭之徒患之，乃求有莘氏之美女，骊戎之文马，有熊九驷，他奇怪物，因殷嬖臣费仲而献之纣。纣大悦，曰：‘此一物足以释西伯，况其多乎？’乃释西伯，赐之弓矢斧钺，使西伯得专征伐。”“明年伐犬戎。明年伐密须（今甘肃省灵台县）。明年败耆国（今山西省长治县）。”“明年伐邗（今河南省泌阳县）。明年伐崇侯虎而作丰邑，自岐下而迁都丰（今陕西省鄠县）。明年西伯崩。”

太子发立，是为周武王。周武王继承父祖的雄厚基业，他的岳父太公望多智谋奇计，号太公望。他的弟弟周公旦多才多艺，通明治理。周武王以太公望为师，周公旦为辅，召公毕公之徒，左右王师。其时帝纣的昏乱暴虐，比前益甚，杀王子比干，囚箕子，太师疵、少师疆共同抱着乐器奔周。周武王利用时机，遍告诸侯，说明殷纣有重罪，不可以不加征讨。于一月二十六日自周起兵。率领戎车三百乘，虎贲三千人，甲士四万五千人，东向伐纣。大军于二月二十一日渡过盟津（今河南省孟州市），诸侯都来会师，武王作太誓，告于众庶：“今殷王纣乃用其妇人之言，自绝于天，毁坏其三正，离逷其王父母弟，乃断弃其先祖之乐，乃用淫声，用变乱正声，怡悦妇人。故今予发，维共行天罚，勉哉夫子。”（司马迁《史记·卷四·周本纪》）大军推进到商丘的牧野地方。武王又当众誓师。“古人有言，牝鸡无晨；牝鸡之晨，惟家之索。今商王受，惟妇言是用。昏弃厥肆祀弗答，昏弃厥遗王父母弟不用，乃惟四方之多罪逋逃，是崇是长，是信是使，是以为大夫卿士。俾暴虐于百姓，以奸宄于商邑。今予发维恭行天之罚。今日之事，不愆于六步七步。乃止齐焉！夫子勖哉。不愆于四伐、五伐、六伐、七伐，乃止齐焉！勖哉夫子。尚桓桓，如熊如罴，如豺如罴，于商郊，弗迓克奔，以役西土，勖哉夫子。尔所弗勖，其于尔躬有戮。”（《尚书·牧誓》）这一次的讨伐大军，有中原地区的各路诸侯，也有庸、蜀、羌、髳、征、纺、彭、濮等边疆民族，其地理范围，已及今之四川、湖北、陕西、甘肃等省，实在是一支华夷的联军。

帝纣闻武王兴师，发兵七十万抵拒。武王命太公望激励士气，用戎车展开快攻。帝纣因为行的是暴政，早已失去人心。军队虽众，缺乏斗志。一经碰到武王的军队，个个倒戈相迎。至二月二十七日，帝纣迅速脱逃，回到朝歌（今河南省淇县），登上鹿台，穿戴着缝环珠玉的衣服，自焚而死。崇侯虎、费仲、恶来诸人，亦为周人所杀。妲己与焉。

武王既克商，就做了天下的共主，应该称帝。因感德薄，不及五帝，因此贬帝号，不称帝而称王。释箕子之囚，封比干之墓，表商容之闾，散鹿台之财，发巨桥之粟。名义上仍封帝纣的儿子武庚禄父于殷（今河南省淇县），治理殷的余民。封弟管叔鲜于鄘（今河南省伋县）、霍叔处于邶（今山西省霍县）、蔡叔度于卫（今河南省上蔡县），遥相武庚禄父，分别控制殷的东北西区域，殷民谓之三监。武王崩，子成王诵立，周公旦摄政，管叔、蔡叔群弟疑其欲自为帝，流言周公将不利于孺子。武庚禄父利用周室内部的不和，伙同奄人（今山东省曲阜市）、淮夷（今苏北）、徐夷（今淮北）等东方部族，乘机反抗，希望一举摆脱周人的束缚，光复殷商。周公一面命太公望负责国境东部的防务，赋予得专征伐的权力，一面亲率王师进讨，历时三年，平定大乱，诛杀武庚禄父和管叔，放逐蔡叔，降霍叔为庶人。周公复区分殷的余民为二部，一以封微子启于商丘为宋，以奉殷祀，一以封康叔于朝歌为卫，居河淇间的故殷墟地。经过这一次的镇压，商民再也没有力量反抗了。

因钦慕文王善养老而跑到岐下的伯夷和叔齐，都认为武王伐纣是不孝不仁的事情。当周武王奉着西伯姬昌的木主（木制神牌）领军伐纣的时候，伯夷、叔齐叩马而谏："父死不葬，爰及干戈，可谓孝乎？以臣弑君，可谓仁乎？"（刘恕《资治通鉴外纪·卷三上·周纪》）周武王的左右欲加杀害，为太公望所扶去。二人决定不食周粟，避隐到首阳山，采薇而食，作歌而号："登彼西山兮，采其薇兮！以暴易暴兮，不知其非兮，神农虞夏，忽兮没兮，我安适居矣！于嗟徂兮，命之衰矣！"后来二人饿死于首阳山。

第五节　封建国家的成长与衰落

武王伐纣可说是汤王放桀的翻版。所不同的，汤王放桀于南巢，后二年，夏桀死，汤王还为桀禁弦歌舞，以示哀悼。武王于商纣自焚之后，亲射三发，击以轻剑，斩商纣头，悬以白旗，并斩其宠妃妲己。武王对待商纣，不若汤王对待夏桀的宽厚。

武王罢兵西归。司马迁说他"追思先圣王，乃褒封神农之后于焦（今河南省三门峡市陕州区），黄帝之后于祝（今山东省济南市长清区），帝尧之后于蓟（今天津市蓟州区），帝舜之后于陈（今河南省淮扬县），大禹之后于杞（今河南省杞县）。于是封功臣谋士，而师尚父为首封。封尚父于营丘曰齐（今山东省临淄县），封弟周公旦于曲阜曰鲁（今山东省曲阜市），封召公奭于燕（今北京市），封弟叔鲜于鄘（今河南省卫辉市），弟叔度于卫（今河南省上蔡县），余如以次受封。”（司马迁《史记·卷四·周本纪》）这样他把同姓子弟、异姓亲戚和功臣分置于被征服的地区，一方面采取武装占领的方式，借便镇压反动；一方面使各个犬牙相错，作为王室的屏藩。后来，周公平定武庚禄父之乱，又分封了一次，把康叔封于卫，微子封于宋，叔虞封于唐（今山西省翼城县），叔振铎封于曹（今山东省曹县），叔武封于郕（今山东省菏泽市定陶区），叔镛封于滕（今山东省滕县），熊绎封于楚，周章封于吴，伯夷后封于申。周公依照周武王的规划，复经营洛邑为东都，建造完成后，将九鼎迁置在那里。又将殷商的顽民迁来定居，周天子也常去制止，号成周。武王和周公的封建诸国，立七十一，姬姓五十三，以同姓为枝干，实在是家天下政治的再一步成长和扩张。

周的封建政治，对于列爵、分土、置军、命卿，都有等级。爵分五等，公、侯、伯、子、男。分土之制，《周礼》与《孟子》的说法不同。《周礼》:“诸公方五百里，诸侯方四百里，诸伯方三百里，诸子方二百里，诸男方百里。”《孟子》:“公侯皆方百里，伯七十里，子男五十里。”领地少于男爵的，附属于诸侯，不能直隶天子，称为附庸。王城之外，直隶于天子的称为王畿。在王畿之内，有乡与遂的行政组织。五家为比，五比为闾，四闾为族，五族为党，五党为州，五州为乡。五家为邻，五邻为里，四里为节，五节为鄙，五鄙为县，五县为遂。置军的数目，天子六军，大国三军，次国二军，小国一军。五人为伍，五伍为两，四两为卒，五卒为旅，五旅为师，五师为军，军凡一万二千五百人。命卿之制，天子有六卿，天官大冢宰，掌邦治，统百官；地官大司徒，掌邦教，安兆民；春官大宗伯，掌邦礼，治神人；夏官大司马，掌邦政，统六师；秋官大司寇，掌邦禁，诘奸慝；冬官大司空，掌邦土，居四民。诸侯大国有三卿，由天子任命。次国三卿，二卿由天子任命。小国二卿，天子任命其一。周成王时有五刑，墨、劓、剕、宫、大辟。穆王时有赎刑，以罚锾代替行刑。铜六两曰锾，墨刑以六百两代之，劓千两百两，剕三千两，宫三千六百两，大辟六千两。在封建的政治制度之下，周天子有如大家族的家长，诸侯有如伯叔、兄弟、子侄或亲戚。唐、虞、夏、商各朝，都自认是黄帝的子孙，于是黄帝、尧、舜、禹、汤的后人，亦得封国，共同奉周天子为宗主。这是合天子诸侯为一族，化中国而为一家的办法。

配合着封建政治的，周人有其嫡长子继统的宗法制度。在君统方面，周人采用父死子继的制度，用来补救殷末的九世之乱。立子以贵不以长，立嫡以长不以贤。嫡长子是法定继承人，即太子。太子死，立其同母弟。如无同母弟，则立庶长子。在宗统方面，有大宗，有小宗。“别子为祖，继别为宗，继祢者为小宗，有百世不迁之宗，有五世则迁之宗。”（《礼记·丧服小记及大传》）别子自立为祖。别子的嫡长子递次相传下去，是大宗。次子和庶子递次相传下去，是小宗。小宗传五代，其所尊祖的神位，必须迁到远祖的祧庙里去，所以说大宗百世不迁，小宗五世则迁。这一种伦理社会的宗法关系和政治的封建关系合而为一，当然有助于当时统治权的稳固。

和封建、宗法相辅而行的还有经济的井田制度。孟子说：“方里而井，井九百亩，其中为公田。八家皆私百亩，同养公田，公事毕，然后敢治私事，所以别野人也。”（《孟子·滕文公上》）孟子所说的私田，当然是指庶民自己耕种用以养活一家的。孟子所说的公田，当然是指八家庶民合力耕种上供士、大夫、卿和诸侯的。关于井田制度，我国学者聚讼纷纭。周朝的土地如何划分？如何管理？如何征税？当然不可能像孟子所说的那样整齐划一，但此种田制曾经实施于夏商周三代，成为封建国家的经济基础，则是无可置疑的。

西周的农业，要比夏商时代为发达。农具如臿、镈，已经都用金属制造。到了春秋战国的时代，铁器盛行。周历建子，以阴历十一月为正月，显然从冬至点起算，重视农业的节气。而《诗经·豳风·七月》《尚书》《国语》《周书》《礼记·月令》等有关周代农民生活的描写，也证明周代的农业已经到了相当发达的程度。

政治的封建、伦理（社会）的宗法、经济的井田，使西周成长为一个稳固的封建王朝。因着这三种制度的交互影响，加上上自国家各种大典，下至人民日常生活，皆定有详细的礼节，以为社会的规范，并配合各种音乐的演唱，培养人民团结和谐的气氛。而且闾有塾，党有庠，州有序，国有太学，教化大行，遂致政事公平，农业发达，人民生活幸福，社会秩序安定，边境无事，成康二朝，刑错不用四十年。

作为一个封建王朝的天子，比起单一部落的酋长，或是原始国家的君主，不论在职责上、权力上，都需要具有更高的智慧与卓越的才能。周朝的嫡长子继承制度，有一定的次序，可以避免王位继承的争论，但所传未必是贤能。遇上昏庸的天子，就不可能善理政事；而权力的乱用和滥用，却又不会因昏庸而获得避免。人民的痛苦，解除不了。人民的负担，有增无减。周天子的威信，渐渐受损。武王和周公的两次分封同姓，原希望至亲骨肉，辅车相依；年日既久，彼此既少晤面和交往，也渐渐谈不上骨肉之情，同姓之亲，利害相搏，无殊陌路。更何况人口的增殖和流动，使得井田制度难以维持。工商业的兴起，都市的繁荣，亦在加速破坏以井田为基础的安定的农村。西周的封建王朝，就此走入衰落的道路。昭王南征，为楚人所败。穆王好远游，曾西征犬戎、东伐徐夷，声势虽盛，无益国事。厉王任用荣夷公，好利贪财，暴虐侈傲，杀谤止怨，败坏政治，百姓不堪压迫，联合起来驱逐厉王，出奔到彘（今山西省霍县）。由大臣周定公召穆公共同执政，史称周召共和。厉王居外十三年而死。宣王继位，励精图治，武功显赫，四夷咸服，号称中兴。宣王殁、子幽王即位，荒淫无道，排斥正人。幽王宠褒姒，废申后，改立伯服为太子，太子宜臼出奔申国；申侯联络犬戎，攻陷镐京，杀死幽王于骊山之下，西周亡。

自周平王东迁洛邑，称东周。京畿人口少，财赋寡，连一军也编组不起来。其后周惠王割虎牢予郑，酒泉予虢。周襄王以温、原、樊阳、攒茅赐晋。地更少，势更弱，自保不暇，哪能号令诸侯？诸侯间的兼并，早就开始，至是加剧。传说楚灭国五十八，晋灭国二十四，秦灭国十五，齐灭国十四，鲁灭国十二，宋灭国六，吴灭国五。到了春秋时代，比较重要的国家是齐、楚、晋、燕、秦、郑、宋、鲁、卫、陈、蔡、曹、许、滕、莒、薛、杞、邾以及南方的吴和越。

史称齐桓公、宋襄公、秦穆公、晋文公、楚庄王为五霸。实际上，春秋时代诸侯的争霸，自郑庄公一举削宋，再举破许，三举而敢与周桓王对垒，早就开始了。齐桓公用管仲，提出“尊王攘夷”四字，用盟会的方式，对内维持纲纪，对外抵御戎狄，由诸侯间相互的谅解和约定，补救王纲解纽的缺陷。这是齐桓公的大贡献，也可称为模范的霸主。晋文公亦本“尊王攘夷”的号召，成就霸业。其于晋襄公，和秦穆公争霸西境。自楚庄王兴起，晋楚长期争霸中原。后来晋使楚国的叛臣申公巫臣教导吴人习车战，吴国始强。当吴兵深入楚境，申包胥哭泣秦庭，获秦兵之助，楚昭王复国。其后，吴王夫差会诸侯于黄池（今河南省封丘县），与晋争霸。越人乘虚袭吴，越师进入姑苏，夫差匆匆而还，与越屡战屡败，夫差自杀，吴亡。越王勾践是春秋时代最后的霸主。宋襄公虽曾与楚成王争霸中原，会盟既上当，战于泓又失利。衡诸“谋得兵胜者霸”的尺度，似乎还差一截。

由春秋进入战国，其初尚有齐、晋、秦、郑、宋、鲁、卫、陈、蔡、越、燕等国。经过连年的战乱，晋分为韩、赵、魏三国，郑并于韩，卫并于秦，宋为齐所灭，鲁、陈、蔡、越为楚所灭，就变成韩、赵、魏、燕、齐、楚、秦七国，称为七雄。

开始时，楚的疆域最大，略有今湖南、湖北、江西、安徽、江苏、浙江六省，以及河南、四川、云南、贵州的一部分。对于南方的开发，厥功甚伟。齐的疆域为次，略有今山东省的一大部，以及河北省的一部分。自管仲相桓公，大兴盐铁之利，民富国强。齐曾出兵灭山戎，以其地与燕。后来齐与燕常相战争，元气大伤。赵的疆域又次。略有今山西省的中北部、河北省的西南部以及塞外河套地方，对于北方的开发，亦有贡献。长平战后，国势顿衰。魏的疆域又次，略有今山西省的西南部、河南省的东部以及陕西省的一部分。魏文侯时，国势最强。惠王好征战，树敌多，终于遇到挫败。燕的疆域又次，略有今河北省的东北部以及辽、察、热三省的南部。韩的疆域最小，略有今河南省的中西部以及山西、陕西的一部。韩地与强秦接壤，乃是最先被蚕食的对象。秦据西方，略有今陕西省和四川省的大部、甘肃省的东部以及河南省的西端。对于西戎的开发，始于秦穆公。秦孝公用商鞅变法，废井田，开阡陌，奖军功，力耕战，乡邑大治，国势最强。

周赧王五十九年，秦昭襄王命将军摎攻打西周，周赧王奔到秦国，叩头领罪，秦国取去了九鼎和其他宝物。其后的情况，秦强而六国弱。六国联合起来，当然可以阻挠强秦的扩张，这就是苏秦倡议合纵的态势。国与国之间的联盟，原不是简单的事情，苏秦的合纵终被张仪的连横所破坏。到秦始皇嬴政接位为秦王的时候，统一全国的态势早已形成。始皇十七年，内史腾灭韩。十九年，王翦灭赵。二十二年，王贲灭魏。二十四年，王翦灭楚。二十五年，王贲灭燕及代，王翦平定江南及百越。二十六年，王贲灭齐，天下一统。

第六节　诸子争鸣与孔孟思想

自周平王东迁，国势浸衰，纲纪不振。在春秋的时代，天子不能命令诸侯。到战国的时代，诸侯不能命令卿大夫。列国之间，彼此交攻。争城以战，杀人盈城。争地以战，杀人盈野。人民的生命和财产，得不到保障，颠沛流离，备极痛苦。于是有心人各本所见，大声疾呼，或提出改革政治的主张，以期办好众人的事情。或提示做人处世的态度，以期自求一己的解脱。诸子争鸣，百家蠡起，彼此自高，相互论难。

司马谈把这些有心人分为阴阳、儒、墨、法、道、名六家。刘向、刘歆父子则把这些人分为九流十家。“儒家者流，盖出于司徒之官。”（《汉书·艺文志·诸子略》）“道家者流，盖出于史官。”“阴阳家者流，盖出于羲和之官。”“法家者流，盖出于理官。”“名家者流，盖出于礼官。”“墨家者流，盖出于清庙之守。”“纵横家者流，盖出于行人之官。”“杂家者流，盖出于议官。”“农家者流，盖出于农稷之官。”“小说家者流，盖出于稗官。”本来是十家，但其可观者只有九家，所以除去小说家，便成九流。

诸家的思想是不是都出诸王官？我们姑不论各家的思想，多有出入而可以相通，已非后人所用来区别的流派所能范畴。就事实来说，李斯和韩非都曾受业荀况，何尝当过理官？然而，我们如认为韩、李二人的重法治，严赏罚，多少受到理狱者的影响，似亦可以肯定。墨翟原本学儒，后来觉得儒者的礼数太多，丧葬太费。引起反感，倡导兼爱薄葬，这与清庙之守何关？反之，如果说清庙守者淡泊名利，俭苦自持，对人一视同仁，多少给予墨家以启示，我们亦就很难加以否定了。

九流之中，农家教人播百谷，勤农桑，以足衣食。吃饭与穿衣当然是人类生活中最重要的，但人类亦不是光为着吃饭与穿衣而生活。他如房屋的兴建、道路的修筑、青年的教养、群众的娱乐以及种种公共的事务，都需要公平合理的处置，经济有效的实施，才能增进人民大众的幸福。怎可以如同农家许行的指望，人人都是自耕而食，自织而衣呢？何况社会愈进步，愈需要分工，必须每人一职，各有专责，才能各尽所能，贡献社会；而社会亦因其成员的能够互相合作，相辅相成，创造价值，得以增进广大人民的福利。

纵横家使于四方，权事制宜，受命而不受辞。凭口舌而致卿相者，比比皆是。位高权尊，的确令人羡慕。但他们的纵横捭阖，导致了国与国间不断的战争，杀人盈城盈野，庐舍为墟，造成人类的劫难。苏秦也好，张仪也好，当他们得志的期间，和平是虚假的、短暂的，最后仍然走向战争的道路。他们个人的权位和尊荣虽为世俗所称道，他们的主张何能获致天下后世的信从？

名家综核名实，认为古者名位不同，礼亦异数，所以特别重视正名。名家所习称的“白马非马”（《庄子·天下篇》）“南方无穷而有穷”“今日适越而昔来”“天与地卑，山与泽平”“日方中方睨，物方生方死”“犬可以为羊”“矩不方、规不可以为圆”“龟长于蛇”等论辩、析理精微，舛驳难喻。他们的立场，与众不适。别人说东，他们偏说西；

别人说南，他们偏说北。能够胜人的口舌，不能服人的内心，更无益于民生的日常行用。惠施、公孙龙之徒，自然得不到广大社会人士的信从。

杂家兼儒墨，合名法，无所不备，无所不包。因为兼收并蓄，遂致范畴广泛，庞错无当，议论粗疏。要综合各家的长处，吸收各家的精华，自成体系，谈何容易；杂家勉强凑集众家的学说，欠缺自成一贯的宗旨，一下子谈忠恕，一下子说兼爱，一下子道正名，一下子重法术，矛盾抵触，在所难免。吕不韦集合门客著《吕氏春秋》，书成之后，悬诸通衢；有能增损更易一字者，致送千金。这在当时，何等显赫？因为未能构成完整高明的体系，对于天下后世，影响不大。

阴阳家教人敬授农时，历象日月星辰，明白天地的大理。但因为深观阴阳的消息，探知五德的终始，必然地要导致讲求谶纬、符命、阴阳和五行，不仅在民间制造出许多的禁忌，而且也会形成‘任鬼神而舍人事’的风尚。邹衍的五德终始说与九州说，前者以土、术、金、火、水的相生相克，可以推动世事的演进；后者以中国为赤县神州，不过居天下的八十一分之一，有大瀛海环其外。说起来都似乎合理。在科学不发达的当时，也会发生作用，使人深信不疑。但是稍有头脑的人，总不会把现实的人生，完全交托给抽象的不可知的鬼神或命运的。

法家主张修明法制，信赏必罚，立主威，一号令，确实增强政府的威信，使中央政府的命令得以贯彻实施。求才任贤，富国强兵，能够把全国各地的人力、物力和财力动员起来，用以从事建设国家的大业。在法家的心目中，政府是至高无上的。确保治安，主持正义，建设国家都是政府的责任，绝不能假手他人，也不容许他人插手。儒者以文乱法，侠者以武犯禁，因为侵损到政府的威信，都是需要绝对禁止的。然以偏重严苛的刑狱，疏忽仁义的教化，必致残害至亲，伤恩薄厚，造成忮刻的人心和暴力的统治。而且，法家都是站在国家，特别是君主的观点去看问题，对于治下百姓的个别的利益，殊少计及，真正实施起来，必致形成极权制度的暴政。这一种专讲法术刑政，疏忽仁义教化的思想，不管是申不害的、商鞅的、韩非的、李斯的，都不是心存忠恕的中国人所能欢迎的。

道家主张清虚自守，卑弱自持，无为而治。因为通达成败、存亡、祸福的道理，老子的《道德经》，教人谦让、宽容、知足，确是有智慧者的警世良言。老子教人要以弱者的谦虚的态度和人相处，庶免树大招风，且可获致同情，的确是非常高明的。但其弃绝仁义，要想完全废去礼仪和学术，实在难以面对进步中的社会。社会是始终在进步的，任何人都无法排拒社会进步的影响。礼仪是社会进步的产物，是人与人之间正当行为的表现。学术是人类生活经验的结晶，可以作为今后更好生活的指导，礼仪与学术，怎能废去？要人类永远停顿在“鸡犬相闻，老死不相往来”的时代，那是不可能的。人类社会既不能开历史的倒车，人类又怎能弃绝仁义、礼仪和学术？道家的思想，高明而消极，保守而早熟，未能面对现实，积极、乐观而合理地去满足人生。何况道家的思想乃是极端为自己打算，为个人打算，从不曾用他人或国家社会的观点去考虑问题；人类既是互助的动物，怎么可以不考虑他人的或团体的利益？

墨家的思想，愤世嫉俗；非礼非乐，反对奢侈的生活；主张兼爱、非攻、尚贤、尚同，富有平等博爱的精神；倡导苦行，急人之难，称道大禹的形劳天下，可说是当时的社会改革家。其说抑制个人的欲望，自苦太过，宣扬尚公的德行，纪律太严，实在违背人性。纵能凭其才辩，鼓动人心，激起一时的热忱和牺牲精神，终难维持于久远！庄子对墨翟曾做过很适当的批评：“生不歌，死不服，桐棺三寸而无椁”（《庄子·天下篇》）“其生也勤，其死也薄，其道太觳”“使人忧，使人悲，其行难为也”“反天下之心，天下不堪，墨子虽独能任，奈天下何？难于天下，其去王也远矣！”墨家的思想既离背天下人的常情，当然不是一般人所能乐意信奉的。

孔子名丘，字仲尼，是儒家的创始人，删诗书，订礼乐，序易，作春秋。其学通达人情，照顾全面。仁是孔子学说的中心，用来贯通宇宙和人生。而忠和恕二字，又是行仁的方法。“己欲立，而立人；己欲达，而达人。”这是尽己的忠，也就是积极的仁。“所恶于上，毋以使下；所恶于下，毋以事上。”这是推己及人的恕，也就是消极的仁。他主张中庸。“不偏谓之中”，“不易谓之庸”。对于任何事情，都要执其两端，用其中于民，决不走偏锋，走极端。所谓中庸，亦即为大多数的利益而打算，照着大多数人的需要而行事。这就引申而为仁政的观念，行仁政才能王天下。拿现代的话来说，所谓仁，就是为人民服务，为社会服务。所谓仁政，就是政府要替人民做事，政府的官吏要为绝大多数人民的福祉而尽其心力。他重视伦理，认为人际关系的良好乃是国家政治的基础，每个人都应该先从自己做起，格物、致知、诚意、正心，把修身做好，进而家齐、国治、天下平。而君臣、父子、夫妻、兄弟、朋友关系的良好，更是化民成俗的大道。他倡导礼乐，讲求正名，认为当时社会政治的紊乱，必须谋求补正。欲期恢复到西周郅治时期一样的有制度、有秩序，就需要每个人各安各分，固守岗位。礼是整个的合理的社会制度，有了礼，社会才有完整的秩序。乐是调和感情团结群众所必需的活动，有了正当的音乐与歌舞，人民才会团结，社会才有朝气。正名能够使人知道自己的身份，善尽自己应尽的职责；否则，‘名不正则言不顺，言不顺则事不成’。他以大同社会为国家政治的理想：“大道之行也，天下为公。选贤与能，讲信修睦。故人不独亲其亲，不独子其子；使老有所终，壮有所用，幼有所长。矜、寡、孤、独、废疾者，皆有所养。男有分，女有归。货、恶其弃于地也，不必藏于己。力、恶其不出于身也，不必为己。盗窃乱贼而不作，故外户而不闭，是谓大同。”（《礼记·礼运大同篇》）他具有人格的感召力量，是万世的师表。他生而圣明，不得其位，周游列国归来，绝意仕进，以著述和教育青年为职志。这一种‘进则为仕，退则兴学’的楷模，使得后来的真正的儒者，具有终生为国家社会服务的积极精神。他们修养品德，磨炼才能，遇有机会，出而居官，堂堂正正地替人民服务。如果不遇，退而为青年的导师，默默无闻地替国家造就可用的人才。

孔子以后，对儒家最有贡献的是孟子。孟子的时代，杨朱、墨翟之言盈天下。墨翟的兼爱和苦行，乃是站在社会国家的整体利益，忽略了个人所能感受的限度和愿望。杨朱是道家的流派，不肯拔一毛而利天下，乃是站在完全为我的个人利益，丝毫不顾及社会国家的整体安全。二者都是偏颇的，各走极端。如果任由这两种思想流行，造成人心的错觉，既不利于中庸的儒家思想，更将造成人类社会的灾祸。孟子于是口诛笔伐：“墨子兼爱，是无父也。杨朱为我，是无君也。无父无君，是禽兽也。杨墨之道不息，孔子之道不着，是邪说诬民，充塞仁义也。仁义充塞，则率兽食人，人将相食。吾为此惧，闲先圣之道，距杨墨，放淫辞，邪说者不得作……”（《孟子·滕文公下》）孟子最重视人民的生存权利，他说：“民为贵，社稷次之，君为轻。”（《孟子·尽心下》）“天听自我民听，天视自我民视。”“闻诛一夫纣矣，未闻弑君也。”（《孟子·梁惠王下》）孟子是两千三百年以前的人物，居然如此重视民权，拿人民的意志当作天的意志。我们今日读起来，如闻其声，如见其人。

第七节　评鉴

一、夏启践帝位，没有请四岳举荐一个佐理政事的人才。夏启崩，传位太康，开始了帝位传子的局面。成王立，周公摄政，确立了嫡长子的继统。从此帝位传子的家天下政治，在我国成为定制。立子以贵不以长，立嫡以长不以贤，这一种嫡长子的继承制度，利在有一定的不争的次序，弊在继承者未必贤能。社会愈进步，众人之事愈复杂，急需要有贤能的元首，行使其卓越的领导。父传子，子传孙，不出数传，必出凡庸的君主。更何况经过历代的递嬗，经验的累积，对于权力的迷信和滥用，势必愈演而愈烈。此所以夏传十七，商传三十，周传三十七，八十四个君主之中，贤能者寥寥可数。而中国的四千余年历史中，圣明的帝王鲜见，庸主多，昏君亦不少。

二、孔子说："汤武革命，顺乎天而应乎人。"当夏商的末世，人民经不起暴政的摧残，诉苦无门，求生无路，咸有时日曷丧，予与汝偕亡的心理。汤王放桀于南巢，武王伐纣于牧野，对于企求生存的痛苦中的人民，实在如解倒悬，也重新燃点起革新政治能有更好生活（命运）的希望。对于汤王放桀和武王伐纣这两件古代史上的大事，孔子不从君臣的关系去立论，指为叛逆叛乱，反说："闻诸一夫纣矣；未闻弑君也。"指桀纣为独夫。却从解民倒悬，革新政治，能有更好命运的观点，把这两件古代史上的大事，称作革命，实在是一个非常大胆的说法。孔子并且肯定这二次革命，乃是顺乎天而应乎人，意味深长，发人深省。革命这个名词，响亮之至。用顺乎天而应乎人来替革命做批注，也恰当之至。

三、孔子又说：“伯夷叔齐，求仁而得仁。”伯夷、叔齐仰慕文王的善养老，自孤竹而至岐下。及到达，武王已兴师伐纣。伯夷、叔齐叩马而谏，无可如何。二人遂耻食周粟，饿死首阳山中。后人有以伯夷、叔齐的洁身自爱，饿死首阳山，乃是“圣之清者也”。武王的伐纣，固是由于帝纣的残虐无道，祸害人民，然多少存有借此夺取帝位的打算，也是可以想象的。伯夷、叔齐所歌的“以暴易暴兮，不知其非矣！”孔子既承认汤王放桀与武王伐纣为“解民倒悬”，为“革新政治”，为“顺天应人”，当然不会同意“以暴易暴”的说法。孔子却又肯定二人“求仁而得仁”，足见对于伯夷、叔齐的耻食周粟，饿死首阳山，内心仍具有无限的伤感和同情。

四、汤王在放桀以前，因为得专征伐，国势甚盛，已经是当时最大的诸侯。武王在伐纣以前，形势的强大，尤胜于汤王。汤武二人在没有举兵以前，胜利的态势早经形成。周室东迁，京畿人口少，财赋寡，连一军也编组不起来。春秋战国的战火所以连续了五百多年，人民生命的涂炭，财产的损失，难以胜计，亦是外重内轻的形势有以使然。现代的国家，当然不会出现类似的情况。但中央与地方权责的划分，亦可由此获得启示。中央集权太过，内重外轻，地方政府固然难有作为；地方分权太过，亦将造成外重内轻，尾大不掉，威胁中央政府的存在。

五、汤王得伊尹，任以国事，乃进君国子民为善者，皆在王官。文王的兴周，太公望最具劳绩，而太颠、闳夭、散宜生、鬻子、辛甲大夫之徒，俱皆尽心。武王即位，周公为辅，召公、毕公、南宫括等左右王师。夏桀能申铁钩索，是一个大力士；但宠爱千辛、曹触龙，有贤臣关龙逄而不能用。商纣资辨捷疾，闻见甚敏，才力过人，手格猛兽，可说是文武的全才；但重用费仲、恶来。王子比干谏，剖其心。废商容，箕子佯狂为奴。欲期国家的富强，当然需要领导者本身必须具有卓越的才能，具备天下为公、任贤用能的胸襟，和舍己为群、服务人民的道德勇气。此外，他所汲引的干部是否健全？选用拔擢是否公正？是否继续不断地在进贤才，退不肖？亦是一个决定的因素。

六、周代商，由于周公的经营，政治实行封建制度，伦理（社会）实行宗法制度，经济实行井田制度，使西周成为一个非常稳固的封建王朝。加上初期的政事公平，礼乐大行，人民的生活，安定、进步、繁荣。但后来由于铁制农具的使用，农民的生产能力大增，加以人口滋长，土地普遍感到不足，遂使作为人民经济生活中心的井田制度，维系困难。所以秦孝公废井田，开阡陌，三晋的人民，大规模地移殖到秦国。益以当时手工业发达，城市兴起，人民竞逐贸迁之利，人口大量移动，更使井田制度难以保持下去。诸侯得国既久，子孙虽属同姓，由于平时少交往，并不注重血统关系，遂致利害相搏，无异陌路。宗法的制度，已经无助于统治的稳固。西周建国之初，天子有六军。及至东周，天子连一军也编组不起来。强大的诸侯，反可动员二十或三十个军的兵力。周王的权威，因以大损，政治的封建，随同解纽。东周以后五百余年的动乱，乃是由于新兴的事物腐蚀了构成西周王朝稳固的因素。

七、春秋的时候，楚居南疆，秦处西陲，晋在北荒。三国各在边地经营，或以武力，或施教化，南蛮、西戎、北狄，不敢入侵。三国因无后顾之忧，乃得转向争夺中原的霸业。战国时，赵将李牧击退匈奴，燕将秦开击退东胡。秦伐戎夷，开地千里。齐、楚二国，亦没有遭到强大外族的侵扰。从来民族的纠纷，皆由于地理的、人种的、现实的情势，无可避免。要在对外以外交或武力取得和平，保障境内人民的安全；对内造成团结，增强对外地位的优势。如能感召边疆民族的向化，自是最佳的途径。

八、在春秋的时代，诸子争鸣，相互辩难。纵横家的导致战乱，名家的徒逞口舌，阴阳家的迷信鬼神，杂家的议论粗疏，最是经不起考验。信从的人，不会很多。农家的重视衣食，道着了民生问题的核心。开始的时候，信从的人很多。但许行、陈相等人倡导社会中的每一个人都要自耕而食，自织而衣，这就违反了士、农、工、商社会分工的原则。而且，人类生活中虽然以衣食最为重要，但衣食并不代表人类生活的全体。所以一经与儒家的仁政观念比较，农家的思想就显出暗淡无光了。

九、法家的思想，只知重视法令辟禁，提高君主和狱吏的权威。这与现代国家的由人民立法，以法律治理国家，保障人民的生命、财产和自由，并不相同。中国古代的法家以建立政府或君主的权威为第一，处处干涉个人的行动。道家的思想，偏重于个人的生存与自由，尽量逃避个人对于社会国家的责任，发展到极点，才有杨朱的不肯拔一毛而利天下。墨家的思想，比法家更重视整体的利益，而且比法家更加要求牺牲个人，遂致自苦太过，纪律太严，违背人性。法、道、墨三家的思想，比起儒家的既不偏于团体，也不偏于个人，兼筹并顾，自然差得远了。虽然，法家的提高政府威信，也是推行政令和替人民服务所必需的；所以历代以来，间有援法入儒，用来倡导全国的统一，建设强大的国家。道家的为自己（个人）打算，乃是普通人的常情；所以历代以来，特别是战乱的时世，道家的思想始终是潜藏于民间的巨流。墨家的舍己为群，乃是人类道德的高尚表现；所以在中国历史中，亦尝激起社会改革的波涛。

十、儒家的中庸思想和仁政观念，个人的幸福，团体的利益，兼筹并顾；而且说理明白，易知易行，应该作为管理众人之事的最高指导。守住中庸，才能争取到大多数，替全体人民服务。不忘仁政，才能念念为民，着眼于广大人民的利益，有资格替公家办事。士君子要有仁心，才可以从事国家的政治。所谓仁心，亦是一个人服务社会的道德心。个人的进德修身，更是成事立业的基础。孔子的最伟大处，乃在针对当时战乱的社会，提出了拨乱反正的办法。他想抑制封建贵族的特权和骄奢，保障井田制度崩溃后农民的生活。重视礼法，恢复一个有秩序的社会。倡导音乐，造成全体人民的和谐。他的一生充分印证了“进则为仕、退则兴学”这句话。可惜后来的儒生，对此不肯深入了解。或则过份热衷仕途，不能一日不居官；或则故作矜持，视做官为卑污，希图隐迹山林，不屑与问人世间的事情，把作为儒者的真正责任，完全遗忘。儒者的职责乃在适应国家社会的需要，替绝大多数的人民服务。居官是服务，教育青年与群众亦是服务。儒者的人生，是不能一日离开服务社会和人民的。

第三章

嬴秦
帝国的兴亡

秦始皇于政嬴二十六年灭齐，结束了自春秋以降五百多年的分裂局面。始皇设置郡县，统一法度，缔造了中国历史上空前的中央集权的大帝国。在位三十七年，崩于巡行的途中——沙丘，少子胡亥继为二世皇帝。立三年，为赵高所弑。子婴继为秦王，立四十六日，迎降沛公。自秦始皇统一中国，到秦王子婴迎降沛公，前后不足十五年，约当公元前二二一年至前二〇七年。

第一节　嬴秦的统一中国

秦的远祖大业，是黄帝孙子颛顼的后裔。大业的儿子大费，辅助禹平治洪水，佐理舜调驯鸟兽，是为柏翳，赐姓嬴氏。传到非子，为周孝王养马，邑于秦，号嬴秦。周宣王以秦庄公为西垂大夫，使伐西戎。周平王东迁洛邑，秦襄公护驾有功，封为诸侯，赏赐岐以西的土地，秦始有国。秦穆公宽厚明大略，赐酒而赦免食其善马的三百岐下野人，后来与晋惠公争战，被围于韩地，得到三百野人的冒死力战，不仅得以脱围，而且生获晋君。举用百里奚、蹇叔，优礼由余，遂能东向而与晋楚争雄，西向而伐戎夷，益国十二，开地千里，称霸西戎。

秦孝公时，卫鞅跑到秦国，因景监求见孝公，说“孝公变法修刑，内务耕稼，外劝战死之赏罚”，（司马迁《史记·卷五·秦本纪》）“孝公善之，卒用鞅法，百姓苦之。居三年，百姓便之，乃拜鞅为左庶长”“十二年作为咸阳，筑冀阙，秦徙都之”“并诸小乡聚，集为大县，县一令，四十一县”，“为田开阡陌，东地渡洛”，“十四年，初为赋”，“二十二年卫鞅击魏，虏魏公子卬，封鞅为列侯，号商君”。秦孝公信用商鞅，废井田，开阡陌。内务耕稼，外劝战死。明功赏，严刑罚。

迁都咸阳，并乡设县。由是国势大张，每战必胜，使列国争战的形势，发生决定性的变化。

秦惠文王十年，以张仪为相，取得魏上郡十五县。张仪向惠文王进献连横之策，号召六国连横以事秦，来打破苏秦团结六国以拒秦的合纵之策。十四年更为元年。二年，张仪罢相，游说齐、楚、韩、魏、燕、赵各国连横以事秦。八年，张仪复相。其后，司马错、樗里疾等灭蜀，伐赵、伐魏、伐韩、伐楚，伐义渠，攻城略地，屡立战功。秦武王立，韩、魏、齐、楚、赵各国皆宾从。二年，初置丞相，樗里疾、甘茂为左右丞相。秦昭襄王立，以严君疾为相。六年，司马错再定蜀，更因蜀进攻楚的黔中。十二年，穰侯魏冉为相。二十二年，蒙武伐齐，夺取河东九县。四十七年白起因上党攻赵，坑埋赵卒四十万于长平。五十一年，秦王使将军摎攻西周，周赧王入秦，尽献其邑三十六城，口三万。周民东亡，九鼎入秦。五十三年，韩王入朝，魏国听命。秦庄襄王立，东周君与诸侯通谋，将有不利于秦国；秦使相国吕不韦诛灭之，兼并了东周君河南、洛阳、谷城、平阴、巩、缑氏、偃师七邑的土地和人民。二年，蒙骜攻赵，定太原。三年，蒙骜再攻赵，取二十七城。攻魏，拔高都。四年，王龁拔上党，初置太原郡。蒙骜打败燕、赵、韩、楚、魏的五国联军。

秦王政立，年十三岁。蜂准长目，挚鸟膺，豺声。仍以吕不韦为相，食洛阳十万户，号曰文信侯。吕不韦有门客三千人，势倾朝野。由门客集体著作的《吕氏春秋》，名重当世。蒙骜、桓骑、王翦等为将军，攻韩、攻魏、攻赵、攻卫、攻楚，屡立战功。九年嫪毐之乱，牵涉吕不韦。因为奉先王有功，秦王政不忍治以法。十年十月，令其罢相免罪归洛阳。十二年，吕不韦饮鸩死。大梁人尉缭说秦王毋爱财物，赂诸侯的豪臣，以乱其谋，不过亡三十万金，诸侯可尽。秦王从其计。其时秦的国力大增，统一中国的态势早经形成。十七年开始灭韩，十九年王翦灭赵，二十二年王贲灭魏，二十二年王贲灭燕，王翦灭楚，二十六年王贲最后灭齐，并天下为三十六郡，建立了亘古未有的中央集权的大帝国。

秦王嬴政所以能够竟此统一中国的大功，乃是由于多种有利的因素。第一，据关中的形势。秦国地在西陲，东有崤函为障，闭关自守，列国不能攻；开关破敌，诸侯不能御。进战退守，独擅地利。第二，占经济的优势。关中沃野千里，秦民好稼穑，殖五谷，废井田开阡陌以后，人众据天下之三，财富据天下之六。第三，多英明的君主。自穆公、孝公、惠文王、武王、昭襄王、庄襄王，以至始皇，都精明强干，能总揽大权。第四，善于延揽人才。自秦孝公变法后，尊军功，用客卿。百里奚、蹇叔、卫鞅、张仪、范雎、魏冉、司马错、白起、王翦、王贲、蒙骜、蒙恬、吕不韦、李斯、尉缭，皆得任用，人才较六国为盛。第五，有良好的风气。自卫鞅变法，纪律严明，勇于公战，怯于私斗。官吏庶民，不敢为非。与列国的好自伐，喜内争，完全不同。第六，善于运用谋略。张仪的连横事秦，固然破解了苏秦的合纵。范雎的远交近攻，尉缭的阴谋贿赂，皆能使六国穷于应付。第七，兵农合一的制度。秦国寓兵于农，农民身体健壮，受过长期训练，成为职业的战斗兵。临事征集，敢于战斗，果于杀敌，非招募的游民军，所能企及。

第二节　嬴秦开国的规模

秦孝公宠信卫鞅，奠定秦国富强的基础。秦始皇任用李斯，实现了中央集权的统一大帝国。法家的卫鞅和李斯，才真正是建设嬴秦帝国的主要推动力量。加上秦始皇的雄才大略与坚强意志，遂使嬴秦帝国的规模，计划宏远，气魄伟大。

首先是议帝号。秦王嬴政既已兼并六国，天下统一，乃下令："寡人以眇眇之身，兴兵诛暴乱，赖宗庙之灵，六王咸服其辜，天下大定。今名号不更，无以称成功，传后世。其议帝号。"（司马迁《史记·卷六·秦始皇本纪》）丞相王绾、御史大夫冯劫、廷尉李斯会同奏称："臣等谨与博士议曰：古有天皇，有地皇，有泰王，泰王最贵。臣等昧死上尊号，王为'秦皇'。命为'制'，令为'诏'，天子自称曰'朕'。"嬴政则说："去'泰'，著'皇'，采上古'帝'位号，号曰'皇帝'。他如议。"并且追尊庄襄王为太上皇，自号始皇帝，后世以计数，希望二世、三世传至千万世而无穷。以皇帝的称号用来替代当时习称的王，目的乃是提高国家元首的尊严。

其次是废封建，设郡县。秦始皇二十六年，丞相王绾等以为诸侯初破，燕、齐、楚地远，不为置王，毋以填之，请立诸子为王。李斯时为廷尉，奏请："周文武所封子弟同姓甚众，然后属疏远，相攻击如仇雠，诸侯更相诛伐，周天子弗能禁止。今海内赖陛下神灵一统，皆为郡县，诸子功臣以公赋税重赏赐之，甚足易制。天下无异意，则安宁之术也。置诸侯不便。"（司马迁《史记·卷六·秦始皇本纪》）始皇同意李斯的看法，下诏："天下共苦战斗不休，以有侯王。赖宗庙，天下初定，又复立国，是树兵也，而求其宁息，岂不难哉！廷尉议是。"于是分天下为三十六郡，郡置守、尉、监。介于今长城与秦岭之间者，有三川、河东、上党、太原、代、雁门、上、北地、陇西、颍川、南阳、陈、砀、郁郸、上谷、巨鹿、渔阳、右北平、东、齐、薛、琅琊、泗水、汉中、东海二十五郡。介于今秦岭与南岭之间者，有巴、蜀、九江、会稽、南、长沙、黔中七郡。在塞北地方者，有九原、云中二郡。

在东北地方者，有辽东、辽西二郡。后来略定闽越、南越，又增置闽中、南海、桂林、象四郡。以县隶郡，郡都直隶中央。统一的强大帝国，从此形成。中国历史上两千余年君主专制的局势，亦由此确定。

再次是改造中央和地方政府。秦于中央置三公。丞相一人，帮助天子总管全国的庶政。太尉一人，掌理军事。御史大夫一人，以副丞相职司言论及纠察。另有九卿。奉常掌宗庙的礼仪。廷尉掌刑辟。内史原掌京畿，后掌款货，为财经的主管。典客掌归义的蛮夷。宗正掌皇室的亲属。少府掌山海川泽的赋税。太仆掌舆马。郎中令掌宫殿的门户。卫尉掌宫门的卫屯兵。三公主外朝，九卿主内朝。秦的地方官为郡县二级。郡置守一人，掌治其郡。郡尉一人，掌佐郡守典武职甲卒。监察御史一人，监郡。在县的一级，大县置令，小县置长。县以下置有乡官。大率十里一亭，设亭长；十亭一乡，乡有三老、啬夫、游徼。三老掌教化，啬夫听讼收赋，游徼禁贼盗。

再其次是统一法度。自周室东迁以迄战国的末期，中国政令不统一。所以田畴异亩，车途异轨，律令异法，衣冠异制，言语异声，文字异形。秦始皇既统一天下，于是“衣服旄旌节旗皆上黑。数以六为纪，符法冠皆六寸，而舆六尺，六尺为步，乘六马。”（司马迁《史记·卷六·秦始皇本纪》）“一法度衡石丈尺，车同轨，书同文字。”秦数尚六，符节是六寸，乘舆是六尺，六尺为步，全国的驰道，都通行六尺的乘舆。对于文字，李斯作《仓颉篇》，赵高作《爰历篇》，胡毋敬作《博学篇》，皆是小篆，以为天下的范式。后来又简化为隶书，通行全国。秦定货币为二等。一为黄金，单位为镒，重二十四两，称上币。一为铜钱，重半两，圆形方口，称下币。度量衡、文字、货币和车轨的标准化，以及法令的统一，乃是一个统一国家必需的条件。

最后是以吏为师。自春秋战国以来，由于私家讲学的兴起，人才辈出，凭口舌而博取卿相者，比比皆是。诸生引证古事，评论当世，因而亦形成风气。秦始皇三十四年，治酒咸阳宫，博士七十人前为寿。仆射周青臣进颂；“他时秦地不过千里，赖陛下神灵明圣，平定海内，放逐蛮夷，日月所照，莫不宾服，以诸侯为郡县，人人自安乐，无战争之患，传之万世，自上古不及陛下威德。”（司马迁《史记·卷六·秦始皇本纪》）秦始皇听后非常高兴，但博士淳于越却进说：“臣闻殷周之王千余岁，封子弟功臣，自为枝辅。今陛下有海内，而子弟为匹夫。卒有田常、六卿之臣，无辅拂，何以相救哉？事不师古而能长久者，非所闻也。今青臣又面谀以重陛下之过，非忠臣。”彼此辩难，争执不下，秦始皇乃下其议。丞相李斯奏道；“五帝不相复，三代不相袭，各以治。非其相反，时变异也。今陛下创大业，建万世之功，固非愚儒所知。且越言乃三代之事，何足法也？异时诸侯并争，厚招游学。今天下已定，法令出一。百姓当家，则力农工。士则学习法令辟禁。今诸生不师今而学古，以非当世，惑乱黔首。丞相臣斯昧死言；古者天下散乱，莫之能一，是以诸侯并作，语皆道古以乱今，饰虚言以乱实，人善其所私学，以非上之建立。今皇帝并有天下，别黑白而定一尊。私学而相与非法教，人闻令下则各以其学议之，入则心非，出则巷议，夸主以为名，异取以为高，率群下以造谤。如此弗禁，则主势降乎上，党与成乎下，禁之便。臣请史官非秦记皆烧之。非博士官所职，天下敢有藏诗书百家语者，悉诣守尉杂烧之。有敢偶语诗书，弃市。以古非今者，族。吏见知不举者，与同罪。令下三十日不烧，黥为城旦。所不去者，医药卜筮种树之书。若有欲学法令，以吏为师。”这就是历史上有名的焚书暴政，目的是把诗书百家语都烧掉，让不同于秦朝统治的思想都除去，士则学习法令辟禁，并且以吏为师。

李斯是法家，自是借此压制引古议今的儒生。李斯将诗书摆在百家语的前面，并提出有敢偶语诗书者族，足证他是以儒家为主要的打击对象。李斯的最后建议，‘若有欲学法令，以吏为师。’对于法令以外的东西，怎样学习？跟谁学习？没有提及。李斯的用意，显然欲以法令替代学术，欲以官吏兼任人师，由当时的法家集团，包办国家的政事与教育。

第三节　嬴秦的开拓疆土

在春秋时代，中国的北境有东胡和匈奴。至战国末叶，匈奴渐强大。

燕、赵、秦三国，皆筑长城以拒胡。燕有名将秦开，质于东胡，很得东胡的信任。后来逃归燕国，领军袭击东胡，东胡却地千余里。燕国乃筑长城，自造阳至襄平，置上谷、渔阳、右北平、辽东、辽西郡，以拒东胡。赵有代句注之北，与匈奴界边。赵武灵王为了捍御国境的安全，与北狄作战，报中山之仇，不顾朝野的反对，胡服习骑射，北破林胡、楼烦，筑长城，自代并阴山，下至高阙为塞，而置云中、雁门、代郡。秦惠文王十年，自魏取得河西上郡十五县，始与匈奴接壤。秦昭王时，宣太后诈杀义渠戎王于甘泉，起兵攻伐义渠的残部，于是秦有陇西、北地、上郡，亦筑长城以拒胡。

李牧是赵国的名将，守备北边。“尝居代、雁门，备匈奴。以便宜置吏，市租皆输入莫府为士卒费，日击数牛飨士。习骑射，谨烽火，多间谍，厚遇战士。为约曰：‘匈奴即入盗，急入收保，有敢捕虏者斩。’匈奴每人，烽火谨，辄入收保，不敢战。如是数岁，亦不亡失。”（司马迁《史记·卷八十一·李牧列传》）“然匈奴以李牧为怯。虽赵边兵，亦以为吾将怯。赵王让李牧，李牧如故。赵王怒召之，使他人代将。岁余，匈奴每来战，出战数不利，亡失多，边不得田畜。复请李牧，牧闭门不出，因请疾，赵王乃复强起使将兵。牧曰：‘王必用臣，臣如前，乃敢奉令。’王许之。”“李牧如故约，匈奴数岁无所得，终以为怯。边士日得赏赐而不用，皆愿一战。于是乃具选车得千三百乘，选骑得万三千匹，百金之士五万人，彀者十余万人，悉勒习战，大纵畜牧，人民满野。匈奴小入，佯北不胜，以数千人委之。单于闻之，率众来入。李牧多为奇陈，张左右翼击之，大破杀匈奴十余万骑，灭襜褴，破东胡，降林胡，单于奔走。其后十余岁，匈奴不敢近赵边。”

秦始皇三十二年，巡北边，从上郡回咸阳。时有入海求神仙的卢生，以鬼神事，使人录呈‘亡秦者胡也’的图书。秦始皇乃遣将军蒙恬，发兵三十万，北伐匈奴。司马光说：“蒙恬斥逐匈奴，收河南地，为四十四县。筑长城，因地形用制险塞，起临洮，至辽东，延袤万余里。于是渡河，据阳山逶迤而北，暴师于外十余年。蒙恬常居上郡统治之，威震匈奴。”（司马光《资治通鉴·卷七·始皇帝下》）司马迁说：“西北斥逐匈奴，自榆中并河以东，属之阴山，以为三十四县，城河上为塞。又使蒙恬渡河取高阙、陶山、北假中，筑亭障，以逐戎人。徙谪，实之，初县。”（司马迁《史记·卷六·秦始皇本纪》）二者的文字有出入，县数与山名亦复不同。但蒙恬率领大军斥逐匈奴，夺取水草丰茂的河套地方，并且依循燕、赵、秦三国原有的长城，加强防御工事，用以守备匈奴，遂使匈奴却地七百余里，胡人不敢南下而牧马，骑士不敢弯弓而报怨，确是中国历史上一件伟大的壮举。

为了供应边防守军的劳费，秦始皇于三十五年，大筑直道，作为后勤的补给线。“使蒙恬除直道，道九原，抵云阳。堑山堙谷，千八百里，数年不就。”（司马光《资治通鉴·卷七·始皇帝下》）以当时的筑路技术，没有开山掘土的机器，全凭双手运用简单的工具，要在丛山绝岭的地方，修筑一千八百里的直道，势必困难重重，数年不就了。其时民力的劳疲，可以想见。

为了充实边塞，使能形成镇压匈奴的前进基地，秦始皇又从内地迁徙五万家于云阳。

南方的边疆民族——越，有于越、闽越、甄越、西越、骆越、南越、百越等不同的称呼。大概说来，居于今浙江一带的，称于越。春秋的后期，越王勾践曾称霸中原，自勾践六世孙无疆为楚所败，诸子散处海上。东越王无诸，都东冶，至漳泉，居今福建一带，称闽越。东海王摇，都永嘉，居今浙江南部地方，称瓯越。自湘漓而南，居今湖南一带，称西越。自牂柯江下邕、雍、绥、建，居今广东、广西、海南、北越等地，称骆越。西越和骆越在当时都是被认为南荒的地带，所以亦名南越。又因为越族散布甚广，族众甚多，合称百越。越族居住气候温暖、山林茂盛的地区，过着渔猎、游牧和农耕的混合生活。山高泽低，地多虫蛇走兽。部落分散，自为君长。

“始皇三十三年，发诸尝逋亡人、赘婿、贾人为兵，略取南越陆梁地，置桂林、南海、象郡。以谪徙民五十万人，戍五岭，与越杂处。”（司马光《资治通鉴·卷七·始皇帝下》）所谓陆梁，据张守节《史记正义》，系指岭南之人，多处山“陆”，其性强“梁”。是则秦始皇的略取南越，乃是由于南边山区少数民族的蛮悍，不遵法令，所以发兵去征服，设置桂林、南海、象三郡。并且从内地迁徙五十万人，南逾五岭，和越人杂居，以资镇压和同化，可说是一个大规模的有计划的殖民。

第四节　嬴政的暴力政治

李斯是法家，秦始皇是一个好大喜功的君主。统一中国后，秦始皇所推行的乃是集权元首的专制政治。尊君主，重法令，严刑罚，使皇帝所领导的中央政府，具有最高最大的权威，得以动员人民，征集财物，去建设一个强大的帝国。唯因政府具有非常的权力，对人民可以予取予求，后来发生流弊，乃演变而成为不恤民生的暴力政治。

第一，是皇帝集权力于一身。秦始皇白天断刑狱，晚上理政事，每日要看一百二十斤（石）竹简的公文，他的劳累可知。他要把国家政治的大权集中于自己，绝不假手他人，亦可想见。

第二，是镇压六国的豪族。秦始皇自嬴政十七年灭韩，至嬴政二十六年灭齐，六国的政权虽然瓦解，六国的豪族仍然具有相当的潜势力。为防止六国的豪族领导六国的人民起来反抗，秦始皇于嬴政二十六年，迁徙天下的豪富十二万户于咸阳。

第三，定解除民间的武装。周秦之际，我国已经使用铜铁来制造兵器。长期战乱之后，这些兵器多有散失到民间。为解除民间的武装，防止叛乱的发生，秦始皇于二十六年收集天下的兵器，运至咸阳，销毁之后，铸成金人十二，长五丈，足履六尺，重各千石，陈列于宫殿之中，作为朝廷的装饰品。

第四，是贯彻严刑峻法。秦始皇专任狱吏，采用卫鞅的办法，增加肉刑、大辟、凿顶、抽胁、车裂、镬烹等酷刑。因为立法苛，刑罚严，动辄杀人灭族，遂使犯罪的囚徒，充塞道路；而各地的牢狱，都有人满之患。天下愁怨，人心离散。

第五，是五次巡行天下。为了夸示皇帝的尊崇与威严，借以震慑思乱的人心，秦始皇曾五次巡行天下。所到之处，刻石颂扬功德。第一次于二十七年，巡陇西、北地，出鸡头山，过回中而还咸阳。第二次于二十八年，东行郡县，上邹峄山，立石头功业，与鲁地的儒生七十人至泰山下计议封禅，望祭山川。上泰山，立石封祠祀下；禅梁父，刻所立石。南登芝罘，大乐。留三月，作琅玡台，立石颂德，明其得意。于是过彭城，渡淮水，去衡山，自南郡由武关返回咸阳。第三次于二十九年，东游至于阳武的博浪沙中，张良令力士操铁椎狙击，误中副车，始皇为盗所惊，求勿得，乃令天下大索十日。登芝罘、刻石。转琅琊，经上党而返咸阳。第四次于三十二年，始皇至碣石，刻碣石门。巡北边，从上郡而还咸阳。第五次于三十七年，南游云梦，凿祀虞舜于九嶷山，浮江而下，过丹阳，至钱塘，临浙江，上会稽，登大禹，望于南海，立石颂德。还过吴，从江乘渡，沿海岸北至琅玡、芝罘。西行至平原津而染疾，崩于沙丘的平台。

第六，是营作阿房宫。秦之诸庙及章台上林，皆在渭南。每次破灭诸侯，皆写放其宫室，作之咸阳北阪。南临渭水，自雍门以东至泾渭，殿屋复道，周阁相属。所得诸侯美人钟鼓，以充入之。二十七年，又在渭南营信宫，后来改称极庙，象天极。自极庙通道骊山，作甘泉前殿，筑甬道。三十五年，“始皇以为咸阳人多，先王之宫廷小，乃营作朝宫渭南上林苑中。先作前殿阿房，东西五百步，南北五十丈，上可以坐万人，下可以建五丈旗。周驰为阁道，自殿下直抵南山，表南山之巅以为阙，为复道，自阿房渡渭，属之咸阳，以象天极，阁道绝汉，抵营室也。”（司马迁《史记·卷六·秦始皇本纪》）为了建筑这座阿房宫，秦始皇发隐宫徒刑者七十万人，开采北山的石椁，并且到四川、湖北两地去运输木材。可惜阿房宫没有完全建成，秦始皇已经先死。胡亥继续营建，人民被征服劳役者，死亡枕藉。

第七，是建筑坟墓。“始皇初即位，穿治郦山。及并天下，天下徒送诣七十余万人，穿三泉，下铜而致椁。宫观百官，奇器珍怪，徙藏满之。令匠作机弩矢，有所穿近者辄射之。以水银为百川、江河、大海，机相灌输，上具天文，下具地理，以人鱼膏为烛，度不灭者久之。”（司马迁《史记·卷六·秦始皇本纪》）征集七十万的人民来建造坟墓，劳疲百姓！二世尤荒诞，竟于秦始皇死后，将后宫没有生育子女的，皆令从死。葬事既完毕，复将墓门全部关闭，使制造机藏的工匠全部死在坟墓之中，藉免泄露宝藏。

第八，是修筑驰道。秦始皇于二十七年始治驰道，自咸阳通达天下。应劭说：“驰道，天子之道也，”亦即今日的国道。贾山传说：“秦为驰道于天下，东穷燕齐，南极吴楚江湖之上，滨海之观毕至。道广五十步，三丈而树，厚筑其外，隐以金锥，树以青松。”秦始皇的修筑驰道，与他的巡幸天下，想来不无关系。依今日的标准来看，也算是相当高级的道路。全国都修筑这样的驰道，民力的消耗，民生的劳疲，盖可想见！

第九，是移民实边。秦始皇三十三年既定南越，置南海、桂林、象郡，从中原迁徙五十万人戍守岭南，而与越人杂处。三十五年，蒙恬修筑长城成功，为了充实云阳，使能成为镇压匈奴的重要屏障，又从内地迁徙五万户于云阳。这二次的移民实边，造成生离死别，号呼道路。

第十，是焚书坑儒。秦始皇于三十四年焚诗书，已见本章第二节的以吏为师。秦始皇三十五年，韩众等去求仙药，没有回报。徐市（福）

等费以巨万，亦终不得仙药。卢生因进说道：“真人者，入水不濡，入火不热，凌云气而与天地久长。今上治天下，未能恬淡。愿上所居，毋令人知，然后恶鬼辟，真人至，不死之药，殆可得也。”（司马光《资治通鉴·卷七·始皇帝下》）自是在咸阳二百里内的二百七十所宫殿中，秘密行幸。某日，行幸梁山宫，从山上望见丞相（李斯）车骑甚众，心里不大高兴。随从的人，或有告知丞相。李斯外出，便减少车骑。秦始皇认定有人泄露他的言语，立即捕杀所有当日随幸到梁山宫去的人员。后来侯生、卢生等议论始皇为人，天性刚愎自用，乐以刑杀为威，天下莫敢尽忠，天下之事，无大小皆亲自裁决，贪于权势至如此，未可为求仙药，相继亡去。始皇闻二生亡去，大怒，使御史案问诸生在咸阳者。“诸生转相告引，乃自除犯禁者四百六十余人，皆坑之咸阳，使天下知之以惩后。”

第五节　李斯、赵高、胡亥

秦始皇于三十七年巡幸至平原津，病重，自己知道没有痊愈的希望，乃以玺书赐公子扶苏，命他速来会丧，把遗体归葬咸阳。其时扶苏监蒙恬军于上郡。书未发，秦始皇已经崩于沙丘。赵高曾教秦始皇的少子胡亥书及狱律令法，希望胡亥即位，遂设辞引诱李斯，谓如扶苏即位为二世皇帝，必以蒙恬为丞相，李斯终将罢相归乡里。李斯以为然，乃与赵高破去玺书，改为丞相李斯奉到遗诏，立胡亥为太子。更为书赐公子扶苏及蒙恬，数说二人有罪当赐死。扶苏获害自杀。胡亥复派人囚杀蒙恬、蒙毅兄弟。

胡亥即位，是为二世皇帝。为示威海内，东出巡行郡县，至碣石，沿海岸南临，过会稽，尽刻始皇所立刻石，石旁着大臣从者名，以彰先帝成功威德，至辽东而还。二世听信赵高，认为用严刑苛法，除去前代（先帝）的元老重臣及诸公子，贱者贵之，贫者富之，远者近之，更立亲信，则可以高枕无忧。以是秦始皇的故旧大臣，皆被诛杀。胡亥有兄十二人，皆僇死咸阳市。胡亥有姐十人，皆矺死于杜。二世外增戍役，赋敛繁苛，天下的人民无法忍受暴政的摧残，并起抗秦。元年七月，陈胜自立为张楚王。谒者使有从东方来，向二世报告陈王谋反的，都被赵高下于狱。后来的使者，便不敢从实报告。纵被问及，亦信口说些“群盗鼠窃狗偷，郡守尉方逐捕，今尽得，不足忧也。”（司马光《资治通鉴·卷七·二世皇帝上》）用以取悦二世。赵高复向二世进说，秦始皇临制天下的时间长久，谙熟政事，所以群臣不敢为非，进邪说。二世初即位，年纪轻，阅历浅，如与公卿议政，偶有疏漏，难免不见短于大臣。最好居禁中，凡事先与赵高商决后，再由赵高转告公卿办理。从此公卿难得朝见，政事完全出诸赵高。

山东的义军并起，大部分皆是苦于徭役的平民。左丞相李斯，右丞相冯去疾，将军冯劫联名奏请暂停阿房宫的营作和减省守边的戍卒，借纾民困。二世的答复则是：“先帝起诸侯，兼天下。天下已定，外攘四夷，以安边境。作宫室，以章得意。而君观先帝功业有绪。今朕即位二年之间，群盗并起，君不能禁，又欲罢先帝之所为，是上毋以报先帝，次不为朕尽忠力，何以在位？下斯、去疾、劫吏，案责他罪。”（司马迁《史记·卷六·二世皇帝本纪》）冯去疾、冯劫认为将相不可以下狱受辱，均自杀。李斯投案，备受刑狱的苦楚。为了彰显皇帝的得意，应该涂炭天下的生灵。左右丞相将军的贵显，一言不合，立即下狱问死。胡亥的昏庸与无能，竟至于此！

李斯的长子李由，为三川的郡守。陈胜、吴广等起兵大泽乡，邻近三川郡。赵高为欲取代李斯的相位，谗说：沙丘之谋，丞相与之，其亦愿天下乱而王之。其长子李由守三川，与陈胜盗勾通，且先使验三川与盗通状，不除将自毙。（司马迁《史记·卷八十七·李斯列传》）二世心动，使人按验三川守与盗相通状。李斯闻知后，亦上书指说赵高擅利擅害："昔田常相齐简公，窃其恩威，下得百姓，上得群臣，卒弑简公而得齐国，此天下明知也。今高有邪佚之志，危反之行，私家之富，若田氏之于齐矣。而又贪得无厌，求利不止，列势次主，其欲无穷。劫陛下之威信，其志若韩玘之为韩安相也，陛下不图，臣恐其为变也。"二世以为赵高洁行忠信，不听。李斯实无反心，在狱中欲见二世不得，又自负才辩与有功，所以上书自陈，希望二世能够感悟而赦免其罪。赵高指使狱吏弃去李斯的上书不奏。等到二世指派的使者到达三川，李由早已被义军所杀。虽然如此，李斯仍以谋反论腰斩。行刑前，李斯出狱，顾盼着次子说："吾欲与若复牵黄犬俱出上蔡东门逐狡兔，岂可得乎？"父子相哭，被夷三族。

李斯既死，二世即以赵高为丞相。赵高欲为乱，恐群臣不听。"乃先设验，持鹿献于二世曰：'马也。'二世笑曰：'丞相误耶，谓鹿为马。'问左右，左右或默，或言马以阿顺赵高，或言鹿者。高因阴中诸言鹿者以法，后君臣皆畏高，莫敢言其过。"（司马迁《史记·卷六·二世皇帝本纪》）赵高居然能够把在朝廷上说实话的人假以他罪，横加祸害。从此朝廷中的群臣，都不敢违抗赵高了。

二世皇帝三年八月，沛公刘邦已将数万人攻武关。赵高恐二世查问，谢病不朝见。二世一再派遣使者责让赵高，赵高畏惧，阴与其婿咸阳令阎乐谋划，使郎中令为内应，入望夷宫斩卫令，迫二世自杀。"乐遂斩卫令，直将吏人，行射郎宦者，郎宦者大惊，或走或格，格者辄死，死者数十人。郎中令与乐俱入，射上幄。二世怒召左右，皆惶恐不斗。旁有宦者一人侍不敢去，二世入内谓曰：'公何不早告我？乃至于此。'宦者曰：'臣不敢言，故得全。使臣早言，皆亡诛，安得至今？'阎乐即前数二世曰：'足下骄恣，诛杀无道，天下兵畔足下，足下其自为计。'二世曰：'丞相可得见否？'乐曰不可。二世曰：'吾愿得一郡为王。'弗许。又曰：'愿为万户侯。'弗许。曰：'愿与妻子为黔首，比诸公子。'阎乐曰：'臣受命丞相，为天下诛足下，足下虽多言，臣不敢报。'麾其兵进，二世自杀。"（袁枢《通鉴纪事本末·卷一下·豪杰亡秦》）赵高的阴狠，阎乐的残贼，胡亥的愚劣，刻画尽致。

第六节　豪杰亡秦

秦二世皇帝元年七月，阳城人陈胜、阳夏人吴广，起兵于蕲。陈胜、吴广都是屯长，带领闾左九百人戍渔阳，屯大泽乡。因为大雨，道路不通，预料必失期，失期法皆斩。二人相互为谋，认为逃亡无路，抓到必死，不如举众发难，冒险一逞，遂鼓动戍卒畏死的心理，袭杀将尉。等到攻下陈郡，已经有车六七百乘，骑千余，兵卒数万。陈胜自立为王，号张楚。

陈胜以武臣为将军，张耳、陈余为左右校尉，领兵三千人攻略赵地。武臣每到一地，即大做反秦的宣传。"秦为乱政，虐刑，以残贼天下，数十年矣。北有长城之役，南有五岭之戍，外内骚动，百姓罢敝。

头会箕敛，以供军费；财匮力尽，民不聊生。重之以苛法峻刑，使天下父子不相安。陈王奋臂为天下倡，始王。楚之地方二千里，莫不响应。家自为怒，身自为斗，各报其怨，而攻其仇，县杀其令丞，郡杀其守尉。今已张大楚，王陈，使吴广、周文将卒百万，西击秦，于此时而不成封侯之业者，非人豪也。诸君诚相与计之：夫天下同心而苦秦久矣，因天下之力，而攻无道之君，报父兄之怨而成割地有土之业，此士之一时也。”（司马迁《史记·卷八十九·张耳陈余列传》）这样的号召，极富煽动性，各地人民，云集响应，反秦的行列，滚雪球似的壮大起来。武臣得赵后，自立为赵王。

二世元年九月，武臣令部将韩广徇燕，得到燕地豪杰的响应，韩广亦如武臣的故事，自立为燕王。陈胜的部将周文领兵到魏地，迎立魏故宁陵君公子咎为魏王。田儋是故齐的王族，从弟荣及横，皆豪健，儋为狄城守，因使击杀狄令，自立为齐王。

二世元年九月，沛人刘邦起兵于沛，下相人项梁起兵于吴。刘邦本为泗上的亭长，为县解送囚徒到骊山服劳役，囚徒多于途中逃亡。刘邦将余下的囚徒全部放走，自己亦亡匿于芒砀山泽之间。其后得到萧何、曹参、樊哙的帮助，杀了沛令，收拾沛县的子弟两三千人，自立为沛公。项梁是楚将项燕的儿子，因为杀人，与兄子项籍（羽）避仇到吴中，与吴中贤士大夫交往，颇有才名。项羽身长八尺余，力能扛鼎，才气过人。秦始皇游会稽渡浙江，梁与羽俱观，项羽说：“彼可取而代也。”二世元年九月，项梁命项羽杀了会稽守殷通，手持殷通的头，召集故旧与所知的豪吏，宣布已经起大事，遂举吴中兵，使人攻下近县，得精兵八千人。当其时，英布、彭越亦起兵。

张楚王陈胜派遣周文统率大军西向击秦，行至戏，车已千乘，卒数十万。二世大惊，使少府章邯赦免骊山的囚徒，悉发以击楚军，追至渑池，周文自刎，军众溃散。假王吴广于围攻荥阳之际，为其部将田臧所杀。章邯率军攻陈胜，陈胜还至下城父，为其御者庄贾所杀。时为二世二年二月，距陈胜、吴广的起义大泽乡，仅七月。广陵人召平，闻陈胜兵败，以为章邯军且至，乃渡江假传陈胜的命令，拜项梁为楚王上柱国。项梁率八千人渡江而西，陈婴以东阳郡属项梁，沛公、英布、蒲将军亦皆听命，遂有众六七万人，军下邳。项梁用范增言，于二世二年六月求得楚怀王的孙子为人牧羊名心者，立为楚怀王，以从民望。二世二年八月，项梁又接纳张良的建议，立韩公子横阳君为韩王。

章邯既破陈胜，进军临济，大破齐魏的联军，杀齐王田儋与周市，魏王咎自烧杀。项梁引军攻章邯，下东河，破濮阳。项羽与沛公亦大败秦军于雍丘，杀李由。项梁由是轻秦军，有骄色。二世悉起兵益章邯，章邯得到补充后，大破楚军于定陶，项梁败死。

楚怀王以宋义为上将军，项羽为次将，范增为末将，领兵救赵。诸别将皆属宋义，号为卿子冠军。宋义行至安阳，停留四十六日，不再前进。项羽进说："秦围赵急，宜疾引兵渡河，楚击其外，赵应于内，破秦必矣。"（袁枢《通鉴纪事本末·卷一·下豪杰亡秦》）宋义却道："不然，夫搏牛之虻，不可以破虮虱。今秦攻赵，战胜则兵罢，我乘其敝；不胜则我引兵鼓行而西，必举秦矣。故不如先斗秦赵。夫被坚执锐，义不如公，坐而运筹，公不如义。"宋义因下令军中："猛如虎，狠如羊，贪如狼，强不可使者，皆斩之。"遣其子宋襄相齐，亲自送至无盐，饮酒高会。天寒大雨，士卒冻饥。项羽因而奋说："将戮力而攻秦，久留不行。今岁饥民贫，士卒食芋菽，军无见粮，乃馀酒高会，不引兵渡河，因赵食，与赵并力攻秦，乃曰承其疲。夫以秦之强，攻新造之赵，其势必举赵。赵举而秦强，何疲之承？且国兵新破，王坐不安席，扫境内而专属将军，国家安危，在此一举。今不恤士卒而徇其私，非社稷之臣。”十一日，项羽晨朝上将军，即其帐中斩杀宋义，诸将皆慑服，莫敢支吾。楚怀王因使项羽为上将军。项羽既杀卿子冠军，威振楚国，名闻诸侯，乃遣当阳君蒲将军领兵二万救巨鹿，战少利，陈余又请兵。项羽乃悉引兵渡河，皆沉船，破斧甑，烧庐舍，持三日的口粮，以示士卒必死无一还心。经过九次的战斗，大破秦军，杀苏角，虏王离，章邯引兵退却。二世使人责让章邯，章邯畏惧，投降项羽。项羽立章邯为雍王，置楚军中。使长史司马欣为上将军，领着秦军先头部队，急行而西。秦军既降诸侯，诸侯吏卒多拆辱秦吏卒，秦吏卒心不自安。项羽乃与英布蒲将军计议，发动楚军夜击，坑秦卒二十余万人于新安城南。

楚怀王另遣沛公引兵西入关。沛公北击昌邑，得彭越。过高阳，得郦食其。用陈恢计，“莫若约降封其守”，“引兵而西，无不下者”。（袁枢《通鉴纪事本末·卷一下·豪杰亡秦》）所过秋毫无犯，秦民皆喜。其时赵高已弑二世，立扶苏子子婴为秦王。九月，子婴杀赵高于齐宫。十月，沛公领军至霸上，秦王子婴，素车白马，封着皇帝的印玺和符节，自缚降伏于道旁。

第七节　评鉴

一、嬴秦所以能够收拾自春秋以来五百多年的大动乱，主要在于秦孝公和秦始皇创新了经济和政治的变局。在经济上，周显王十九年，秦孝公采纳卫鞅的建议，废井田，开阡陌，土地准许私有，力耕可以致富，招徕了三晋（韩、赵、魏）的大量移民，使秦国的农产大增。秦始皇元年，韩国使水工郑国做间谍，助秦开凿泾水，自仲山为渠，并北山东抵洛水；注填阏之水，溉舄卤之地。四万余顷，皆亩一钟。关中由是益富饶，人众居天下之三，财富居天下之六。在政治上，秦始皇于二十六年接纳李斯的建议，将燕赵的郡县制，扩大普遍推行于全国。守尉令长皆由中央指派，而有一定的任期。诸侯交攻的局面，不再存在，更使得有才能的人士，不论出身，皆有挤入统治阶层的机会。人民富足，国力自然强大。人才得用，政令容易推动。此嬴秦的所以能够兼并天下，建立了中央集权的统一大帝国。后来虽因实施暴力政治，招致速亡，然其所遗留的郡县制度，历两千余年而不废。至于劝农耕、修水利，更为历代发政施仁的张本。唯嬴秦所创建的私有的土地制度，固亦尝引起论难和争辩。

二、秦自孝公以降，尊功臣、官斗士、修甲兵、严刑罚、废井田、开阡陌，并且派出谋臣，资以金玉，游说诸侯，破解六国的合纵。迨嬴政立为秦王，统一的局势已经形成，再经过二十六年的时间，平灭六国，设置郡县，统一法度衡石丈尺，又进一步北逐胡貉，南定百越，益见帝国的强盛。法家的尊君主，立威信，集权中央，增强国力，乃是推动秦国进步的思想主导。自秦孝公、惠文王、武王、昭襄王、庄襄王以及秦始帝，都是在这一个思想主导之下，凭其精明干练，雄才大略，而推动着政事的。

三、秦于兼并六国之后，地广人众，兵雄财富。陈胜、吴广、项羽、刘邦的兵众，不若六国的强盛。然而一夫倡议，天下响应。空前的强大帝国，竟不出三年而丧亡。此则秦帝自威，专任刑罚，诛杀大臣，残虐黔首，肆意极欲，有以使然。秦始皇宠信狱吏，用法忮刻，对于儒家的仁政观念，认为是空疏的迂言。道德仁政的教化，不为政府所重视，儒生的引古论今，尤为李斯辈所不容。平时的行政措施，只知道提高皇帝的威权，增强国家的力量，从不顾虑人民的痛苦，计及人民的福利，一个不知道重视人民生活的政府，外实内虚，虽强亦弱，必然要为人民所推翻。嬴秦帝国的所以速亡，亦应该归罪于不讲仁政的法家政治。

四、秦始皇兼并六国，统一天下，北逐匈奴，南定百越，固然是一位有为的君主。废封建，置郡县，定中央及地方官制，后世多所利赖。筑长城，修驰道，虽属劳累百姓，亦足藉收防胡的大功。统一法令、度量衡、文字、货币、车轨，更有利于天下的百姓。秦于中央设三公，丞相掌庶政，太尉掌军事，御史大夫以副丞相而为全国监察官吏的领袖。丞相发出的公文，须以副本送御史大夫，御史大夫即据以审核丞相的行政措施是否违法。另有御史中丞、侍御史等官协助御史大夫举劾按章，审查奏事。这一种独立的监察权的行使，使得上自公卿大夫，下至地方官吏，都不敢为非作恶，尤足为后世所取法。

五、秦始皇宠信狱吏，用法忮刻，暴用民力，赋役繁苛，遂使海内交困，赭衣遍道，群盗满山。益以二世愚骙，赵高奸狠，中国历史上空前的强大帝国，竟不旋踵而丧亡！当国者固须考虑国家的长期利益，然亦不可不计及当时人民的负担能力。任何有利于国家的长期利益，都有牺牲人民当前短暂利益的可能性。而人民短暂利益的牺牲，却有其能够容忍和接受的极限。过此限度，势将招致丧乱。此乃管理众人之事的政治艺术，不可不慎。秦始皇与二世虑不及此，深堪浩叹！若夫造坟墓、修宫室、议封禅、求神仙、焚诗书、坑儒士，皆出诸一己的私欲与任性，更不足论。

六、李斯的私、赵高的奸、二世的愚，促成嬴秦帝国的速亡。方秦始皇病甚，以其玺书赐公子扶苏。扶苏仁贤，尝谏其父：“天下初定，远方黔首未集，诸生皆诵法孔子，今上皆重法绳之，臣恐天下不安，惟上察之。”如即位，必能补正秦始皇的不恤民命。李斯深恐蒙恬夺去相位，乃听信赵高的奸谋，改玺书，立胡亥，赐书数说扶苏、蒙恬，并赐死。李斯贪恋权位的私心，误国、误民、误己！胡亥以二十一龄即皇帝位，缺乏行政经验，安能统治此一空前庞大的帝国？赵高素小贱，恐诸大臣及诸公子不服，乃假二世之手，悉予诛杀。驯至指鹿为马，独专秦政。李斯、冯去疾、冯劫，固尝劝二世停做阿房宫，减省边戍，二世皇帝胡亥竟下三人于狱吏。李由虽为楚兵所杀，李斯仍以谋反论腰斩。若非胡亥至愚，曷克至此！设如胡亥尊荣大臣，保全有秦始皇时代的将相，陈、吴、刘、项的叛乱，并不足为患。主上的贤能，官吏的公忠体国，实为政治隆污、国家兴亡的关键。

七、秦始皇三十四年焚诗书，三十五年坑儒士，最为后世所指责。其时李斯居相位，如果从好的动机来推测，可能是希望借此统一全国的学术思想，造成全国人心的望治，进而拥护政府，追随政府。但李斯只知其一，不知其二。学术思想的统一，固然可以振作全国的人心，有利于国家建设的进行。唯学术思想的统一，只有经过公开的辩论与合理的诱导，始能蔚为风尚，绝不是运用恐怖的政治暴力所能成功。李斯是法家，认为若有欲学法令，以吏为师。殊不知道法令辟禁，不过是人类生活的一部分。纵使以吏为师，人民于学习法令辟禁的余暇，仍需要探讨宇宙与人生，来满足其求知求生的欲望。诗书百家语，何能禁绝？秦始皇未能采取公开辩论和合理诱导的方式，端正当时的学术思想，造成全国人心的拥戴政府，终于接纳李斯的建议，焚诗书，坑儒士，妄想用暴力来压制学术思想，徒见其心劳力拙而已！

八、中国古代的法家，尚权威，尊君主，修明律法，信赏必罚。这与儒家的重视道德仁义，固有不同。和近代国家的由人民选举代表组成议会立法，尤不一样。中国古代的法家，不仅主张由政府官吏立法，对于法令的执行和解释，也交由政府官吏去权衡，这就造成了政府官吏，特别是狱吏，可以面对繁杂而苛细的法令，取舍随意，上下其手，贪污渎职，戕害人民。中国古代法家所乐道的“权”“柄”“势”“术”，更使得执法的官吏，视人民如草芥，可以任意宰割人民。卫鞅和李斯在秦朝所实施的所谓法家政治，就是专讲法、术、权、柄、势，不重舆情，不恤民力，形成极权政治、专制政治、暴力政治、虐民政治。经过秦朝这一段不算很长的统治，及其盛也，繁法严刑而天下振；及其衰也，百姓怨望而海内畔，中国人再也没有赞同这一种古代的法家政治的了。

九、春秋战国时代，各族杂居，融合同化，已经进行了五百多年。经过秦朝的统一，诸族共居于同一的版图内，由于生活礼俗的相同，文字的统一，更加上彼此的通婚，高度融合的结果，使宇内诸部族，都朝着一个民族文化方向演进。中国民族文化的基础，遂因此形成。早已名闻世界的中国（CHINA）的国名，亦由秦帝国转音而来。

第四章

刘邦兴汉与王莽篡位

汉高祖刘邦是中国历史上第一个平民出身的皇帝。刘邦四十八岁起兵，五十一岁封汉王，五十六岁称皇帝，六十二岁死亡。自刘邦为汉王，到孺子婴初始元年，被王莽篡夺，史称西汉，计二百一十四年，约当公元前二〇六年至公元八年。

第一节　开国皇帝刘邦

汉高祖刘邦，沛县丰邑中阳里人。隆准而龙颜，美须髯，左股有七十二黑子。豁达大度，喜好施舍。刘邦原为泗水的亭长，常役咸阳，看到秦始皇帝，喟然叹息："嗟乎！大丈夫当如是也。"刘邦为县押送囚徒去骊山，囚徒多于途中逃亡。刘邦自度比至皆亡失，于是解纵所余的囚徒，自己亦亡匿，隐于芒砀山泽之间。秦二世皇帝元年九月，在萧何、曹参、樊哙的策划下，沛县父老杀沛令，立刘邦为沛公，祠黄帝，祭蚩尤旗于沛庭。二世二年九月，楚怀王以沛公为砀郡长，命他领军入关，扫荡暴秦的巢穴。沿途得到彭越、郦食其、陈恢的帮助，拔高阳、陈留、南阳、宛，引兵而西，所过的县邑，无不迎降。次年十月，用张良计，袭破武关，兵至霸上，秦王子婴素车白马，降伏道旁。沛公既入咸阳，封存秦的重宝财物府库以后，还军霸上，诏告诸县父老豪杰："父老苦秦苛法久矣！诽谤者族，偶语者弃市。吾与诸侯约，先入关者王之，吾当王关中。与父老约法三章耳，杀人者死，盗及伤人抵罪。"（司马迁《史记·卷八·高祖本纪》）悉除去暴秦的苛法，诸吏人皆安堵如故。因为抚慰得法，秦人大喜，唯恐沛公不为秦王。

当其时，天下大势在项羽。二世三年十一月，项羽使英布等攻破函谷关，进至戏。项羽有兵四十万，屯鸿门，沛公有兵十万，在霸上，相去四十里。项羽为盟主，领兵屠烧咸阳的宫室，杀秦降王子婴，火三月不息，收其货宝妇女而东。所过无不残破，秦人大失所望。

第二年正月，项羽自立为西楚霸王，王梁楚地九郡，都彭城。立沛公为汉王，王巴、蜀，都汉中。把秦国原有的关中土地，分配给三个降将。章邯为雍王，王咸阳以西，都废丘。司马欣为塞王，王咸阳以东，都栎阳。董翳为翟王，王上郡，都高奴。以楚将瑕丘申阳为河南王，都洛阳。以赵将司马卬为殷王，都朝歌。将原来的赵王歇，徙封代王。以赵相张耳为常山王，都襄国。以燕将臧荼为燕王，都蓟。将原来的燕王韩广徙封辽东王，韩广不听命，为臧荼所攻杀。以齐将田都为齐王，都临淄。以田安为济北王，都博阳。以当阳君黥布为九江王，都六。以楚怀王柱国共敖为临江王，都江陵。以番君吴芮为衡山王，都邾。田荣闻项王立田都为齐王，怒而击杀田都，自立为齐王。西向击杀济北王田安，并王三齐。田荣给彭越将军印，令反梁地。陈余、田荣联兵击败常山王张耳。赵王歇反之赵，立陈余为代王。

汉王至汉中，诸将及士卒怀念乡里，都思东归。韩信亦乘机逃亡，萧何闻讯，赶往把韩信追回来，并且向汉王保举韩信为大将。汉王乃问韩信争取天下的谋略。“信辞谢，因问王曰：‘今东向争权天下，岂非项王耶？’汉王曰：‘然’。曰：‘大王自纠勇悍仁强，孰与项王？’汉王默然良久曰：‘不如也。’信再拜贺曰：‘惟信亦为不如也。然臣尝事之，请言项王之为人也。项王喑噁叱咤，千人皆废。然不能任属贤将，此特匹夫之勇耳！项王见人恭敬慈爱，言语呕呕，人有疾病，涕泣分饮食。至使人有功当封爵者，印刓敝忍不能予，此所谓妇人之仁也。项王虽霸天下而臣诸侯，不居关中而都彭城。背义帝之约，而以亲爱王，诸侯不平，逐其故主，而王其将相；又迁逐义帝，置江南；所过无不残灭，百姓不亲附，特劫于威强耳。名虽为霸，实失天下心，故其强易弱。今大王诚能反其道，任天下武勇，何所不诛？以天下城邑封功臣，何所不服？以义兵从思东归之士，何所不散？且三秦王为秦将，将秦子弟数岁矣！所杀亡不可胜计，又欺其众降诸侯，至新安，项王诈坑秦降卒二十余万，唯独邯、欣、翳得脱，秦父兄怨此三人痛入骨髓；今楚强以威王此三人，秦民莫爱也。……今大王举众而东，三秦可传檄而定也。'”（袁枢《通鉴纪事本末·卷二上·高祖灭楚》）

汉王听信韩信的谋略，部署诸将，引兵而东。下咸阳，围废丘，塞王司马欣、翟王董翳、济南王瑕丘申阳皆迎降。项羽闻讯，准备发兵击汉。当此之时，楚兵仍然最强。张良乃遗书项王：“汉王失职，欲得关中，如约即不敢东。”（袁枢《通鉴纪事本末·卷二上·高祖灭楚》）并且假造齐、梁的反书，使人转到项王的手中，说齐将与赵联兵，共同灭楚。项王因即止兵西行，北向先击齐地。项王密使临江王、衡山王击杀义帝，沉于江中。汉王故为义帝发丧，袒而大哭，哀临三日。汉王旋遣韩信平齐地，立为齐王。以彭越为魏相国，略定梁地。使随何往六，游说九江王英布，叛楚附汉，阻绝楚军的粮道。给陈平黄金四万斤，听其用以离间楚国的君臣，以及项王与诸侯的关系。在汉王政治、心理、军事、谋略、情报、群众的全面攻势之下，韩信击杀了魏王豹、赵王歇、代王陈余和楚国的大将龙且，项王唯一的谋臣范增疽发背死，彭越往来梁地困绝楚兵的粮食，英布又在江南切断楚军的补给线，楚军渐呈不支，多有离散逃亡。汉王五年，勇悍仁强的项王，终于被围垓下，兵少食尽，在四面楚歌声中，无面目还见江东父老，自刎于乌江。

刘邦既灭项羽，略定楚地，诸侯及将相共请尊汉王为皇帝。经过三让，汉王即皇帝位于泛水之阳。以韩信为楚王，都下邳；彭越为梁王，都定陶；韩王信为韩王，都阳翟；吴芮为长沙王，都临湘；英布为淮南王，都淮阴；燕王臧荼，赵王敖皆如故。

“高祖曰：‘列侯诸将无敢隐朕，皆言其情。吾所以有天下者何？项氏之所以失天下者何？’高起王陵对曰：‘陛下慢而侮人，项羽仁而爱人。然陛下使人攻城略地，所降下者因以予之，与天下同利也。项羽妒贤嫉能，有功者害之，贤者疑之，战胜而不予以功，得地而不予人利。此所以失天下也。’高祖曰：‘公知其一，未知其二。夫运筹策帷帐之中，决胜千里之外，吾不如子房。镇国家，抚百姓，给馈饷，不绝粮道，吾不如萧何。连百万之军，战必胜，攻必取，吾不如韩信。此三人，皆人杰也。吾能用之，此吾所以取天下也。项羽有一范增而不能用，此其所以为我擒也。’”（司马迁《史记·卷八·高祖本纪》）高祖发问得很好，高起王陵二人的回答不错，高祖最后的结论，尤为高明。

六年冬，有人告发楚王韩信谋反。高祖听取陈平的计议，伪游云梦，会诸侯于陈。韩信往迎，因即缚住韩信。还至洛阳，赦为淮阴侯。十年，高祖以陈豨为相国，往监赵代的边兵。是年秋，陈豨反，自立为代王，劫略赵代。高祖亲自领军进讨，东至邯郸，令周昌选拔赵地的壮士，封四千户。高祖获悉陈豨的部将大都出身贾人，于是多出金银财物去收买，豨将多降。韩信在长安，谋与家臣诈诏夜发诸官徒奴突袭吕后和太子，因为机事不密，被人告变。吕后与萧何定谋，诈称陈豨已死，给韩信入宫朝贺，吕后斩韩信于长乐宫的钟室。

高祖击陈豨，征兵于梁，彭越称病。高祖怒，使人责让。彭越恐惧。正想往行自谢，高祖已经派遣使者去突袭，囚缚彭越。既而赦彭越为庶人，流放巴蜀。西行至郑的途中，逢吕后，吕后把彭越带回洛阳，对高祖说："彭越壮士，今徙之蜀，此自遗患，不如诛之。"（袁枢《通鉴纪事本末·卷二上·诸将之叛》）高祖于是夷越三族，把彭越的首级挂在洛阳的城头，醢其肉，以赐诸侯。

十一年秋，淮南王英布谋反。高祖虽已染病，仍然强起自将兵。十二年冬十月，高祖与英布大战于蕲西，英布与百余人渡淮走江南。长沙王吴芮使人诱捉英布，杀死于乡民的田舍。高祖还归，过沛，置酒沛宫，悉召故人父老子弟纵酒，酒酣，高祖击筑而歌："大风起兮云飞扬，威加海内兮归故乡，安得猛士兮守四方。"周勃亦于其时悉定雁门、云中地，斩陈豨于当城。高祖听陈豨的裨将说，燕王卢绾亦与陈豨通谋，于是使人去召卢绾，卢绾称病。高祖立皇子建为燕王，以樊哙为相国，使樊哙、周勃将兵击卢绾。卢绾与数千人居塞下，原想等候高祖疾愈，自行入谢。后来听说高祖已经崩逝，遂逃亡匈奴。

第二节　西汉初期的政治

刘邦既为皇帝，称汉高祖。初欲建都洛阳。经过刘（娄）敬的建议，张良的剖释，认为关中左殽函，右陇蜀，金城千里，天府之国，遂车驾西都长安（咸阳）。

萧何出身秦吏，进入咸阳后，独具慧眼，取去秦丞相御史的图书律令。高祖为汉王，萧何为丞相。汉朝的中央及地方官称、法令约束、宗庙社稷、宫室县邑，因而皆沿用秦朝的制度。汉高祖虽亦鉴秦孤立之失，分封子弟功臣，分封外的土地，仍然为郡县，设置守令，一如秦代。

汉高祖刘邦初被拥立为皇帝，群臣饮酒争功，醉而妄呼，拔剑击柱，不成体统。高祖命博士叔孙通参杂古礼和秦制，教起朝仪。七年十月长乐宫成，群臣朝贺，莫不肃敬，无敢喧哗，于是高祖从容说道："吾乃今日知为皇帝之可贵也。"（司马迁《史记·卷九十九·叔孙通列传》）

高祖死，刘盈继立为汉惠帝。萧何死，曹参为丞相，有鉴于伐秦、灭项与平定诸侯的叛乱，连年战争，天下残破；又觉得惠帝的圣武，既比不上高祖，自己的才能，亦不及萧何；乃决定"垂拱""守职"，与民苏息。一切的政事，皆依萧何的成例，不更张，不兴作。

惠帝在位七年崩。后十三，无子。吕太后取后宫美人子，杀其母，立为太子。太子即帝位，因年幼，吕太皇太后临朝称制。吕台、吕禄、吕产、吕通都封为王，吕家势力坐大。吕后称制八年病殁。陈平、周勃、刘章等平定诸吕，迎立代王刘恒，是为汉文帝。文帝是高祖的长子，薄太后所生，因为久居藩邸，知道民间的疾苦。皇后窦氏，喜读黄帝、老子书，主张无为之治，对于她的丈夫文帝和她的儿子景帝，有着很大的影响。

文帝元至三年，匈奴入寇，文帝亲幸太原。济北王刘兴居乘机谋反，发兵欲袭荥阳，大将军柴武领军平定，刘兴居兵败自杀。六年，淮南王刘长谋反，文帝下诏将刘长废处蜀郡，刘长愤恚，不食而死。贾谊认为诸侯王的权力太大，足以破坏国家的统一，非长治久安的良策，上疏劝文帝削弱诸侯王。文帝深纳其言，适逢齐王则死，无子袭爵，于是诏分其位，立悼惠王刘肥六子为王。又分淮南地，立淮南王刘长三子安为淮南王，勃为衡山王，赐为芦江王。于是齐与淮南，国势皆削弱。

文帝元至元年，下诏免除收孥相坐律令："'法者，治之正也，所以禁暴而率善人也。今犯法已论，而使无罪之父母、妻子、同产坐之，及收为孥，朕甚不取。其议之。'有司皆曰：'民不能自治，故为法以禁之。相坐坐收，所以累其心，使重犯法，所从来远矣，如故便。'文帝又说：'朕闻法正则民悫，罪当则民从，且夫牧民而导之善者，吏也。其既已不能导，又以不正之法罪之，是反害于民为暴者也，何以禁之？朕未见其便，其孰计之？'于是有司皆曰：'陛下加大惠，德甚盛，非臣等所及也。请奉诏书，除收孥诸相坐律令。'"（司马迁《史记·卷十·孝文帝本纪》）文帝元至二年，因日食，下诏："令至，其悉思朕之过失，及知见思之所不及，白以告朕，及能贤良方正能直言极谏者，以匡朕之不逮。"文帝元至三年，立窦氏为皇后，诏除诽谤罪："古之有天下，朝有进善之旌，诽谤之木，所以通治道而来谏者。今法诽谤有妖言之罪，是使众臣不敢尽情，而上无由闻过失也。将何以来远方之贤良？其除之。"（司马迁《史记·卷十·孝文帝本纪》）"民或祝诅上以相约结而后相谩，吏以为大逆，其有他言，而吏又以为诽谤，此细民之愚，无知抵死，朕甚不取，自今以来，有犯此者勿听治。"收孥相坐律令和诽谤罪乃是秦法中的最苛扰者，汉承旧贯，沿用了二十七年，到文帝才完全废除。

文帝元至三年，张释之为廷尉。一日，文帝行至中渭桥，有人在桥下行走，乘舆马惊，捕属廷尉。释之奏称："一人犯跸，当罚金。"（司马迁《史记·卷一百二·张释之列传》）文帝不以为然。释之说道："法者，天子所与天下公共也。今法如此而更重之，是法不信于民也。……廷尉天下之平也，一倾而天下用法皆为轻重，民安所措其手足乎？"文帝良久乃说："廷尉当是也。"其后，有人盗取高庙座前的玉环，捕获后下廷尉治罪。释之奏请当弃市。文帝大怒："人之无道，乃盗先帝庙器，吾属廷尉者，欲致族之。而君以法奏之，非吾所以共承宗庙意也。”释之免冠从容答道：“今盗宗庙器而族之，有如万分之一，设令愚民取长陵一抔土，陛下何以加其法乎？”文帝认为答得有理，遂亦允准。汉文帝这一种从善守法的精神，在历代的帝王中很少见到。

文帝元至十三年，齐太仓令淳于意，有罪当刑，系狱长安。淳少女缇萦自伤泣，乃随其父至长安，上书：“妾父为吏，齐中皆称其廉平。今坐法当刑，妾伤夫死者不可复生，刑者不可复属，虽复欲改过自新，其道无由也。妾愿没入为官婢，赎父刑罪，使得自新。”（司马迁《史记·卷十·孝文帝本纪》）文帝读后非常感动，下诏废去天下的肉刑。

文帝在位二十三年，节俭爱民。宫室苑囿狗马服御，无所增益。有不便，或取消，或解禁，以利天下的百姓。尝欲建造灵台，召匠估价，以需费百金而作罢。所幸息夫人，令衣不得曳地，帏帐不得文绣，以示敦朴，为天下先。这样的君主，碰上战乱已靖和平始临的时世，与民苏息，最为适当。文帝的安抚赵佗，减免天下田租，奖励忠孝力田，辟举贤良方正，都是有名的德政，都为天下后世所称颂。

文帝崩，中子刘启立，是为汉景帝。晁错上言：“吴王……即山铸钱，煮海水为盐，诱天下亡人谋作乱，今削之亦反，不削亦反。削之其反亟，祸小。不削反迟，祸大。”（袁枢《通鉴纪事本末·卷二下·七国之叛》）景帝下公卿列侯宗室杂议，众人莫敢争难。未几，楚王戊来朝，晁错又奏说楚王戊往年多不法，请加诛罚，景帝乃下诏削去东海郡。元至二年，赵王有罪，削去常山郡。胶西王卬以卖爵事有奸，削去六县。吴王濞恐削地，于是发谋举事。闻胶西王卬勇悍好兵，亲去胶西面约。胶西王卬遣使阴约齐、菑川、胶东、济南共举事，诸王皆许诺。楚王戊亦因坐罪削地的缘故，与吴王濞通谋。元至三年正月，吴王濞接到削去会稽、豫章二郡的玺书，立即起兵，诛杀境内的汉吏。

胶西、胶东、菑川、济南、楚、赵皆从反。吴王濞发兵二十万，遗诸侯书，罪状晁错。景帝虽然听信袁盎的建议，腰斩晁错，以谢诸王，而吴楚的联军已经进攻梁壁（阵地），不肯罢兵。景帝无可奈何，命太尉周亚夫将兵攻讨。亚夫使弓高侯韩颓唐将轻骑兵出淮泗口，阻绝吴楚联军的后路，切断其粮道。梁国的中大夫韩安国亦持重，数度击退吴兵的进攻。吴王濞引兵西趋下邑，欲与周亚夫的主力决战。周亚夫初仍坚壁不战，等到吴楚粮绝，兵众饥散，然后出精兵去追击。楚王戊自杀。吴王濞走丹徒，为东越人纵杀。吴楚兵反凡三月，至是皆破灭。胶西王邛、赵王遂皆自杀。胶东王雄渠、菑川王贤、济南王辟光俱伏诛。

七国之乱平，景帝乃将任用官吏的大权收归中央，王国大臣，由朝廷指派，不令诸侯王复治其国。景帝在位十六年，省刑罚，收民田半租，三十而税一，尚能继续文帝养民爱民的政治。

汉初四帝一后，高祖在位十二年，连年征战，因袭秦的政制，除去秦法的特别苛暴者而已！惠帝在位七年，颇知垂拱，与民苏息。吕后秉政八年，淫悍狠毒，惟能任使王陵陈平为相，吏治不恶。文帝在位二十三年，爱民仁俭，除肉刑，减赋税，发去诽谤及收孥相坐律令，奖励忠孝力田，征举贤良方正，海内富庶，人民安乐。景帝在位十六年，休息爱民，减省刑罚，民殷国富。汉初六十六年的政治，使一个被战争破坏了的国家，由休养苏息，而民殷国富，乃是因秦政制去秦苛暴的业绩。文帝窦皇后的崇尚黄老之术，无为之治，亦正适切时机，发生极其重大的影响。

汉初诸帝，一再令除秦法的苛暴。对于人民的生计，采取自由放任的态度。当时的社会，便出现了有似战国时代的游侠。他们出身市井，常能不爱其躯，赴人阸困，主持社会的公道。由于以武犯禁，损及政府的权威，文、景、武三帝，都曾给予有力的制裁。

第三节　汉武帝的文治与武功

景帝死，子刘彻继立，是为汉武帝。武帝十六岁即皇帝位，血气方刚，精力充沛，很想有一番作为。当时大汉的国势，经过六十余年的休养生息，民殷财阜，亦可以使他有一番作为。

武帝建元元年，诏举贤良文学之士百数，治《公羊春秋》的董仲舒献议："养士之大者，莫大于太学。太学者，贤士之所关也，教化之本原也。今以一郡一国之来，对亡应书者，是王道往往而绝也。臣愿陛下兴太学，置明师，以养天下之士，数考问以尽其材，则英俊宜可得矣。""春秋大一统者，天地之常经，古今之通谊也。今师异道，人异论，百家殊方，指意不同，是以上无以持一统，治制数变，下不知所守。臣愚以为诸不在六艺之科，孔子之术者，皆绝其道，勿使并进。邪辟之说灭息，然后统纪可一，而法度可明，民知所从矣。"（《汉书·卷五六·董仲舒传》）其时赵绾王臧以文学为公卿，建言立古明堂于城南，以朝诸侯，并拟议巡狩封禅，改历算服色。因为窦太皇太后治黄老之言，不好儒术，使人征得赵王等奸利事，皆下狱自杀。建元六年，窦太皇太后死，田蚡为相，武帝乃得以自主政权，采纳董仲舒的献议，以儒家的思想作为立国的最高指导。明令罢黜百家，表彰儒家的经典。由政府设置五经博士十四人，每一博士设弟子员五十名，选拔优秀的青年，从博士习经。每年举行考试，通一艺以上的，皆得选拔以补官职，成绩优异者，可以任郎官。武帝又在长安建筑学舍，称太学，用以容纳博士及弟子员。诏令郡国皆设立学校，使各地方优秀的子弟能有接受教育的机会。汉武帝企图以儒学教化人民，使能尊天敬祖，敦睦乡里，忠孝诚信，务农力田，造成一个安定而进步的社会。因为中央及地方都设立学校，又有仕途作诱导，于是儒学勃兴。

武帝元光元年，主父偃上书阙下："古者诸侯不过百里，强弱之形易制。今诸侯或连城数十，地方千里。缓则骄奢，易为淫乱。急则阻其强而合从，以逆京师。今以法割削之则逆节萌起，前日晁错是也。今诸侯子弟或十数，而适嗣代立，余虽骨肉，无尺寸地封，则仁孝之道不宜。愿陛下令诸侯得推恩分封子弟，以地侯之，彼人人喜得所愿。上以德施，实分其国，不削而稍削矣。"（司马迁《史记·卷一百一十二·主父偃列传》）武帝接纳，于元朔二年始令诸侯王分封子弟，于是宗室削弱，封建的势力，渐渐变成有名无实。武帝又鉴于郡守专制一方，中央或感鞭长莫及，乃置十三部州，由州刺史督治。至此，汉朝才完成真正的统一。

武帝元光五年，临淄人公孙弘对策说："仁者爱也，义者宜也，礼者履也，智者术之原也。致利除害，兼利无私，谓之仁，明是非，立可否，谓之义。进退有度，尊卑有分，谓之礼。擅生杀之柄，通壅塞之涂，权轻重之数，论得失之道，使远近情伪必见于上，谓之术。凡此四者，治之本也，道之用也，皆当设施，不可废也。得其要，则天下安乐，法设而不用。不得其术，则主蔽于上，官乱于下。此事之情，属统垂业之本也。"（《汉书·卷五·八公孙弘传》）这样的援法入儒，使儒家的仁政思想掺和上法家的权术，正投合青年皇帝的心理，最为希望有所作为的武帝所赏识。武帝拔公孙弘为第一，拜为博士。后复上疏："陛下有先圣之位，而无先圣之名。有先圣之民，而无先圣之吏，是以势同而治异。先世之吏正，故其民笃。今世之吏邪，故其民薄。

政弊而不行，令倦而不听，夫使邪吏行弊政，用倦令治薄民，民不可得而化，此治之所以坏也。”公孙弘的政治生命，有如东升的旭日。及为丞相，卒有能名。

汉朝初年，仍用秦历。武帝太初元年，诏选治历都尉邓平和侍郎尊及民间治历之士二十余人，监修太初历。太初历与夏历的内容，大略相同。平年有十二个月，闰年有十三个月，三年一闰，五年再闰，十七年七闰。自冬至起，至下年冬至，为一个年岁，共有日数三百六十五又四分之三。一年有二十四个节气，使农民可以据节气而操作农事。又用干支纪年、月、日、时。天干凡十位，甲、乙、丙、丁、戊、己、庚、辛、壬、癸。地支十二位，子、丑、寅、卯、辰、巳、午、未、申、酉、戌、亥。天干第一位为甲，地支第一位为子，故其法又称甲子。相传黄帝时大挠以十天干与十二地支相配，得最小公倍数六十，故用以纪日，六十日周而复始。到汉武帝时，又用以纪年，每年一名，六十年周而复始。更用十二支纪月及每日的时辰，每一时辰约当今日的两小时，十分方便而正确。

景帝时，吴王濞反，闽越不从东海从。吴王濞败，东海人诱杀吴王濞，所以景帝不诛东海。吴王濞的儿子驹逃亡入闽越，恨东海杀死他的父亲，唆使闽越击东海，东海乃向汉朝天子告急。武帝建元三年，遣中大夫庄助发兵往救东海，大军未到达，闽越已退兵。建元六年，闽越发兵攻南越，南越王胡告急于汉，武帝遣大行王恢将兵往击闽越，闽越王弟余善杀闽越王郢来降。武帝立无诸孙居股为越王，余善为东越王。

武帝使庄助往谕南越，南越王胡顿首曰：“天子乃为臣兴兵讨闽越，死无以报德。”（袁枢《通鉴纪事本末·卷三下·武帝平两越》）元光四年，遣太子婴齐入京宿卫，在长安娶邯郸女樛氏，生子兴。其后，兴嗣立为南越王，其母樛氏为太后，与汉使安兴少季通好。太后欲依仗大汉皇帝的威望，劝兴臣属。武帝元鼎五年，南越丞相吕嘉弑兴，别立婴齐的孙子建德为王。武帝元鼎六年，诏命路博德为伏波将军，杨仆为楼船将军，举兵击败南越，俘获吕嘉、建德，于是划分南越的土地，设置南海、苍梧、郁林、合浦、珠崖、儋耳、交趾、九真、日南九郡。

南越叛汉，东越王余善请以劲卒八千助汉击南越，兵至揭阳，阴持两端。南越平，余善恐，举众攻武林、白沙、梅岭，屡次打败汉兵。武帝令杨仆出武林，韩说出句章，王温舒出梅岭，三路夹击东越。元封元年，越王居股谋杀余善，率其余众降汉。武帝以闽地险阻，其人反复无常，命令诸将将越族迁移到江淮去居住。

武帝元光五年，使番阳令唐蒙风晓南越，南越食以蜀拘酱。唐蒙问以何所从出？南越告以来自牂柯江。唐蒙回长安，询诸蜀商，蜀两都说由蜀运夜郎，再从夜郎由牂柯江而至南越。唐蒙乃上书武帝，以为自长沙、豫章领兵往南越，水道难行。如以夜郎的精兵，浮船牂柯江，出其不意，则是制越的奇计。武帝以唐蒙为中郎将，将千人，从巴蜀筰关入夜郎。夜郎侯不意汉兵的到来，又且贪汉缯帛，俯首听命。乃以夜郎为键为郡，置守吏。武帝元鼎六年，遣中郎将郭昌、卫广击南夷，诛且兰及邛君筰侯，平南夷为牂柯郡，以邛郡为越俊郡，筰都为沈黎郡，冉駹为汶山郡，广汉西白马为武都郡。武帝元封二年，使王然于风喻滇王入朝，继以郭昌、卫广领大军进抵滇境，滇王举国降，请置吏入朝，于其地设为益州郡。

秦时朝鲜属辽东郡。汉初燕王卢绾反，逃入匈奴。燕人卫满，亡命朝鲜，驱逐朝鲜的国王箕准，自立为王。传至孙子右渠，杀死辽东郡尉涉何。武帝元封二年，出兵征讨。楼船将军杨仆领齐兵，在列水河口登陆。左将军荀彘从辽东率军向鸭绿江出击。元封三年，朝鲜发生内乱，王险城的居民杀死右渠及其大臣成已来降，朝鲜平。武帝分其地为乐浪、临屯、真番、玄菟四郡。

匈奴经过蒙恬的打击，势力大衰。楚汉相争期间，冒顿自立为单于，统一汉北，东破东胡，西逐月氏，南并楼烦，占领河套，进而侵入河北、山西，围困汉高祖于白登。高祖用陈平的秘计，始脱围至平城。冒顿死，老上单于立，自称天之骄子。文帝虽卑辞厚币，胡骑依然不时南下侵扰。文帝十四年，匈奴十四万骑突入萧关，斥堠竟然进到雍州的甘泉宫。诏发车骑千乘，骑卒十万，以张相如、栾布为大将，才将匈奴击退。在此次抗战中，李广立功最多，拜为武骑常侍。景帝立，调李广为上郡太守，守备匈奴。

武帝即位，决定改守为攻，调李广回长安任为卫尉，负责训练新军。元光二年，以王恢、韩安国、李广为将军，统车骑材官三十万匿于马邑的傍谷中，欲引诱捕捉单于。单于发觉得快，迅速避走，汉军追之不及，无功而还。王恢坐首谋不进，下狱自杀。元朔二年冬，匈奴侵入上谷、渔阳，杀掠吏民。武帝遣卫青、李息出云中，至陇西，击走楼烦白羊王，取得黄河以南的土地，立为朔方郡。使苏建领十万余人兴建朔方城，修筑故秦时蒙恬所为塞，劳费甚巨，府库并虚。并且招募民户十万口，徙实朔方。此次大胜，北方始有险可守，也使得汉军有一个稳固的前进基地，执行其以攻为守的战略。元朔五年，大将军卫青将六将军，兵十余万人，出朔方高阙，获首虏一万五千级。元朔六年，卫青出定襄，斩首三千余级。大将军绝幕，大有克获。惟赵信兵败，降匈奴。苏建亡军，独身脱逃。元狩二年，霍去病过焉支山千里击匈奴，得胡首虏万八千余级，得休屠王祭天金人，匈奴浑耶王率其众四万降汉。从此陇西、北地、河西很少受到胡骑的寇掠，去西域的道路，亦得以开通。匈奴因为亡失过甚，退到外蒙古的北部，漠北无王庭。武帝并于浑耶王故地，置酒泉、武威二郡。元狩四年，大将军卫青将四将军，出定襄，将军霍去病出代，各将五万骑，步兵踵军后数十万人。青至幕北围单于，斩首万九千级。去病与左贤王战，斩获首虏七万余级。李广、赵食其失期，广自杀，食其赎死。汉军虽然获得胜利，出塞之初原有公私马十四万匹，复入塞时，不满三万匹。将卒的牺牲，众达数万。天汉二年，武帝又使贰师将军李广利出酒泉，击匈奴，斩首万余级。天汉四年，李广利出朔方，无所获。征和三年，李广利出五原，被俘降匈奴。武帝征伐匈奴，前后十一次，历时四十四年，斩获匈奴丁壮二十万，辟地二千余里。匈奴势衰远遁。

武帝元朔三年，匈奴降人言大月氏居故敦煌、祁连间，本为强国，后来被冒顿攻破，老上单于杀了月氏王，以其头为饮器，余众遁逃远去，怨恨匈奴。武帝诏命汉中张骞出陇西，通大月氏。道经匈奴，被单于捕获，留十余岁，乘间亡走大宛。大宛羡慕汉的财饶，护送张骞经康居而抵大月氏。其时大月氏已定居大夏的领地，肥饶少寇，欠缺收复故土的意志。张骞不得要领，欲从羌中归，又为匈奴所捕捉，留岁余，乘间与堂邑氏奴甘父逃归长安。张骞具言西域风俗。大宛土著耕田，多葡萄、苜蓿，有汗血马。乌孙、康居、奄察、大月氏皆行国，随水草牧畜，与匈奴同俗。大夏、身毒、安息皆大国，多奇物，土著颇与中国同业。凭着大汉的兵强财富，厚结恩信，则可广地千里，威德遍于四海。武帝颇以为然。元鼎二年，张骞建言用厚币结赂乌孙，招其东归浑耶王的故地，与汉结为昆弟，则是断匈奴的右臂。武帝拜张骞为中郎将，将三百人，马各二匹，牛羊以万数，金帛数千巨万，张骞到乌孙后，分遣副使去大宛、康居、大月氏、安息、大夏、身毒、于阗及诸旁国。乌孙虽厚汉，然亦不敢侵犯匈奴，没有东来的意思。张骞回国，拜为大行。张骞派出去的副使，也都带着各国的使者来长安，西域始通于汉。元封六年，武帝以江都王女细君下嫁乌孙王昆莫，后来改嫁昆莫的孙子岑娶。安息和诸小国都随汉使到长安贡献方物，武帝大悦。

太初元年，武帝以李广利为贰师将军，发属国六千骑及郡国恶少年数万人往伐大宛，期至贰师城取善马（天马、汗血马）。太初三年，大宛贵人共杀其王母寡，持头约降。李广利取其善马数十匹，中马三千余匹，并且立其贵人名昧察者为大宛王。太初四年春，李广利还至长安，所过小国，皆使其子弟跟从入贡，为质于汉。自汉军攻破大宛，西域三十六国，莫不震惧。大汉的声威，已经远逾葱岭了。

第四节　西汉帝国的衰落

西汉的国运，至武帝而登峰造极。但衰落的种子，也在其时埋伏下来。

因为不断地对外战争，开疆拓地，筑城戍守，造成妻离子散，远地亡魂，对民间是一个很大的祸害。由于战争的消耗，特别是对匈奴的连续用兵，不仅把汉初六十除年的积储扫数用光；甚至重用桑弘羊、张汤等善于理财的大臣，想尽种种方法，盐、铁、酒由政府专卖，实行均输法与平准法，于田赋、口赋、算赋、献赋、市赋之外，还征收车税和算缗（货物税），仍然不敷支应。元朔六年，武帝“许民纳钱买武官爵或赎罪”（《汉书・卷二四・食货志》）“令诸民得人粟补吏及罪以赎”。这是中国史上卖官鬻爵的开始，对于当时的吏治、司法和社会风气，贻害甚大，对于天下后世的影响，亦至恶劣。

武帝好巡游，风尘碌碌，劳疲天下。好建筑，靡费财用，府库困乏。好神仙，宠任方士李少君、少翁、樊大，误信“闹灶则致物，致物则丹砂可化为黄金，黄金成以为饮食器则益寿，益寿则海中蓬莱仙者可见，见之以封禅则不死”“黄金可成，河决可塞，不死之药可求，仙人可致”，荒唐怪诞。后来虽感厌怠，然终羁縻弗绝。晚年任用佞臣江充，伺察王公贵戚近臣，导致巫蛊之祸，造成宫廷的悲剧。陈皇后宠衰，忧郁伤殁。卫皇后、太子据、丞相公孙贺父子等数万人，皆被冤死。

武帝在位五十四年而崩，子弗陵八岁继立，是为汉昭帝。霍光、金日磾、上官桀同受遗诏辅政。次年，金日磾病死，上官桀被诛。霍光乘武帝府库空虚、海内穷困之后，采纳杜延年的建议，轻徭薄赋，问民疾苦，议盐铁，罢酒酤，举贤良，和匈奴，推行孝文的政治，示天下以节约，真不负武帝的托孤，亦是昭帝的良臣。

昭帝在位十二年而崩，无嗣，霍光迎立昌邑王贺。贺既立，淫戏无度，狂纵无节，在位二十七日，为霍光废去。霍光又迎立武帝的孙子病已，更名询，继嗣昭帝，是为汉宣帝。

宣帝微时，养于民间，深知乡里的奸邪，吏治的得失。即位时年十八，尊荣霍光，一切听从霍光。霍光死，始亲政。对内澄清吏治，使民安居乐业。对外经略西北，巩固边圉。宣帝最重视郡守，如发现有治绩良好，即以玺书勉励，增秩赐金，或爵关内侯。公卿出缺，则选增秩进爵者，依次递补。宣帝亦严明赏罚。地节三年下诏：“有功不赏，有罪不诛，虽唐虞，不能化天下。”（司马光《资治通鉴·卷二十五·孝宣皇帝》）由于宣帝的信赏必罚，综核名实，所以吏治清明，政平狱理。宣帝用兵西域，定鄯善，平车师。用兵匈奴，降服呼韩邪单于，斩杀郅支单于。命赵充国屯田羌中，羌多降附。国力的稍耗，不算太多。所得到的成就，超过他的祖父（武帝）。

宣帝在位二十五年崩，子刘奭二十七岁即位，是为汉元帝。大司马史高以外戚居首辅，没有才略，所有军国的大事，全赖萧望之和周堪裁决。刘向和金敞为左右拾遗，亦多献议。后来史高勾结宦官弘恭、石显，开始了外戚宦官共同祸国的乱端。萧望之自杀，周堪疾瘖而卒。石显用事后，勾结五鹿充宗。在朝的正人君子，非死即废。政无大小，都由石显裁决。石显外交郡国，内乱法度，吏治因而败坏，社会的风气亦大受损害。

元帝在位十六年崩，子刘骜十九岁嗣位，是为汉成帝。成帝生母王政君，因即以元舅王凤为大司马大将军录尚书事。此后的大将军职位，迭属王氏。王凤没，王音代。王音没，王商代。王商没，王根代。王根病危，王莽代。河平二年，成帝封舅潭为平阿侯，商为成都侯，立为红阳侯，根为曲阳侯，逢时为高平侯，五人同日封，世谓五侯家。王氏代汉之局，由此以定。成帝体质强壮，状貌魁伟。为太子时，喜欢女色。即位后，初宠许皇后，继喜班婕妤，后来微行至阳阿公主家，看到歌姬赵宜主（飞燕），惊为奇遇，即拜婕妤。其妹合德，肌肤莹泽，恣性醖粹，入宫数日，亦拜婕妤。赵氏姐妹得宠十余年，姐为皇后，妹为昭仪。成帝卒因酒色过度，暴死于昭仪的嫔馆。

成帝无嗣，立定陶恭王的儿子刘欣为太子，十八岁即帝位，是为汉哀帝。尊其祖母傅氏为定陶皇太后，母丁氏为定陶皇后，尊元帝王皇后为太皇太后。立五日，以傅太后从弟傅宴女为皇后，封傅宴为孔乡侯。以舅父丁明为大司马大将军、阳安侯。遣王根就国，免王况为庶人，尽罢去王根、王商所荐举的官吏。后来又罢黜王莽，贬斥师丹、孔光。丁傅以外戚用事，骄纵不法。哀帝又宠幸董贤，出则参乘，入卫左右。诏董贤妹为昭仪，位次皇后。迁董贤父为少府，赐爵关内侯。以董贤妻父为将作大匠，弟为执金吾。董贤二十二岁，进为大司马大将军，位列三公，掌兵马的大权，真正是古今的奇遇。哀帝有一次置酒麒麟殿，竟从容道及欲德尧禅舜。经过王闳的直言奏阻，天下乃是高皇帝的天下，陛下承宗庙，应该传子孙于无穷，统业至重，天子无戏言。哀帝始默然。

汉代重视农耕，提倡水利，赵拙开始使用耕牛，又发明代田法，农业的生产有了突破性的发展。武帝开通西域后，石榴、葡萄、胡桃、胡豆、苜蓿、胡瓜、胡麻、胡椒、胡蒜、菠菜等传入中土，亦对农业发生刺激的作用。由于农产发达，民户大增，到哀平时，全国将近六千万口。汉承秦制，土地准许人民私有。中叶以后，土地兼并的现象愈演愈烈。汉初文帝、景帝的一再减免租赋，受益的是大地主，真正耕种的农民，好处不多。而一般贫苦的佃农，食指浩繁，兼有徭役之苦。更由于天下升平，手工业发达，矿业、制盐、布匹出产丰足；长安、洛阳、邯郸、临淄、宛、成都六大城市兴起，市廛繁华；大商人富埒王侯，亦引起社会的不平。汉朝虽一再宣称重农抑商，究其实际，被政府所贱视的商人，颇多交通王侯，权势倾天下。为政府所尊荣的农民，颇多终岁劳苦，而不得温饱。有识之士如师丹等虽曾提出限民名田的主张，终因为损及官僚地主的利益，空雷不雨，久无成议。对于大商人的垄断物价，生活豪奢，也没有抑制的办法。加上元帝时的宦官乱政，成帝时的外戚乱政，哀帝时的佞臣乱政，吏治败坏，民生叫苦，人民对于大汉帝国的信心，已经动摇。

其时，民间盛行着五德终始的说法，认为天下没有万世不易的帝系，天道循环，汉运当终，应该将皇帝位让给新起的圣人。

第五节 新莽篡汉

王莽是一个有政治野心的伪君子，年轻的时候，故意结交士人，装作出孝亲、节俭、谦逊的姿态，邀取时誉。成帝时，封为新都侯，代王根领大将军，秉国政。哀帝立，为丁傅所排挤。哀帝在位六年死，无嗣，太皇太后王政君与王莽议立九岁的箕子为皇帝，改名衎，是为汉平帝。王莽以大司马专擅朝政。

王莽重掌朝政，一面排除异己，一面收揽人心。追贬傅太后为定陶恭王母，丁太后为丁姬，丁傅子弟俱免官，放归乡里。贬斥成帝的赵皇后、哀帝的傅皇后，都使恚愤自杀。王莽诸父有与莽不协者，都使就国。朝臣稍有违莽者，均免官。王莽的长子王宇同情平帝母舅，使吕宽夜晚持血洒莽第宅，欲因王莽的惊惧，而让平帝的母亲卫太后与舅父卫宝入京，为门吏发觉。王莽连亲生的儿子也不顾，执王宇送狱，饮药而死。并且穷治党羽，牵连吴章、何武、鲍宣、王仁、王立、王安、辛茂、敬武长公主以及汉室的直臣、郡国的豪杰，约数百人，皆弃市。王莽对于朝廷的列侯，不吝封赏。京师置灵台、辟雍、明堂。郡国县乡广设学校。赏赐平民田宅耕牛。遇地方大旱，免租税。恶疫流行，赐医药，死者赐葬。于是当时社会各阶层的人士，皆赞誉王莽正在实施儒家的仁政。

王莽不准平帝的母亲卫太后入京，并且杀害卫太后的家族，引起平帝的怨恨；王莽于是一不做，二不休，毒杀平帝，另立年才两岁的刘婴为皇太子，号孺子。其后，王莽造作符命“告安汉公莽为皇帝”，令党羽王舜送呈太皇太后。王政君虽然不同意，但已不能制，只好使王莽摄政，如同周公辅成王的故事。

王莽既摄政，篡位的形势已成。时有宗室广饶侯刘京，上献新符命“摄皇帝当为真”。梓潼人哀章亦造作“天命行玺金策书”，言王莽当为真天子。王莽遂命王舜向王政君强索国玺，自即真天子位，建元始建国，改国号曰新。王莽继又以符命拜王舜、平晏、刘歆、哀章、甄邯、王寻、王邑、甄丰、孙建、王兴、王盛十一人为四辅、三公、四将。其中王兴为守城门的小吏，王盛为卖饼者，二人凭空贵显，真正是符命政治的幸运儿。后来甄丰的儿子甄寻亦假托符命，想要新皇室主。新皇室主原是平帝的皇后，王莽的女儿，王莽因而大怒，杀了甄丰、甄寻、刘歆、刘棻及丁隆等数百人。

王莽初以伪装儒家的仁政，获得虚誉，继因符命，篡夺帝位。于是泥古不化，实施许多复古的新政。第一是实行封建。减全国为九州，增郡数为一百二十五，增县数为二千二百零三。九州以远近分为六服，每服为一千八百诸侯，号为万国。第二是恢复井田。更名天下田曰王田，不许买卖。人民男口不满八而田过一井九百亩者，分予九族邻里乡党。敢有批评井田圣制者，投诸四裔。第三是改官名官制。中央有四辅、三公、四将、九卿、二十七大夫、八十一元士，分置中都官诸职。改郡守曰大尹，都尉曰太尉，县令长曰宰，御史曰执法，公司马曰王路。郡县名称，亦屡次更改。第四是制定新经济政策。盐、铁、酒、铸钱、名山大泽物资、五均赊贷，由国家经营，不准商贾把持牟利，称六筦。渔猎、牧畜、蚕丝、纺织、工匠、医巫、卜祝、商贩，各按净利什一取税，称工商税。田地荒芜不耕，住宅不种桑麻、果木、菜蔬，及城郭中的空地，各出三倍的租税，称不生产税。第五是改革货币。以金、银、铜、龟、贝作币，称五物。新币名称有金、银、钱、布、龟、贝六种，称六名。计金一、银二、龟四、贝五、钱六、布十，共二十八品。第六是解放奴隶。下诏称奴隶为私属，禁止买卖。

王莽的复古新政，如解放奴隶，恢复井田，或不无人道主义的理想。唯一味复古，没有考虑古代社会与当时社会的异同，不知正本清源，因势利导，徒事打击压制，遂致效益未见，危害已生。且推行新政，必须有得力的忠实于新政的干部。王莽假托符命，左右皆阿谀奉迎之辈，只知乘机窃权取利，何来办理新政的人才？何况恢复井田，与在朝公卿大夫及郡县豪强的利益，都相抵触，安肯踏实执行？六筦，即今日的公卖事业。当时未能有计划地划分公营和私营，以及私营移转公营的补偿，公营既未能办好，对原有的私人经营者则打击太大。工商税和不生产税迹近苛杂，调查申报缴纳，扰民太甚。改革币制，品位太多，又防止不了私铸，酿成民间计算的混乱。增加郡县的数目，变更郡县的名称，改易官制官名，徒使公文投递，增加困难，何利之有？加上虚名的更改，无端引起匈奴、句町、高句丽的反抗和叛乱。内外交迫，新朝的威望大受顿挫。

自王莽篡汉，十余年来，各地旱灾、蝗灾、河决，祸害频仍。青、徐、荆等州的居民数十万，流入关中。地方将吏，剿抚无策。饥民与盗贼合流，逐渐形成几股强大的反王莽势力。刘玄初号更始将军，继称更始皇帝。更始倾军西进，王莽的兵众不能拒阻。更始的军队从宣平门入，长安城中的少年举火内应，烧及掖庭。王莽避入渐台，众兵围数百重，商人杜吴杀王莽。

第六节 评鉴

一、刘项相争，刘邦胜，项羽败。项羽见人恭敬慈爱，言语呕呕，勇冠三军，千人皆废，竟至兵困垓下，自刎乌江。从来读史的人，多有替其惋惜！刘邦虽亦善战，逊羽实多，傲慢、好色、贪欲，乃是市井流氓型的小人物。然信任萧何，粮秣无虞。得张良、陈平，多奇谋异计，数能转危为安，变弱为强。用韩信、彭越、英布，使项羽疲于奔命。至若约降秦守吏，与父老约法三章，尤收有抚慰人心的功效。比诸项羽的屠烧咸阳，所过残破，有一范增而不能用，远为高明。项羽是战将，刘邦懂得政治，以政治的全面对付军事的点线，此所以项羽虽百战百胜，而不能避免最后的失败。

二、秦始皇的废封建，设郡县，乃是中国政治的一大进步。汉高祖六年冬，自以为天下初定，子幼，昆弟少，有鉴于秦代的因为孤立而丧亡，于是大封同姓，用以镇抚天下。以淮东五十三县，立从兄将军刘贾为荆王。以薛郡、东海、彭城三十六县，立弟文信君刘交为楚王。以云中、雁门、代郡五十三县，立兄宜信侯刘喜为代王。以胶东、胶西、临淄、济北、博阳、砀郡七十三县，立微时外妇子刘肥为齐王。七年，立皇子如意为代王，后徙赵王。十年，立皇子恒为代王，皇子恢为梁王，皇子友为淮阳王，皇子长为淮南王，兄子濞为吴王。汉高祖的分封同姓，原是出诸家天下的私心，希望辅车相依，屏藩皇室。但其结果，真如当年李斯所说："周文武所封子弟同姓甚众，然后属疏远，相攻击如仇雠。”汉文之时，有济北王、淮南王的谋反。景帝之时，有七国的叛乱。一直至汉武帝接受主父偃的上书，令诸侯王得推恩分封子弟，于是诸侯削弱，封建的势力，才渐渐变为有名无实。以刘邦的圣明天纵，岂其智慧不若贾谊、晁错、主父偃？因为有一私字作梗，虽明智亦变成暗愚了！

三、汉武帝即位，诏大臣荐举贤良方正直言极谏之士。武帝亲自策问古今治乱之道。奉诏对策者百余人，广川董仲舒的天人三策，最为称旨。武帝重视其才学，派为江都王及胶西王相。建元六年，武帝乃采纳董仲舒的对策，明令罢黜百家，表彰经典。从此儒家的学术思想（五经）支配了中国学人的观念与行为，中国文化和儒家学说如同血肉的难以分离，儒家思想渐渐变成中国的道统。可以想象得到的，儒家的思想学术在汉初定必已经普遍受到社会人士的欢迎。否则，汉武帝不会接受董仲舒的建议。但是，我们仍应该崇敬汉武帝、董仲舒是中国历史上划时代的人物，对中国文化，对儒家思想，共同做了一个不可磨灭的贡献。

四、秦始皇信用狱吏，重视法令，焚烧诗书百家语，偶语诗书者弃市，诽谤者族。汉武帝尊崇儒术，罢黜百家。他们的出发点和最后目标，都在统一学术思想，造成人心的望治，使全国的人民跟从政府，共同来建设富强的国家。然而秦皇失败，汉武成功。第一，二者所尊崇的客体不同。法令从去非着眼，侧重于腐恶的铲除；儒术从伦理出发，照顾着整体的人生。狱吏多刻薄寡恩，欠缺真挚宝贵的感情；儒生重道德感化，充满积极奋发的朝气。第二，二者所采用的方法有异。秦始皇苛暴，有敢偶语诗书者即弃市，以古非今者即族。汉武帝尊崇儒术，设立博士弟子员，凡通一艺以上者，得选以补官职。一以刑罚，一以诱导，此所以影响亦有别。

五、晚近颇多知识分子，倡议学术自由，认为汉武帝以儒术为利禄之途，对于中国学术的发展，极为不利。在他们的心目中，学术不能与政治相结合，一结合，就会损伤学术的自由，阻碍学术的进步。殊不知学术者，人类宝贵经验的结晶。经验的所以宝贵，乃在其可以作为解决当前及将来众人之事的参考。如果学术无用或不用于当时和后世，此学术有何值得宝贵？做官乃是国民对于国家社会的服务，一个人用其所学，做些有益于众人的事情，这是高度的政治责任与道德勇气的表现，有什么不好？对于学术的发展，又有什么不利？如果认为服务国家社会为利禄，这利禄又有什么不对？至于少数学优则仕者，一旦居官，便头脑昏昏，忘记他的所学，舍弃服务人群的大义，热衷于禄位的苟全与权力的征逐，此乃少数人的见利忘义，公允的观察者不可以偏概全。

六、文景两朝，民殷国富，后人多有归功文帝窦皇后的喜好黄帝老子书。汉武帝的文治与武功，彪炳史册，后人亦多归功董仲舒的献议尊崇儒术。平情而论，汉初的与民苏息，确实受有黄老之术的影响。春秋的大一统思想，亦有助于汉武帝的文治与武功。但法家对于西汉的贡献，仍然不应抹去。汉继秦而有天下，政制法令，多沿秦习，法家的严明赏罚，仍然承袭下来，汉初四帝，不过除去秦法的特别苛暴者而已！我们固应赞美汉初的与民苏息，亦不可忘记汉初仍然沿用秦法来约束人民，巩固统治。马邑之役，未能擒单于，汉武帝欲罪王恢，虽有皇太后的讲情，坚执“今不诛，无以谢天下”。王恢遂自杀。汉法至严，盖原于秦。至若汉武帝欲立弗陵，先杀钩弋夫人，如果汉武帝真正尊信儒术，何忍出此！汉宣帝信赏必罚，升黄霸，迁张敞，腰斩赵广汉，弃市韩延寿。皇太子见其所用多法吏，以刑名绳下，利用陪从吃饭的时机，从容说道：“陛下持刑太深，宜用儒生。”（司马光《资治通鉴·卷二十六·孝宣皇帝》）宣帝作色。“汉家自有法度，本以霸王道杂之，奈何能用清教？”最能道出汉代政治的底蕴。

七、文景两朝的政治，史家传为美谈，乃是以法家的政制、儒者的存心，加上黄老之术，灵活运用而获致的。汉继秦而有天下，政制法令多仍其旧，汉高祖的约法三章，悉除苛暴而已！文景二帝，对人民心存宽厚，窦皇后的黄老之术，更是对人民的一种放任主义，不干扰、不限制，让人民自由地耕作、买卖和营生。二朝受其影响，减少了不肖官吏对于人民的侵夺和祸害，老百姓乃得以休养生息，恢复元气。文景二帝，对官吏却采取重罚主义，四十年中，王侯多有因犯法而除国，有功将相多有因细故而赐死。景帝心思缜密，对官吏尤为刻削，遂使奸邪不敢造伪饰非，侵害人民。不若秦代的法出而奸生，令下而诈起，自然地走向经济繁荣、民生安乐了。

八、汉朝的主要敌人是匈奴。汉高祖以三十万的大军，竟至被围白登。高祖死，冒顿遗书辱吕后。文帝、景帝时，一面和亲，一面备战，虽然边境屡被寇盗，形势险恶，然所亡失，亦不甚多。武帝伐匈奴，王恢、卫青、霍去病、李广利等人，出塞十一次，前后四十四年，杀死匈奴丁壮二十余万，匈奴避走漠北。但汉家的损失，亦至府库空虚，马少不能再出塞。迨宣帝时，始因匈奴的内讧，呼韩邪降汉，甘延寿、陈汤击杀郅支单于，解除了北方的边患。由是知民族间的问题，最需要友好和平地解决。如能和平相处，以我的政教和礼俗，使彼向化，自属最佳的途径。彼我和平共存，文化交流，经济互惠，各蒙其利，是为上策。彼凶残，我守礼，彼入侵，我有备，以雄厚的武力作为谈判的后盾，以外交的运用使彼不敢对我用兵，不失为中策。至若乘一时的恚愤，发倾国的兵众，图以武力制伏敌人，虽胜敌人，我亦疲弊，万一失算，追悔无及，最为下策。

九、汉武帝刘彻，十六岁即皇帝位。因为承袭文景二朝的休养苏息，国力雄厚，再凭着他自己的充沛活力，于是大有作为。但也真因为初期事业的顺利，使得他好大喜功的性格发展到极限。具有这种性格的人，最难适应家庭感情的生活。陈皇后宠衰，卫皇后冤死，王夫人、李夫人病故，钩弋夫人赐死。具有这种性格的人，常会做出出人意表的决断。为断匈奴右臂而交通西域，为控制南越而征服西南夷，为这一类勤远略而支出的费用，实在太大。表面的一时的成功能不能抵补真实的国力的损耗？从来读史者多有怀疑。幸好汉武帝重用霍光，托孤得人，不若其前代秦始皇帝的错用李斯、赵高，造成亡国的悲剧。汉武帝元朔六年的“许民纳钱买武官爵或赎罪”及“令诸民得纳粟补吏及罪以赎”，更是为祸当时，亦给天下后世留下了最坏的恶例！

十、王莽三十八岁为大司马以前，折节力行，以要名誉，宗族称孝，师友称仁。辅政哀、平二朝，勤劳国家，政声益显。后来所以篡夺帝位，一由成帝的放纵，一因哀帝的刺激。等到毒死平帝，选立二岁的孺子，则其居心窃国，已是昭然若揭。王莽虽有佞邪的小聪明，终乏理民的真本领，不十四年，及身而亡。盖其假托符命，得来非正；食古不化，徒滋困扰；群盗并起，剿抚无策，一个无能处理众人之事的政权，不亡何待？

十一、汉朝的土地，可以自由买卖。到后来，土地兼并的现象，愈演愈烈。汉朝的皇帝多以减免田赋为德政，得到好处的乃是大地主和自耕农，一般贫苦的佃农，并没有享受德政的实惠。加上长时的升平、农、渔、矿、煮盐和制造业都非常发达，城市中出现了颇多豪富骄奢的大商人。而农村中则因为土地兼并，人口激增，使得贫穷的小民终岁劳苦，不得温饱。这就造成社会人心的不平，五德终始之说，也就广为流传开来。王莽既代汉，面对着这般的社会现实，颇思有以改革。可惜他食古不化，妄想以井田消除兼并，以六筦、增税抑制豪富。殊不知三代的井田圣制，只能实行于地广人稀的时世。西汉末叶，地狭人稠，手工业和商业发达，根本不具备恢复井田的条件。纵欲有所兴革，亦只能师其意，不能行其法。六筦是由政府主持独占性的工商业，亦即今日的公卖（营）。但公卖公营的目的应该是发达国家资本，绝不是借端扼杀既有的私人资本。增税是政府最可靠的财源，然亦有其限度；超过限度，老百姓便无法忍受了。抑有进者，新政的推行，以有健全的忠诚干部为其必需的条件。王莽假借符命篡国，得来非正，哪来如许公忠体国的人才？贫民、饥民、群盗、地主和商人联合起来的巨大的反王莽势力，终于吞灭了新朝。

第五章

光武中兴
与曹丕篡汉

王莽以外戚擅专朝政，并且假托符命而登上皇帝位。因为食古不化，新政苛扰，益以连年灾荒，哀鸿遍野，统治下的人民逼于生计，纷起反抗。绿林、赤眉、铜马，各据州郡。汉景帝的六世孙刘秀，起兵舂陵。因能任用贤才，仁慈爱民，军行有纪，遂能战胜昆阳，平河北，破赤眉，定陇蜀，中兴汉室，建都洛阳，是为东汉光武皇帝。自东汉光武皇帝即位鄗南，至献帝延康元年禅位与魏，共有一百九十六年，约当公元二五年至二二〇年。

第一节　儒生皇帝刘秀

东汉光武皇帝刘秀，南阳舂陵人。父名钦，母樊氏，长兄縯，次兄仲，姐元。父母早丧，兄弟姐妹四人俱由叔父刘良抚养长大。刘縯性刚毅，慷慨有大节，不事家人生产，交结天下雄俊。刘秀隆准日角，喜稼穑，为儒生，好文章。儿时碰到新野阴丽华，淡妆素服，姿容韶秀；后来游学长安，看见执金吾的车骑甚盛，退而自书：仕宦应作执金吾，娶妻当得阴丽华。刘秀尝与姐夫邓晨，造访学过图谶的蔡少公。少公说有名刘秀者当为天子。其时王莽的国师公刘歆，小名为秀。有人因说图谶所指，可能是国师公刘秀。刘秀戏道："何庸知非仆也？"（袁枢《通鉴纪事本末·卷五下·光武中兴》）听到的人，皆大笑。

地皇三年秋，新市、平林兵起，南阳骚动。刘縯兄弟与诸豪杰亦计议起事，得诸家子弟七八千人。刘縯使刘嘉招说新市、平林，与其帅王凤、陈牧联兵。旋因分财物不均，新市、平林欲攻诸刘，刘秀敛集宗人所得的财物，悉数给予新市、平林。后来进兵到宛城，与甄阜、梁丘赐交战，诸刘大败，刘秀的次兄仲、姐元，皆战死。新市、平林见到汉军战败，俱欲解去。刘縯自与下江主帅王常会于宜秋，说以联合作战的利益，王常即引兵与汉军及新市、平林会合。于是诸部同心协力，锐气益壮。汉兵与下江兵共同进击，斩甄阜、梁丘赐，杀士卒二万余人。其时舂陵戴侯的曾孙刘玄亦在平林军中，号更始将军。汉兵既盛，诸将欲立刘氏以从人望。新市、平林将帅乐放纵，惮忌刘縯的威名，贪喜刘玄的懦弱，先共定策，拥立更始将军刘玄为更始皇帝。

王莽闻宛城兵败，遣司空王邑、司徒王寻发兵四十二万，号百万，以长人巨无霸为垒尉。诸将见到王邑、王寻的兵众强盛，畏惧不敢战，退回昆阳，惶怖忧恐，皆欲散去。刘秀劝说诸将并力御敌，才可战胜立功，复为图画成败，诸将皆许诺。刘秀自将步骑千余为前锋，去大军四五里而阵。王邑、王寻亦遣兵数千来合战。刘秀急奔袭，斩首数十级。诸将喜道："刘将军平日见小敌却，今见大敌勇，甚可怪也。"（袁枢《通鉴纪事本末·卷五下·光武中兴》）刘秀又率敢死者三千人，从城西水上冲其中坚，王邑、王寻阵乱，汉兵乘锐杀王寻。王莽的兵众大溃，走者相腾践，伏尸百余里。王邑独与所将长安勇敢数千人还洛阳，关中震恐。于是海内的豪杰，多有杀其牧守，用汉年号，以待诏命。

新市、平林诸将，以刘縯、刘秀兄弟威名日盛，阴劝更始除去。更始乃与诸将陈兵数千人，先收刘縯的部将刘稷，刘縯固争。李轶与朱鲔因劝更始并执刘縯，立即诛死。刘秀闻讯，自武城驰诣婉谢，不敢为大哥刘縯服丧，饮食言笑如平常。更始因而内惭，拜刘秀为破虏大将军、威信侯。

更始以刘秀为司隶校尉，使往整修宫府。其时三辅的吏士迎更始，见诸将行过，皆冠帻而服妇人的衣裳，莫不哗笑。待看到司隶的僚属，衣冠整洁，威容甚壮，皆欢喜不自胜。老吏或垂涕说："不图今日复见汉宫威仪。"（袁枢《通鉴纪事本末·卷五下·光武中兴》）由是识者皆属心刘秀。

更始复以刘秀行大司马事，持节往河北，镇抚州郡。刘秀到河北后，所过郡县，考察官吏，黜陟能否，平遣囚徒，除去王莽的苛政，恢复汉朝的官名。吏民喜悦，争持牛酒来迎劳。邯郸有一个卖卜者名叫王郎，诈称自己是成帝的儿子，自立为天子，移檄州郡。赵国以北，辽东以西，皆望风响应。更始二年，刘秀北循蓟地，拔邯郸，斩王郎。更始于是立刘秀为萧王，悉令罢兵。耿弇向刘秀进说："百姓患苦王莽。复思刘氏，闻汉兵起，莫不欢喜，如去虎口，得归慈母。今更始为天子，而诸将擅命于山东，贵戚纵横于都内，虏掠自恣，元元扣心，更思莽朝，是以知其必败也。……天下至重，公可自取，毋令他姓得之。"（袁枢《通鉴纪事本末·卷五下·光武中兴》）刘秀乃辞以河北未平，开始不接受更始的命令。

更始二年，铜马、大彤、高湖、重连、铁胫、大枪、尤来、上江、青犊、五校、五幡、五楼、富平、获索等各领部曲，合百数十万人，所在寇掠。刘秀拜吴汉、耿弇为大将军，持节发幽州的突骑。吴汉将二十骑先驰至无终，收斩苗曾。耿弇到上谷，立除韦顺、蔡充。北州震骇，悉发其兵。刘秀击铜马于鄡。吴汉将突骑来会清阳，士马甚盛。刘秀复以朱浮为大将军幽州牧，使治蓟城。铜马食尽夜遁，刘秀追破于定陶及蒲阳，铜马、高湖、重连俱降。刘秀封其渠帅为列侯，诸将未能信，降者亦不自安。刘秀知其情意，悉令降者各归营勒兵，自乘轻骑，按行部队。降者皆相语道："萧王（刘秀）推赤心置人腹心，安得不投死乎？"（袁枢《通鉴纪事本末·卷五下·光武中兴》）由是皆服。刘秀以降人分配诸将，遂有兵数十万。刘秀复引军进击，大破青犊、上江、铁胫、五幡十余万众于射犬。刘秀南徇河内，河内太守韩歆开城迎降。

刘秀料定赤眉必破长安。拜邓禹为前将军，分麾下精兵二万人，遣西入关；拜寇恂为河内太守行大将军事，筹军粮，厉士马；拜冯异为孟津将军，统兵河上，以拒洛阳。更始三年六月，冯异与寇恂追朱鲔至洛阳，环城一匝而归。自是洛阳震恐，城门昼闭。诸将入贺，因上尊号。会有书生彊华，自关中来献赤伏符，“刘秀发兵捕不道，四夷云集龙斗野，四七之际火为主。”（袁枢《通鉴纪事本末·卷五下·光武中兴》）群臣因复奏请，刘秀遂即皇帝位于鄗南。建元建武，大赦天下。建武元年十月，朱鲔以洛阳降。车驾入洛阳，定为国都。洛阳居长安东，史称东汉。

先是更始既入长安，下诏大赦，分封诸将，以赵萌女为夫人，日夜燕饮后庭。群臣欲奏事，辄醉不能见。赵萌专权，生杀自恣。诸将在外者，亦皆专行诛赏，各自派置牧守。州郡交错，不知所从。由是关中离心，士民怨叛。更始二年冬，琅琊樊崇将赤眉三十万攻长安，击败更始的大军于弘农，斩杀三万余人。更始三年六月，樊崇等立刘盆子为上将军。九月，赤眉入长安，杀更始。刘盆子居长乐宫。三辅郡县的守令遣使贡献，往往为赤眉的士卒所剽夺。赤眉的官兵又数暴吏民，于是郡县复皆固守。等到各地的居民聚为营保，坚壁清野，赤眉掳掠无所得，不得不引兵东归。冯异邀击于崤底，降男女八万。赤眉余众数十余万人，东行至宜阳，亦全部降服。刘盆子献上所得的传国玺绶，刘秀以刘盆子为赵王郎中，赐给荥阳的均输官地，食税终身。

隗嚣据陇西，徘徊观望，称上将军。公孙述自立为皇帝，建都成都，改元龙兴。窦融被推为行河西五郡大将军事，效忠光武。建武五年，光武帝使来歙、马援劝令隗嚣入朝，许以重爵。隗嚣闻悉刘永、彭宠，皆已破灭，于是遣长子隗恂，随来歙诣阙。六年三月，光武帝又诏隗嚣，欲从天水伐蜀。隗嚣上言白水险阻，栈阁败绝，多所推诿。光武帝知其终不为用，乃谋讨伐。五月，隗嚣发兵反。建武八年，光武帝与窦融会师高平，使王遵招降牛邯。隗嚣的大将十三人，属县十六，兵来十余万，俱来投诚。九年春，隗嚣病且饿，餐糗糒，恚愤而卒。十年冬，来歙率诸将攻破落门，隗嚣的儿子隗纯降。建武十一年，光武帝遣吴汉、岑彭、来歙、盖延等领军伐蜀，公孙述大惧，使刺客刺杀岑彭、来歙，并以其将延岑、吕鲔、王元、公孙恢，悉兵拒阻广汉及资中。十二年，吴汉大破蜀军于鱼涪津，拔广都，遣轻骑焚烧成都的市桥。公孙述的将士恐惧，日夜离叛，公孙述虽然一再诛杀叛降者的家属，仍然不能禁止。冬十一月，公孙述自将数万人攻吴汉，自早晨战至日中，军士皆疲困。吴汉因使护军高午、唐邯将锐卒数万进击，蜀兵大乱。高午奔陈，刺公孙述洞胸堕马，左右舆入城，当晚死去。明旦，延岑率蜀军投降。

第二节　东汉初期的政治

光武帝刘秀在位三十三年，勤政爱民。有鉴于西汉中叶以后与王莽当国的缺失，故实施政事，颇多兴革。

第一，定都洛阳。光武帝于平定群雄统一全国后，由长安迁都洛阳。长安居关中，自周以来，论经济条件，论国防形势，都是理想的国都。到了东汉，关中人口，大为减少。户口为古代财赋的基础，户口既减少，财赋的收入随着减少。中央政府直隶控制的畿辅，必须有富足的财源。当时以洛阳为中心的河内、河东、河南三郡，户口远较关中的三辅为多，财政的基础比较稳固。关中北近匈奴，西接西羌，国防上亦易受威胁，不若洛阳具有回旋的余地。

第二，立后改制。光武帝为根绝后宫的祸患，改正了后妃的制度。六宫的称号，只保留皇后和贵人。贵人金印紫绶，俸给不过数十斛。又置美人、宫女、采女三等，并无爵秩，岁时给予充裕的赏赐而已。光武帝刘秀二十九岁为大将军，初娶阴丽华。次年击王郎，为结合真定王刘杨的力量，纳其甥女郭圣通。次年即皇帝位，阴、郭并为贵人。阴贵人以郭贵人有子，劝光武帝立为皇后，子疆为太子。建武十七年，郭后宠衰，数怀怨怼，被废去皇后的名号。郭后徙居别宫，缴出印绶。阴贵人擢居中宫，母仪天下。太子疆表请让位，愿为外藩。光武帝引春秋母以子贵及立子以贵不以长之义，改立阴后子东海王阳（庄）为太子，更封疆为东海王。进郭后次子辅为中山王，号郭后为中山太后。郭后母子虽被废，弟况、从兄竟与匡，皆仍封列侯。由于光武帝对待后家的优礼有度，东汉初期，阴、郭的子弟，都不敢以富贵骄人。

第三，除莽弊政。王莽以复古主义，创立新朝，官制混乱，官称复杂。光武帝即位，中央政府恢复秦及西汉的三公九卿制，地方政府采州刺史郡国县制，除了尚书之权特重外，和西汉没有什么不同。三公不加录尚书事，非真宰相。新莽的时代，货币紊乱。光武帝即位，接纳马援的建议，仍然使用五铢钱，使民间的交易称便，也恢复了政府的信用。光武帝又废除了王莽的六筦，开放人民私营，轻徭薄赋，真正做到与民休息。

第四，减省兵赋。自王莽的丧亡，到光武帝的完成统一，天下攘扰，生民疾苦。政府如不能有积极的建设，至少要消极地让人民有复苏生产的机会。光武帝于是以安静为治，不愿再谈兵事，罢轻车、骑士、材官、楼船士。各县的常备兵，亦废去不练。郡县的官职，多从省减，把边境的县邑裁并了四百多处，费减亿计。西汉的田赋，本来是三十税一。东汉初年，一度行什一之税。建武六年，光武帝诏令郡国见收田租，三十税一如旧制。如此的减省兵赋，大有裨益于农村的复兴。

第五，表彰气节。西汉末年，硕学通儒，争相攀附王莽，士气卑靡。光武帝即位，特别提倡儒家的伦理道德，来改变士大夫沉醉功名利禄的风气。凡不仕王莽及公孙述的人，生者宠以厚禄，死者追封褒扬。卓茂于王莽时托病告归，故封卓茂。谯玄、李业不肯仕于公孙述，所以祀谯玄，旌表李业。光武帝对于隐居岩穴的处士，如严光、周党、王霸、逢萌等人，无不优礼崇敬。东汉的社会风气，为之一变。中国历史上谈到风俗的美好，首推东汉。当时士大夫的风习，为后世所推崇的有久丧、让爵、推财、避聘和清廉。

第六，全功臣，清吏治。汉高祖灭楚以后，擒韩信，掩彭越，杀英布，斩陈豨，历时七年。光武帝为保全功臣，皆使列侯就第，不领甲兵，因而贾复、耿弇、邓禹诸人，均得以功名终身。唯其能够如此，所以朝廷始终保持团结祥和的景象。光武帝更进用文士，政尚宽厚，所以东汉时期，循吏辈出。如杜诗的守南阳，政治清平，兴利除害，百姓称便。董宣守洛阳，因能搏击豪强，格杀湖阳公主的苍头，京师莫不震栗。颍州太守郭伋、渔阳太守张堪、会稽太守第五伦、九真太守任延、武威太守锡光、江陵令刘见，治绩均优，都得到人民的拥戴。

第七，兴太学，举孝廉。光武帝少年游学长安，雅尚文学。定都洛阳，载书籍二千余辆。建武五年，起太学，设五经博士十四家，易四家，今文尚书三家，诗三家，礼二家，公羊春秋二家。赐博士弟子各有等级。西汉选举人才，或由天子策问，或由地方推举，或用太学学生。光武帝即位，每年由州郡推举孝行廉直的人才，每二十万人选荐一人，简称孝廉，召见后出任官吏，形成定制。因为推举孝廉制度的实施，官吏大都出自民间，既知道人情的真伪，又具有孝亲廉直的德行，对于当时吏治和世道人心，有着很好的影响。

光武帝崩，太子阳（庄）继位，是为汉明帝。明帝在位十八年，崇儒尊师，以李躬为三老，桓荣为五更。皇太子、诸侯王、大臣子弟、功臣子孙，甚至期门羽林之士，莫不受经。明帝为追念前代的功臣，图画邓禹、马成、吴汉、王梁、贾复、陈俊、耿弇、杜茂、寇恂、傅俊、岑彭、坚镡、冯异、王霸、朱佑、任光、祭遵、李忠、景丹、万修、盖延、邳彤、铫期、刘植、耿纯、臧宫、马武、刘隆等二十八将于南宫云台，外加王常、李通、窦融、卓茂，合共三十二人。马援以椒房至亲，独不在列。明帝明法令，善刑理，日晏坐朝，幽枉必达。性褊察，好以耳目隐发为明。公卿大臣，数被诋毁，近臣尚书以下，至见提曳。当其时，朝廷莫不悚栗，争为严切，以避诛责。唯因喜好儒学，存心宽厚，故亦有容人听谏的雅量。所以吏得其人，民乐其业，远近畏威，户口滋殖。明帝遵奉建武制度，后妃之家，不得封侯与政。馆陶公主为其子求郎，明帝不许，而赐钱千万。皇后马氏，好读书，有谦德，常衣大练（帛），裙不加缘（边）。明帝常以群臣的奏事试后，分解趣理，各得其情，然未尝以家私干政事，确是一个皇帝的好内助。

明帝永平八年，夜梦金人，飞空而至。明帝问傅毅。答道："臣闻西域有神，其名曰佛。陛下所梦者，将必此乎？"明帝以为然，即遣中郎蔡愔使往天竺寻访佛法，冒涉流沙，回至洛阳。明帝甚为嘉赏，接于洛阳城西门外，立精舍以处蔡愔以及与其同来的高僧竺法兰和摄摩腾。这是佛法传入中国的开始。

明帝在位十八年崩，太子炟即位，是为汉章帝。章帝在位十三年，接纳第五伦、陈宠等的献议，每事务于宽厚。廪饥民，理冤狱，劝农桑，简租赋，尽心孝道，知人善任，亦是一位仁政爱民的皇帝。

第三节　东汉的捍卫边疆

建武十八年，交趾麊泠县的女子征侧，雄勇多智。因为交趾太守以法杀其夫婿，怒而与妹征仪共同起事。九真、日南和合浦的南方少数民族部落皆响应，攻掠六十五城。征侧自立为王，都麊泠，寇乱连年。诏以马援为伏波将军，刘隆为副。长沙、合浦、交趾备车船，修道筑桥，供应粮秣。马援缘海而进，随山伐木千余里，大破征侧等叛军于浪泊，追至禁溪。次年，俘获了征侧、征仪，传首洛阳。余党投降，交趾悉平。

建武二十四年，武陵地区的少数民族部落兵入临沅。谒者李嵩、中山太守马成往讨不能克。诏拜马援新息侯，率中郎将马武、耿舒等将四万人往征五溪。二十五年春，马援军至临乡，击破南方少数民族部落兵，斩获三千余人，余党散走。马援进营壶头，蛮夷乘高守险，水流急速，船不得上。又因盛暑燠热，士卒多有疫死，马援亦中暑，甚为严重。乃穿岸为室，以避暑气。南方少数民族部落兵每升险鼓噪，马援即曳足以观之，左右哀其壮志，莫不为之流涕。马援旋病卒，军士中疫者太半，南方少数民族部落兵亦饥困。监军谒者宗均与诸将议，以道远士病，不可以战，欲从权乘制降之，乃矫制调伏波司马吕种持诏书入虏营，告以恩信，并以大军随其后。群蛮震怖，共斩其大帅来降。于是散其众，遣归本郡，于其地置长吏而返。

王莽收西羌地，置西海郡。羌人怨恨王莽夺其地，群起叛乱，金城属地，多被占领。光武帝即位，隗嚣即利用羌兵，与汉军对峙。光武帝平隗嚣，以来歙、马援任西事，陇右始平。其后，乌桓、鲜卑、南匈奴相继入侵汉地，羌人亦起事西境，寇掠雍、凉二州及三辅。羌人之中，以烧当、先零二族为最强。朝廷连年征伐，数易将帅，仍然不能平定。和帝永元十四年，采用曹凤的建议，缮修故西海郡，徙金城的西部都尉，以戍卒增广屯田，列屯夹河，合为三十四部。于是青海的东部，复入于汉。安帝即位，先零羌的酋长滇零僭称天子，寇掠三辅，汉兵不能制。滇零死，子零昌立，屡次入寇。诏命中郎将任尚屯三辅，精练骑卒，以备应战，局面始稳定下来。后来复以财货贿赂羌人，刺杀其酋零昌、狼莫、杜秀贡，先零羌势力大衰。顺帝永和年间，烧当羌叛乱。诏马贤、赵冲领兵力战，二将先后战死，羌亦伤亡惨重，无力再起。桓帝永寿二年，诸羌又来寇掠雍、凉二州，段颖、皇甫规、张奂等以恩义招抚，诸羌皆降。段颖治军严明，善能以寡击众，十余年屡破羌兵，塞内赖以无事。

王莽挑衅戎夷，匈奴愤怒。到东汉的初期，匈奴益骄，不时侵扰山陕的边地。建武十三年，匈奴分裂为南北两部，南匈奴势弱，徙居河西的美稷，接受汉的保护。明帝永平七年，北匈奴遣使请和亲，暂时停止寇掠。随后北匈奴又来寇边，焚烧城邑，杀伤甚众。明帝于永平十六年遣祭肜出高阙塞，窦固出酒泉塞，耿秉出张掖居延塞，领军北伐，打败北匈奴的呼衍王于天山，斩首千余级，追至蒲类海，取伊吾卢（哈密）地，北匈奴势衰。和帝永元元年，窦宪与耿秉将精骑万余人，出塞三千里，大破北匈奴于稽洛山，单于遁走，斩名王以下万三千级，获生口甚众，杂畜百余万头，降者八十一部，二十余万人；登燕然山，命中护军班固刻石记汉威德，班师而还。和帝永元三年，窦宪遣中郎将耿潭将精骑出塞，北匈奴单于被创。斩首八千级，生虏数千口。窦宪复遣耿夔、任尚合围金徽山，获其母阏氏名王以下五千余级，生虏数千口，班固至私渠海而还。北匈奴西走康居，建立悦般国。至公元三四世纪间进入欧洲，造成日耳曼民族的大迁徙。

大将军窦固伐匈奴，遣班超以假司马使西域。班超率领所部三十六人，至鄯善，杀了匈奴的使者，鄯善王广叩头愿意附汉，南道复通。至于寘，斩了不友好的巫师，其王广德大恐而降。于是西域南道的国家，皆遣子入侍。班超再而经营北道，镇龟兹，服姑墨，平疏勒，降莎车，北道亦通。和帝永元三年，朝廷以班超为西域都护，驻龟兹；以徐干为长史，驻疏勒。永元六年，班超继续发龟兹、鄯善等八国兵七万人，吏士一千四百人讨焉耆，捕缚其王，数以执杀汉使陈睦的罪名，斩首以祭。另立其左侯元孟为焉耆王。于是西域五十余国，皆成为汉的同盟或属国。永元七年，和帝封班超为定远侯。永元十四年，班超久在绝域，上书乞归，有“臣不敢望到酒泉郡，但愿生入玉门关”。班超妹曹大家亦言：“故超万里归诚，自陈苦结，延颈逾望。”和帝感其言，乃征班超还。班超还洛阳，头发全白，两手麻木，扶杖乃能行。安帝永初七年，罢西域的都护，及伊吾卢、柳中屯田。安帝永宁元年，北匈奴率车师后王庭攻杀索班，击走前王庭，略有北道，鄯善危急求救。安帝延光二年，北匈奴连与车师入寇河西，敦煌太守上书：“弃西域，则河西不能自存。”和帝乃以班勇为西域长史，将弛刑士五百人再屯柳中。顺帝永建元年，班勇更立车师后王，诛杀东且弥王，车师六国悉平。遂发西域诸国的兵众，击败北匈奴的呼衍王，降其众二万余人，汉威大振。其后班勇免官，嗣任者无大智略，西域的局面遂又演变而至于不可收拾。

西汉初年，匈奴冒顿单于灭东胡。东胡的遗族东走，一保乌桓山，一保鲜卑山。乌桓所据的地方，在今辽河的上流。新莽及东汉初年，中原纷乱，乌桓乘势寇边，代郡以东，常受侵略。光武帝建武二十年，诏遣伏波将军马援，将三千骑出五院关掩击。建武二十五年，辽西乌桓大人郝旦等九百二十二人，率众向化，诣阙朝贡。于是散其众于缘边的诸郡，为汉侦侯，助击匈奴、鲜卑。明帝、章帝、和帝三世，皆保边塞无事。献帝初平中，乌桓蹋顿立，势力渐大，曾出兵帮助袁绍击败公孙瓒。献帝建安十二年，曹操亲征乌桓，击破蹋顿于柳城，掳二十万人，徙居中国。和帝永元中，窦宪击匈奴，北单于遁走，鲜卑遂徙居其地。桓帝时鲜卑有檀石槐者，雄勇有智略，北拒丁零，南抄缘边，东却扶余，西击乌孙，尽据有匈奴的广大故地。桓帝欲与和亲，檀石槐不允，并且屡寇幽、并二州。灵帝立，幽、并、凉三州，无不被其侵扰。光和四年，檀石槐病逝。儿子和连代立为大人，才力不克乃父，南下攻北地，中流矢伤死。此后鲜卑的势力遂衰。

第四节　东汉帝国的衰落

东汉光武帝虽然改革后妃的制度，企图防止女后和外戚的专权。但自章帝亡故，窦太后临朝，就开始了女后干政和外戚擅专的祸端。后兄窦宪，以侍中内掌机要，出宣诏令。弟窦笃，为虎贲中郎将。弟窦景、窦怀，并为中常侍。窦宪将伐匈奴，迫尚书郅寿自杀。胜利还都，又迫仆射乐恢自杀。于是朝臣震慑，无敢抗违。司徒袁安以天子幼弱，外戚专权，每朝会进见，与和帝公卿定国事，辄暗呜流泪。永元四年，和帝已经十四岁，与宦官郑众定谋，派兵围住窦宪的官邸，迫窦宪交出印绶，窦氏兄弟皆赐死。和帝利用郑众诛外戚，开启了东汉宦官干政弄权的恶习。

和帝十岁即位，二十七岁死亡。少子隆继立，出生不过百余日，次年殁，称殇帝。邓太后迎立清和王佑，年十三岁，称汉安帝。邓太后临朝，封弟騭、悝、弘、阊为列侯，騭辞不受。旋以騭为大将军，颇能推贤进士。永初元年，郎中杜根上书请亲政，邓太后大怒，执杜根盛以缣囊，扑杀殿上。执法者以杜根知名，私语行事人使不加力，既而载出城外，杜根徐苏。太后使人检视，杜根诈死三日，目中生蛆，因得逃窜，为宣城山中酒家保，积十五年。及邓氏诛，杜根方归乡里，征诣公车，拜为侍御史。建光元年，邓太后卒，安帝始亲政，封邓騭为上蔡侯。黄门江京、李闰与安帝的乳母王圣，使宫人诬告邓悌、邓弘等谋立平原王，安帝大怒。因为邓悝、邓弘已死，废其子为庶人。邓騭因不与谋，徒遣就国，与其子凤，皆不食而死。经过这一次的冤狱，宦者江京、李震封列侯，中常侍樊丰、乳母王圣、圣女伯荣，皆被安帝倚为亲信。于是宦官窃柄弄权，请托州郡。而王圣母女，更骄恣不法。延光二年，安帝封王圣为野王君，乳母可以封君，实在是千古特出的恩典。延光三年，樊丰指使耿宝奏劾太尉杨震怨谤，即收印绶，遣归乡里。道经城西夕阳亭，杨震忠而被诬，不胜愤慨，谓其门人道："死者士之常分。吾蒙恩居上司，疾奸臣狡猾而不能除，恶嬖女倾乱而不能禁，何面目复见日月？"遂饮鸩而卒。

安帝在位十九年，寿三十二。阎皇后久欲专政，与兄阎显、宦者江京、中常侍樊丰等计议，迎立北乡侯懿即帝位。北乡侯立数月，病殁。宦官孙程、王国、尚光等十九人谋立济阴王保，年十二，即位称汉顺帝。迎立的当夜，斩江京。次日，诛阎显，徙其家属于日南郡。因迎立有功，孙程等十九人皆封列侯，特擢孙程为骑都尉。阳嘉四年，以后父梁商为大将军。永和六年，梁商卒，以后兄梁冀为大将军。顺帝在位十九年，李膺、陈藩等二十余人，以孝廉应选，拜郎中。荆州盗起，以李固为刺史。李固到荆州，赦贼前愆，与之更始，贼首自缚归服。李固遣还相招，半载余贼悉平。张纲为广陵太守，书召贼首张婴，告以前后二千石多肆贪墨，使公等怀恨相聚，所为非义；方今仁圣，欲以仁义服叛，诚为转祸为福的良机。贼闻泣下，明日率所部万余人归降，广陵宴然。张纲劾奏梁冀与其子不疑以外戚蒙恩，专肆贪叨，仇害忠良。顺帝不听，亦不罪。

顺帝死，太子炳年才两岁，即位，是为汉冲帝。立数日而死。李固对梁冀说："今当立帝，宜择长年高明有德能亲政事者，愿将军审详大计，察周霍之立成宣，戒邓阎之利幼弱。"（袁枢《通鉴纪事本末·卷七下·梁氏之变》）梁冀不从，与太后迎立渤海王子缵，年八岁，称汉质帝。质帝颖慧，"尝因朝会，目视梁冀，此跋扈将军也。"（袁枢《通鉴纪事本末·卷七下·梁氏之变》）梁冀因此毒杀质帝，迎立蠡吾侯志，年十五，即位称汉桓帝，梁太后犹临朝听政。梁冀居职暴恣，诸多不法，冤杀李固、杜乔，天下怨嗟！其妻孙寿，美丽而喜为妖态。梁冀听从孙寿的话，贪敛财物，四方的调发，岁时的贡献，皆先输送到梁冀的家中。梁冀大起第舍，孙寿亦对街而宅，互相夸竞。荆州刺史吴树诛杀梁冀的门客为害者数十人，梁冀请吴树吃饭，饮以鸩酒。辽东太守侯猛不拜梁冀，梁冀借口他事，腰斩侯猛。桓帝不满梁冀以私怨杀害贤良，威行内外，于是与中常侍单超、徐璜、左悺、具瑗、唐衡等计谋，收去梁冀大将军的印绶。梁冀、孙寿皆自杀。梁氏、孙氏无少长皆弃市，党羽亦多诛死，罢黜者三百余人，朝廷为空，百姓称庆。桓帝封单超等五人为侯，以单超为车骑将军辅政。外戚势衰，宦官转盛，残暴贪婪，愈演愈烈。诸宦官皆竞起第宅，穷极壮丽。金银罽毦，施于犬马。仆从皆乘牛车，从以列骑。

延熹八年，桓帝立窦武女为皇后，以窦武为城门校尉，封槐里侯。窦武在位，与陈藩、李膺相友善，交结太学诸生，颇获时誉。其时太学生多至三万余人，提倡气节，表彰正义，与有操守的儒吏，汇合而成清流。喜好议论朝政。外戚得势，攻击外戚，宦官专权，攻击宦官。李膺对宦官不假辞色，诛杀不法的宦官党羽，不留余地。汝南太守宗资，以范谤为功曹，南阳太守成瑨，以岑晊为功曹，杀宦官二百余人。东海侯相黄浮，杀宦官徐宣一族。自中央以至地方，儒吏对于不法的宦官，杀之无幸免。宦官称儒生儒吏为党人。党人声势浩大，宦官震惊。黄琼死，会葬者六七千人。陈实死，吊丧者多至三万。以郭泰、贾彪为首，与李膺、陈蕃、王畅相接纳，海内承风，竟以臧否相尚，自公卿以下，莫不畏其贬议。延熹九年，宦官起来对抗。桓帝听信宦官，捕刘瓆、成瑨、翟超、黄浮、张俭等下狱。太尉陈蕃上疏谏阻，桓帝不听。桓帝更下令拘捕党人，李膺、杜密、陈实、范谤等二百余人皆下狱，太尉陈蕃力谏免职。后来经过外戚窦武、尚书霍谞的周旋，始行赦免党人，遣返故里，终身禁锢。

桓帝在位二十一年，无嗣，窦太后迎立解渎亭侯宏，年十二，称汉灵帝。以窦武为大将军，陈蕃为太博，二人同心辅政。李膺、杜密、尹勋、刘瑜等皆列于朝，一时天下的人民，莫不喁喁望治。窦武、陈蕃见到中常侍曹节、王甫、侯览等相与结纳，谄事太后，数出诏命，多所封拜。欲诛讨宦官，因为时机不密，反为宦官所制。陈蕃被杀于北寺狱，窦武自杀。门生故吏，全都免官禁锢。李膺、杜密亦免官。名士张俭，上疏劾侯览。灵帝建宁二年，侯览唆使朱并上书告张俭与同乡二十四人别相署号，共为部党，图危社稷。其时灵帝年才十三岁，听信曹节的话，真以为党人图危社稷，诏下诸州郡考治。虞放、杜密、李膺、朱寓、巴肃、魏朗、荀昱、翟超、刘儒、范谤等皆为钩党下狱，死者百余人，株连者六七百人，家族皆被放逐。从此朝无正士，政事日非。宦官的子弟和亲故，更多出任州郡，残虐百姓。侯览前后夺人宅三百八十一所，田一百一十八顷，起立第宅十六区，皆有高楼池苑，气宇宏深，僭类宫省；预做寿冢，石椁双阙，高广百尺。破人居室，掘人坟墓。

灵帝熹平四年，诏诸儒正五经文字，命议郎蔡邕，为古文、篆、隶三体书之，刻石立于太学门外，使后儒晚学，咸得取正。碑始立，其观视及摹写者，车乘日千余辆，填塞街陌。

东汉的农民，虽经光武帝的省兵减赋，获得休养苏息。中叶以后，由于土地兼并和人口增加，一般农民的生活，渐感困难。桓帝和灵帝的时代，全国的人口已经增至五千余万，平民的生活，日益艰苦。碰上连年亢旱，关东灾情惨重。地方上的官吏，大都为宦官的爪牙，只知自肥图利，不恤民生。黄巾乱起，东汉统治的弱点就完全暴露出来。

巨鹿人张角，奉事黄老，以妖术教授，号太平道。自称大贤良师，散施符水，为人治病。令病者跪拜首过，或时病愈。各地愚民，神而信之。张角分遣弟子，周行诳诱，遂有部众三十六方，大方万余人，小方六七千人，各立渠帅，称为将军，遍及幽、冀、兖、青、徐、扬、荆、豫八州。“讹言苍天已死，黄天当立，岁在甲子，天下大吉。”（袁枢《通鉴纪事本末·卷八下·黄巾之乱》）灵帝中平元年即甲子。所以张角自称天公将军，弟张宝称地公将军，弟张梁称人公将军，通令各方的部众都着黄巾，同日反叛，申言于众：“今汉运将终，大圣人出，汝等皆宜顺天从正，以乐太平。”所在蟠烧官府，劫略聚邑。州郡失据，长吏多逃亡，旬日之间，声势浩大，天下响应，京师震动，当时称为黄巾贼。灵帝以何进为大将军，大赦党人，并以卢植、皇甫嵩、朱儁等人为将，各据方面，分头进讨。经过诸将的力战，张角兄弟皆被诛杀。黄巾余党溃散，流窜各地，聚众常至数十万，叛乱如故。中平五年，灵帝接纳太常刘焉的建议："以四方兵寇，由刺史威轻，既不能禁，且用非其人，以致离叛，宜改置牧伯，选清名重臣，以居其任。"乃选列卿尚书为州牧，各以本秩居任，统兵镇守各地，得以权宜处置，后来演变而成为地方割据的势力。

中平六年，灵帝崩。何太后立皇子辩，年十四，是为汉少帝。何太后的哥哥何进想诛杀宦官，有鉴于灵帝时代的北军不助窦武。召并州牧董卓将兵诣京师。宦官张让等获讯，抢先杀死何进于嘉德殿。袁绍领兵屯阙下，勒兵捕宦官，杀二千人。明旦，董卓亦到京师，领有天下的精兵，威福自恣。

第五节　曹魏篡汉

董卓引兵入洛阳，与公卿奉迎少帝于北芒阪下。董卓与少帝语，语不可了。更与陈留王语，问询祸乱的缘由。陈留王的答话，自初至终，无所遗失。董卓大喜，有废立的意思。问中军校尉袁绍，袁绍不同意。袁绍畏惧董卓的迫害，手提宝刀，悬节东门，北奔冀州。嘉平六年九月，董卓大会百僚，奋然宣布废立。卢植反对，董卓大怒，免卢植官，卢植逃隐于上谷。董卓遂胁迫太后，废少帝辩为弘农王，改立陈留王协为皇帝，是为汉献帝。时年九岁，改元初平。董卓自为太尉，更封郿侯，继称相国。赞拜不名，入朝不趋，剑履上殿，威福无比。

董卓复以高官厚禄，拉拢天下的名士，使参与政府，图缓和人心。以汉阳周毖为吏部尚书，蔡邕、伍琼为侍中，黄琬为太尉、杨彪为司徒，郑公业为尚书，何显为长史，荀爽为司空。幽滞之士，多所显拔。对于自己所亲爱的人，并不处于显职，但列名将校，掌握实力。

献帝初平元年，关东诸郡起兵讨董卓，聚众各数万，推渤海太守袁绍为盟主。董卓鉴于山东兵盛，欲迁都长安。公卿虽然皆不乐意，莫敢出声。董卓趁机籍没诸富室的财物，驱徙余民数百万口至长安。二百里内，室屋荡尽，无复有鸡犬。董卓因为部队增加，补给困难，遂剽掠陈留、颍川、洛阳。军纪大坏，强抢财物，淫掠妇女。影响所及，物价上涨，民不聊生。司徒王允、司隶校尉黄琬等密谋诛董卓，使仆射士孙瑞书诏以授吕布，吕布与骑都尉李肃率勇士十余人伪着卫士服，斩董卓于北掖门。吏士大呼万岁，百姓歌舞于道。

董卓死，吕布劝王允杀尽董卓的部曲，王允不可。吕布又劝王允以董卓的财物分赐公卿将校，王允又不从。其时民间流传，王允将杀尽凉州的将卒，董卓的故旧将校，转相恐动。李榷、郭汜、樊稠、张济等引军合围长安，斩杀王允。李傕自为车骑将军，樊稠自为右将军，郭泛自为后将军，张济自为骠骑将军，皆封列侯。李傕等放兵劫略，矜功争权，相攻连日，死者以万数。献帝在董承和张杨的保护下，历尽艰苦，逃避过李榷的追兵，于建安元年七月返还洛阳。

黄巾窜兖州，杀刺史刘岱。曹操引兵入兖州，自领兖州刺史。追黄巾至济北，得降卒三十余万，男女百余万口，收其精锐者，号为青州兵。荀彧说以："昔汉高东伐，为义帝缟素，而天下归心。自天子播越，将军首倡义兵，徒以山东扰乱，未能远赴关右，然犹分遣将帅，蒙险通使，虽御难于外，乃心无不在皇室，是将军匡天下之素志也。今车驾旋轸，义士有存本之思，百姓感奋而增哀。诚因此时，奉主上以从民望，大顺也。秉至公以服雄杰，大略也。扶弘义以致英俊，大德也。天下虽有逆节，必不能为累明矣！韩暹、杨奉，其敢为害？若不时定，四方生心，后虽虑之无及。”（陈寿《魏志·卷十·荀彧传》）建安元年八月，曹操乃遣扬武中郎将曹洪，将兵西迎献帝。献帝以曹操领司隶校尉，录尚书事。曹操于是诛杀尚书冯硕等三人，所以讨有罪；封褒卫将军董承等十三人，所以赏有功；赠射声校尉沮隽为弘农太守，所以矜死节。曹操随又听取董昭的建议，迁都许昌，曹操自为大将军、武平侯。

献帝自迁都许昌，备位而已！左右侍卫，都由曹操选派。建安十八年，曹操自立为魏公，加九锡。建安十九年，议郎赵彦为献帝陈时事，出宫为曹操所杀。曹操后来因事朝见，献帝愤恨道：“君若能相辅，则厚；不尔，幸垂恩相舍。”（司马光《资治通鉴·卷六十七·孝献皇帝》）曹操听了，失色俛仰，汗流浃背，自后不敢再朝请。建安二十一年，曹操晋爵为魏王，用天子车服，出入警跸。

献帝在许昌二十五年，悲惨忧郁不忍言。董承女为贵人，曹操诛董承，虽经献帝的累请，曹操仍然杀死董贵人。伏皇后与父伏完书，令密图曹操。事泄，曹操大怒，带兵收皇后印绶，下伏皇后于暴室。所生二皇子，皆被鸩杀。稍后，献帝被迫立曹操女为皇后。惟曹操亦以周文王自许，不肯及身而为谋逆事。

延康元年正月，曹操病死，太子丕即魏王位。冬十月，魏王曹丕逼汉献帝禅位，东汉亡。

第六节　评鉴

一、王莽篡汉，假借符命。新市、平林的兵众既盛，议立刘氏后人。赤眉势大，拥立刘盆子以资号令。王郎起兵，自称是汉成帝的儿子。刘秀亦因儒生疆华的献上赤伏符，始登皇帝位。足证两汉的时代，崇尚神权，普天下的人民，还都在相信天命的有归。天命也者，不过表示人心的所向而已。西汉的末叶，主上幼弱，母后庸愚，外戚擅专，吏治败坏，民生疾苦；所以人心思变，希望有大德的圣人应运而出，拯救生灵，改革其不幸的命运。此五德终始之说流行，而假托符命图谶者比比皆是。王莽代汉，新政乖方，既不能消除土地的兼并，又加重社会经济的混乱，碰上连年灾害，谋生困难，所以人心转而思念往日汉家的统治。此绿林、赤眉所以要拥立刘氏后人，卜者王郎自称成帝子，而儒生出身的景帝六世孙刘秀，竟列名于关中的赤伏符。是知符命图谶虽然假托天命，要亦为广大人民心理状态的一种表现。天听自我民听，天视自我民视，诚非虚言。

二、东汉光武皇帝刘秀，是中国历史上出身儒生的皇帝。当其少年时，希望娶妻阴丽华，官拜执金吾。他的志气，亦不过有如普通儒生。等到平定河北，被更始封为萧王，才听信耿弇的建议，不肯罢兵，有自立的意向。大概儒学的熏陶，足使一个人存心忠恕，处事中和；不若草莽的人物，志高气盛，不可方物。刘秀既登上皇帝位，剪平各地割据的势力以后，对于从属的功臣，曲意保全；不若刘邦的擒韩信，掩彭越，斩陈豨，杀英布。贾复、耿弇、邓禹、吴汉辈，均得以列侯就第，功名终身。光武帝更能进用文士，兴太学，举孝廉，政尚宽厚。所以东汉期间，循吏辈出，政治清明，民生乐业。论魄力，论才略，光武帝似不及汉高祖；至若家庭生活的融和，庶政吏事的处理，光武帝则似较汉高祖为中节。凡此皆因光武帝刘秀身受儒学的熏陶，儒生的头巾气有以使然。

三、马援返回陇右，对光武帝的才明勇略，政事文辨，大加赞誉。

“嚣曰：‘卿谓何如高帝？’援曰：‘不如也。高帝无可无不可。今上好吏事，动如节度，又不喜饮酒。’嚣意不怿，曰：‘如卿言，反复胜也。’”（袁枢《通鉴纪事本末·卷六下·光武平陇蜀》）马援与隗嚣的答问，可说是彼此表错情。马援论光武的不如汉高（帝），乃是就做皇帝而说。因为光武不喜欢饮酒，便不能像汉高祖那样的借饮酒做到与人无隔阂，成知己。而汉高祖的无可无不可，更能够以至当至公的判断，接受最佳的建议。至于好吏事，动如节度，非不重要，斯乃公卿将帅的事情，固无须求诸全国的最高领导者。隗嚣就普通人才而立论，自然要以好吏事和动如节度为重要，认为无可无不可和喜饮酒为不足为训了。经过这一次的对话，隗嚣对马援渐不信任，终至心存芥蒂，演成后来不欢的结局。知人论事的困难，有如此者！

四、西汉亡于外戚。东汉的丧亡，则起因于外戚与宦官，而以宦官的祸害为最大。外戚与宦官，乃是家天下政治的必然副产物。自周以来，建立了嫡长子的皇位继承制度。数传之后，必然要出现昏庸的皇帝。外戚与宦官乃得以借接触至尊的机会，窃柄弄权，贪暴残虐，毒害百姓。如果皇帝无嗣子，皇后喜临朝，必迎立幼主，自居皇太后。所引用者，不是父兄，便是弟侄。时日既久，外戚擅权骄恣，进谋篡逆。幼主既长，所亲暱者唯宦官，亦唯依赖宦官，才能推倒外戚，收回作为皇帝的权柄。时日既久，嬖幸弄权，勾结内外，败坏政治，甚至视废立如儿戏。在家天下的政治体制之下，外戚与宦官的祸害乃是无可避免的。

五、东汉宦官的祸害，始于和帝，盛于安帝、顺帝，至桓帝、灵帝而达于极点。其中祸国最深者，为桓帝廷熹九年和灵帝建宁二年的两次党锢。李膺、杜密、范谤、陈藩、虞放、魏朗、朱寓、巴肃、荀昱、黄浮、岑晊等或被杀、或自杀，株连者六七百人。光武帝举孝廉，兴太学，倡气节，用儒吏，经营一百多年而培养出来的民族正气（精神），所以维系社会的安定，促使社会的进步；而代表此种精神的正人君子，至是一旦丧失殆尽。自此政在宦官，朋比勾结，恣睢暴戾，贪赃枉法。人民的生计，一天困难一天；社会的正义，更没有伸张的可能。一个不能养民和教民的政府，官吏徒知贪渎财货，残虐百姓，自然要为广大的人民所唾弃，欲其不走向丧亡，乃是不可能的事情。

六、汉灵帝光和中平年间，张角、张宝、张梁兄弟，以咒符水疗病，以妖术妖言惑人。逢上关东连年亢旱，灾情惨重，民生艰困，于是组织暴民、饥民，相机举事。各方的部众于中平元年都着黄巾，同日反叛，天下骚动。经过朱隽、皇甫嵩、卢植的力战，张角兄弟虽皆伏诛，黄巾余党的潜势力，仍然强大。曹操、袁绍、袁术辈皆以其所收降的黄巾贼众，作为争城夺地割据自雄的资本。黄巾的所以蠢动，乱平后，黄巾余党散溃各地，仍能为祸不已，乃是由于桓灵时期，中央及地方政府皆为无知识无道德的宦官所把持，倒行逆施，祸害人民，天下的老百姓普遍感到失望，对于东汉王朝，已经没有信心。所以变乱一起，如堤溃，如鱼烂，从者如云，不可收拾。

七、汉灵帝中平五年，太常江夏刘焉，见皇室多故，黄巾虽平，黄巾的余党以及各地的贼众，仍然多有拥兵十万，寇掠愈烈，于是上疏建议："四方兵寇，由于刺史权轻，既不能禁，且用非其人，以致离叛，宜改置牧伯，选清名重臣，以居其位。"朝廷听从，遂遴选列卿尚书，以刘焉为益州牧，黄琬为豫州牧，刘虞为幽州牧，各以本秩居任，使得专断方面，具有任免官吏、征集租赋与选将用兵的大权。州任之重，自此开始。后来演变而成为地方割据的局面，外重内轻。自拥重兵的权臣，遂得以挟天子而令诸侯。天子既成傀儡，诸侯亦不服命，更促使东汉的丧亡。中央与地方的权责，必须依事务的性质而划分。若军事，若外交，若财赋，必须集权中央，不可轻授地方。否则势将形成外重内轻，尾大不掉。东汉末叶的重任州牧，又是一次宝贵的教训。

八、东汉的捍卫边疆，以班超父子居首功，所费不多，成就极大。可惜自班勇归国，继起无大英雄，西域又断绝。得人者昌，事在人为，诚为千古不易的定理。窦宪伐匈奴，甚为有功。然其时匈奴已经分裂为二，南匈奴受汉保护，北匈奴的势力已弱。丁零寇其后，鲜卑击其左，西域诸国侵其右，朝廷纵不出兵，北匈奴亦不敢再犯边。南北匈奴的分裂，乃是解除东汉北方边患的最大因素。北匈奴既西走，鲜卑徙入其地，檀石槐雄勇有智略，北拒丁零，东却扶余，西击乌孙，南下屡寇幽、并、凉三州。鲜卑檀石槐如果长寿，或不长寿而有英雄的儿子，东汉末叶的边患，恐将不堪设想！两汉开边的成功，得之于力战者固不少，获之于匈奴、鲜卑等边疆民族的内乱者实更多。

九、东汉期间民族的纠纷，有南越、蛮俚、西羌、匈奴、西域以及鲜卑、乌桓。严格地说，在当时，南越、蛮俚和西羌，是国内的少数民族。南越、蛮俚和西羌的叛乱，大都起因于汉人的欺侮，或反抗汉官守吏处事的不公。如果当时的边郡能有贤良的官吏，勉励与少数民族杂处的汉人，以平等而友善的态度，尊重他们的宗教与习俗，帮助他们增加生产，改善礼俗，使少数民族能够跟着汉人进步，过着比往日更好的日子，这些次数的叛乱，应该都可以避免。一个伟大的能够在人类舞台上长期活动的民族，才能够用平等友好的合理的态度，解决国内外的民族的纠纷。至于对待像匈奴那样的民族，训练新军，加强边防，当然有其必要。利用外交，断其左右臂，亦是切合形势的行动。趁着单于的死亡，制造其内部的分裂，自是最佳的时机。以宗女和亲，送财物贿赂，仍不失为两害相权从其轻的办法。深入大漠，强打硬仗，实在没有必要。因为当其时，纵使汉兵出塞五千里，得其地，不能守。中原的人民，不能够在冰天雪地里过着游牧的生活。赶走了匈奴，进来了鲜卑，经过数十年的生养，还不是一样的会来寇掠？！

十、据梁启超考证，佛教的传入中国，当在汉武帝以后，汉明帝以前。蔡愔于明帝永平八年奉使天竺，时间上是有问题的。因为在这以前，大汉与西域的交通已经断绝了六十五年。佛教开始传入中国的时间，可能要比汉书西域传所记载的还要早些。佛教为生、老、病、死乃是人生所必须经历的过程，诸行无常，诸法无我，一切皆苦，寂静涅槃。佛经大抵以虚无为宗，以慈悲为怀，所以初来中国之时，常与黄帝老子思想并称。“楚王诵黄老之微言，尚浮屠之仁祠……”这是当时的人，分不清佛陀老子的明证。信佛的人，不杀生，以为人死，精神不灭，随复受形。生时所行善恶，皆有报应。所贵在修炼精神，以至成佛。这是一种极富智慧的思想，也有一套极为动人的报应观念与功德想法，在中国的民间，发生了极其重大的影响。

十一、韩非说：“儒以文乱法，而侠以武犯禁。”在秦汉的时代，儒生与游侠可能都曾受到社会的欢迎；但在政府的眼中，却又都是不恭顺的人物。秦始皇听信李斯，焚诗书，坑儒士，对儒生是一个很大的打击。自汉武帝尊崇儒术，儒生就和政治结上了不解缘，在历代社会中，冠带不绝。至于游侠，《史记·游侠列传》载有朱家、郭解、田仲、王公、剧孟，《汉书》另增万章、楼护、陈达、原涉，皆西汉时人。自是以后，殊鲜记述。依凭常理，游侠虽然不轨于正义，但其言必行，行必果，已诺必诚，不爱其躯，赴人厄困，存亡生死，亦足以主持社会的公道，解除社会的纠纷。我国文籍中的少有记述，基本上是游侠的行事侵犯了政府的条禁。其次，历代的草莽人物，固多有急人之难，廉洁退让；亦多有强梁豪暴，伤财害命。是游侠？是豪强？殊难予以区分。我国文籍中的忽略游侠，也或许是作为儒生的文人怕事！

第六章

魏蜀吴三国鼎立

自汉末丧乱，以迄于隋唐的统一，中间约有四百年。魏蜀吴三国的鼎立，乃是长期分立的开始。汉献帝延康元年，曹丕篡汉，是为魏文帝。次年，刘备称帝于蜀，是为蜀汉昭烈帝。又次年，孙权称吴王，后七年，改称吴大帝。曹魏传五主，四十六年，亡于晋，约当公元二二〇年至二六五年。蜀汉传二主，四十三年，亡于魏，约当公元二二一年至二六三年。孙吴传四主，五十九年，亡于晋，约当公元二二二年至二八〇年。因为魏承汉，晋承魏，后人多有用汉、魏、晋的年号，用来记述蜀国和吴国的事情。

第一节　曹操有中原

曹操字孟德，谯县人。父曹嵩，为中常侍曹腾的养子。少机警，有权谋，好游猎，喜歌舞，任侠放荡，不治行业。年二十，举孝廉，为议郎，任为洛阳的北部尉，立即修缮四门，制造结实的五色棒，挂在城门的左右。如有犯禁的人，就用五色棒来责打，不避豪强。数月后，灵帝爱幸的小黄门蹇硕的叔父提刀夜行，为巡夜拿住，立被棒杀。于是京师敛迹，内外莫敢犯禁。曹操由是知名，迁升为顿首令。曹操既奉孝廉为议郎，立即上书为大将军窦武、太尉陈蕃辩解。力说窦、陈二人正直而见陷害，奸邪盈朝，善人壅塞。此种作风，颇能获得时人的赞誉。南阳何颙看到曹操，说道："汉室将亡，安天下者，必此人也。"太尉桥玄亦甚为赏识，对曹操说："天下将乱，非命世之才不能济，能安之者，其在君乎？"（袁枢《通鉴纪事本末·卷九上·曹操篡汉》）桥玄并命曹操往见善能评论乡党人物的许子将（劭）。曹操问许劭："我何如人？"许劭不答。曹操再问，许劭说道："子，治世之能臣，乱世之奸雄。"曹操大喜而去。

曹操年二十九，黄巾乱起，以骑都尉帮助皇甫嵩讨黄巾有功，拜典军校尉。董卓领兵入洛阳，专擅朝政。曹操东归陈留，散去家财，招募士卒五千，以豫州为基地，号召天下共起义师，扶持王室。其时黄巾复起，窜入兖州，杀死刺史刘岱。曹操引兵攻占兖州，自领刺史，收降黄巾三十余万，号为青州兵。建安元年，接纳荀彧的建议，西迎献帝，迁都许昌，遂得以挟天子而号令诸侯。

吕布杀死董卓，董卓的党羽仍然握有实力。长安内外，依旧是西凉兵将的天下。吕布被迫奔投袁术。因为纵兵劫掠，袁术不满。转投袁绍，袁绍令吕布往战黑山贼张燕。吕布打败了张燕，持功请求益兵，袁绍不许。吕布离去，经过陈留，被张邈迎立为兖州牧。曹操闻讯，急引兵往击吕布，吕布战败，不得已往依刘备，居下邳。吕布后来又通好袁术，自称豫州牧，以刘备为豫州刺史。献帝建安三年，曹操再领大军来攻，引沂、泗二水灌城，下邳成泽国，吕布率陈宫、高顺等登白门楼投降。吕布、陈宫、高顺皆被曹操缢杀，徐州平。

袁绍的从弟袁术，为南阳太守，领豫州刺史。袁术被曹操打败，南下至九江，杀扬州刺史陈温，而自领扬州刺史。袁术生活奢侈，赋役繁苛，不修法度，百姓多怨。其时谶书有“代汉者当涂高”的字样，袁术号公路，自以为名应图谶，当为天子，于建安二年，居然称帝寿春。曹操东征吕布，袁术以军粮支援吕布，兵败渡淮，势力不振。袁术傲慢寡断，政事不修。江淮间，人自相食，田园荒废，军民饥困。府库空虚，不能自立。建安四年，烧宫室，奔霍山，欲北走往投袁绍。曹操遣刘备迎击，袁术复还寿春，忧愤而死，江淮平。

袁绍字本初，汝南人。少帝时为司隶校尉，杀宦官二千余人。董卓引兵入洛阳，袁绍与之不协，北走冀州，为渤海太守，袁绍旋用逢纪的计谋，逐走韩馥，自领冀州牧。建安四年，打败了公孙瓒，以长子袁谭为青州牧，中子袁熙为幽州刺史，外甥高干为并州刺史。后来大破黑山贼张燕，降得其众，遂拥有冀、幽、并、青四州，精兵十万，骑万匹，势声甚壮。献帝迁许昌，曹操挟持天子的诏书，以袁绍为太尉，袁绍不受。袁绍欲迁献帝于鄄城，曹操拒阻。袁绍传檄州郡，数说曹操的罪状，进军黎阳。建安五年九月，袁绍的大军进逼官渡。曹操军中乏粮，初战失利。其后得到许攸的来归，烧掉袁绍乌巢的屯粮。袁绍的大将张郃，亦投奔曹营。袁绍的兵众乃大溃，尽弃辎重珍宝。建安七年五月，袁绍殁于邺。袁绍的长子袁谭与少子袁尚不睦，袁尚勒兵攻袁谭，袁谭奔平原，遣辛毗诣曹操求救。建安九年，曹操领军攻邺，袁尚败走幽州，冀州平。建安十年，曹操攻斩袁谭于南皮，青州平。幽州的将吏驱逐刺史袁熙，袁熙与袁尚同奔乌桓，幽州平。建安十一年，曹操进军并州，攻高干。高干欲奔荆州，为王琰所杀，并州平。

建安元年，骠骑将军张济，自关中走南阳，欲攻荆州。刘表坚守襄阳，张济败死。张济从子张绣，接掌其众，与刘表修好，屯兵荆州的南阳郡，资为掎角。建安二年，曹操击张绣，张绣将降，闻曹操纳其叔婶张济妻，深恨而反击曹军，杀了曹操的长子曹昂，曹操兵退南阳。建安四年，曹操兴兵对抗袁绍，张绣听从贾诩的劝说，降附曹操。刘表失去外援，形势转恶。建安五年，刘备往依刘表，刘表令刘备守樊城，一守七年，毫无进展。建安十三年，曹操领兵南征。刘表先已病死。曹操到新野，刘表的次子刘琮迎降。刘备自樊城急奔江夏，与刘表的长子刘琦合兵。曹操击败刘备于长坂，进据江陵。刘备遣诸葛亮渡江，与孙权联兵，十月战于赤壁，曹操兵败北归。

马腾韩遂原为异姓的兄弟，与郭汜李榷交兵后，据有凉州。建安七年，曹操征马腾为卫尉，封槐里侯。马腾应召到许昌，留长子马超在凉州领兵。建安十六年，曹操谋讨张鲁，韩遂、马超怀疑曹操的调兵遣将，于是联合举兵十万，进扼潼关。曹操采纳贾诩的计策，离间韩遂、马超。马超中计，疑心韩遂，致为曹操所乘。马超奔蜀，投依刘备。韩遂奔金城，为部下所杀，凉州平。

张衡创五斗米教，益州牧刘焉以其孙张鲁为汉中太守。刘焉死，刘璋以张鲁不顺，杀死张鲁的家属。张鲁大愤，叛据汉中，以鬼道教民，自号师君。张鲁的弟子初称鬼卒，道深者为大祭酒，次称祭酒。境内不设官吏，由祭酒执行政事。祭酒所在地设义舍，常备义米义酒，行路人随意食宿，不收分文。人民如犯法，原谅三次，再犯才用刑。建安二十年，曹操军至阳平关，前军迷路，误入张鲁弟弟张卫的别营，营中大惊。曹兵大出击，张卫夜遁，张鲁奔巴中。曹操入南郑，遣人招降张鲁，拜为镇南将军、阆中侯。

吕布、袁术、袁绍、张济、刘表、马腾、韩遂均已灭平，张鲁又以汉中降，曹操遂掩有整个的中原。所余者巴蜀的刘璋、江东的孙权与寄食荆州的刘备而已。

建安二十一年，曹操晋爵魏王，用天子的车服，出入警跸。建安二十四年，侍中陈群向曹操进说："汉祚已终，非适今日。殿下功德巍巍，群生注望，故孙权在远称臣，此天人之应，异气齐声。殿下宜正大位，复何疑哉？"（袁枢《通鉴纪事本末·卷九上·曹操篡汉》）曹操答道："若天命在吾，吾为周文王矣。"同年三月，曹操失汉中于赵云。八月，失樊城于关羽。及闻关羽进兵至陕，威震河南，遂与将吏会商，欲弃许昌，准备迁都洛阳，以避关羽的锐气。后来听信司马懿、张济的献议，联合孙权，许割江南，促成吴蜀的交恶，才把局面缓和下来。汉献帝延康元年，曹操死。魏王曹丕逼迫献帝禅位，是为魏文帝。改元黄初，谥父曹操为太祖武皇帝，大赦天下。

第二节 刘备取成都

刘备字玄德，涿郡人，汉景帝子中山靖王刘胜的后裔。少孤贫，与母氏以贩履织席为业。生得身长八尺，垂手下膝，顾目自见其耳。有大志，专好结交天下豪杰。性宽和，寡言语，喜怒不形于色。刘备早年与河东关羽、涿郡张飞相友善，结义桃园。刘备尝与公孙瓒同师事郑玄、卢植。黄巾乱起，刘备已经二十八岁。公孙瓒讨黄巾，以刘备为司马，积功而为平原相。关羽、张飞为别部司马，分统部曲。刘备与关、张二人，寝则同床，情同手足。而稠人广众，侍立终日，随从周旋，不避艰险。常山赵云领兵来谒公孙瓒，刘备深加接纳，于是赵云亦到平原，替刘备统领骑兵。吕布攻刘备，刘备走依曹操。建安三年，曹操缢杀吕布，还许昌，表刘备为左将军，礼遇甚隆。刘备朝见献帝，献帝称刘备为皇叔。

献帝的母舅车骑将军董承，受衣带的密诏，与刘备、种辑、吴硕、马腾、吴子兰、王子服等谋诛曹操。事泄，董承等皆被诛杀。刘备急离许昌，留关羽守下邳，自还小沛。建安五年，曹操东征下邳，擒获关羽，掳去刘备的妻子甘糜二夫人。曹操使张辽劝说关羽。关羽开出三个条件：第一，关羽经与刘备立誓匡扶汉室，故而降汉不降曹。第二，因为有甘糜二夫人的关系，给养上下人等，不得到门。第三，如果知道刘备的去向，不分千里，便当辞去。曹操竟从其志，一口答应。关羽投降后，斩颜良，诛文丑，曹操厚加赏赐，封关羽为汉寿亭侯。曹操使关羽与甘糜二夫人共室，欲乱其叔嫂之义，关羽避嫌，秉烛夜读春秋，通宵达旦。刘备走青州，说袁绍南连刘表。关羽闻刘备在邺，挂印封金，辞别曹操，护送甘糜二夫人来寻。道经古城，遇到张飞，于是留甘糜二夫人于古城。自往邺，于去汝南的途中，碰到刘备。刘备悲喜交并，即往古城，夫妻团圆，兄弟重逢。为逃脱曹操的势力，决定投奔荆州的刘表。

刘表闻刘备来到，自出郊迎，待以上宾的礼遇。建安十二年，琅琊诸葛亮寓居襄阳的隆中，每自比管仲、乐毅。刘备三往，始得晤面。诸葛亮说："自董卓以来，豪杰并起，跨州连郡者，不可胜数。曹操比于袁绍，则名微而众寡，然操遂能克绍，以弱为强者，非惟天时，抑亦人谋也。今曹操已拥百万之众，挟天子而令诸侯，此诚不可与争锋。孙权居有江东，已历三世，国险而民附，贤能为之用，此可与为援而不可图也。荆州北据汉沔，利尽南海，东连吴会，西通巴蜀，此用武之国，而其主不能守，此殆天所以资将军也，将军岂有意乎？益州险塞，沃野千里，天府之土，高祖因之以成帝业。刘璋闇弱，张鲁在北，民殷国富，而不知存恤。智能之士，思得明君。将军既帝室之胄，信义著于四海，总揽英雄，思贤如渴。若跨有荆益，保其岩阻，抚和戎越，外结好孙权，内修政理。天下有变，则命一上将，将荆州之军以向宛洛，将军身率益州之众以出秦川，百姓孰敢不箪食壶浆以迎将军者乎？诚如是，则霸业可成，汉室可兴矣！"（陈寿《三国志·诸葛亮传》）这就是有名的隆中对。二十七岁的诸葛亮，把当时天下的大势和未来可能的发展，分析得非常明白而中肯。四十七岁的刘备听得非常佩服，自此与诸葛亮情好日密。

建安十三年，曹操引军南征荆州，刘表死，次子刘琮降。其时刘备屯兵樊城，刘琮没有通知刘备，等到刘备发觉，曹操的大军已经进抵宛城。刘备大惊，急召部属计议。或有劝刘备攻刘琮，荆州唾手可得。刘备不肯背信，将其众通过襄阳，荆州的百姓扶老携幼，跟从刘备。比至当阳，众已十万，辎重甚伙，日行仅十余里。或有劝刘备远行保江陵，刘备以人民方来归我，不忍弃去。曹操将精骑一日夜行三百里，追至当阳的长阪。刘备弃妻子，与张飞、赵云、诸葛亮等数十骑南奔。张飞拒后，据水断桥。赵云抱着刘备的儿子刘禅，与关羽相会于船中，渡过沔水，才遇上刘表长子刘琦的兵众万余人，俱到夏口。

刘表死，孙权使鲁肃前往吊丧。比至南郡，刘琮已降曹操。鲁肃迎刘备于当阳，劝刘备遣腹心自结于东吴，共济世业。刘备甚悦，进驻鄂县的樊口，使诸葛亮与鲁肃俱诣孙权。诸葛亮见孙权于柴桑，于是以周瑜为统帅的孙刘联军，大败曹军于赤壁。

赤壁战后，刘备得到南郡、零陵、长沙、武陵。以刘琦为荆州刺史。建安十四年，刘琦卒，孙权表刘备为荆州牧，以妹尚香妻刘备。孙尚香才捷刚强，有诸兄风。新婚之夜，侍婢百余人，皆持刀侍立，刘备入室，心常凛凛。建安十五年，刘备以江南地少，不足以容其众，乃去建业见孙权，要求都督荆州。周瑜上疏："刘备以枭雄之姿，而有关羽、张飞熊罴之将，必非久屈为人用者。愚谓大计，宜徙备置吴，盛为筑宫室，多其美女玩好，以娱其耳目。……恐蛟龙得云雨，终非池中物也。"（袁枢《通鉴纪事本末·卷九下·刘备据蜀》）孙权遂不允刘备都督荆州。孙权复因曹操在北方，当广览英雄，亦不留置刘备于建业。周瑜死，鲁肃代周瑜。鲁肃因劝孙权以荆州借刘备，共同抗拒曹操。

曹操有进取汉中的意向，刘璋恐惧。张松劝刘璋结纳刘备以讨张鲁，刘璋以为然，遣法正往迎刘备。法正到荆州，阴说刘备取益州，刘备犹豫。经庞统晓喻以利害，刘备留诸葛亮、关羽守荆州，自将步卒数万而西。刘备到北碚，刘璋率兵三万往会，欢饮百余日。刘璋堵益刘备的兵卒，厚加补给，使伐张鲁。刘备广树恩德，借收众心。计斩刘璋的大将杨怀和高沛，勒兵直入白水关，攻占涪城，进围雒城。建安十九年，刘备的大军直薄成都，诸葛亮、张飞、赵云亦领兵来会，刘璋开城出降。刘备入成都，自领益州牧，以诸葛亮为军师将军、益州太守，法正为蜀郡太守，李岩为键为太守，费观为巴郡太守。

诸葛亮辅佐刘备治蜀，取法治，尚严峻，民多怨望。法正劝说："昔高祖入关，约法三章，秦民知德。今君假借威力，跨据一州，初有其国，未垂惠抚。且客主之义，宜相降下，愿缓刑弛禁，以慰其望。"（袁枢《通鉴纪事本末·卷九下·刘备据蜀》）诸葛亮答道："君知其一，未知其二。秦以无道，政苛民怨，匹夫大呼，天下土崩，高祖因之，可以弘济。刘璋暗闇弱，自焉已来，有累世之恩。文法羁縻，互相承奉。德政不举，威刑不肃。蜀土人士，专权自恣，君臣之道，渐已陵替。宠之以位，位极则贱。顺之以恩，恩竭则慢。所以致敝，实由于此。吾今威之以法，法行则知恩；限之以爵，爵加则知荣。荣恩并济，上下有节，为治之要，于斯而着矣！"

建安二十年，孙权以刘备已得益州，令诸葛瑾向刘备索还荆州。刘备答以方圆凉州，凉州定，尽以荆州相与。鲁肃责让关羽："始与豫州，觐于长坂，豫州之众，不当一校，计穷虑极，志势摧弱，图欲远窜，望不及此。主上矜愍豫州之身，无有处所，不吝土地士民之力，使有所庇护，以济其患。而豫州私独饰情，愆德隳好，今已借手于西州矣，又欲翦并荆州之地，斯盖凡夫之不忍行，而况整领人物之主乎？"关羽无以为对。值曹操将领兵发自汉中，刘备惧失益州，逼于情势，乃向孙权求和，分领荆州。以湘水为界，长沙、桂阳、江夏以东属孙权，南郡、武陵、零陵以西属刘备。

建安二十四年，刘备自阳平渡沔水，缘山稍前，营于定军山。夏侯渊引军争夺。刘备使黄忠乘高鼓噪进攻，斩了夏侯渊。魏军大败，张郃引军退阳平。五月，刘备因赵云而进据汉中。七月，刘备自称汉中王，立刘禅为太子，还治成都。八月，关羽领军攻樊城，于禁降，庞德死。自许昌以南，望风归附。司马懿、蒋济劝曹操联合孙权，许割江南。孙权亦切恨关羽的骄恣，阳命陆逊镇荆州，阴令吕蒙袭关羽。吕蒙用轻骑奇袭公安、江陵，守将傅士仁、糜芳皆降。关羽遁走，兵众溃散，行至麦城，为吕蒙的部将马忠所擒斩。

魏文帝黄初二年，蜀中传说汉献帝已经遇害。汉中王刘备发丧成服，即帝位，建元章武，是为蜀汉昭烈皇帝。七月，刘备耻关羽的败没，决意伐吴，群臣谏阻不听，留诸葛亮辅政，守成都，自率大军东下。孙权命陆逊督师。黄初三年三月，吴蜀大战于猇亭，烧破蜀军四十余营。刘备弃船步行遁入白帝城。舟械军资，丧失殆尽。刘备大惭恚，病死。刘禅继位，改元建兴，是为蜀汉的后主。

第三节　孙权据江东

孙坚，富春人，世代为县吏，机智而饶勇。年十七，与父乘船至钱塘，适有海贼胡玉等掠取财物，方于岸上分赃，行旅不敢近。孙坚拔刀上岸，以手东西若指挥兵众。贼望见，以为官兵追捕，悉弃财物散走，孙坚追杀一贼而还。父大惊，由是知名府县。二十八岁在下邳做丞，因为讨黄巾有功，拜别部司马。长沙贼区星，自称将军，有众万余，攻略城邑。孙坚为长沙太守，到郡旬日，即破区星。董卓乱政，孙坚起兵。袁术据南阳，表孙坚为破虏将军。献帝初平二年，孙坚进击董卓，西入洛阳。袁术更使孙坚击破刘表，追渡汉水。进围襄阳。孙坚单骑行砚山，被黄祖的军士射死。

孙坚娶钱塘吴氏，生策、权、翊、匡四子及一女尚香。孙策美姿颜，性情阔达，喜结交游，善用人，士民莫不尽心，乐为效死。与庐江舒人周瑜、广陵张弦相友善，有无通共。年十七，径到寿春见袁术。袁术奇其状貌言谈，然未肯还归父兵，嘱孙策往见其舅丹阳太守吴景，助吴景攻破庐江太守陆康。丹阳人朱治，尝为孙坚校尉，见袁术政德不立，劝孙策归取江东。孙策时年二十，乃说袁术愿为平定江东。袁术即将孙坚的旧部千余人，马数十匹，交还孙策。表拜孙策为怀义校尉，迁任九江太守。孙策拜谢而出，收集乃父旧部，自立一营，故将程普、韩当、黄盖等，亦归麾下。孙策引兵渡江，军令严肃，不扰百姓，深得民心，郡县吏卒，相率归附。孙策得会稽、丹阳、豫章、庐陵、吴五郡，自领会稽太守。孙策以吕范为都督，军中肃睦，威禁大行。以张弦为正议校尉，以张昭为长史，常令一人居守，一人从征讨。孙策待张昭以师友之礼，文武之事，一以委昭。曹操表孙策为讨逆将军，封吴侯。建安五年，孙策行猎西山，纵马逐鹿，为许贡（故吴郡太守）的旧部所刺杀。创甚，嘱张昭等善辅孙权，静观成败。呼孙权至，佩以印绶，说道："举江东之众，决机两陈之间，与天下争衡，卿不如我。举贤任能，各尽其心，以保江东，我不如卿。卿宜念父兄创业艰难，毋自贻误。"（袁枢《通鉴纪事本末·卷九下·孙氏据江东》）孙权涕泣拜受。孙策又与母吴氏，妻乔氏诀别，瞑目而逝，年二十六。

孙权继掌江东，年十九。孙权信重周瑜，周瑜荐鲁肃与孙权。鲁肃说："汉室不可复兴，曹操不能卒除，为将军计，唯有保守江东，以观天下之衅耳。若因北方多务，剿除黄祖，进伐刘表，竟长江所极，据而有之，此王业也。”（袁枢《通鉴纪事本末·卷九下·孙氏据江东》）孙权大喜，赏赐优厚。琅玡人诸葛瑾，避乱江东，敏达有识，孙权闻其贤，延为长史。孙权见别部司马汝南吕蒙军容鲜整，士卒练习，大悦，增其兵以示宠任。周泰、蒋钦、董袭、陈武、骆统、陆绩、程普、韩当、黄盖、太史慈等并勠力辅政，江东基业，日渐巩固。

建安七年，曹操下书要孙权遣子为质。孙权召群僚会议，张昭等犹豫不决。孙权引周瑜诣吴夫人前定议，周瑜说道：“昔楚国初封，不满百里之地，继嗣贤能，广土开境，遂据荆扬，至于南海，传业延祚，九百余年。今将军承父兄余资，兼六部之众，兵精粮多，将士用命，铸山为铜，煮海为盐，境内富饶，人不思乱，有何逼迫而欲送质？质一人，不得不与曹氏相首尾；与相首尾，则命召不得不往，如此便见制于人也。极不过一侯印，仆从数十人，车数乘，马数匹，岂与南面称孤同哉？不如勿遣，以观其变。若曹氏能率义以正天下，将军事之未晚。若图为暴乱，彼自亡之不暇，焉能害人？”（袁枢《通鉴纪事本末·卷九下·孙氏据江东》）吴夫人认为所见甚是，嘱孙权以兄事周瑜，遂不送质子。

曹操消灭袁绍以后，急想讨伐刘备、刘表。建安十三年，刘表死，次子刘琮迎降曹操。孙权遣鲁肃会刘备，鲁肃偕诸葛亮还见孙权于柴桑。诸葛亮说以荆吴联合破曹，鼎足的形势可成。孙权大悦，于是发兵三万人，以周瑜、程普为左右都督，将兵与刘备并力击曹操。以鲁肃为赞军校尉，助划方略。“刘备在樊口，望见周瑜船，单舸往见，问战卒有几，答三万人。刘备恨少，周瑜却说：‘此自足用，豫州但观瑜破之’。”（袁枢《通鉴纪事本末·卷九下·孙氏据江东》）周瑜进与曹操遇于赤壁，曹操的军中已有疫疾，交战又不利，引次江北。周瑜的部将黄盖“取蒙冲战舰十艘，载燥荻枯柴灌油，其中裹以帷幕，上建旌旗，预备走舸，系于船尾。先遗曹操书，诈云欲降。时东南风猛急，盖以十舰最着前，中江举帆，余船以次俱进。操军吏士，皆出营立观。去北军二里余，同时发火，火烈风猛，船往如箭，延及岸上营落。顷之，烟炎张天，人马烧溺，死者甚来。周瑜等率轻锐继其后，雷鼓大进，北军大坏”。刘备引军夹击，追曹操至南郡。曹操留曹仁、徐晃守江陵，乐进守襄阳，自己领军北还。

建安十五年，周瑜以曹操初败，忧在腹心，一时不会南下构兵。建言进取益州，兼并张鲁，孙权许诺。周瑜还江陵为行装，途中染恙，病势转剧，乃上疏孙权：“修短命矣，诚不足惜。但恨微志未展，不复奉教命耳。方今曹操在北，疆场未靖。刘备寄寓，有似养虎。天下之事，未知终始。此朝士旰食之秋，至尊垂虑之日也。鲁肃忠烈，临事不苟，可以代瑜。傥所言可采，瑜死不朽矣。”（袁枢《通鉴纪事本末·卷九下·孙氏据江东》）卒于巴丘。孙权迎丧于芜湖，以鲁肃为奋威校尉，代周瑜领兵。

建安十七年，张弦鉴于秣陵的山川形势，劝孙权以为治所。于是孙权兴筑石头城，徙居秣陵，改称建业。吕蒙闻曹操将引兵东下，说孙权夹濡须口立坞。孙权以为善，遂作濡须坞。

建安二十四年，关羽攻樊城，得于禁等人物数万，因为粮食缺乏，擅取孙权的湘关米。先是曹操听信司马懿和蒋济的谋议，遣人劝孙权蹑取关羽的后路，许割江南以封孙权。曹操另使徐晃领兵助曹仁。关羽撤围，舟师仍据沔水，襄阳隔绝不通。孙权为栈与曹操，请以讨关羽自效。孙权召拜陆逊为偏将军右都督，守陆口；以吕蒙为大都督，发兵袭关羽。吕蒙到浔阳，尽伏其精兵于𦪇𦨈中，使白衣人摇橹，冒充商贾，昼夜兼行。关羽所置的江边屯候尽被收服，守南郡的糜芳，守公安的博士仁，皆开城出降。吕蒙人江陵，释放于禁，抚慰关羽及其将士的家属，旦暮使亲近存恤耆老，问所不足，疾病者给医药，饥寒者赐衣粮，封关羽的府库财宝，以待孙权。关羽闻说南郡已破，立即南还。关羽的吏士得知家门无恙，皆无斗志。关羽的部众溃散，与其子关平行到麦城，仅十余骑，被吕蒙的部将马忠擒斩于章乡。

魏文帝黄初二年，孙权自公安迁都于鄂，改鄂为武昌。七月，刘备耻关羽的败没，兴师伐东吴。车骑将军张飞，率兵万人，自阆中来会江州，临发为帐下的张达、范疆所杀，持其首级顺流奔孙权。八月，曹丕封孙权为吴王，加九锡。东吴文武以为宜称上将军九州伯，不当接受魏封。孙权认为这是一时的权宜，无损实际，遂接受。黄初三年三月，陆逊击败刘备于猇亭，斩张南、冯习及胡王沙摩柯，烧破四十余营。刘备走马鞍山，陈兵自绕，陆逊督促诸军，四面蹙迫。蜀军土崩瓦解，死者万数。刘备夜遁，仅得奔入白帝城，惭恚而死。子刘禅立，是为蜀汉的后主。孙权遣使请和，刘禅允诺。此后吴蜀的信使，往来不绝。

魏明帝太和三年，吴黄武八年，孙权称吴大帝，改元黄龙，迁都建业。孙权以顾雍为丞相。顾雍为人寡言，举动时当。处理政事，公正严明，所用文武将吏，各遂所能。时访民间及政职的所宜，辄密以闻。用则归功于上，不用终不宣泄。孙权使大将军陆逊辅太子孙登，及尚书九官留武昌。诸葛亮遣特使陈震来庆践位，重申吴蜀的盟好。形式上，吴蜀又联合了。

第四节　三国的分合

汉献帝建安十三年，刘备走依孙权，以周瑜为统帅的水陆大军击败曹操于赤壁，三国鼎立的形势，已经现出端倪。建安十九年刘备接受刘璋的投降，取得成都，三国对峙的局面，完全成熟。曹丕的篡汉，刘备和孙权的自立，不过是作为正式的宣告而已！

曹操据中原，领有司隶、荆、豫、兖、青、徐、冀、幽、并、扬、雍、秦等州。后来灭平马超、韩遂，兼有凉州。共有州十三，郡国九十三。东自广陵、寿春、合肥、沔口、西阳、襄阳，重兵以备东吴。西自陇西、南安、祁山、汉阳、陈仓，重兵以备蜀汉。曹操的疆域，实得汉十三州之九。刘备既进取成都，领有益、梁二州，郡二十二。以汉中、白帝为重镇，其疆域实得汉十三州之一。孙权北镇长江，南尽大海，领有广、荆、郢、交、扬五州，郡四十三。以建平、西陵、南郡、巴邱、夏口、武昌、皖城、濡须、郏城、广陵为重镇，其疆域实得汉十三州之三。若论土地，曹操三分天下有其二。曹丕篡汉时，曹魏有人口四百四十三万，东吴有人口二百二十万，蜀汉人口接近一百万。曹魏土地广，人口多，当然占有兵力的优势。但因蜀吴的联盟，财力较充，又且各依山川的形势，因险设守，曹操一时亦难于西进或东下。

建安二十四年，刘备进取汉中。关羽攻樊城，于禁降，庞德死。曹操准备迁都洛阳，以避蜀汉的兵锋。后来听取司马懿、蒋济的谋议，遣人使孙权攻袭关羽，许割江南，粉碎了吴蜀的联盟。从此开始，曹魏采取防御战略，独得四十年的休养机会，国力大增。刘备为报复东吴的袭杀关羽，舍北图南，在虢亭为陆逊所败，舟械军资，丧失殆尽，吏士死者万余，元气大损。东吴国险民附，兵习水战，因为步骑非所长，且在迎接对蜀汉的战争中，损耗至巨，亦难望有积极的作为。

曹操生二十五子。魏文帝曹丕有同母弟彰和植。曹彰为任城王，颇知兵。文帝与曹彰在卞太后的宫中，一面下棋，一面吃枣，曹彰中毒而死。文帝亦想害死曹植，赖卞太后的力为维护，始得幸免。“煮豆燃豆萁，豆在釜中泣。本是同根生，相煎何太急！”就是曹植于逼迫之下脱口而出的七步诗。

魏文帝虽分封诸弟为王，皆寄地空名，而无其实。王国各有老兵百余人，以为守备，隔绝千里之外，不听朝聘。而且防范甚严，命侫臣监视，不得入京，不得相互聘问，游猎不得过三十里。诸王有罪，轻者就罚，重者赐死，宗室因而浸弱。黄初三年，下诏："妇人为乱政之本也。自今以后，群臣不得奏事太后。后妃之家，不得辅政，亦不得受茅土的封爵。以此诏传之后世，若有背违，天下共诛之。"革除了两汉女后干政和外戚擅专的积弊。

魏文帝黄初元年，尚书陈群以"天朝选用不尽人才，乃立九品官人之法。州郡皆置中正，以定其选。择州郡之贤而有识鉴者为之，区别人物，第其高下。"（司马光《资治通鉴·六十九·世祖文皇帝》）于是州郡各置中正，区别人物的等第，借便黜陟。以"一为最高，九为最低。有言行修著者，即与以升进，或以五升四，以六升五。倘或道义亏缺，即降下之，或自五退六，自六退七。"九品中正自此始。九品者，上上、上中、上下、中上、中中、中下、下上、下中、下下。自是以至两晋南北朝，我国皆以九品中正为登庸人才的准据。

曹丕在位七年殁，太子叡即位，年二十三，改元太和，是为魏明帝。以司马懿为都督荆豫诸州军事。明帝聪慧细密，每断大狱，亲临听察。性奢侈，好建筑，多内宠，自贵人以下至掖庭，凡数千人。政衰财困，百姓怨叹！明帝无子，养齐王芳为己子。明帝在位十三年，病笃，执司马懿手："吾以后事属君，君与大将军曹爽辅少子。"（袁枢《通鉴纪事本末·卷十下·司马懿诛曹爽》）又教曹芳前抱司马懿颈，司马懿顿首流涕！曹芳初即位，年才八岁。曹爽与司马懿各领兵三千，更宿殿内。正始八年，曹爽与何宴等专擅朝政，树党羽，司马懿不能禁。嘉平元年正月，司马懿以皇太后的命令收曹爽，夷三族。自为丞相，加九锡，威震朝廷。

嘉平三年八月，司马懿死。四年正月，司马师自为大将军录尚书事。五年，司马师以皇太后的命令，废曹芳为邵陵公。司马师召群臣议立高贵乡公曹髦，即位年十四，改元正元。甘露二年，司马师卒，司马昭自立为大将军录尚书事。甘露三年，司马昭自为相国，封晋公，加九锡。甘露五年，曹髦见自己的威权日削，不胜愤慨，召王沈、王业等谋讨司马昭，中护军贾充使成济弑曹髦。司马昭迎立常道乡公曹奂，年十五，是为魏元帝，改元景元。

刘备病死白帝城，刘禅继位，诸葛亮辅政，吴蜀又联合。诸葛亮于魏明帝太和元年至青龙二年，八年之中，六出祁山，进兵讨伐曹魏，均为魏将曹贞、司马懿等所扼阻。诸葛亮死，刘禅以姜维为卫将军。姜维自以为谙熟西土的风俗，每欲兴兵大举，均为大将军费祎所制止。魏邵陵公嘉平五年，蜀汉后主延熙十五年，费祎死，姜维乃得行其志，将数万人出石营，围狄道，为魏将徐质所击退。嗣后虽有张翼等以国小民劳，不宜黩武，力事劝阻，姜维不听，仍然连番出兵伐魏，苦战十年，不获寸土。

当此之时，蜀汉的政事日见败坏。刘禅宠信中常侍黄皓，奸巧专恣，用事于中。魏元帝景元二年，吴使者薛珝聘于蜀汉而还，吴景帝问起汉政的得失，薛珝说："主闇而不知其过，臣下容身以求免罪，入其朝不闻直言，经其野民皆有菜色。臣闻燕雀处堂，子母相乐，自以为安也。突决栋焚，而燕雀怡然不知祸之将及，其是之谓乎！"（袁枢《通鉴纪事本末·卷十一上·魏灭蜀》）

魏元帝景元三年，蜀汉后主景耀四年，魏以钟会为镇西将军，都督关中军事，又以邓艾为征西将军，起兵伐蜀。四年秋，邓艾统兵三万，自狄道趣甘松、沓中。钟会领军十万，从斜谷、骆谷、子午谷取汉中。以廷尉卫瓘持节监邓艾、钟会军事，行镇西军司。姜维战败，退守剑阁。邓艾“自阴平行道行无人之地七百余里，凿山通道，造作桥阁，山高谷深，至为艰险。又粮运将匮，濒于危殆。邓艾以毡自裹，推转而下，将士皆攀木缘崖，鱼贯而进，先登至江由，蜀守将马邈降。”（袁枢《通鉴纪事本末·卷十一上·魏灭蜀》）至绵竹，诸葛瞻父子战败被杀。邓艾进逼成都，刘禅遣侍中张绍等奉玺绶投降。别遣太仆蒋显，敕姜维投降钟会。尚书郎李虎送士民簿与邓艾，户二十八万，口九十四万，甲士十万二千，吏四万人。邓艾进至成都城北，刘禅率太子诸王及群臣六十余人，面缚舆榇至军门，蜀汉亡。

魏元帝咸熙元年六月，司马昭晋爵晋王。二年，晋王司马昭卒，子司马炎嗣位。十二月，司马炎逼迫魏元帝禅位，改元泰始，是为晋武帝。废降魏元帝为陈留王，居金墉城，魏亡。

魏明帝太和二年，吴大帝神凤元年，孙权病笃，潘后使人询问汉吕后称制的故事。左右畏惧潘后的暴虐，伺其睡熟，予以缢杀。太子亮十岁即位，改元建兴，以孙峻为丞相。孙峻先后杀死诸葛恪、孙和、孙仪、吕据，威震内外。高贵乡公甘露三年，孙峻从弟孙琳废孙亮为会稽王，迎立琅琊王孙休，称吴景帝，改元永安。孙琳自为丞相，封孙皓为乌程侯。孙琳一门五侯，皆典禁兵，权倾人主。孙休恐其有变，召老将丁奉诛杀孙琳。永安七年，景帝死，吴人欲得长君，迎立乌程侯孙皓，年二十三，是为吴末帝，改元元兴。孙皓初立，颇恤士民，开仓廪出赈贫乏，科出宫女以配无妻者，放走养于苑中的禽兽，一时称为明主。稍后，粗暴骄盈，多忌讳，好酒色，朝野失望。

魏元帝咸熙元年，吴末帝元兴元年，孙皓执杀丞相濮阳兴、大将军张布。晋武帝泰始元年，吴末帝宝鼎元年，孙皓接纳西陵督步阐的建议，徙都武昌。二年，“孙皓使黄门偏行州郡，科取将吏家女。其二千石大臣子女，皆岁岁言名。年十五六，简阅。简阅不中，乃得出嫁。”（袁枢《通鉴纪事本末・卷十一下・晋灭吴》）三年，“孙皓作昭明宫，二千石以下，皆自入山督伐，大开苑囿，起土山楼观，穷极伎巧，功役之费以亿万计”孙皓而且不时诛杀大臣，或剥人面，或凿人眼。遂使上下离心，莫为尽力。东吴的将吏，多有叛降晋国。

晋武帝泰始五年，吴末帝建衡二年，司马炎有灭吴之志。以羊祜都督荆州诸军事，镇襄阳。以卫瓘都督青州诸军事，镇临淄。以王伯都督徐州诸军事，镇下邳。羊祜绥怀远近，甚得江汉人民的归心。

晋武帝咸宁二年，吴末帝天玺元年，羊祜为征南大将军，上疏请伐吴。咸宁四年，吴末帝天纪二年，羊祜入朝面奏：“孙皓暴虐已甚，今可不战而克。若皓不幸而没，吴人更立令主，虽有百万之众，长江未可窥也。”（袁枢《通鉴纪事本末・卷十一下・晋灭吴》）咸宁五年，益州刺史王浚上疏，亦称述孙皓的暴虐，伐吴的有利。十一月，晋遣“琅琊王伷及王浑、王戎、胡奋、杜预、王濬、唐彬等将兵二十余万，分道伐吴。”晋武帝太康元年，吴末帝天纪四年，王浚的舟师进入石头城，孙皓面缚舆榇，诣军门降。收其图籍，州四，郡四十三，户五十二万三千，口二百三十万，兵二十三万。孙皓在位十七年，三十九岁降晋，封归命侯，吴亡。

第五节　三国的民族纠纷

汉献帝建安十一年，乌桓乘天下大乱，掳掠汉民十余万户。袁绍皆立其豪酋为单于，妻以宗人女。辽西的乌桓蹋顿尤强大，为袁绍所厚。袁绍败死，袁尚袁熙兄弟投蹋顿。蹋顿的数次寇边，皆欲帮助袁家兄弟夺回失地。建安十二年，曹操将击乌桓，诸将多谏阻，独郭嘉以为因其无备，必可破灭。曹操拜田畴为蓨令，随军到无终，泞滞不通，军不得进。曹操问田畴，田畴说："旧北平郡治在平冈，道出卢龙，达于柳城。自建武以来，陷坏断绝，垂二百载，而尚有微径可从。"（司马光《资治通鉴·卷六十五·孝献皇帝》）曹操令田畴将其众为向导，"上徐无山，堑山堙谷，五百余里，经白檀，历平冈，涉鲜卑庭，东指柳城。""未至二百里，虏乃知之。尚、熙与蹋顿及辽西单于楼班，右北平单于能臣抵之等，将数万骑逆军。""八月，操登白狼山，卒与虏遇，众甚盛。操车重在后，被甲者少，左右皆惧。操登高，望虏陈不整，乃纵兵击之，使张辽为先锋，虏众大崩，斩蹋顿及名王已下，胡汉降者二十万余口。"曹操将乌桓的余众万余落，都徙居中国，使与汉民融化。乌桓从此灭绝。

南匈奴自光武帝建武二年即入居塞内。将近二百年来，编户大同，不贡赋税。议者恐其户口滋蔓，浸难禁制。建安二十一年，"南单于呼厨泉入朝于魏，魏王操因留之于邺，使右贤王去卑监其国。单于岁给绵、绢、钱、谷如列侯，子孙传袭其号，分其众为五部，各立其贵人为帅，选汉人为司马以监督之。"（司马光《资治通鉴·卷六十七·孝献皇帝》）南匈奴既已聚族定居塞内，虽分其部落，以汉人为司马，暂时获得绥靖，终以习俗不同，人心不同，后来演变而成为五胡乱华的主力。

辽东的公孙渊生长海表，祖度，父康，相承三世。阴怀二心，数反复。景初元年，魏明帝以荆州刺史毌丘俭为幽州刺史，使帅诸军及乌桓、鲜卑屯辽东南界，玺书征公孙渊。公孙渊发兵反，逆战毌丘俭于辽隧。天雨十余日，辽水大涨，毌丘俭与战不利，引军还右北平。

公孙渊自立为燕王，改元绍汉，置百官，遣使假鲜卑单于玺，封拜边民，诱呼鲜卑，侵扰北方。景初二年，“明帝召司马懿于长安，使将四万讨辽东。”（司马光《资治通鉴·卷七十四·烈祖明皇帝》）“公孙渊使大将军卑衍、杨祚将兵骑数万屯辽隧，围堑二十余里”“司马懿潜渡济水出其北。直取襄平。……斩公孙渊父子梁水之上”“司马懿既入城，诛其公卿以下及兵民七千余人，筑为京观”辽东、带方、乐浪、玄菟、四郡皆平。

魏文帝黄初六年，蜀汉后主建兴二年，诸葛亮为解除后顾之忧，率众讨南蛮。“诸葛亮至南中，所在战捷。亮由越雋入，斩雍闿及高定，使康降督益州李恢由益州入，门下督巴西马忠由牂柯入，击破诸县，复与亮合。孟获收雍闿余众以拒亮，获素为夷汉所服，亮募生致之。既得使观于营阵之间，问曰：‘此军何如？’获曰：‘向者不知虚实，故败，今蒙赐观营阵，若只如此，即定易胜耳。’亮笑纵使更战，七纵七擒，而亮犹遣获，获止不去曰：‘公天威也，南人不复反矣。’亮遂至滇池。益州、永昌、越雋、牂柯、四郡皆平。”（司马光《资治通鉴·卷七十·世祖文皇帝》）“分其羸弱，配大姓焦、雍、娄、爨、孟、量、毛、李为部曲”“收其俊杰孟获、爨习、朱提、孟炎等，以为官属。出其金银、丹漆、耕牛、战马，以供军国之用”自是终诸葛亮的时世，蛮夷不复返。

山越为百越的苗裔。三国时，居今江苏、浙江、江西一带的山地。建安年间，山越时叛。魏明帝青龙二年，吴大帝嘉禾三年，诸葛恪以“丹阳山险，民多果劲，前虽发兵，徒得外县平民而已！其余深远，莫能禽尽。”（司马光《资治通鉴·卷七十二·烈祖明皇帝》）屡次自求为官守。认为如以三年的时间，绥靖其地，可以得甲士四万。众议咸以为“丹阳地势险阻，与吴郡、会稽、新都、番阳四郡邻接，周旋数千里，山谷万重。其幽邃人民，未尝入城邑对长吏，皆仗兵野逸，白首于林莽。逋亡宿恶，咸共逃窜。山出铜铁，自铸甲兵，俗好武习战，高尚气力。其升山越险，抵突丛林，若鱼之走渊，猿狖之升木。时观间隙，出为寇盗，每致兵征伐，寻其窟藏，其战则蠭至，败则鸟窜，自前世以来，不能羁也，皆以为难”诸葛恪坚持其必能克捷，孙权乃拜诸葛恪为抚越将军，领丹阳太守。魏明帝景初元年，吴大帝嘉禾六年，诸葛恪至丹阳，“移书四郡属城长吏，各保疆界，明立部位，其从化平民，悉令屯居。再命诸将罗兵幽阻，但缮藩篱，不与交锋。俟其稼谷将熟，辄纵兵芟刈，使无遗种。旧谷既尽，新谷不收，平民屯居，略无所入。于是山民饥穷，渐出降首”诸葛恪复出教令：“山民去恶从化，皆当抚慰，徙出外县，不得嫌疑有所拘执。”于是老幼相携而出，山越遂平，果得甲士四万。山越的叛乱，已经历时数十年，祸延六十余郡县。自此以后，东吴颇能征发山越地区的丁壮，用以抗拒魏蜀。

三国时，吴为拓殖国力，开始设置广州，势力远达交州，大开南海贸易之利。孙权为开发东南，于扬州、荆州、交州，先后增置新郡。孙休、孙皓，续有增置，使大江以南渐得繁荣。魏明帝太和四年，孙权黄龙二年，命将军卫温、诸葛直率甲士万余人，浮海求夷州、直州，得夷州人数千。夷州即台湾，这是中国经营台湾的开始。

第六节　评鉴

一、三国的故事，因罗贯中的《三国演义》而家喻户晓。一般都认为曹操得天时，孙权得地利，刘备得人和。如果深入研究，就会发现这是一个不正确说法或者说不准确的说法。所谓天时，指的是曹操西迎汉献帝，挟天子而号令诸侯。但是，董卓不是先曹操挟汉献帝而号令诸侯吗？董卓无识见，迁都长安，骄恣虐民，纵得天时，何益实事？如果以名正言顺，先声夺人为天时，则袁绍的四世三公，跨有冀、青、幽、并四州，门生故吏满天下，比起曹操的出身宦竖养子，不是要响亮得多吗？曹胜袁败，何关天时？东吴居有长江的险厄，士卒习水战，这就是一般所说的地利。巴蜀山岭陡绝，艰险非常，难道不算地利？曹操据有中原，三分天下有其二，何尝不是居有地广的利益？三国的所以鼎立，要在曹操、刘备、孙权三人，具有杰出的领导才能，会任用卓越的文臣武将，做到内安民生，外务战胜；也可以说，各得人和。

二、三国的人才，的确很多。真正文武兼资，懂得政治领导军事，应推曹操、诸葛亮、鲁肃三人。曹操知人善察，智计殊绝。战败于赤壁，知道中原的步骑，难胜水战。再挫于樊城，能采纳司马懿、蒋济的建议，和好孙权，专意经营中原，厚植国力，坐使蜀吴分化，等待有利的时机，这是政略的取胜。诸葛亮的隆中对策，乃是极为高明的政治分析。鲁肃初见孙权，即开明王业。后来劝说孙权联合刘备，抗拒曹操，实在是适切当时情势的最佳建议。可惜关羽骄恣，毁坏了吴蜀的联盟。而刘备的一时恚愤，舍北伐，讨东吴，卒为陆逊所破，既耗尽蜀汉的国力，东吴亦从此疲弊！其后，吴蜀两国再也没有力量去击灭曹魏了。诸葛亮的六出祁山，姜维的屡次北伐，孙权的数侵淮南，都不过在达成以攻为守而已。曹丕、刘备、庞统、孙策、孙权、司马懿父子、周瑜、陆逊，自亦是一时的英杰。周瑜雅量高致，意气奋发，天不假年，良堪痛惜。张辽、张郃、徐晃、曹仁、关羽、张飞、赵云、马超、姜维、邓艾、钟会、吕蒙、甘宁、丁奉，疆场的猛将而已！

三、曹操可真算得是“治世之能臣，乱世之奸雄”。他曾下令：“夫有行之士未必能进取，进取之士未必能有行也，陈平岂笃行，苏秦岂守信耶？而陈平定汉业，苏秦济弱燕。由此言之，士有偏短，庸可废乎？”“孟公绰为赵魏老则优，不可以为滕薛大夫。若必廉士而后可用，则齐桓其何以霸世？二三子其佐我明扬仄陋，唯才是举，吾得而用之。”（司马光《资治通鉴·卷六十九·世祖文皇帝》）“韩信、陈平，负污辱之名，有见笑之耻，卒能成就王业，声著千载。吴起贪将，杀妻自信，散金求官，母死不归。然在魏、秦人不敢东向。在楚，三晋不敢南谋。今天下得无有至德之人，放在民间，及果勇不顾，临敌力战，若文俗之吏，高材异质，或堪为将守，负污辱之名，见笑之行，不仁不孝而有治国用兵之术者，其各举所知，勿有所遗。”从来用人，才德并重。东汉光武皇帝刘秀鉴于西汉末叶的士风卑靡，于是表彰气节，倡导忠君孝亲，轻财重义，不畏强暴。曹操生当战乱，叹息真正办事人才的难得，不惜毁弃礼法，唯才是举。这就把被宦官掌政时期原已破坏了的善良风俗，更加摧毁。他不顾污辱之名，见笑之行，擢用不仁不孝，当时社会中人也就不谈气节，不讲是非，不分黑白了。后世的人多以奸雄目曹操，建安十五、十九和二十二年的魏武三令，亦是重要的原因。

四、魏文帝曹丕，博学强识，文武兼资。唯生性苛薄，待人寡恩。初以伪装孝顺，得立为嗣子。曹操尸骨未寒，即占染曹操宠爱的妾侍。既以有毒的枣子，害死同母弟任城王曹彰。复计议杀死同母弟陈思王曹植，流传下来的有名的七步诗，即是谋害的明证。即位不到二年，下诏：“妇人为乱政之本也。自今以后，群臣不得奏事太后。”如此诏书，何能昌明孝道？魏文帝虽分封诸弟为王，然防范甚严。诸王有罪，重者赐死，轻者受罚，遂致宗室削弱。到后来，曹魏的政权终于落入司马氏之手，未始非种祸因于曹丕的刻薄寡恩，欠缺孝道和人情味。

五、魏文帝黄初元年，尚书陈群立九品观人之法。州郡皆置中正，选择州郡的贤能而有识鉴者，区别人物，第其高下。九品者，上上、上中、上下、中上、中中、中下、下上、下中、下下。九品中正自此始。当时评品，极重乡邑的清议。一直沿用到南北朝，我国皆以此制登庸人才。因为决定品级的时候，首先要察看家世和出身，所以实行之后，在当时多少发生了安抚大家巨室的作用，而使各地的豪门，拥护曹魏的统治。但也由于品级的决定，个人的学术和品行，反居其次，铨选的结果，造成“上品无寒门，下品无贵族”。这一种无法做到公正的论才制度，阻碍了中国政治的进步。

六、魏（晋）、蜀、吴三国，鼎立了将近六十年。魏灭蜀，晋篡魏灭吴，统一中国。其所以致此，魏（晋）地广人众，土地居天下的三分之二，人口超过天下的二分之一；自建安二十四年以后，又独得四十年的休养机会，当然是主要的原因。此外，蜀汉自诸葛亮亡故，继起无人，刘禅宠信黄皓，政事乖方，人心离散。东吴孙皓粗暴骄盈，残虐官民，亦使朝野失望。魏、晋则不然，曹丕博闻强识，才艺兼赅，曹叡沈毅明敏，能决大事。司马懿、司马师、司马昭父子，文武兼资，俱属人杰。司马炎虽才具平庸，然亦宇量宏厚，明达好谋。魏晋贤能的文臣武将，既远较蜀吴为多。魏晋的政事，亦略较蜀吴为合理。所以伐蜀伐吴，都能获致迅速的成功。

七、蜀汉的关羽是三国中最突出的人物。关羽为刘备的结义兄弟，亦是刘备麾下的第一大将。就史事论，关羽不懂政治，拙于智计，欠缺统兵御将的才华，实在是一个有勇无谋的角色。守下邳，既为曹操所擒。守荆州，又为吕蒙袭杀。在当时的情势下，蜀吴联盟，始可抗曹，关羽骄恣，得罪孙权，遂使诸葛亮、鲁肃二人所致力的伟大政略和战略，彻底破灭。但在中国民间，关羽几乎有着与孔子同样的地位。在许多人的心目中，关羽和岳飞并称武圣。关羽的降汉不降曹，忠义千秋。秉烛夜读春秋，不贪女色。闻说刘备在邺，立即挂印封金，护送甘糜二夫人去寻刘备，不恋官位，不爱钱财，不忘故主。中国民间所以把关羽奉为神明，不是没有原因的。

八、中国当东汉桓帝灵帝的时候，人口已经超过五千万。自黄巾乱起，连年战争，迄至曹丕篡汉，仅仅是四十年的时间，人口减少到不足八百万。战争对于人口的影响，确实惊人。但也真因为战争帮助死神，夺走了太多的生命，使得以农业为基础的中国社会，立即减轻人口膨胀的压力。土地依旧，人口减少，老百姓不怕没有田地耕稼。三国的政府，更可大事垦田积谷。民食军糈，都无困难。在以农业为主的中国社会，如果不能够从兽力、农具、换种、肥料、水利上形成生产的突破，很难面对人口膨胀的压力。

九、汉族与少数民族的纠纷，三国时亦继续发生。曹操平乌桓，迁其余众万余落于中原，乌桓自是灭绝。东吴定山越，前后数十年，经过诸葛亮的封锁交通和控制粮食，卒能征发山越的甲兵，以抗魏蜀。诸葛亮讨伐南蛮，七擒七纵，孟获心服，从此南人不复返。这三件汉族与少数民族的纠纷，先用武力，继以同化，乃是处理民族问题较为成功的例子。

十、董卓入京师，废少帝，立献帝，自为丞相，骄纵不法，充分表现出不忠不信的狂态。迁都长安，籍没富室的财物，暴虐治下的百姓，更显示其不仁不义的行径。董卓死，李榷、郭汜、樊稠、张济等相互劫掠，无异群盗。曹操、袁绍、袁术、吕布、刘备、马腾、刘表、孙坚诸人，虽然假名勤王，内心都不似他们宣称的那样光明！自朝廷以至郡县，自大官巨室以至贩夫走卒，无公义，有私欲，口是心非，唯利是从。这种心理状态的演变，每况愈下，造成社会伦理的不彰，也肇致民族道德的低落。由于民族道德的衰退，人人不关心国事，欠缺献身国家民族的勇气，不仅延长了中国境内的分裂，抑且使得堂堂的炎黄帝胄，后来受到汉化胡人的役属，不以为羞耻。民族道德者，国家民族的灵魂。一定要恢复民族道德，才能提高民族的素质，恢复民族的自尊心。一个具有自尊自信的民族，才会为国家民族的独立和复兴而奋斗。

十一、道教是我国唯一土生土长的宗教。道教的起源可以远溯到秦汉之际求神仙求长生的方士。或探求清静恬淡的至道，或传授丹田吐纳的秘术，或以炉鼎炼制黄金丹药，或以符咒替人躯鬼治病。更有以天下的名山大川为洞天福地，真人所居，发人遐思，引人想望。到后来，大都尊奉著作《道德经》的李耳（老子）为始祖，而以首创天师道的张道陵为教主。如果后来道教的信徒，都肯专心致志地研几清静无为，提炼黄金丹药，讲求丹田吐纳，替人躯鬼治病，这对于人类心理学、化学、卫生和医学上的贡献将是非常大的。汉灵帝时代的张角，号太平道，有部众三十六方，大方万余人，小方六七千人，各立渠师，于幽、冀、兖、青、徐、扬、荆、豫八州，同日反叛。三国时代的张衡，创五斗米道，其孙张鲁，以鬼道教民，自号师君，据住汉中。自是以还，蔓延滋衍，遍布到整个中国的全境。而历代中国的野心家亦尝有凭借道教的支流，结合愚民，聚众叛乱，在中国历史上，扮演了不少次数的涂炭生民的悲剧。

第七章

内外交困的两晋

晋武帝司马炎于魏元帝咸熙二年篡位，改元泰始。又十五年灭吴，改元太康，中国复归统一。后十一年，有八王之乱。八王乱了十三年，到晋惠帝永兴元年，又有五胡之乱。中原扰攘，胡骑纵横。到愍帝（邺）被害，西晋亡。晋元帝司马睿于建武元年立业江左，都建康。到刘裕于元熙二年迫恭帝（德文）禅位，东晋亡。西晋自武帝至愍帝，五十二年，约当公元二六五至三一六年。东晋自元帝至恭帝，一百零三年，约当公元三一七年至四一九年。东晋亡后的第十九年，元（北）魏统一北方，五胡之乱乃告终了。

第一节　两晋的政治与风尚

司马懿受魏明帝的托孤，嘉平元年，诛曹爽而专朝政。司马师废曹芳，立曹髦。司马昭弑曹髦，立曹奂。司马氏父子窃国弄权，无所不用其极。到司马炎逼迫曹奂禅位，是为晋武帝。建都洛阳，追谥司马懿为宣帝，司马师为景帝，司马昭为文帝。当时的朝臣，如裴秀、贾充、何曾、王沈、荀勖、冯纨、卫瓘、杨珧辈，亦无公忠体国的心情，平日只知尔诈我虞，争夺权位。

晋朝的中央政府，有尚书、中书、门下三省及太常、光禄、卫尉、太仆、廷尉、大鸿胪、宗正、大司农、少府九卿，分掌诸政。尚书省有令、仆射及列曹的尚书，掌诸政。中书省有监、令，掌诏敕。门下省有侍中、侍郎，掌侍从、傧相等事。九卿之职，与汉无异。晋朝无三公，而以太宰、太傅、太尉、太保、司徒、司空、大司马、大将军称八公，位在三省九卿之上。地方官则郡有太守，独河南郡称尹。诸王国有内史，大县有令，小县有长，各掌地方的政事。

晋朝鉴于两汉允许土地私有，富者田连阡陌，贫者无以立锥，遂参酌井田的遗迹，创立均（占）田制。无分男女老壮，凡人民皆由政府授田。男子占田为七十亩，女子占田为三十亩。丁男课田五十亩，丁女课田二十亩，次丁之男课田二十五亩，次丁之女无课田。至于租税，丁男每年出粟一斛五斗，绢三匹，绵三斤；丁女与次丁男减半。男女年十六至六十者谓丁。十三至十五以及六十一至六十五者谓次丁。十二以下六十六以上者，别称老少。

晋朝的选拔人才（官吏），仍然沿用曹魏的九品中正制度。这种制度因为没有确定的标准，担任中正者又未必心里都公平，一开始就有问题。但当时的执权者，都是中正高品的人，为着自顾其门户，当然不肯变法。习俗已久，视为固然。

晋武帝司马炎生有异相，立发委地，手垂过膝。既登大位，有鉴于曹魏的孤立，于泰始元年，大封宗室。以皇叔祖父孚为安平王，叔父干为平原王，亮为扶风王，伷为东莞王，骏为汝阴王，肜为梁王，伦为琅琊王，弟攸为齐王，鉴为乐安王，机为燕王。大封宗室十七人皆为王，诸王皆得自选国中长吏。咸宁三年，杨珧等建议："古者封建诸侯，所以藩卫王室，今诸王公皆在京师，非扞城之义。又异姓诸将居边，宜参以亲戚。"（袁枢《通鉴纪事本末·卷十二·西晋之乱》）司马炎乃诏"诸王各以户邑多少为三等，大国置三军五千人，次国二军三千人，小国一军一千一百人。"诸王中担任都督各州军事的，徙封其国，使与其都督的地区相近。徙扶风王亮为汝南王，琅琊王伦为赵王，渤海王辅为太原王，东莞王伷为琅琊王，汝阴王骏为扶风王，太原王颙为河间王，汝南王柬为南阳王。又封王子玮为始平王，允为濮阳王，该为新都王，遐为清河王。于是诸王各皆就国，据地选吏，拥兵称雄。太康十年，司马炎极意声色，遂至成疾，病中出汝南王亮为侍中大司马大都督，都督豫州诸军事；徙南阳王柬为秦王，都督关中诸军事；始平王玮为楚王，都督荆州诸军事；濮阳允为淮南王，都督扬州诸军事，并假节之国。又立皇子乂为长沙王，颖为成都王，晏为吴王，炽为豫章王，演为代王，皇孙遹为广陵王。又封淮南王子迪为汉王，楚王子仪为毗陵王，徙扶风王畅为顺阳王，畅弟歆为新野公，琅琊王弟澹为东武公，繇为东安公。

晋武帝于平吴之后，有鉴于汉末州牧的拥兵割据，于是罢去州郡分治的兵马，大郡只置武吏百人，小郡五十人，用典兵事，遂使全国的州郡，武备空虚。地方的武力，变成以王国为中心。

晋武帝在平吴以前，后宫已有良家女五千。平吴以后，复纳吴宫的佳丽五千。于是后宫万人，弄得司马炎莫知所从。常乘羊车，恣其所至，至便宴寝。宫人常取竹叶插户，以盐汁洒地引羊，以致帝车。

晋武帝每宴见大臣，不谈经国远图，只说些平生常事，实在不类开国的英主。何曾颇不以为然。但何曾自己的生活，奢靡淫逸，惟帐车服，穷极绮丽，厨膳滋味，过于王者，每召见，不食御厨所设，帝命自取所具食。日食万钱，犹觉无下箸处。其他贵戚大臣，亦莫不穷奢极欲。武帝舅王恺和卫尉石崇的斗富，“恺制紫丝布步障四十里，崇制锦步障五十里。崇涂屋以花椒，恺用赤石脂。武帝曾以珊瑚树赐恺，高二尺许，世所罕匹。恺以示崇，崇以铁如意击之，随手而碎。恺既惋惜，声色方厉。崇命左右取珊瑚树高三四尺者六七株，条干绝俗，光彩耀目，说道：‘不足多恨，今还卿’。”尤属骇人听闻。晋朝当开国的初始，皇室就已荒淫堕落，贵戚大臣，亦早糜烂腐化。

太康三年，晋武帝喟然问司隶校尉刘毅：“朕可方汉之何帝？”（司马光《资治通鉴·卷八十一·世祖武皇帝》）对曰桓灵。帝又问：“何至于此？”“桓灵卖官钱入官库，陛下卖官钱入私门，以此言之，殆不如也。”帝大笑：“桓灵之世，不闻此言。今朕有直臣，固为胜之。”连皇帝都要卖官钱，做官的还有不将本求利，搜刮百姓吗？西晋初年的政治，便已经是不堪设想的了！

晋武帝泰始三年，立皇子衷为太子。八年春，皇太子纳贾充女为妃。贾妃年十五，长太子二岁，妒忌多权诈。太子既嬖幸，又畏惧。十年秋，晋武帝以太子不慧，恐不堪为嗣。杨皇后告以立子以长不以贤，岂可动？咸宁四年，朝野咸知太子昏庸，不堪为嗣。卫瓘为尚书令，曾利用侍宴的机会，阳醉跪于晋武帝的床前，以手抚床："此座可惜。"晋武帝领悟，因悉召东宫的官属，以尚书疑事试太子。贾妃请到张泓捉刀，应付过去。晋武帝后来以才人谢玖赐太子，生皇子遹。遹明慧，似宣帝。晋武帝虽知太子衷不才，然恃皇孙遹聪颖，终无废立的心意。

东晋偏安江左，风气尤为奢靡。孝武帝太元中："公主妇人，必缓鬓倾髻，以为盛饰。用发既多，不可恒载，乃先于木及笼上装之，名曰假髻，或曰假头。至为贫家，不能自办，自号无头。"（《晋书·五行志·上》）当时上流社会的仕女，服饰奢侈，争奇斗艳。假髻或假头亦即今日的假发，不过是其中的一端。贵族的子弟，无不熏衣剃面，敷粉施朱，驾长檐车，跟高齿履。社会风气的奢侈和文弱，盖可想见！

魏晋时代的诸帝，信权谋，重刑名，法网严密，直言者极易致祸。于是旷达的士人，崇尚清谈，纵酒放诞，目的在逃避现实，保全性命。这种清谈的风尚，受到道教与佛法的影响，到后来，愈演愈烈。阮籍、嵇康、阮咸、山涛、向秀、王戎、刘伶，时称竹林七贤。他们无不蔑弃礼法，好言老庄，纵酒啸嗷，放浪于形骸之外。阮籍曾连醉十日，母死仍续与人弈棋。嵇康的颜面，常一月十五日不洗。刘伶赤裸延客，谑称'以天地为房屋，以房屋为衣服'，更是不成话说！王戎和王衍，在政治上都负有盛名，居大位，日唯清谈，弃置实际的行政，不曾一顾。晋朝的士大夫竟然表现出如此胡闹荒诞的作风，社会人心焉得不乱？

自东汉末叶，边郡的人口纷纷向东南腹地迁移，造成西北和东北边区的荒凉。云中、九原、上党、北地、陇西、辽西、辽东诸边防要郡，人口锐减。为了充实边防，当时的政府，就盛纳投降的胡人，使居边塞，为我守候。边境的重镇，原为防备胡人而设立，至此已成为胡汉杂居的局面。汉献帝时，曹操平定河北，分其众为左右南北中五部，凡三万余落，是为五部匈奴。曹魏时，鲜卑族居于辽西、右北平、渔阳一带。到晋初、自辽东经热河、绥远、宁夏而至甘肃，所有匈奴的故地，多为鲜卑所居。魏武帝曾把武都仇池的氐族，大部迁徙到关中，另部聚居于洛阳。羌居陇右，种族极强悍。匈奴族的别支羯，居于上党武乡的羯室，号称羯胡。五胡和汉族杂处的情况，越来越严重。因为胡汉习俗不同，时起纠纷，而北方豪强，又往往加以欺凌，胡人积怨成愤，常怀报复之心。少有际会，辄复侵叛。郭钦和江统虽都曾提出徙戎的议论，但戎狄既已入塞定居，今又别徙，谈何容易?

皇室的骄淫，大臣的腐化，士人的荒诞，社会的奢靡，诸王置吏拥兵，州郡武备空虚，五胡杂居塞内，晋惠帝又是一个十足的低能儿，贾后更不安分，乃是造成八王之乱与五胡乱华的原因。

第二节　八王之乱

晋武帝司马炎于太熙元年崩，太子衷立为晋惠帝，改元永熙。太后父杨骏为太尉太子太傅都督中外诸军事侍中录尚书事，入居太极殿。晋惠帝痴愚阘弱，贾皇后险悍多权略。“谋诛杨骏，废太后。”（袁枢《通鉴纪事本末・卷十二・西晋之乱》）遣李肇往报都督荆州诸军事楚王玮，楚王玮欣然允诺。元康元年二月，楚王玮及都督扬州诸军事淮南王允来朝。三月，杀杨骏于马厩，废太后为庶人。于是征汝南王亮为太宰，与太保卫瓘，皆录尚书事。贾后的族兄贾模，从舅郭彰，后弟的儿子贾谧，与楚王玮、东安王繇，都参与国政。

太宰汝南王亮，太保卫瓘，认为楚王玮刚愎好杀，欲以临海侯裴楷，替代楚王玮为北军中侯，借以解除其兵权，避免不测的祸变。楚王玮闻悉大怒，裴楷不敢拜命。楚王玮自昵于贾后，“谮说太保太宰，将谋废立”（袁枢《通鉴纪事本末·卷十二·西晋之乱》）贾后平素怨恨卫瓘，且患二公执政，自己不得专恣。于是使惠帝作诏书，命楚王玮引兵执杀汝南王亮和太保卫瓘。歧盛因势进说楚王玮，应该利用这个时机，引兵诛杀贾郭二家，以正王室，而安天下。楚王玮犹豫不能决。天明，张华使董猛往说贾后：“宜以专杀之罪诛楚王玮。”贾后乃遣殿中将军王宫斋、驺虞幡出麾众：“楚王矫召勿听也。”于是众将兵皆释仗而走，楚王玮左右无复一人，窘迫不知所为，卒被执下廷尉。后来与公孙宏、歧盛，并夷三族。自此贾后得专朝政，以贾模为散骑常侍加侍中，张华为侍中中书监，裴頠为侍中。又以裴楷为中书令加侍中，与左仆射王戎并营机要。

元康六年夏，征赵王伦为车骑将军。赵王伦既到洛阳，听信孙秀的计议，深交贾郭，大得贾后的宠任。赵王伦因求录尚书事，再求尚书令。但张华与裴楷，固执以为不可。

元康九年夏，贾后的淫虐，日甚一日，贾模忧惧而死。贾郭恣横，货赂公行。贾谧恃宠骄纵，数次无礼于太子。贾后而且取妹夫韩寿的儿子慰祖，养于宫中，欲以代太子。复因太子的沉醉，称诏使书反辞，即据以表免太子为庶人。太子的旧人许超等往见孙秀，数说中宫的凶妒无道。孙秀乘机进行反间，放出空气，说殿中人欲废皇后迎太子。贾后畏惧，“矫诏使皇门孙虑去许昌杀太子”（袁枢《通鉴纪事本末·卷十二·西晋之乱》）赵王伦因以中宫及贾谧毒杀太子的罪名，“矫诏敕三部司马，使车骑入废中宫”“并遣翊军校尉齐王冏，将百人排阁而入，华林令骆休为内应，迎惠帝幸东堂”，于是杀贾谧于殿前，废贾后为庶人。收赵粲、贾午等付暴室。张华、解结等皆夷三族。

赵王伦以淮南王允为骠骑将军，开府议同三司，领中护军。淮南王允性格沉毅，宿卫将士皆畏服，知道赵王伦有异志，于是亦阴养死士。赵王伦深感畏惧，想“转允为太尉，外示优崇，实欲夺其兵权”，（袁枢《通鉴纪事本末·卷十二·西晋之乱》）淮南王允称疾不拜。后来经不起孙秀的一再派人催逼，遂帅国兵及帐下七百人，宣称赵王谋反，进围相府。赵王伦屡次出战，都被淮南王允打败，伤亡千余人，情势极为危殆。“司马督护伏胤怀空板出，诈言有诏助淮南王。允不之觉，开陈内之，下车受诏。胤因杀之，并杀允子秦王郁、汉王迪，坐允夷灭者数千人。”惠帝只好下诏加赵王伦九锡，以孙秀为侍中辅国将军、中书令。

赵王伦及诸子皆顽鄙无识。孙秀狡黠贪淫，谈不上深谋远略。孙秀尝为小吏，屡为黄门郎潘岳所鞭挞。孙秀曾向卫尉石崇求爱妾绿珠，石崇不与。淮南王允事败，孙秀因称石崇、潘岳等奉淮南王允为乱，皆族诛。绿珠惧为孙秀所劫，坠楼自杀。

齐王冏有功迁游击将军，意不满，有恨色。孙秀觉察后，恐惧其在内生变，出为平东将军，镇许昌。

永宁元年，赵王伦入宫即帝位，大赦天下，改元建始。尊惠帝为太上皇，居永昌宫。三月，“齐王冏谋讨赵王伦，遣使告成都王颖、河间王颙、长沙王乂。”（袁枢《通鉴纪事本末·卷十二·西晋之乱》）“成都王颖以兖州刺史王彦、冀州刺史李毅为前锋，远近响应，至朝歌，众已二十万。”“左将军王舆与尚书广陵公漼，帅营兵七百余人，自南掖门入宫，三部司马为应于内，攻孙秀、许超、士猗于中书省，皆斩之。”于是遣甲士迎回惠帝于永昌宫，百姓咸称万岁。赐赵王伦死，并杀其四子。诏以齐王冏为大司马，加九锡。成都王颖为大将军，都督中外诸军事，加九锡。河间王颙为侍中太尉，加三锡。长沙王乂为抚军大将军，领左军。

齐王冏以河间王颙本附赵王伦，心存芥蒂。河间王长史李含因说河间王颙以假诏檄长沙王乂，使讨齐王冏。长沙王乂将左右百余人驰入宫，“连战三日，冏众大败，大司马长史赵渊杀何勖，执冏以降。……同党皆夷三族，死者三千余人。”（袁枢《通鉴纪事本末·卷十二·西晋之乱》）

长沙王乂虽在朝廷，事无巨细，皆就邺谘请大将军成都王颖。成都王颖恃功骄奢，仍嫌长沙王乂在内，不得逞其所欲。河间王颙亦为秦州刺史皇甫重的事情，与长沙王乂不协。等到李含、冯荪、卞粹为长沙王乂所收杀，河间王颙立即起兵，并与成都王颖共同上表，指责“长沙王乂论功不平，与右仆射羊玄之、左将军皇甫商专擅朝政。”（袁枢《通鉴纪事本末·卷十二·西晋之乱》）两军对垒，互有胜负。“东海王越虑事不济，潜与殿中诸将夜收长沙王乂送别省，越启惠帝下诏免乂官，置金墉城。”其后，长沙王乂为河间王颙的部将张方所炙杀。诏以成都王颖为丞相，皇太弟。加东海王越为尚书令。河间王颙为太宰、大都督豫州牧。

太弟成都王颖，“僭侈日甚，嬖幸用事，大失众望。司空东海王越，与左将军陈轸及长沙王乂故将上官巳等谋讨之。”（袁枢《通鉴纪事本末·卷十二·西晋之乱》）经过长时期的交战，成都王颖最后兵败，北渡河，奔朝歌，被顿丘太守冯嵩所执获，送到邺城。长史刘舆称诏夜赐死，并杀其二子。

惠帝中毒死，太弟炽继位，是为晋怀帝，改元永嘉。“太傅越征河间王颙为司徒，颙乃就征。南阳王模遣其将梁臣，邀之于新安车上，扼杀之，并杀其三子。”（袁枢《通鉴纪事本末·卷十二·西晋之乱》）

帝王家为争夺权位而骨肉相残，原不足异。但其争斗的凶狠，历时的长久，杀戮的众多，亦未有若司马氏者。淮南王允、汝南王亮、楚王玮、赵王伦、齐王冏、长沙王乂、成都王颖、河间王颙等八王既尽，晋室式微。王弥、公孙藩、汲桑等乘时称乱，刘渊、石勒、慕容氏、猗卢等羽翼渐成。中原动乱，生民涂炭，西晋丧亡的惨祸，乃是不可避免的了。

第三节　五胡十六国

匈奴、鲜卑、羯、氐、羌，史称五胡。北魏崔鸿作十六国春秋，计有前赵、后赵、前燕、前秦、后秦、成汉，前凉、西凉、北凉、后凉、后燕、南凉、南燕、西秦、北燕和夏。其中前凉、西凉、北燕三国，都是汉人所建。当时北方所建的国家，还有代、西燕、元魏，都是鲜卑族。另有仇池氐族；冉魏、蜀、汉族。这些国家，最后都为元魏所统一。十六国的分合如附图，兴亡经过如附表。

十六国分合图

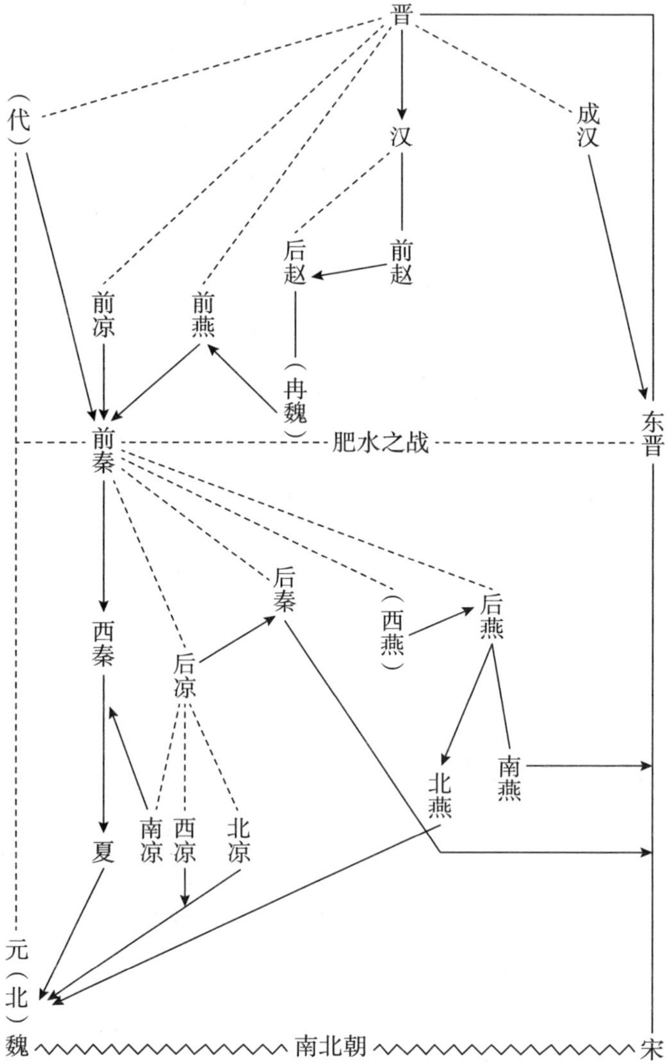

自晋惠帝永兴元年刘渊自立为大单于、汉王，都离石，到宋文帝元嘉十六年，元魏统一北方，中原扰攘了一百三十六年。其间重大的演变，约可十六国兴亡表分为五个阶段来叙述：

十六国分合表

国号	建国者	种族	国都	盛时疆域	传　代	年　数	灭其国者
前赵（汉）	刘渊	匈奴	平阳长安	河北、山西、河南、陕西各一部	和、聪、粲、曜、熙	二六（三〇四至三二九）	后赵
成汉	李雄	氐	成都	四川	班、期、寿、劳	四四（三〇四至三四七）	东晋
前燕	慕容廆	鲜卑	龙城邺	河北、山东、山西、河南及辽宁的一部	皝、隽、暐	六四（三〇七至三七〇）	前秦
后赵	石勒	羯	襄国邺	中国北部的大半	弘、虎、世、遵、鉴、祇	三三（三一九至三五一）	冉魏
前秦	苻坚	氐	长安	中国北部及西南一部	生、坚、丕、登、崇	四五（三五〇至三九四）	后秦
前凉	张祚	汉	姑臧	甘肃、陕西及新疆、内蒙古的一部	玄靓、天锡	二三（三五四至三七六）	前秦
后秦	姚苌	羌	长安	陕西、甘肃、河南	兴、泓	三四（三八四至四一七）	东晋
后燕	慕容垂	鲜卑	中山	河北、山东及河南、辽宁的一部	宝、盛、熙、云	二六（三八四至四〇九）	北燕
西秦	乞伏国仁	鲜卑	苑川	甘肃西南部	乾归、炽磐、暮末	四七（三八五至四三一）	夏
后凉	吕光	氐	姑臧	甘肃、陕西及新疆、内蒙古的一部	绍、纂、隆	一八（三八六至四〇三）	后秦

续表

国号	建国者	种族	国都	盛时疆域	传　代	年　数	灭其国者
南凉	秃发乌孤	鲜卑	乐都	甘肃西部	利鹿孤、傉檀	一八（三九七至四一四）	西秦
南燕	慕容德	鲜卑	广固	山东及河南的一部	超	一三（三九八至四一〇）	东晋
西凉	李暠	汉	敦煌	甘肃西北部	歆、恂	二二（四〇〇至四二一）	北凉
北凉	沮渠蒙逊	匈奴	张掖姑臧	甘肃及陕西的一部	牧健	三九（四〇〇至四三九）	元魏
夏	赫连勃勃	匈奴	统万	陕西北部及内蒙古的一部分	昌、定	二五（四〇七至四三一）	元(北)魏
北燕	冯跋	汉	龙城	河北、辽宁及内蒙古的一部	弘	二八（四〇九至四三六）	元(北)魏
仇池	杨茂搜	氐	仇池	甘肃东南部	二十四	二一一（二九六至五〇六）	元(北)魏
代	拓跋猗卢	鲜卑	盛乐平城	山西北部及内蒙古、河北、辽宁一带	郁律、贺傉、纥那、槐翳、什翼犍	六七（三一〇至三七六）	前秦
冉魏	冉闵	汉	邺	河北、山东、山西、河南及辽宁的一部		三（三五〇至三五二）	前燕
魏	拓跋珪	鲜卑	平城洛阳	统一北方	嗣、焘、濬、弘、宏、恪、诩、子攸、恭、朗、修	一五八（三七七至五三四）	分裂东西
西燕	慕容泓	鲜卑	长安长子	山西、陕西的一部	冲、永	一一（三八四至三九四）	后燕
蜀	谯纵	汉	成都	四川		九（四〇五至四一三）	东晋

第一，刘汉击灭西晋。晋武帝时，匈奴族的刘渊承父位为匈奴左部帅、北部都尉。晋惠帝初年，封为五部大都督，统领五部，都左国城。晋惠帝永兴元年，有感于司马氏的骨肉相残，兴起“上可以成汉高之业，下不失为魏武”的野心，聚众五万，自立为大单于、汉王。怀帝永嘉二年，称皇帝，徙都平阳。东莱王弥、羯人石勒以及邻近的胡人，都举众降附。永嘉四年，刘渊死，四子刘聪，杀兄刘和自立。永嘉五年，太尉王衍等奉东海王越丧还葬东海。石勒自许昌追及之，大破晋军于苦县，晋军将士十余万，无一幸免，王衍被杀，越棺被劈焚尸。洛阳饥困，人民流亡，刘聪乘机命呼延宴、王弥、刘曜、石勒等长驱攻陷洛阳，杀太子诠及百官已下三百余人，士民死亡三万余人，诸陵被掘，宫庙被焚，迁怀帝及太后于平阳。又二年，刘聪欢宴群臣，命怀帝着青衣行酒，庾珉王俊等在侧，悲愤痛哭，刘聪恶而杀之，并害怀帝。凶耗至长安，愍帝即位，改元建兴。建兴四年，刘曜攻陷长安，迁愍帝等百余人于平阳。刘聪临光极殿，以愍帝为光禄大夫怀安侯。其明年，愍帝辱死于平阳，西晋亡。

第二，苻坚统一北方。晋元帝太兴元年，刘聪死，子刘粲嗣位，荒耽酒色，游宴后庭，司空靳准，执杀刘粲。刘曜自长安赴难，杀了靳准，自即帝位，迁都长安，改国号为大赵（前赵）。石勒自称赵王于襄国，用天子礼乐，与刘曜离绝。石勒与刘曜相持于河洛。刘曜性酗酒，末年尤甚，将战饮数斗，昏醉坠于冰上，为石勒的部将所执杀。石勒灭前赵，自即皇帝位，成为北方的大国，称后赵。晋穆帝永和元年，四传至石遵，为汉族的冉闵所诛灭，胡羯无少长皆斩杀，死者二十余万。冉闵自即帝位，国号魏。立三年，为前燕的慕容儁所擒杀。慕容儁即帝位，迁都于邺。苻坚据雍州，自号征西大将军都督关外诸军事，过孟津，入长安，即天王位，是为前秦。前燕据有黄河的下游，前秦据有关中的形胜，东西对峙，互争雄长。晋废帝（海西公）太和五年，苻坚命辅国王猛帅师伐前燕，败燕军三十万于壶关，燕军死者五万人，遂克邺都，执慕容暐于高阳，前秦暂时统治了整个的中原。

第三，秦晋淝水之战。苻坚据地的广大，为五胡各国所未有。用汉人王猛为丞相，政治修明，国势大盛。惟氏族本部的人众不多，虽然陆续归降了很多的外族，部族与部族之间的界限，非短时期所能泯除。王猛临死，戒苻坚勿可伐晋。但苻坚自恃兵力雄厚，认为只有平定偏安江南的晋室，才算是真正统一中国。晋孝武帝太元八年，苻坚调集步卒六十万，骑兵二十七万，南下伐晋。前后千里，旌旗相望。其时的东晋，桓温已病殁，由谢安当政，沉着有胆识，为时望所归。起用了谢石、谢玄和桓伊，率领北府兵，水陆八万，击破苻坚大军于淝水。秦兵自相踏践，死者蔽野塞川，逃亡者闻风声鹤唳，皆以为晋兵追至。谢玄等直追至青冈，秦军死者不可胜计。苻坚为流矢所中，单骑遁还淮北，慕容垂率军维护，始得逃回洛阳。这一战，使虚弱的东晋，得以生存下去。也使得已经统一了的北方，又陷于四分五裂。

第四，后燕后秦争雄。淝水之战，苻坚的各个部队都被击溃，唯独慕容垂一军得获保全。比至洛阳，百官威仪，军容粗备。慕容垂于是斩杀了苻飞龙，诱引丁零乌丸之众二十万，为飞梯地道，攻破邺城，于晋孝武帝太元十一年，自立于中山，称后燕。羌酋姚苌亦叛于华泽，执杀苻坚于新平的佛寺中，自立于长安，称后秦。慕容德自立于广固，称南燕。吕光自立于姑臧，称后凉。拓跋珪自立于平城，称元魏。乞伏国仁自立于勇士都城（苑川），称西秦。鲜卑族慕容垂的后燕，羌族姚苌的后秦，势力较强，互争雄长于北方。

第五，元（北）魏统一北方。刘裕北伐，克长安，灭后秦。晋安帝义熙五年，元（北）魏攻伐后燕，入滑台，遂替代后燕而成为北方唯一的大国。元（北）魏的始祖，乃是鲜卑族索头部的大人拓跋力微。至拓跋猗卢，立为大单于、代公、代王。拓跋珪迁居定襄的盛乐，称魏王。务农息民，国人悦服。其时西北方的国家，北凉为匈奴族沮渠蒙逊所建立，在甘肃的河西。夏为匈奴族的赫连勃勃所建立，在陕西的北部。元魏既定关东，领兵而西。宋文帝元嘉八年，即元魏太武帝神䴥四年，益州刺史没利延、宁州刺史拾虎擒赫连定，夏亡。宋文帝元嘉十六年，即元魏太武帝太廷五年，常山王赤坚下姑臧，灭北凉。北方全境都为元（北）魏所统一。五胡之乱，于焉告终。

第四节　东晋的北伐与内乱

琅琊王睿是司马懿的曾孙，怀帝的再从兄弟，于永嘉元年，出镇建业。琅琊王睿以王导为谋主，推心亲信。“睿名论素轻，吴人不附。居久之，士大夫莫有至者，导患之。会出观禊，导使司马睿乘肩舆，具威仪，导与诸名胜皆骑从。贺循、顾荣、纪瞻等见之惊异，相帅拜于道左。”（司马光《资治通鉴·卷八十六·孝怀皇帝》）琅琊王睿使王导亲往礼聘，贺循顾荣俱应命而至。从此吴士多乐为用，江东归心。九年后，刘聪害愍帝于平阳，凶问至建康，遂即皇帝位，是为东晋元帝，都建业，改元建武。

东晋立国江东，传十一主，一百零三年，对于胡骑占领下的中原，亦尝志存恢复，有过五次的北伐。

第一次是祖逖北伐。祖逖，范阳人，永嘉之乱率亲属南奔避难，上言光复中原。建武元年，晋元帝任祖逖为奋威将军、豫州刺史，相机进取。给千人廪，布三千疋，不给铠仗，使自招募。祖逖受命，自将部曲百余家北伐，渡长江，击楫中流而誓："祖逖不能清中原而复济者，有如大江。"（袁枢《通鉴纪事本末·卷十四上·祖逖北伐》）遂屯淮阴，起冶铸兵，募得二千余人，然后北上，沿途招募，北方坞主（豪族）响应者甚众，声势极盛。祖逖在军，与将士同甘苦。劝课农桑，抚纳新附。其时的北方，前赵的刘曜和后赵的石勒，正在火并，所以得以克谯城，占浚仪，进驻雍丘，黄河以南几尽为祖逖所有，与石勒隔河对峙。太兴四年，晋元帝以戴渊为征西将军，都督幽、兖、豫、并、雍、冀六州诸军事，镇合肥，并以逖部归渊统辖。祖逖意甚快快。又闻王敦与刘刁构隙，将有内难，知道大功难成，感慨发病，卒于雍丘。租逖死，部属由其弟祖约统率。约御众无方，为石勒所败，退屯寿春，祖逖所收复的土地，又复为石勒所有。

第二次是庾亮北伐。东晋成帝时，征西将军庾亮镇武昌，颇思恢复，决意北伐。当时的北方，石勒已经消灭刘曜，后赵统治了广大的地区。西疆的李雄，亦僭号于蜀，称成汉。所以庾亮的作战目标，西进击蜀，北上击赵。庾亮以荆州为根据地，统师十万，于成康五年四月，"执成汉荆州刺史李宏，巴郡太守黄植，送建康"（袁枢《通鉴纪事本末·卷十五上·江左经略中原》）后来想移军击赵，廷议多反对，结果受挫于邾城。庾亮乃上表陈谢，自贬三等，行安西将军。六年春，庾亮忧愤而薨。

第三次是殷浩北伐。东晋穆帝永和八年，殷浩曾率师北伐。以羌帅姚襄为先锋，被前秦苻坚大败于颍水之诫桥。次年，殷浩自率军北上，欲进据洛阳，修复园陵，仍以姚襄为前导。当时的北方，前燕的慕容氏、前秦的苻氏最为强盛。姚襄屯历阳，外貌忠顺晋室，内心雄武难制。姚襄伪装引兵前行，猜度殷浩的大军将至，诈令部众夜遁，阴伏甲士邀击。殷浩进至山桑，姚襄纵兵出击，殷浩大败，遗弃辎重，走保谯城。姚襄“俘斩万余，悉收其资仗，使兄益守山桑，襄复如淮南。”（袁枢《通鉴纪事本末·卷十五上·江左经略中原》）殷浩连战皆北，兵粮俱尽。姚襄“屯盱眙，招掠流民，众至七万，分置守宰，劝课农桑，遣使至建康，罪状殷浩。”永和十年，遂因桓温的疏奏，免殷浩为庶人。

第四次是桓温北伐。自殷浩被废，东晋内外的大权统归桓温。先是穆帝永和二年，安西将军桓温，率益州刺史周抚、南郡太守谯王无忌等，西伐成汉。次年春，大军进抵成都，纵火烧其城门，汉人惶惧，无复斗志，李势舆榇降，成汉亡。永和十年，殷浩既废，“桓温统步骑四万，发江陵水军，自襄阳入均口至南乡，步兵自浙川趣北关，命司马勋出子午道以伐秦。”（袁枢《通鉴纪事本末·卷十五上·江左经略中原》）大败苻坚于蓝田，进军至灞上，三辅郡县皆来降。桓温抚谕居民，使皆安堵复业。旋以苻秦悉出锐师力战，晋军败绩，被迫退兵，损失二万余人。永和十二年，桓温自江陵进攻姚襄，收复洛阳。桓温表请移都洛阳，修复园陵。海西公太和四年，桓温率步骑五万人自兖州攻前燕，所向皆捷。慕容玮求救于苻秦，许赂虎牢以西的地方。苻秦兵将至。桓温数战不利，败于枋头，粮储将竭，于是焚烧舟船，遗弃辎重铠仗，自陆路奔还。沿途遭燕军追杀和秦军邀击，几至全军覆没。

第五次是刘裕北伐。东晋自谢安当国，由谢安、谢石、桓伊率领北府兵八万，破苻坚于淝水。这一支北府兵，就成为东晋军事的重镇。刘牢之死后，刘裕掌握住这一支北府兵，于晋安帝元兴三年，平定桓玄之乱。于晋安帝义熙六年，击灭在山东的南燕。于义熙八年，以朱龄石为益州刺史，西行伐蜀，平灭谯纵。然后又于义熙十四年，自江陵北上，经营中原，入洛阳，克长安，灭后秦。正图进伐北魏及夏，因为心腹刘穆之和兄弟刘道邻的相继死亡，仓促南返，功败垂成。

两晋都有内乱。西晋之乱，在于宗室亲王。东晋之乱，在于强臣巨室。晋元帝立业江南，凡翊戴的功臣，如王导、王敦兄弟，都握有大权，专擅朝政。更由于国防的需要，长江中游的荆州，邻近建业的京口，都握有重兵，遥制朝政。此种权在私门的政治风气，几与东晋相终始。其专权骄恣，废帝立帝，阴蓄异志，形成内乱者，计有四次。

第一次是王敦之乱。晋元帝渡江立业，王导及其从兄王敦有功，王氏子弟，布满内外，民间有“王与马、共天下”的传说。晋元帝太兴二年，王敦为大将军，都督扬、江、荆、襄、交、广六州的军事，镇守武昌，地广兵众，专权骄纵。晋元帝深感畏忌，乃以刘隗镇淮阴，戴渊镇合肥，为京师犄角。并以族叔谯王承镇长沙，予以抑制。王敦僚属沈充、吴风皆谀谄小人，乘机煽动。晋元帝永昌元年，王敦反于武昌，大军沿江东下，攻陷建康。从此王敦专制朝政，晋元帝忧愤而死。太子绍继立，是为晋明帝。王敦阴谋篡位，明帝亦与大臣郗鉴等共商讨王敦之策。明帝太宁二年，王敦病甚，“上疏以诛温峤等为名。王含等水陆五万，奄至江宁南岸，人情恟惧。温峤移屯水北，烧朱雀桁，以挫其锋，含等不得渡。”（袁枢《通鉴纪事本末·卷十四上·王敦之乱》）后来，将军段秀、中军司马曹浑等击败王含，吴风、沈充先后被杀。王敦寻卒，乱事遂平。

第二次是苏峻之乱。晋元帝即位，苏竣率部南下，初任淮陵内史，后来以讨王敦有功，迁历阳。成帝时，历阳内史苏峻，威望渐著，颇怀骄溢。大事招纳亡命之徒，命令各属县优予安置与供应，稍有不如意，辄肆忿言。咸和二年，庾亮认为“苏峻在历阳，终为祸乱”。（袁枢《通鉴纪事本末·卷十四上·苏峻之乱》)“下诏征为大司农，加散骑常侍，位特进。”苏峻不奉诏，并与祖约共讨庾亮。苏峻渡江而南，进兵台城，“突入后宫，宫人及太后左右侍人，皆被掠夺。复以兵驱役百官，光禄勋王彬等，皆被捶挞。”苏峻劫持成帝，自专朝政，威福由己，贪暴骄横。其后，庾亮奔寻阳，与江州刺史温峤、荆州刺史陶侃共讨苏峻。西军沿江东下，进抵建康，苏峻迎战而亡。苏峻部将任让等共立苏峻弟苏逸，据石头城自守。咸和四年，陶侃军下石头城，擒斩苏逸，乱平。

第三次是桓温之乱。海西公太和四年，桓温伐燕，败于枋头，失利而归。是年冬，桓温发徐兖两州的丁壮，筑广陵城，征役频繁，加以时疫流行，死者十有四五,百姓嗟怨！咸安元年，桓温恃其才略威望，竟听信郗超的计议，认为“不为伊霍之举，无以立大威权，镇压四海。”乃回建康强迫褚太后，“废帝（弈）为东海王（海西公），立丞相会稽王昱为简文帝。”（袁枢《通鉴纪事本末·卷十五上·桓温之乱》）“免太宰武陵王晞官，以王归藩”“免新蔡王晃为庶人，徙衡阳”“殷涓、庾倩、曹秀、刘疆皆族诛，庾蕴饮鸩死”。桓温度立后，仍还镇姑孰，遥制朝政，简文帝形同傀儡。桓温原希望简文帝禅位，以酬其戴翼之功。简文帝崩，王坦之、王彪之、谢安等迎立孝武帝，桓温愤恨恚怨而死。

第四次是桓玄之乱。晋安帝隆安二年，以桓玄为江州刺史。桓玄承袭世资，素有豪气，兼并殷仲虚、杨佺期以后，专有荆楚，据地几及东晋的三分之二。晋安帝元兴元年，以司马元显为统帅，刘牢之为前锋，司马尚之为后部，发兵讨桓玄。桓玄于是兵发江陵，过寻阳，直至姑孰。司马尚之迎战而败，刘牢之率众投降。桓玄领兵直入京师，“斩元显及东海王彦章、谯王尚之、庾楷、张法顺、毛泰等于建康市”

（司马光《资治通鉴·卷二日十二·安皇帝》）并解除刘牢之兵权，以刘牢之为会稽内史，刘牢之北走至新州，自缢而死。安帝元兴二年九月，册命桓玄为相国，总百揆，为楚王，加九锡。十二月，安帝命司徒王谧奉玺绶禅位于楚王。桓玄登上皇帝位后，心常不自安。元兴三年，北府兵将军刘裕等自京口起兵讨伐，直趋建康，桓玄战败，西奔入蜀，为益州督护冯迁所杀。明年，刘裕等迎还安帝，改元义熙，自此东晋的军政大权都归刘裕。

孙恩妹夫卢循，于晋安帝义熙六年，乘刘裕北伐南燕，自广州入湖南，陷长沙，至巴陵顺流东下，于豫章杀死江州刺史何无忌，沿江直趋建康，大败刘毅于落桑州，遂至江宁，声势甚盛。刘裕还兵石头城，击败卢循。义熙七年，卢循为交州刺史杜慧度所杀。刘裕功业益盛。元熙二年，刘裕逼迫晋恭帝（德文）禅位，东晋亡。

第五节　大动乱与大融合

五胡初起，匈奴和羯在山西，鲜卑在辽东，氐在关中，羌在陇右。这些胡族，严格说来，已经不是纯粹的胡人。上溯他们的祖先，早在百年以前就已离开老家，入居塞内，而且都已经被汉人同化。这些胡族的首领，虽然保有胡人原始的特点和胡人传统的气习，但在文化上，毋宁说是早就具有汉人的思想，喜爱汉人的礼俗。他们大都任用汉人作为谋主，如刘渊的信重崔游，石勒的厚遇张宾，苻坚的优礼王猛，慕容皝的擢用阳裕，拓跋珪的任使贾闰。开始时，这些胡族仍然保有勇悍的性格，等到他们的势力扩张到相当的程度，就逐渐消失质朴的尚武的精神。到后来，除了居高位者还在尽力维护其尊贵的族系和保持其特殊的权势，一般的胡人，渐渐地都被汉人同化而不分彼此。冉闵杀灭胡羯二十余万，从此便不再有人提及羯族或羯人。按当时的胡羯，应该不止二十万人，乃是羯族已被完全汉化的明证。同样的，匈奴、鲜卑、氐、羌诸族的人，进入中原稍久，亦被早先已经居住中原的汉人所同化。他们子孙的血液，加入了汉族的血系，实现了中国再一次的种族和文化的大融合。

所谓五胡，实在是五个集体杂居于边塞地区而且部分汉化了的少数民族。凭着他们勇悍的性格和巩固的团结，能够以少胜多，以寡击众。所以趁着中原的疲惫，进入中原，据地自立，称王称帝。他们的领袖，深刻了解中国传统文化的优美，无不重视儒学，引用士人。他们的族人，一经接触到内地的中国社会，立即发觉到中原人民的生活，远比他们为舒适。中原的礼仪和习俗，更不是他们的生活传统所能比拟。相较之下，自然地舍弃旧习，读书，说话，接受中原社会的一切。日子稍久，加之和汉族通婚姻，渐渐分不出胡汉了。

这些胡人虽然具有汉文化和思想，欢喜中原的礼俗，他们原始的野性和崇尚强权的残杀作风，却不是短时期所能变化气质的。苻坚醉心于中原的王道思想，欲示公于天下，于群胡皆因才任使，了无疑间，每灭一国，对亡国君臣，均授以官爵，使领旧部，以示宽厚。极盛时，入侵北方的胡族无不归附。淝水战败，五胡全体叛变，各自为帝，苻坚且被姚苌杀于新平的佛寺。特别当胡族领袖死亡时，很少不为继承人的安排而发生纠纷，夺位、谋杀、战争，造成新的动乱。北方五胡的所以动乱不已，一部分亦是由于胡人原始的野性与残杀的风气。

永嘉乱后，中原陆沉，北方各州郡的大姓巨族，相率南迁，当时称为流人。原居黄土高原，即今甘肃、陕西以及山西的部分人民，称秦雍流人。他们循汉水而下，渡过长江，到达两湖盆地；其更远者，上溯湘水，经湘桂走廊到达桂林，沿西江而至广西的中西部。原居司隶及豫州，即今河南以及河北的部分人民，称司隶流人。他们沿汝水绕道南下，渡长江后分布鄱阳盆地，或到达苏皖中部，或更越山岭，达到江西而转入广东。原居青州、徐州，即山东、苏北以及皖北的部分人民，称青徐流人。他们循淮水而下，渡过长江，分布于太湖流域；更远的，达到浙江和福建沿海。

这些流人的迁移，大部分都是聚族南下。所以迁移时，虽是历尽艰苦，一经定居下来，就形成一股强大的力量，安全、团结、自治，比较上都不成问题。这些定居下来的流人，又被称为侨族或侨姓，如琅琊王氏、陈留谢氏、范阳祖氏、谯国桓氏、颍川庾氏以迁到江南的人数最多，后来都成为东晋政权的有力支柱。其入闽者，如林、陈、詹、丘、何、郑诸族，至今仍为福建的大姓。其从鄱阳盆地辗转进入广东者，成为今日的客家。

这些南渡的流人，把中原的高度文化带到南方，开发了南方的土地和资源，充实了南方人民的生活和礼俗。南方的文化，飞跃进步。时日稍久，南来者和土著相互通婚，于是同为汉族的北人和南人，亦经过一次文化的和血缘的大融合。

一百三十六年的大动乱是惨痛的。战争、疾疫、流血、死亡，田园荒芜，财物损失，乃是可悲叹的！但因此而造成中原地区的胡汉大融合，南方一带的南北大融合，却也增强了中华民族的生命力，则是进步的，可以称颂的。

第六节 评鉴

一、司马懿受魏明帝的托孤，后来诛曹爽而专朝政。由司马师而司马昭，篡国之心，路人皆知。魏元帝景元四年，司马昭派遣钟会邓艾领军伐蜀，以卫瓘持节监军。蜀汉既降，钟会诬告邓艾谋反，因卫瓘而囚禁邓艾。等到钟会真的谋反，被其部下所杀，卫瓘又派人追赶槛车，枉杀邓艾。司马炎平吴之役，王浚、杜预、王浑各出师。王浚顺江流而下石头城，王浑竟劾以不受节制，几致获罪，毁其平吴的大功。晋朝开国初始，君臣袍泽之间，日惟钩心斗角，征逐权势，尔诈我虞，损人利己，无丝毫道义可言。两晋的内外交困，早种祸因于得国的不正与权诈的政风。道德仁义为立国的根本，当国者是不可以不加重视和需要有恒培养的。

二、晋武帝泰始元年冬十月，有鉴于曹魏的削弱宗室，孤立致亡，于是大封宗室皇叔祖公司马孚等十七人为王。咸宁三年，接纳杨珧的建议，诏诸王各以户邑为三等。二万户为大国，置三军，兵五千人；一万户为次国，置二军，兵三千人；五千户为小国，置一军，兵一千一百人。诸王为都督者，各徙其国使相近。汝南王亮镇豫州，赵王伦镇邺城，琅琊王伷镇徐州，太原王辅镇并州，扶风王骏镇关中。徙太原王颙为河间王，汝南王柬为南阳王。又封皇子玮、允、该、遐各为王。太康十年，晋武帝因极意声色，遂至成疾。病中徒南阳王柬为秦王，镇关中。始平王玮为楚王，镇荆州。濮阳王允为淮南王，都督扬江二州。又立皇子乂、颖、晏、炽、演，皇孙遹等为王。晋武帝于二十五年中，三次大封宗室，并使诸王就国，据地选吏，统兵拥将，完全出诸家天下的愚私心理的作祟。益以惠帝的痴愚，贾后的专恣，以及当时权诈的政风，遂演成远比七国之叛更为严重的八王之乱；更由于八王之乱，中枢暗弱，导致五胡觊觎，乘时崛起，西晋因而丧亡。东晋亦仅得局处江表，奄奄一息。自秦并六国，一天下，中国历史已经由封建而进入郡县，是不容许再走回头道路的了。

三、两汉之世，允许土地私有，于是富者田连阡陌，贫者无以立锥，造成社会经济地位的不平等。两汉末叶的社会，缺乏创造精神，了无生气，一般耕稼的农民没有属于自己的足够的田地，亦是原因之一。晋朝遂创立均（占）田的制度，以资补救，均田制乃是采取井田的遗迹，无分男女老壮，一律由政府授田。男子占田为七十亩，女子占田为三十亩。凡年十六至六十岁的男女称丁，丁男课田五十亩，丁女课田二十亩。十五以下十三以上与六十五以下六十以上的男女称次丁，次丁之男课田二十五亩，次丁之女无课田。丁男每年向政府纳粟一斛五斗，绢三匹，绵三斤，丁女与次丁之男减半。西晋的均田制度，推行相当成功，使得农民们都有属于自己的耕种的田地。因为其时的北方，久遭丧乱，余下的人口，很多都移徙到长江流域，已经有地广人稀的现象。地方政府，握有足够的田地；一般的农民，不怕分不到田地。这个制度，一直沿用到北朝和隋、唐，不过田亩的数量、名称和方式，略有损益而已。但在东晋和南朝，都没有实施。这也许是南方的已经开发的地区，人口密集，多是狭乡，没有实行均田的条件。再则，或者由于东晋仓促立业江南，为着安抚北方南下的大姓和土著的大家巨室，所以一再延缓，未能实行。

四、匈奴、鲜卑、羯、氐、羌，原是聚居于边塞地区的少数民族。

江统、郭钦发现胡汉杂处边郡，问题严重，先后都提出徙戎的议论。戎狄既已入塞定居，今又别徙，谈何容易？当时的国力，如果强大到能够迫使塞内的五胡别徙，五胡也不敢别生异心，入侵中原，称王称帝了。当时的谋国者果真具有雄伟的气魄，卓绝的意志，及早将塞内五胡徙置于缓冲的地带，另以汉人徙实边塞，后来五胡乱华的祸害，未尝不可或免。设若魏晋时对于投降的胡人，参考汉武帝的移徙闽越于江淮，或如曹操的处置乌桓万余落，五胡早为汉族所同化，也就不会出现这般的大动乱了。面对着新兴的事物，是祸？是福？如何慎之于始？实在需要不世出的大有为的人物。

五、十六国中，匈奴族建立者有前赵、北凉和夏。羯族建立者有后赵。鲜卑族建立者有前燕、后燕、南燕、西秦和南凉。氐族建立者有前秦、后凉和后汉。羌族建立者有后秦。严格地说，他们都不是纯粹的胡人。他们都是聚居塞内，和汉人长期杂处，已经部分汉化了的胡人。他们的生活方式，已有从事农耕。他们的中间，亦多有饱读诗书，懂得中国的礼俗。相同的血统，使他们容易团结。勇悍的性格，使他们敢于战斗，能够以一当十，以寡击众。他们的领袖，多以汉人为谋主，凭着族人的团结与勇悍，趁着晋室的纲纪废弛，乘时崛起，自王自帝。彼此夺权，互相残杀，遂使整个的中原大动乱了一百三十六年。

六、这些汉化的胡人领袖，一旦登上高位，为了维持一支能勇敢战斗的部队，作为统治镇压的资本，需要其族人继续保有勇悍的性格和尚武的精神。但在另一方面，为了避免引起广大汉人的敌视和反抗，又需要其族人学习汉语汉文，和汉人过着同样的生活。勇悍尚武和彻底汉化乃是一个背道而驰的势难两全的抉择。时日既久，勇悍的性格和尚武的精神确已逐渐治失。而所谓彻底汉化，特别是气质或心灵的表现，仍然难有成就。更由于仿效汉人的传子制度，未必为野性难驯的族人所接受，五胡建立的国家，经常出现继位之争，国势因以削弱，转为他人、他家、他族所取代。五胡十六国的纷扰，使我们确切认识：徒逞蛮勇的少数民族，没有条件可以统治文化高过自己、人口多过自己的民族。

七、晋元帝司马睿出镇建业，因为名望不够，依赖王导、王敦的拉拢，才获得江东士族和南下大姓的支持，稳住局面。晋元帝既非大有为的英主，继起的诸帝，亦都欠缺统御将相的才略，此所以一百零三年，强臣窃柄，国运不绝如缕。若非当时北方的胡人，亦在相互残杀。如果做到真正的统一，派出一员良将，率领十万纪律之众，大举伐晋，恐怕再也难有淝水之战的奇迹。王敦、苏峻、桓温、桓玄的未移晋祚，或由于其时另有其他的强臣，或由于倡乱者的匆剧病故。等到刘裕以北府兵击败桓玄，掌握军政大柄于一身，杀刘毅、诸葛长民，司马休之逃死，晋室就只有被迫禅位的命运！

八、东晋立业江东，事出寻常，情非得已，当然希望光复故土（中原）。领袖英明，干部团结，人民勤奋，乃是雪耻复国的最基本的条件。有此条件，才能等待或创造最有利的机势，乾坤一掷，获致全功。东晋自司马睿而司马德文，传十一代，均非英明有为，大都靠着强臣的翊戴，勉强维持统治。这些专擅国柄的强臣，又且彼此钩心斗角，或在朝弄权，蓄意排比，或握有兵柄，遥制朝政，各怀鬼胎，何能团结？更由于大家巨室的骄纵，贵游子弟的奢靡，上行下效，民间亦养成竞为浮华不肯务实的风气。习于游乐，喜为夸饰，勤俭、奋勉，不为社会所重视。此所以东晋对于混乱中的中原，虽然先后有过五次的北伐，因为没有形成整体的团结一致的力量，都未能得到成功。

九、两晋的知识分子，都喜谈老庄的虚无和佛家的性灵。山涛、阮籍、嵇康、向秀、阮咸、刘伶、王戎相与为竹林之游。肆意酣畅，放诞浮虚，纵酒任性，不遵礼节，不与世事，世称竹林七贤。实在说来，他们虽然都具有小聪明，能文章，善言辞；但其聪明用在逃避现实的清谈，至堪惋惜。而蔑弃礼法，放浪形骸，造成社会风气的败坏，尤堪痛心。魏晋法网严密，当时一般士人，为爱惜身家，免干忌禁，不敢触及实际的政治，以清谈逃避现实，目的在苟全性命于乱世，尚属未可厚非。但王戎、王衍等已居国家的大位，竟然对于实际的政事，不屑一顾，日唯清谈，消磨光阴。以不守礼法为清高，以行为怪诞为旷达。既放弃服务国家的责任，又败坏维系社会的道德。上不能匡君王以正道，下不能导庶民以乐利。这些自命旷达者行为的无耻，言之痛心！顾炎武说："士大夫无耻，是为国耻。"两晋南北朝时代的士大夫，实在是中国历史上最大的国耻。

十、晋惠帝永兴元年，匈奴族的刘渊自立为大单于、汉王。晋怀帝永嘉四年，刘聪进寇洛阳，虏去怀帝及皇太后等，留置平阳，自是中原无主，也就是五胡乱华的端始。在这一次为期一百三十余年的大动乱中，不知流洒了胡汉多少的鲜血，也不知毁损了官民多少的财物，一直要等到元（北）魏统一北方，才停顿下来。到后来，五胡和汉族在北方融合了，彼此不分了。原来居住于秦、雍、司隶、豫、青、徐的汉人，为了逃避五胡的铁蹄，历尽艰苦，聚族南下，渡过汉水、汝水或淮水，浮越长江，定居于湖北、湖南、广西、广东、江西、江苏、浙江、福建一带。这些从北方南下的流人，开发了南方的资源，促进了南方的礼俗，提高了南方的文化。到后来，北方的流人也和南方的土著融合了。我们可以说：五胡之乱造成中国的大动乱，也造成中华民族的又一次的大融合。大动乱是惨痛的，大融合是进步的。只不过以如此惨痛换来的进步的大融合，代价未免太可怕了！

第八章

南北朝的对峙

刘裕于晋恭帝元熙二年篡位，国号宋，称武帝，建元永初，时为公元四二〇年。其后的第十九年，北魏太武帝拓跋焘统一了北方。南北对峙的局面，就此开始。南朝宋、齐、梁、陈，递次相替。北魏自道武帝拓跋珪建国，传十一主后，至元善见、元宝矩而分裂为东西魏。北齐高洋篡东魏，北周宇文觉篡西魏。北周击灭北齐以后，又被外戚杨坚所篡夺，建立隋朝。隋文帝开皇九年，杨广南下灭陈，中国又归于统一，时为公元五八九年。

第一节　南方政权的更迭

自刘裕以镇将篡国，南朝经历了四个帝统。宋五十九年，齐二十三年，梁五十五年，陈三十二年，共一百六十九年。萧道成、萧衍和陈霸先的开国，亦如刘裕一样，都是以镇将的地位掌握到全国的兵权，然后受禅而登上皇帝位。

刘裕彭城人，出身微贱，为乡里所不齿。孙恩乱起，刘裕走投刘牢之。在浙江的海盐，多次打败世奉五斗米道的海盗孙恩，逼使孙恩投海而死，由而知名。刘裕刚毅俭朴，勇敢有胆识，军纪较严格，在北府的碌碌诸将中，立功最多。刘牢之被桓玄所迫，自缢而死，刘裕就接掌了京口的北府兵。于是讨平桓玄，击杀卢循，征谯蜀，伐南燕，灭后秦，替东晋建立了不少的功勋。他的威望既然超越前朝的桓温，和他同列的强臣如刘毅、诸葛长民、司马休之等，又先后都被诛灭，东晋的政权禅让刘裕，乃就成为必然的形势。晋恭帝元熙二年，刘裕篡晋自立，国号宋，建元永初，是为宋武帝。

东晋偏安江右，历朝都有强臣。司马氏诸帝既无以励精图治，也不能作恶多端。执政的王、谢、庾桓，多少亦还顾虑清议。刘裕篡位以后，力行节俭，政风大变，禁止官吏作恶，减轻人民负担，用以争取广大社会的归心。依门第任命官吏，避免侥幸竞进，用以争取士姓大族的拥戴。用人注意寒门，如刘穆之、檀道济、朱龄石等，皆起于草泽。又将北方侨居江南的流人，一律编入所在地的户籍，称土断法。这一行政措施，既增加国家租赋的收入，也促进北方流人和南方土著的融合。

宋武帝刘裕在位三年而崩。太子义符即位，是为宋少帝。居丧无戚容，日与群小游戏宫中，狎匿无度，被辅佐大臣徐羡之、傅亮等所废。三子义隆继立，是为宋文帝，改元元嘉。“在位三十年，纲维备举，条禁明密，罚有恒科，爵无滥品，故能内清外晏，四海谧如，史称元嘉之治。”（宋书《文帝本纪》）惟宋文帝性格猜忌，因为檀道济立功前朝，威名并重，虑其难制，遽予诛杀。又欲废去太子劭，太子劭乃与始兴王浚合谋勒兵入宫弑文帝。文帝的第三子武陵王骏起兵诛死太子劭，自即皇帝位，称孝武帝，改元孝建。孝武帝与叔父义宣女淫乱，义宣大怒，举兵反于荆州；孝武帝杀死义宣，密宣义宣女入宫，改姓殷氏。孝武帝末年尤贪好财物，州郡官还朝，必责令贡献，或强使赌博输钱，尽其所有。自是刺史郡守多贪渎，否则无以为献。孝武帝又大修宫室，雕梁画柱。造湘宫寺，穷极壮丽，自称功德极大。

大明八年，孝武帝卒，子业继位，是为前废帝，时年十六。子业为太子时，常被孝武帝斥责。孝武帝崩，子业即位，想要掘墓暴尸来报仇，经过太史奏称掘墓对子业不吉，方始作罢。却取粪便浇洒孝武帝的墓上，大骂酒糟鼻子奴（骏嗜酒红鼻）。子业猜忌残忍，大杀朝臣。又虐待诸父。湘东王彧体肥，谓之猪王，尝以木槽盛杂物，掘地为坑，裸彧于坑中，令以口就槽而食，以为欢笑。娶义隆（宋文帝）女新蔡公主（姑母）做妾，改姓谢氏。子业姐山阴公主，淫秽无比，对子业说:“妾与陛下男女虽殊，俱托体先帝，你有后宫数百，我只驸马一人，岂算公平？”子业给她男妾三十，称为面首。景和元年，湘东王彧与寿叔元等弑前废帝，彧继位，是为宋明帝，改元泰始。昏暴无章，政事大乱，荒淫无伦，尝于宫内宴会，命妇女裸体作乐，或与姑姐妹共看欢笑；王皇后用扇掩面不看，彧大怒:“外舍寒乏，今共乐，何独不视？”泰豫元年，太子昱立，是为后废帝，时年十岁。后废帝（苍梧王）昱渐长，荒唐绝伦，欢喜微行。“或夜宿旅店，或昼卧道旁，虽遭慢辱，不以为羞。”（袁枢《通鉴纪事本末·卷二十下·萧道成篡宋》）年少好杀，每天杀数十人，要有鲜尸卧血泊中，才称快意。萧道成时为中领军。“昱尝直入中领军，时盛热，萧道成昼卧裸袒。帝立道成于室内，画腹为的，以骨镞箭射中其脐，投弓大笑。”萧道成因此不自安，密谋废立。元徽四年，骁骑校尉王敬则自结于萧道成，乘后废帝昱在外狂游饮酒醉返时，命杨玉夫、杨万年杀于仁寿殿，年才十五岁。萧道成迎立安成王准，年十二，称宋顺帝。

萧道成，武进人。宋明帝时立有军功，因得参与朝政，握有兵柄。萧道成旋于升明三年逼宋顺帝禅位，自创新朝，称齐高帝。萧道成即位后，豁免百姓的欠赋，赏赐贫穷户每人谷五斛，自奉俭约，为政宽厚，颇能获得当时人民的好感。他曾说:“使我治天下十年，当使黄金与土同价。”（袁枢《通鉴纪事本末·卷二十下·萧道成篡宋》）在位四年死，太子赜继位，称齐武帝。整顿内政，和好北魏，百姓丰乐，盗贼屏息，永明之治，比美元嘉。惟性奢侈，有妃妾万余人。齐武帝在位十二年而死，长孙昭业（郁林王）立。昭业性慧黠，矫情饰诈，荒乱无道。武帝方葬，即呼武帝诸妓奏乐，于宫中斗鸡走马。私养无赖二十余人，共衣食卧起。妃何氏与无赖交欢，昭业不禁。即位后，首先送其母王太后男妾三十人。自己纵情游戏，随意赏赐。每见钱，就破口大骂："我昔思汝一枚不得，今日得用汝未？"（袁枢《通鉴纪事本末·卷二十下·萧鸾篡弑》）萧赜聚钱八万万，金银布帛不可胜记，不满一年，被昭业耗费殆尽。昭业欲除去尚书令萧鸾，被萧鸾的同党萧湛所杀。

萧鸾是萧道成哥哥的儿子，弑昭业而立其弟昭文（海陵王），继又弑昭文自立，称齐明帝。明帝英明果决，好学有文采，而性忌刻残忍，在位五年，杀死萧道成的儿子十九人，萧赜的儿子二十三人。明帝崩，子宝卷（东昏侯）立，年十七。淫昏无道，狎昵群小。每月出游二十余次，路上见人，随手格杀。大兴土木，装饰金玉，富丽无比。宠爱潘妃，穷极奢侈，琥珀钏一只，值一百七十余万钱。潘妃贪财，货赂公行，吏治由是大坏。嬖幸因缘为奸利，君臣横征暴敛，百姓困穷，号哭道路。宝卷在宫殿的墙壁上，画着男女秽亵的图画。又与诸姐妹通淫，喜怒无常。因为杀了尚书令萧懿，懿弟雍州刺史梁王萧衍起兵襄阳，攻入建业，宝卷为其臣下所杀。

萧衍为萧齐疏族，恭俭好学，少有文名，既以梁王篡齐，建立梁朝，改元天监，称梁武帝。梁武帝代齐以后，勤政爱民，以文学教化治天下。派官调查诸郡国不得仕进的旧族，给予优待，使东晋以来湮没不显的士族，都能得到仕进的机会。设置五经博士，广开馆宇，招纳后进，由公家供给衣食。其射策通明者，立即派为官吏。分遣博士祭酒，出巡州郡立学。天监之治，声势递越宋、齐。梁武帝晚年又信任佛法，于大通元年建同泰寺于建康，晨夕礼拜，佛风遂炽，梁人多舍身为僧尼。屡设救苦斋、无遮会，替百姓求福。前后三次舍身为三宝奴，却教群臣出钱，赎他出寺。

梁武帝中大通三年，太子萧统卒，立次子萧纲为太子。为求使诸孙的势力均衡，大封统、纲的诸子，遂形成割剧分裂的形势。临贺王萧正德欲为太子不遂，待机作乱。后来暗通侯景，招来了梁朝的大祸。

梁武帝的最大不幸，乃是接受侯景的降附。侯景少而不羁，历事边将尔朱荣、高欢。高欢使他拥兵十万，专制河南。高欢病笃，谓其子高澄道："侯景狡计多端，反复难知，我死后必不为汝用。"（《梁书・列传第五十・侯景传》）高澄为书召侯景，侯景警觉，起兵谋叛，于太清元年以所统河南十三州降梁。梁武帝以侯景为大将军、河南王，都督河南北诸军事。太清二年，侯景为慕容绍宗所败，南下夺据寿春。侯景知道萧正德怨望，结为内应，反于豫州。侯景兵发寿阳，袭谯州，济采石，乘胜至阙下。及入建业，"杀萧正德、简文帝，废萧栋（豫章王），自称吴帝。"（《南史・列传七十・侯景传》）梁武帝为侯景所制，忧愤成疾，饿死台城。太子纲继位，是为简文帝，实际已等于傀儡。侯景的叛乱，焚尽图书典籍，烧毁台殿太极殿及东西宫，廷阁秘署皆尽，羽仪辇辂，莫有孑遗！对于南朝的传统文化，丧失甚大。后来侯景为王僧辨、陈霸先所破，东奔至胡豆州，为羊鹍所杀。传首江陵，暴尸建业市。

侯景死，湘东王绎自立于江陵，称梁元帝。绎为萧衍的第七子，猜忌残酷，杀死兄弟宗族多人。立三年，西魏宇文泰遣军来攻。其时王僧辨镇建业，陈霸先镇京口，两军都未勤王。元帝知道不能敌，乃焚尽古人图书十四万卷，以剑击柱，剑断，叹息着说："文武之道，今夜尽矣！"遂白马素衣出降。或问何意焚书？笑道："读万卷书，犹有今日，故焚之。"后为西魏所杀。元帝死，陈霸先拥立绎子晋安王方智，称梁敬帝。

陈霸先，吴兴人，出身寒微，不列士族。因为镇压广州的叛乱，官位渐显。侯景兵叛入建业，陈霸先与王僧辨击杀侯景。陈霸先旋后兵袭建康，杀王僧辨于石头城，又弑萧方智自立，称陈武帝，改元永定。历朝换姓，多杀其故主的宗族，以绝后患。陈武帝独不然，萧氏的子孙，多获优容。在位三年死，皇后章氏立临川王蒨，称陈文帝。文帝崇尚儒学，恭俭勤政，爱悦文义，政治清明。侯景乱后，南方的土著大族，乘机起事。林屯坞壁的豪士，郡邑岩穴的雄俊，恣陵辱而为暴，资剽掠以为强。江南令长，不受诏命。陈霸先虽然登上皇帝位，羁縻而已！文帝即位，先后讨灭豫章的熊昙明、临川的周迪、东阳的留异、晋安的陈宝应，侯景以来的乱源，才完全平定。

文帝崩，子伯宗（临海王）立。次年被废，叔父安成王顼自立为陈宣帝。宣帝颇思振作，于太建五年，遣师十万伐北齐，连下合肥，取得淮北诸郡。太建十年，北周灭北齐。十一年，夺去陈朝江北的土地。宣帝崩，陈叔宝继立，称陈后主。后主长于文学，仁弱荒淫。“生于深宫之中，长于妇人之手，初惧阽危，屡有哀矜之诏，后稍安集，复扇淫侈之风。”（《陈书·后主本纪》）“于光昭殿前，盛修临春、结绮、望仙三阁。以沉香为窗牖，饰以金玉，间以珠翠，内有宝床锦帐。其下积石为山，引水为池，杂植奇花异卉。每饮食，偕妃嫔及女学士数十，使张贵妃、孔贵嫔等人夹坐左右，宰辅文士江聪、孔范等十人侍宴后庭，号称狎客。君臣同饮，和唱《玉树后庭花》《临春乐》等曲，通宵达旦，不理朝政。”“税江税市，横征暴敛，牢狱常满。”其时陈的国土日削，北至江，东至海，西至江陵，军队不过十万，国力远不及北方的隋，形势危殆，后主昏然不知觉。隋文帝开皇九年，陈后主祯明三年，隋兵分两路南下，贺若弼渡镇江，韩擒虎济采石，大军从朱雀门进入建业。陈后主匿避胭脂井，后来被军人发现，乃率妻妾臣僚投降。杨广以陈叔宝归长安，陈亡。

第二节 北方统治的转移

北魏亦称后魏，姓拓跋氏。孝文帝改鲜卑姓拓跋为汉姓元，所以又称元魏。拓跋族起自西北。猗卢助刘琨讨伐刘虎白，守并州有功，受晋愍帝的册封，称代公、代王。始造城邑，定刑法，有兵二十万，为塞外的一个强国。数传至什翼犍，建都盛乐（今呼和浩特和林格尔），开始由游牧的部族转变而为农耕的生活。后来为苻坚所灭。苻坚战败于淝水，什翼犍的孙子拓跋珪崛起，勇敢善战，屯田务农，兼并附近的部落，领土大张，人口锐加。后来击败慕容垂，夺取中山、邺，据有黄河的北岸，是为北魏道武帝，建都平城（今山西省大同市）。并且迁徙山东各州郡的豪族、百工技巧、杂夷十余万家，充实平城。道武帝优礼中国的士族，辨别族姓贵贱，引用儒生为官吏，定官制，修律令，北魏的基业，日益巩固。

道武帝传嗣，嗣传焘，称太武帝。太武帝击灭夏的赫连定、北燕的冯弘、北凉的沮渠牧健，统一了北方（中原）。三传至拓跋宏，称孝文帝。时年五岁，由冯太后临朝，冯太后性严明，多智略，信赏必罚，能决大事，称制十五年而崩。孝文帝亲政后，多有兴革。在位二十九年，迁都洛阳，极力接受汉文化，变更鲜卑的旧俗。孝文帝崩，子恪立，称宣武帝。虽然屡次打败南朝，扩大领域，惟以宠信奸佞，国政日非。贵族豪门，竞尚奢侈。宣武帝又迷信佛教，养西僧三千余人，造闲居寺，极为壮丽。贵族群起仿效，佛法大行。

宣武帝在位十六年，子诩继立，称孝明帝。北魏道武帝定制：太子生母必须赐死。宣武帝废弃旧制，诩的生母胡皇后独获不杀。诩立时年才六岁，乃由生母胡太后专制朝政。胡太后性奢侈，多权略，荒淫残暴，无恶不作。她深信佛法能够减轻罪过，大兴寺塔。在洛阳的伊阙山造石窟寺，宫侧建永宁寺，铸丈八金佛像一座，中等金佛像二座，玉佛二座。造九层塔，高九十丈，塔上立柱高十丈，夜静铃声闻十里。僧房千间，珠玉锦绣，骇人心目。宣武帝初在龙门山凿二佛龛，各高百尺，胡太后亦凿一龛，前后二十四年，凡用八十二万二千余工。布施僧众，赏赐幸臣，所费不赀。人民痛苦，从不过问。宗室权贵，亦竞赛豪富，极尽享乐。而屯守北边之鲜卑，则屈居下僚，生活清苦。北魏为防御突厥和柔然，原设有怀朔、武川、抚冥、柔玄、怀荒、御夷六大兵镇，以卫首都平城。后来迁都洛阳，晋阳成为北方重镇，替代以往六镇地位。时尔朱荣正坐镇晋阳，拥有重兵。孝明帝渐长，不满胡太后的作为，乃于武泰元年，即梁武帝大通二年，想借重尔朱荣的力量，推倒胡太后。尔朱荣以高欢为前锋，行至中途，又诏止之。于是胡太后阴与幸臣严纥鸩杀孝明帝，年才十九岁。尔朱荣领兵南下，中途迎立元子攸，是为孝庄帝。

尔朱荣渡河至洛阳，沉胡太后于河，进谋篡魏，杀戮元氏宗室及王公朝臣二千余人。孝庄帝袭杀尔朱荣，荣弟尔朱兆起兵攻杀孝庄帝，立元恭，是为节闵帝。次年，高欢正统领六镇军，屯阳曲川，闻讯乃至信都，起兵击败尔朱兆，夺取晋阳，自称大丞相、齐王。高欢复引兵入洛阳，弑元恭，杀元朗，别立元修，称孝武帝。孝武帝居洛阳。高欢领军还晋阳，朝廷的政事，取决于高欢。

孝武帝永熙三年，谋杀高欢不成，奔投关西大都督宇文泰。高欢另立元善见，称孝静帝，迁都于邺，为东魏。宇文泰弑了孝武帝，立元宝炬，称文帝，为西魏。北魏自道武帝拓跋珪建国，传十一主，一百四十五年，至是分裂为东西。两国的政权，亦分别落入高氏宇文氏的掌握。

高欢的先世本是汉人，祖父犯法徒怀朔镇，累世戍边，习俗全同鲜卑。高欢初投杜洛周，继投葛荣，最后投尔朱荣，劝尔朱荣叛魏。尔朱荣死，又诱煽六镇的叛兵攻杀尔朱兆。高欢出身微末，兵力远不及尔朱氏，因能把握时机，变化若神，几次战胜，卒成帝业。高欢死，子高澄继立为齐王，被厨下奴兰京所刺杀。次子高洋将兵平乱，继篡东魏，建立齐朝，是为北齐文宣帝，改元天保。

北齐文宣帝高洋深沉英发，有果断，善能韬悔避祸。初即位，颇能留心国事，政简赋宽，人民乐业。晚年残虐无道，作大镬、长锯、剉刀、铁锥等刑具，陈列庭前，任意杀戮，以为娱乐。高洋曾问北魏宗室元诏："汉光武何能中与？"（袁枢《通鉴纪事本末·卷二十三上·高氏篡东魏》）元韶回答："王莽杀刘氏未尽。"高洋乃杀元韶及元氏长幼三千人，投尸漳河。高洋尝乘醉幸李后家，以鸣镝射李后母崔氏，斥之为老婢。又于宴席中肢解宠妃薛贵嫔的尸体，以髀骨为琵琶，一座皆惊骇，始流泪道："佳人难再得。"载尸体出，披发痛哭。在位十年死，子殷继立。立七月，叔父高演杀殷夺位，是为孝昭帝。在位一年死，弟湛立，称武成帝。武成帝的昏淫不亚高洋，行同禽兽。在位第四年，禅位于太子纬，是为北齐后主（温公），自号太上皇帝。后主昏悖狂乱，一如乃父。在位十二年，禅位于太子恒，称幼主。陈宣帝太建九年，即北周武帝建德六年，北齐后主承光元年，北周击灭北齐，杀死纬恒父子，高欢的子孙无少长皆被诛杀，北齐亡。北齐六帝，二十八年。

宇文泰是汉化的鲜卑人，初在葛荣的军中。葛荣灭，投尔朱荣，后来弃尔朱荣投贺拔岳。贺拔岳死，宇文泰统领其军，据有关中。北魏孝武帝元修来投，宇文泰弑以鸩酒，立南阳王元宝炬，称文帝。在位十七年，子钦立，称废帝。在位二年，宇文泰废钦立廓，称恭帝。恭帝立三年，为宇文泰的儿子宇文觉所篡，西魏亡。

宇文泰凭借贺拔岳的遗业，据有关中的形胜，比起高欢，成就较易。他知道欲在中原建立政权，必须获得汉族的拥护。士族向为汉族的中坚，如能获得士族的归心，必能巩固对于汉族的统治。尊儒和复古这两件事情，最为中国士族所向往。于是重用儒生苏绰、卢辩，依周礼改革官制，依尚书改革文体，造成强有力的复古运动。宇文泰死，子宇文觉篡魏，是为北周孝闵帝。依孔子春秋例，自称天王。立一年，宇文护弑觉立泰子毓，称北周明帝。立四年，宇文护又弑毓立泰子邕，是为北周武帝。

北周武帝沉毅有智谋，杀掉权臣宇文护，改元建德。建德六年，击灭北齐，统一北方。继又占领南朝长江以北的土地，造成军事上统一中国的态势。北周武帝独尊儒学，拆毁高大的宫殿，改成数尺的土阶，减少妃妾，俭约爱民，造成政治上复古运动的高潮。北周武帝曾于建德二年，集百官及沙门道士，登座辨别三教先后，定儒教为先，道教第二，佛教为后。次年，禁止佛道二教，令沙门道士还俗。立通道观，选著名道士一百二十人在观学道，称通道观学士。当他对着沙门五百人宣布废佛时，允许沙门提出不该废的理由。五百沙门相顾失色，不能作答。有慧远法师用阿鼻地狱来威吓，北周武帝却说："只要百姓快乐，我愿受地狱诸苦。"沙门技穷，只好从命还俗。

北周武帝在位十八年，子赟继立，是为北周宣帝。荒淫奢侈，自号天元。立一年，传位子衍（阐），是为北周静帝，自号太上皇天元。越一年，太上皇天元崩。外祖父杨坚受遗诏辅政，自为相国，晋爵隋王。又一年，篡夺帝位，是为隋文帝，北周亡。北周五帝，二十五年。

第三节　北魏孝文帝的迁都和汉化

北魏孝文帝拓跋宏以平城地寒，六月雨雪，风沙常起，不是一个理想的国都，决意迁都洛阳。恐怕群臣不从，于是起义大举南下伐齐。宗室重臣，多有谏阻。孝文帝还宫后，召任城王澄入见，因问：“国家兴自朔土，徙居平城，此乃用武之地，非可文治。今将移风易俗，其道诚难。朕欲因此迁宅中原，卿以为何如？”（袁枢《通鉴纪事本末·卷二十下·魏迁洛阳》）澄答：“陛下欲卜宅中土，以经略四海，此周汉之所以兴隆也。”又问：“北人习常恋故，必将惊扰，奈何？”澄对：“非常之事，固非常人之所及，陛下断自圣心，彼亦何所能为？”孝文帝既已获得任城王澄的默从，遂率师渡过黄河，进抵洛阳，装出南下伐齐的姿态，命令诸军前发。自已戎服执鞭，策马将出。“于是安定王休等，殷勤泣谏，帝乃谕群臣曰：‘今者兴发不一，动而无成，何以示后？朕世居幽朔，欲南迁中土，苟不南伐，当迁都于此，王公以为如何？欲迁者左，不欲者右。’安定王休等相率立右。南安王桢进曰：‘成大功者，不谋于众，今陛下苟辍南伐之谋，迁都洛邑，此臣等之愿，苍生之幸也。’群臣皆呼万岁。”“时旧人虽不愿内徙，而惮于南伐，无敢言者，遂定迁都之计。帝遣任城王澄还平城，谕留司百官以迁都之事。”“帝以群臣意多异同，谓卫尉卿将军于烈曰：‘卿意如何？’烈曰：‘陛下圣略渊远，非愚浅所测，若隐心而言，乐迁之与恋旧，适中半耳。’帝曰：‘卿既不倡异，即是肯同，深感不言之益。’乃使还镇平城。曰：

‘留台庶政，一以相委。’”

孝文帝既已迁都洛阳，又下诏禁止士民穿着胡服。百官省司，各有公服，分五等，朱、紫、绯、绿、青。某日，“望见妇女犹有夹领小袖，即责公卿为何不遵前诏，众皆谢罪。”（袁枢《通鉴纪事本末·卷二十下·魏迁洛阳》）孝文帝于是说：“朕言非是，卿等当廷争。如何入则顺旨，退则不从？”孝文帝从此亦穿戴汉帝的衮冕，将胡服弃置不用。

孝文帝又欲尽变北俗的语言，问群臣：“卿等欲朕远追商周，为欲不及汉晋耶？”（袁枢《通鉴纪事本末·卷二十下·魏迁洛阳》）咸阳王禧答道：“群臣欲陛下度越前王耳！”又问：“然则当变易风俗，当因循守故耶？”禧对：“颐圣政日新。”又问：“为止于一身，为欲传之子孙耶？”禧对：“愿传之百世。”于是孝文帝说：“然则必当改作，卿等不得违也。”禧对：“上令下从，其谁敢违？”孝文帝接着说：“夫名不正言不顺，则礼乐不可兴。今欲断诸北语，一从正音。其年三十以上，习性已久，容不可猝革。三十以下，见在朝廷之人，音不听仍旧。若有故为，当加降黜，各宜深戒。如此渐习，风化可新。王公卿士以为然否？”于是众臣皆对：“实如圣旨。”孝文帝遂于太和十九年下诏不得于朝廷中为北俗的语言，违者免官。

献文帝拓跋弘时，七分国人，以兄纥骨氏、次兄普氏、拓跋氏、弟达奚氏、次弟伊娄氏、丘敦氏、侯氏，各为摄领。又命叔父之胤曰乙旃氏，疏属曰车焜氏，各有本部。与帝室共为十姓，百世不通婚。国之丧葬祠礼，非十姓不得参与。孝文帝于太和十九年，下诏将鲜卑族的姓，改为汉姓。改纥骨氏为胡氏，普氏为周氏，拓跋氏为长孙氏，达奚氏为奚氏，伊娄氏为伊氏，丘敦氏为丘氏，侯氏为亥氏，乙旃氏为叔孙氏，车焜氏为车氏，合帝室元氏，仍为十姓。其他所改的姓，共有一百零八个。国之丧葬祠礼，各以职司从事。又命令北魏的贵族，要与汉人的大姓通婚姻。北魏的诸帝，多娶汉族的平民为后。北魏二十五后，汉人居十一。由于语言的相通，鲜卑族男子娶汉女，汉族男子娶鲜卑女，所在多有。

孝文帝太和十九年，下诏废弃旧度量，改用长尺大斗。

孝文帝太和十九年，仿效南朝官制。“州郡县官吏依户口多少给俸。……五家立邻长，五邻立里长，五里立党长，称为三长。”（司马光《资治通鉴·卷一百三十六·齐纪世祖武皇帝》）以南朝法律，修订刑法。“州郡官坐赃受贿者处死刑，吏民犯罪多数宽免。”自是都城每岁判死刑不过五六人，州镇亦减。

孝文帝又诏以“图谶之兴，出于三季，既非经国之典，徒为奸邪所凭，自今图谶秘纬，一皆焚之，留者以大辟论。”（司马光《资治通鉴·卷一百三十六·齐纪世祖武皇帝》）严禁诸巫觋及委巷卜筮，非经典所载者。

孝文帝接受李安世的建言，始议均田，遣使者循行州郡，与牧守均给天下的田地。“男夫十五以上，受露田四十亩，妇人二十亩，奴婢依良丁，牛一头，受田三十亩，限止四牛。所投之田率倍之，再易之田再倍之，以供耕作及还受之盈缩。人年及课则受田，老免及身没则还田，奴婢及牛，随有无以还受。初受田者，男夫给二十亩，课种桑五十株，桑田为世业，终身不还。恒计见口，有盈者无受无还。不足者，受种如法。多者得卖其盈。”（司马光《资治迩鉴·卷一百三十六·齐纪世祖武皇帝》）

北魏初置中书博士及中书学士，至孝文帝太和十九年，改中书学为国子学，立国子、太学、四门、小学于洛阳。又诏求天下遗书，秘阁所无，有时用价值者，厚给荣赏。

孝文帝又诏命迁到洛阳的鲜卑人，称为河南洛阳人，死于河南者葬河南，不得北还。

孝文帝的迁都洛阳，颇受到恋旧王公大臣的反对，因为事前获得任城王澄的赞从，总算假伐齐之名，勉强定议。至于彻底汉化，受到的阻力更多。“太子恂不好学，体素肥大，颇以河南地热为苦，常思北归。恂又常着胡服，恐惧见责，密谋召牧马轻骑奔平城。……孝文帝引见恂，数其罪，杖责百余下，囚于城西，废为庶人。”（袁枢《通鉴纪事本末·卷二十下·魏迁洛阳》）

孝文帝南迁洛阳，彻底汉化，开始时所亲任者多为中土的儒生。“宗室和代人，往往不乐。穆泰与陆叡谋作乱，帝召任城王澄定议讨伐。”（袁枢《通鉴纪事本末·卷二十下·魏迁洛阳》）任城王澄行到雁门，穆泰已引兵西就阳平。“任城王澄倍道兼行，先遣治书侍御史李焕单骑入代，出其不意，晓谕泰党，示以祸福。穆泰计无所出，帅麾下数百人攻焕不能克，走出城西，为李焕所擒。”任城王随后赶到，收捕陆叡等百余人，穷治叛党，民间帖然。穆泰及其亲党皆伏诛，陆叡赐死于狱。

孝文帝的迁都和变俗，并州刺史新兴公元丕皆所不乐。“帝以其宗室耆旧，亦不勉强，但诱示大理，使其不生同异而已。”（袁枢《通鉴纪事本末·卷二十下·魏迁洛阳》）其后朝臣皆变衣冠，朱衣满座，而新兴公元丕独仍胡服其间，显见特殊。后乃稍加冠带，终不能修饰仪容。“元隆穆泰谋作乱，丕在并州，隆等告以所谋，丕外虑不成，口虽折难，心颇然之。”后来事觉，有司奏元隆、元超罪当族，元丕应从坐。孝文帝以新兴公元丕尝受诏许以不死，听其免死为民，任由他的后妻和二子，与之同居于太原。

北魏孝文帝的迁都和汉化，目的乃在融合胡汉，提高鲜卑人的文化和生活，并借以谋取汉人大家巨族的合作和支持，而巩固其政权的统治。

第四节　南北武装的对峙

南朝的宋、齐、梁三朝，正是北魏的强盛时期。北魏后来分为东西，北齐北周并起对峙，正是南朝的梁、陈时期。南北朝武装的对峙，约为一百五十年。有时北朝南伐，有时南朝北伐，争城略地，南北交兵，赓续不绝。南朝的疆域，刘宋永初年间为最大，至陈朝则最小。北朝的疆域，自孝文帝迁都洛阳以后，迭有扩张。宣武帝十六年间，得寿春，收汉川，至于剑南，兼有淮西。至北周武帝的时候，最为广大。南北朝是一种武装的对峙，虽然北朝不能征服南朝，同样的，南朝也不能征服北朝。但一般说来，由于北方的风气刚劲朴实，北朝的军队比较勇猛善战，南朝的疆域，因着屡次战败而减削。

北魏太武帝神䴥四年，即南朝宋文帝元嘉八年，“檀道济等自清水救滑台，转战至高梁亭，斩魏济州刺史悉烦库结，军至历城。魏叔孙建等以轻骑邀其前后，焚烧草谷，道济军乏食不能进，自历城引还。军士有亡魏者，具告之。道济夜唱筹量沙，以所余少米覆其上。及旦，魏军见之，谓道济资量有余，以降者为妄而斩之。时道济兵少，魏兵甚盛，骑士四合，道济命军士皆被甲，己白服乘舆，引兵徐出。魏兵以为有伏兵，不敢逼，稍稍引退，道济全军而还。于是魏将安颉、司马楚之得专力攻克滑台，擒宋将朱修之及宋郡太守申谟，虏获万余人。”（司马光《资治通鉴·卷一百二十二·宋纪太祖文皇帝》）北魏太武帝太平真君十一年，即南朝宋文帝元嘉二十七年，“宋将萧斌攻济州，魏济州刺史王买德弃城而走。斌入城，遣王元谟进军滑台。……魏太武帝渡河南伐，众号百万，鞞鼓之声，振动天地，斌、元谟皆遁。魏兵追击之，死者万余人，委弃军资器械山积，魏更分军攻拔悬瓠，进至淮南，直抵瓜步。”（司马光《资治通鉴·卷一百二十五·宋纪太祖文皇帝》）宋人大惧，请婚乞和。北魏太武帝认为师婚非礼，许和而不许婚。

北魏孝文帝太和四年，即南朝齐高帝建元二年，“魏陇西公琛等攻拔马头戍，杀太守刘从。”（司马光《资治通鉴·卷一百三十五·齐纪太祖高皇帝》）“魏步骑号二十万，南侵豫州，刺史桓崇祖于城西北，堰肥水，堰北筑小城，周为深堑。魏人果蚁附攻小城，崇祖着白沙帽，肩舆上城，晡时决偃下水，魏兵攻城之众，漂坠水中，人马溺死以千数，魏师退走。”北魏孝文帝太和二十一年，即南朝齐明帝建武四年，“北魏大破齐军于淮北，将军王伏保等，为魏所获。”（袁枢《通鉴纪事本末·卷二十一下·元魏寇齐》）次年“齐将蔡道福、成公期等弃城遁走，魏拔宛北城，房伯玉面缚出降。”次年，“齐将陈显达攻颍州，屡败魏将元英，进陷马圈。”孝文帝亲自引军南伐，击败陈显达，魏军追奔至汉水。

北魏宣武帝正始元年，即南朝梁武帝天监三年，“魏将刘思祖大破梁兵于邵阳，魏将元英大破梁兵于樊城。”（袁枢《通鉴纪事本末·卷二十一·南北交兵》）又二年，“魏中山王英破梁将王伯敖，刑峦破梁将桓和，别将克固城、蒙山，兖州遂为魏有。刑峦又败梁兵于宿豫，进抵淮南，遂围钟离。”“梁先后以曹景宗韦叡军赴援，内外夹击，魏师大溃。英脱身走，魏军死于淮水者十余万，为梁所俘者又数万人”。此为南北交兵以来，南朝前所未有之大捷。北魏宣武帝延昌三年，即南朝梁武帝天监十三年，“降人王足陈计，求堰淮水以灌寿阳。……梁发徐、扬民户率二十户取五丁以筑之，假太子右卫率康绚都督淮上诸军事，并护堰。作于钟离，役人及战士合二十万，南起浮山，北抵巉石，依岸筑土，合脊于中流。”（袁枢《通鉴纪事本末·卷二十二上·梁魏争淮堰》）次年，“魏以杨大眼督军镇荆山。”“是冬寒甚，淮泗尽冻，浮山堰士卒死者十之七八。”北魏孝明帝熙平元年，即南朝梁武帝天监十五年，“魏军渡淮，攻破三垒，进抵硖石。”“是年夏四月，梁筑淮堰成，长九里，下广一百四十丈，上广四十五丈，高二十尺，树以杞柳，军垒列居其上”。“是年秋，淮水暴涨，堰坏，其声如雷，闻三百里，缘淮城戍村落十余万口，皆漂流入海。”当梁人筑堰时，北魏颇以为患。“命任城王澄勒兵十万，将出徐州来攻堰。及闻堰破，遂中止。”此役之后，梁已无力大举。北魏孝明帝亦幼弱，胡太后当权，内政不修，国力渐衰。

南朝陈武帝永定元年，诏以司空王琳为湘郢二州刺史。“王琳不受征。在长沙大治舟舰，将攻陈霸先。”（袁枢《通鉴纪事本末·卷二十四上·王琳奔齐》）“陈武帝以侯安都为西道都督，周文育为南道都督，将舟师会合武昌，并力进击，安都、文育大败，皆为王琳所擒。”陈文帝天嘉元年，“王琳至湘口，陈将侯瑱督军出屯芜湖，相持百余日。……北齐仪同三司刘伯球将兵万余助琳水战，另由慕容子会将铁骑二千屯芜湖西岸，为之声势。……侯瑱发拍击毁琳舰，又以牛皮冒蒙冲小船以触其舰，并熔铁洒之，琳军大败。军士溺死十之二三，余皆弃船登岸而走，为陈军所杀殆尽。北齐步骑在西岸者，自相蹂践，并皆陷于芦荻泥淖中，骑皆弃马脱走，得免者什二三。陈军擒刘伯球、慕容子会，尽收王琳与北齐军资器械。”王琳走至湓城，与妾妻左右十余人奔北齐。天嘉二年，北齐使王琳出合肥，招募伧楚，更图进取。天嘉三年，北齐以王琳为扬州刺史，数欲南侵。

陈宣帝太建五年，遣吴明征领军十万伐北齐，战于吕梁，克石梁，下阳平，定卢江，围寿阳，堰肥水以灌城，生擒王琳、王贵显、卢潜，械送建康。后恐有变，追斩于寿阳东二十里。淮北各郡，渐次收复。太建七年，车骑大将军吴明彻，将兵进击北齐的彭城，败齐兵数万人于石梁。太建十年，吴明彻围攻北周的彭城，环列舟舰于城下。北周的徐州刺史王轨，“引兵轻行，据淮口，结长围，以铁钻贯车轮数百，沉之清水，以遏陈船归路。”（司马光《资治通鉴·卷一百七十三·陈纪高宗宣皇帝》）“一旬之间，水路遂断。……明彻决堰，欲乘水势以退军，冀得入淮。至清口，水势渐微，舟舰并碍，车轮不复得过。王轨引兵围而蹙之，众溃，明彻为周人所执。将士三万并器械辎重，皆没于周。”陈宣帝太建十一年，北周的韦孝宽，分遣杞公亮攻黄城，梁士彦攻广陵。陈撤退南北兖、晋三州，以及盱眙、山阳、阳平、马头、秦、历阳、沛北、南梁、谯九郡吏民，自拔还江南。自是陈朝江北的土地，又为北周所占领。

第五节　南北社会的异同

南朝的政治和文化，多沿晋制。北朝以胡人入主中原，虽亦想承袭旧贯，但其所做措施，总难免有变革改易的地方。

南朝宋、齐、梁、陈，中央政府有尚书、中书、门下三省，太常、光禄、卫尉、太仆、廷尉、大鸿胪、宗正、大司农、少府九卿。三省与九卿的职司，都与东晋无异。地方官有太守、内史、令、长，亦同东晋。北朝自北魏道武帝始立官制。至孝文帝时，王肃自南方来，始改为效仿南朝。北齐篡东魏，仍其旧。西魏宇文泰依从苏绰的建议，取法周官，于中央政府，设大冢宰、大司徒、大宗伯、大司马、大司空、大司寇六官，分掌政务。北周篡西魏，仍沿其制。

南北朝时代，士族的势力有左右政府的力量。在南朝宋齐梁陈四个朝代的重要官员七二六员中，侨姓五〇六，土著二二〇，足见南方朱、张、颢、陆等土著士族的势力，远不及北方南下的王、谢、袁、萧、庾、桓等士族。南朝世家的子弟，二十登朝。寒微的家族，三十试作小吏。门第不同，不能通婚。士庶有别，不能对语。注重家谱，严防冒充。五胡入侵中原，大部分的士族，南下逃到长江流域，留在中原的士族，都为异族所重用，如崔游、陈元达的帮助刘渊，张宾的帮助石勒，阳裕的帮助慕容皝，王猛的帮助苻坚，范长生的帮助苻雄。北魏道武帝拓跋珪初入中原，引用士大夫辅佐。太武帝拓跋焘即位，擢用大姓范阳卢玄、博陵崔绰、赵郡李灵、河间邢颢、渤海高允等数百人。孝文帝拓跋宏迁都洛阳，韩显宗上书请求分别住宅的区域，不令士人与工商皂隶为邻。并且制定族姓，鲜卑族以元、叔孙、陆、穆、贺、刘、楼、于、奚、尉十姓最贵，中原士族以卢、崔、郑、王四族最高。孝文帝还命令诸弟娶汉族官宦之女为妻，原娶王妃，降为妾媵，借以抬高鲜卑族的社会地位。

社会风气，南北完全不同。自汉末大乱，八王相残，五胡纷扰，百姓颠沛流离，尸骨累积丘山，祸乱何时消弭？社会何能安定？这一个影响民生的极其严重的阴影和疑团，一般的平民固无由解答，即南下的大姓巨族，作为当时社会领导的士大夫，亦难以说明。天下如此汹汹，极容易引起人生如朝露的感觉，生出厌世的意念，滋长放诞的幻想。于是崇尚清谈，轻贱名教，趋向虚浮，陷溺柔弱，少有忧时奋起的志思；至若夺回中原，光复故物，更没有勇气去怀想！北方的诸族，起自边塞，极勇武而强悍，大非南方的浮华柔弱可比，胡人一经接触到中国的文化，却都热爱坚实的儒学，拒斥浮诞的老庄。刘渊、慕容皝、苻坚、姚兴都喜欢经史。孝文帝拓跋宏尤雅好读书，手不释卷，五经之义，览之便讲。胡人的领袖如此爱好儒学，影响所及，北方的风气，自然趋于刚健质朴。

两汉之世，允许土地私有，到后来，富者连阡累陌，贫者连立足的地方也没有。西晋立有均田制，以谋补救。北魏孝文帝采用李安世的建议，实行均田制。丁男课露田四十亩，丁女课露田二十亩，又别给桑田二十亩。男女均以年十五受田，六十还田，以每年一月为还受之期，惟桑田没有还授的期限。露田每亩征税五升，桑田每亩征税一斗。北齐、北周亦沿用均田制，惟亩数与税额各有变通。东晋及南朝的田制，不可得而详。东晋的税法初用户调法。成帝时，每亩税米三升，称度田收租制。孝武帝时，改定王公以下，丁男每口税三斛。六年后，增税米每口五石。宋、齐、梁、陈，有增无减。口税而外，又课丁男布绢各二丈，丝三两、绵八两、禄绢八尺、禄绵三两。南方农民的负担，远比北方为重。虽然南方的土地肥沃，气候温暖，出产较丰，比起北方的农民，对于政府的向心力，总要差些。

至于统治阶级的残杀、篡弑和奢侈的风尚，则南北相同。

残杀之风，以北魏为最甚。猗卢为代王的时候，利用严刑峻法，保持威严。道武帝伐后燕，既克中山，收捕前此杀害其使者的人，皆夷五族。讨平刘卫辰，收捕其子弟宗党五千余人，皆加诛戮。太武帝诛崔浩，凡清河崔氏的后人，悉夷其族。范阳卢氏、太原郭氏、河东柳氏，都被牵连族诛。北齐篡东魏，元氏无少长皆被斩，所杀三千余人。北周灭北齐，杀尽高氏。南朝刘裕和萧道成的子孙，骨肉相残，几尽斩灭。而萧刘、萧萧、陈萧递代之际，陈霸先而外，对于前代宗室的子孙，无不赶尽杀绝。

篡弑之风，南北并炽。南朝二十四帝，善终者十，被弑者十一，被废者三。北朝二十六帝，善终者十，被弑者十五，被废者一。

南北的君主、贵族和高门，皆荒淫无度，奢侈成风。北朝君主最淫乱者，以北齐为最，其烝报丑行，为历代所罕见。南朝宋、齐、梁、陈的嗣君，亦多乱伦荒淫，不讲礼法。婚嫁丧祭，竞为奢靡。胡人家有葡萄酒多到千斛，经过十年不败。南方梁朝全盛时代，贵游的子弟坐棊子方褥，凭斑丝隐囊，列器玩于左右，从容出入，望去真若神仙一样。

汉时僧侣西来，多以译经为务。魏文帝时，始准人民受戒为僧。两晋时的慕容皝、苻坚、姚兴，皆深信佛教。中国僧侣入天竺求经者，以法显为始。至南北朝时期，佛教已经获得很大的发展。南朝重佛教，宋明帝、齐明帝皆笃信佛教，至梁武帝时达到了最高峰。京城有佛寺五百余所，各拥财产，僧尼十余万人，食用饮酒，穷奢极侈。州郡的佛寺，更不可胜数。男僧得收白徒，女尼得收养女，白徒养女不入户籍，免除一切课役。陈武帝亦乐此不疲，常临佛寺讲经。北方的拓跋氏入侵中原，过着安富尊荣的生活，佛教的福德报应，正好迎合这些新贵的贪痴心理。在帝后王公的倡导下，佛教遂在中原蓬勃起来。北魏道武帝即开始奉佛，建筑寺院。太武帝因信道教，遂有灭佛的举措。至文成帝（浚）恢宏佛法，在平城西武州塞，开石窟，造佛像，高的七十尺，次者六十尺，雕功奇伟，冠绝一世。献文帝（弘）造应宁寺，构七级浮屠，高三百余尺，称天下第一。又在天宫寺造释迦立像，高四十三尺，用铜十万斤，黄金六百斤。孝文帝（宏）时，洛阳有新旧佛寺一百所，僧尼二千余人。州郡有佛寺六千余所，僧尼七万七千余人。宣武胡皇后奉佛尤笃，修建庙宇，开龙门石窟，所费不赀。孝明帝以后，人民为逃避赋役，相率出家，佛徒更多。北齐有佛寺三万余所，僧尼增至二三百万人。

道教在晋时称为天师道，士大夫信奉者渐多。三国时，张道陵的信徒李宽至江南，以念咒治病。到南北朝时，在江南虽然已有很多道教的信徒，但其势力，究不如佛教。其在北方，因为太武帝应崔浩之请，改信道教，并奉道士寇谦之为天师，于是道教盛行。北魏太武帝于平城东南造天师道场，曾亲到道坛受符录。其后北魏君主即位，亦必受符录，成为故事。寇谦之而且还假借太武帝的力量，下诏禁佛。

第六节　评鉴

一、宋武帝刘裕本是一个无赖汉。自投依刘牢之后，因为有胆识，军纪较严，扰民较少，所以在北府碌碌诸将中，独能屡立战功。后来击败桓玄，灭平后秦，便就取代司马氏，建立新朝。刘裕用人依门第，避免幸进。禁止官吏作恶，减轻百姓负担。将南下侨姓编入所在地的户籍，使无漏税。宋文帝刘义隆承其遗绪，性存俭约，不好奢侈，朝野悦睦，卒成元嘉之治。政治虽至复杂，道理亦极平易。在位者如能节制私欲，躬自俭约，以服务人民为存心，严纲纪，立制度，除积弊，苏民困，也就差不多了。此儒家的伦理观念、仁政思想与修齐治平的政治哲学，所以能够成为中国的道统。

二、刘裕生七子，义符、义贞被徐羡之所杀，义隆被其长子劭所杀，义康被义隆所杀，义恭被子业所杀，义宣被骏所杀。仅义季饮酒醉死，留有后代。义隆生十七子，劭、浚因弑父被诛，骏杀四人，彧杀四人，萧道成杀一人，夭死三人，逃祸降魏一人，善终二人。骏有二十八子，夭死十人，子业杀二人，彧杀十六人，子孙无一保存。彧有子九，都被萧道成杀死。后废帝昱年少不更事，暴虐、轻狂、好杀、酗酒，此其所以为萧道成所篡弑。萧道成的后人，亦皆子孙相残。昭业的祝祷祖父速死，送母后男妾，骂钱、化钱，不成话说。萧鸾以堂叔父而篡夺帝位，杀尽萧道成的儿子十九人和萧赜的儿子二十三人。宝卷穷奢极欲，随手杀人，图画秽亵，姐妹通淫，横征暴敛，百姓困穷。萧衍兵起，卒为部下所杀。萧衍在位四十八年，接受侯景的投降，铸造大错。侯景兵叛，饿死台城。梁元帝绎，虽然读书万卷，猜忌残暴，杀戮兄弟宗室多人。西魏兵下江陵，迎降被杀。陈霸先、陈蒨父子，不杀故主的室族，较具人理。陈叔宝以四十六岁即帝位，不知国势的危殆，寄情文酒，昵近群小，横征暴敛，牢狱常满。杨广南下，束手迎降。政府者，所以保障人民的安全，改善人民的生活。宋、齐、梁、陈的嗣君，大都年轻识短，不恤人命，不重民生，骨肉相残，暴虐、奢侈、荒淫，毫无人类理性可言，故其多身丧国亡，子孙灭绝。

三、北魏宣武帝死后，胡太后临朝，荒淫残暴，无恶不作。其时佛教流行，胡太后大造寺塔，布施僧众。赏赐幸臣，所费不赀。人民痛苦，从不过问。北边六镇的守军因而叛变，亦酿成各地人民的抗暴。胡太后深信佛法能够减轻罪过，不惜破费，建筑高大宏伟的寺塔。殊不知以人民的血汗与财物，造成无补实用的寺塔，有何功德？更何能减轻罪过？后来尔朱荣兵入洛阳，沉胡太后于河，这才是荒淫残暴和鸩杀亲子的结果！如果营造寺塔，布施僧众，就是所谓功德，就可以减轻罪过，赦免罪过，那么，有钱有势的人都可以放手先去做坏事，再以钱势去做功德了。这还成为佛法吗？

四、北魏后来分东西，政在权臣。高氏篡东魏，建立北齐。宇文氏篡西魏，建立北周。高齐地广兵众财裕，居有国力的优胜。因为子孙个个不像样，狂愚骄奢，残暴荒淫，遂至人心解体，终为北周所兼并。北齐后主纬母胡氏，幼主恒母穆氏，亡国后，两人流落无依，竟在长安市中，操着皮肉生涯，日与少年游狎。胡氏尝语穆氏："为后不如为娼，更饶乐趣。"无耻至此，未始非高氏好色荒淫之果报。宇文泰是汉化的鲜卑人，他知道欲在中原建立政权，必须获得汉族，尤其是士族的拥护。尊儒复古，乃是取得士族信仰唯一的途径。于是重用儒生苏绰、卢辨，依周礼改革官制，依尚书改革文体，造成强有力的复古运动。后来又采用苏绰的建议，于大统八年，仿效风礼设置六军，合为百府，这是中国府兵制的开始。将民户分为九等。凡六等以上之有三丁者，选其体健者一人为兵，免其租庸调。全国合立百府，府有郎将主之，分属二十四军，海军开府一人，二开府置一大将军，二大将军加号持节大都督，置一柱国上将军，全国有六柱国大将军，共有众不满五万。这一种府兵制，使得北周能够公平有效地动员广大的农民，参与战争。当然，北周武帝的沉毅有智谋，更是击灭北齐统一北方的决定因素。

五、南北朝的递嬗，莫不由大军阀而登上皇帝位。表面看来，这种以武力作为最后的决夺，与中国自夏商周以来的前期史迹，并无不同。如果稍做深入的分析，其间实大有差别。夏桀暴政虐民的时候，汤王的武力已经非常强大；但汤王的放桀，不是完全凭借武力。汤王的盛德与仁政，才是造成其得国的先决条件。武王的伐纣，情形有似汤王的放桀。一直等到纣王的残虐生灵达于极点，众叛亲离，然后举兵相向，革其暴政。所以孔子说汤武革命，顺乎天而应乎人。周末韩、赵、魏、齐、楚、燕六国，自有其毁灭和丧亡的原因；但秦始皇的兼并六国，非以盛德和仁政为根基，徒持兵强财雄，法立威行。好大喜功，不恤民生。所以始皇一死，二世旋灭。汉高祖的代秦，虽不若汤武的仁民爱物，但汉初诸帝，多少亦知道重视民隐，关心民瘼。光武中兴，尤能注意民生，表彰气节，崇尚孝亲与廉直。两汉得能延续四百余年，非无原因。曹魏和司马氏谈不上道德仁义，完全凭借权诈和阴谋，所以循环杀戮，子孙灭绝。南北朝的开国诸帝，雄武不胜始皇，权谋残虐，甚于魏晋。继位者复少讲求伦理，推行仁政，徒事穷奢极欲，残虐人民，宜其接踵而速亡。开国自须仰仗武力，立国的根基则在道德，其事甚著，其理甚明。

六、南朝士族的子弟，虽然有优先入仕的机会，由于风气柔弱，习尚虚浮，行为放诞，欠缺道德的勇气，对于实际的行政，难有贡献。而且当时的高门望族，门户已成，也不屑竭智尽心，以邀恩宠。所以南朝诸帝，都不肯再假权柄于高门望族，转而信用寒微子弟，以期便于驱策。萧道成、萧衍，非属高门望族。陈霸先家世寒微，不列士族。他们都是因为参与军旅，屡立战功，及被依为心胁，握有兵柄，遂弃绝旧日主人的子孙，自立新朝。南朝的政治所以难有希望，一方面固由于军人出身的历代开国皇帝，欠缺深谋远虑，子孙又多不肖，难承大业；另一方面，亦由于当时的士族，虚浮放诞，不务实际，欠缺报效国家，服务人民的道德勇气。

七、汉末大乱，接着三国争战，接着八王之乱，接着五胡之乱，又接着南北交兵。撤退到江南的士族和庶民，当然都希望能够澄清中原，归还故土。但是，冷酷的现实则是作为全国领导的皇帝，大都暴虐、残杀、荒淫，缺乏经国的远图。掌握实权的军阀徒知把持兵柄，左右朝政，朝廷的大臣更多尸位素餐，苟全禄位。当时南方社会的人士，特别是有知识的士大夫，对于祸乱何时消弭，社会何时安定，都难以说明究竟。至于夺回中原，光复旧物，更没有勇气去怀想。在这一种空虚而失望的心理状态之下，生命力感到有无以发挥的幻觉，于是逃脱中国旧有的儒学的道统，转向于老庄的崇尚虚无与佛家的探讨性灵，甚至轻贱名教，破坏礼法。这一种以放纵个人为出发点的思想，挂着清谈的招牌，风行草偃，朝野欢迎。影响所及，南方的风气趋向虚靡，陷于柔弱。对于任何事情，都不敢面对现实，认真负责。北方诸国，起自边塞，一经接触到中原的文化，立即热爱坚实的儒家思想，拒斥浮诞的老庄哲学。儒家的思想，兼顾个人与团体（国家、社会），中正务实，平易可行，已经成为中国的道统。顺此则兴，逆此则亡。胡人领袖如刘渊、慕容皝、苻坚、姚兴、拓跋宏等都崇尚儒学，上行下效，北方的风气，自然趋于勤勉、质朴、坚实、刚健。

八、北朝自孝文帝开始，五家立邻长，五邻立里长，五里立党长，行政组织，比较完整。实行均田制，农民都能分配到公有而供私人耕种的土地，税负平允，得能各安生理，不若南朝的盛行兼并，农民嗟怨。北朝实行府兵制，民户六等以上家有三男者，选其健者一人为兵，免其租庸调，平时归由各府训练，一旦有事，中央政府能够动员广大的健壮的农民，参与作战。南朝的士风既不若北朝的敦厚务实，行政管理、农地分配和兵力调度，也比不上北朝。南朝的无能北伐和北伐的必致无成，那是注定的了。北隋所以能够迅速平定江南的陈朝，固然由于文弱逸乐的陈叔宝绝非杨坚父子的对手；而当时南方的风气、政治、经济与军事，都比不上北方，更是客观的无容否认的事实。

九、自来胡人进入中原，莫不倡导汉化，所以使居于统治的少数部族，能够与居于被统治的多数汉人，说着同样的语言，过着同样的生活。如果汉化成功，胡汉一体，无分彼此，当然有助于统治权的巩固。北魏孝文帝的汉化，用力至大，最为彻底，亦相当成功。自平城迁都洛阳，禁止族人胡服、胡语，改鲜卑姓为汉姓，奖励胡汉通婚，仿效南朝官制，以南朝法律修订刑法，兴国子、太学、四门、小学，诏求遗书。为实现汉化，不惜废黜太子，诛免重臣。对于其时胡汉关系的改进与融合，大有裨益。若非其后宣武胡皇后的污乱宫掖，鸩毒明帝，北魏的国祚，当不致若是短促。孝文帝的汉化，消除了胡汉的隔阂。鲜卑族的新血液，增强了汉族的生命力。后起的隋唐时代，出现了颇多鲜卑姓的著名将相。

十、佛法初入中国，一般人都将探讨性灵，讲求解脱的佛教，和崇尚虚无，清心寡欲的道教，混为一谈。事实上，这两种宗教，一是土生土长寄托老庄而蜕化起来的，一是源出印度经由西域而传入中土的。二者对于人生的趋向，初看起来，有其类似的主张，很难加以细致的辨别，所以起始多被混同了。稍后，佛教的探讨性灵，析理精微，获得了部分士大夫的欣赏。佛教的报应循环、功德减罪和天堂地狱的流传，更吸引了广大的愚夫愚妇的信仰。道教以符咒祈祷治病消灾，以洞天、福地、仙真广为游说，也诱致了一般平民的信从。道教的化玉销金、行符勒水等妙方奇术，自眩可以延人寿命，长生不死，往往获致专制帝王的迷信。这两种宗教，经过相当时间的考验都能够在中国社会立足生根。彼此要闹分家，也是势所必至。佛教说道教粗疏简陋，乃是旁门左道。道教知道在理论上不大容易打击佛教，于是采取迂回路线，利用迷信道教的君主，对佛教实施政治迫害。北魏太武帝、北周武帝、唐武宗以及后周世宗，都曾下诏拆毁寺庙，勒令僧尼还俗。这就是三武一宗之祸，对佛教的打击是很大的。

第九章

隋帝国的建立与破灭

隋自文帝杨坚于陈宣帝太建十三年，亦即北周静帝太定元年，篡夺外孙宇文阐的帝位，建元开皇，至炀帝杨广大业十四年为宇文化及所弑，共三十七年，约当公元五八一年至六一七年。如以开皇九年灭陈统一中国起算，则为二十九年。

第一节　杨坚篡周灭陈

杨坚，弘农华阴人。他的父亲杨忠，追随宇文泰起事关西，积有军功，封为上柱国大司空隋国公。北朝自魏孝文帝恢复征兵，宇文泰仿效周礼建立府兵制，至北周始大规模推行。由于汉人多于胡人，长期征兵的结果，军队的实力，渐渐移转到汉人的手中。杨忠和李虎，都是最有力量的汉人将领。北周武帝时，杨坚袭爵隋国公，娶妻独孤氏，是鲜卑大贵族独孤修的女儿，生五子，勇、广、俊、秀、谅。杨坚姿相奇伟，眼如曙星，无所不照，齐王宪和王轨尝言皇太子赟非社稷主，杨坚相貌非常，有反相。北周武帝颇不悦，说道："必天命有在，将若之何？"（司马光《资治通鉴·卷一百七十二·陈纪高宗宣皇帝》）杨坚闻之甚惧，深自晦匿。北周武帝因知太子失德，有过辄加捶挞，深以王轨等言为然，但次长子汉王赞又不才，余子皆幼，故得不废。

杨坚女于北周武帝时选为太子妃。宣帝继位，立为皇后。杨坚以后父拜为上柱国大司马，位望崇高。宣帝始立，即逞奢欲，大行在殡，曾无戚容，并扪其痕大骂："死晚矣。"阅视武帝宫人，逼为淫欲。以叔父齐王宪属尊望重，诬以有异谋，而谥杀之。旋又杀功臣宇文孝伯、王轨。立一年，禅位太子阐（静帝），改元太象，自称天元皇帝。天元既禅位，骄奢弥甚，务自尊大。国之仪典，率情变更。游戏无常，出入不节。自公卿以下，常被楚挞。妃后嫔御，虽被宠幸，亦多杖背，内外恐怖，人不自安。又一年，宣帝崩，静帝幼弱。“杨坚结交内史大夫郑译，御正大夫刘昉，矫诏入朝辅政，总揽大权。自为大丞相，假黄钺，都督中外诸军事，以正阳宫为丞相府。”（袁枢《通鉴纪事本末·卷二十五上·杨坚篡周》）“引司武上士卢贲典丞相府宿卫，以郑译为长史，刘昉为司马，李德林为府属，高颎为司录。”革除宣帝苛酷的政治，更为宽大，躬履节俭，内外悦服。

杨坚掌握中枢后，先征北周宗室的陈王纯入朝。越王盛、代王达、滕王逌、毕王贤、赵王招，随后皆到长安。相州总管尉迟回知道杨坚将不利于周室，举义讨伐。益州总管王谦、郧州总管司马消难起兵响应。杨坚以韦孝宽为行军元帅，统领关中的兵众，以六十八天的时间，消灭了相州的尉迟回。杨坚遣襄阳总管王谊，攻讨郧州的司马消难。司马消难知道不能敌，以郧、随、温、应、士、顺、沔、汉、岳九州及鲁山等八镇，投降南方的陈朝。杨坚遣梁睿将步骑二十万入剑阁，进逼成都，执斩了王谦。宇文周氏的诸王想伺隙诛杀杨坚，都没有成功。杨坚旋将陈王纯、越王盛、代王达、滕王逌、毕王贤、赵王招，相继杀戮。宇文周氏的亲戚，亦被杀光。

陈宣帝太建十二年，北周静帝大象二年，杨坚自加九锡，晋爵隋王。陈宣帝太建十三年，北周静帝大定元年，杨坚篡夺外孙的帝位，国号隋，改元开皇，是为隋文帝。

隋文帝起初与南方的陈国通好。陈宣帝崩，隋文帝遣使往吊，陈后主答书颇骄，开始感到不悦。于是每当陈国收获的季节，“稍征士马，声言掩袭，俟陈聚兵，隋便解甲。”（袁枢《通鉴纪事本末·卷二十五上·隋灭陈》）“又密遣行人，因风纵火，烧毁江南积储。”陈国因而困疲。隋文帝以贺若弼为吴州总管，镇广陵；韩擒虎为庐州总管，镇庐江。遣杨素“在永安造大船，名叫五牙，上起楼五层，高百余尺，左右前后，置六拍竿，高五十尺，容战士八百人。次为黄龙，置兵百人。余称平乘、舴艋，各有等差。”

开皇七年八月，隋文帝诏后梁王萧琮入朝。九月，后梁安平王岩及义兴王献率江陵文武男女十余万人奔陈。开皇八年三月，隋文帝以陈国纳降叛梁为借口，下诏大举伐陈。“命晋王广、秦王俊、清河公杨素，皆为行军元帅。”（袁枢《通鉴纪事本末·卷二十五下·隋灭陈》）“广出六合，俊出襄阳，杨素出永安，荆州刺史刘仁恩出江陵，蕲州刺史王世积出蕲春，庐州总管韩擒虎出庐江，吴州总管贺若弼出广陵，青州总管燕荣出东海，凡总管七十，兵五十一万八千，皆受晋王节度。”“东接沧海，西距巴蜀，旌旗舟楫，横亘数千里。”

开皇九年正月，贺若弼自广陵渡长江，韩擒虎自横江夜济采石，晋王广大军屯六合，镇桃叶。陈后主“始召公卿入议军旅，以萧摩诃、樊毅、鲁广达并为都督，司马消难、施文庆并为大监军。遣樊猛率舟师出白下，皋文奏将兵镇南豫州。重立赏格，僧尼道士，皆令执役。”（袁枢《通鉴纪事本末·卷二十五下·隋灭陈》）贺若弼攻克京口，军令严肃，秋毫无犯，所向披靡。韩擒虎猛攻姑孰，半日而拔。于是贺若弼自北道，韩擒虎自南道，两路夹攻，勇猛并进，沿江诸戍，望风尽走。蕲州总管王世绩，以舟师出九江，破陈将陈纪瑱于勤口，陈人大骇，降者相继。贺若弼擒了萧摩诃。任忠引导韩擒虎直入朱雀门，城内的文武百官皆遁散。“陈后主与张贵妃、孔贵嫔逃匿胭脂井。既而军人窥井，呼之不应，欲下石，乃闻叫声，以绳引上。”“贺若弼夜烧北掖门入，闻韩擒虎已得陈后主，呼出视之，叔宝惶栗再拜。”“弼置叔宝于德教殿，以兵卫守。”“高颎先入建康，颎子德弘为晋王广记室，广使德弘驰赴颎所，令留张丽华，颎曰：‘昔太公蒙面而斩妲己，今岂可留张丽华？’乃斩之于青溪。”

晋王广入建康，以施文庆曲于谄佞，受委不忠；沈客卿重敛厚赋，以悦其上；阳慧朗、徐析、史暨慧皆为民害，斩于石阙下，以谢三吴的百姓。使高颎与斐矩收图籍，封府库资财，一无所取。晋王广命陈叔宝手书招降上江及岭南，于是陈国皆平，得州三十，郡一百，县四百。开皇九年三月，陈叔宝与其王公百司皆赴长安。仁寿四年，陈叔宝卒，赠大将军长城县公。

第二节　开皇的治绩

隋文帝杨坚，性严重，有威容。在位二十四年，爱养百姓，勤课农桑。薄赋税，轻刑罚。内修制度，外抚戎夷。居处服翫，务存节俭，乘舆御物故弊者，随宜补用。自非享宴，所食不过一肉。令行禁止，上下向化。平日虽然吝于财物，遇到有功必须赏赐的时候，却肯出手大方，不惜破费，所以能够得到臣下的死力。开皇二十年间的治绩，多有足称。

隋文帝开皇元年，废除北周的六官，斟酌汉魏以来的政制，于中央政府，设三师、三公及三省、六部、一台、九寺。中书省掌定旨出命，有命令权。门下省掌审议封驳，有驳议权。尚书省掌政令执行，有行政权。凡有军国大事，先由中书舍人各陈所见，叫作五花判事，经由中书省次官侍郎、长官中书令审定后，交给门下省。诏书宣出门下，给事中和黄门侍郎都得有所驳正，经过门下省长官侍中的审核，有异议的便涂改封还，无异议的便副署一道诏令或敕令。一定要经过中书省的宣示和门下省的副署，才交由尚书省去执行。中书令、侍中、尚书令，都是正式宰相。尚书省设吏、户、礼、工、兵、刑六部，每部四司，共二十四司。御史台掌监察。九寺同汉魏的九卿。于地方政府，废郡存州，成为州县二级制。县下五百家为乡，置乡正一人。百家为里，置里长一人。小州空郡，全行裁并，将南北朝时期空立州郡、民少官多的积弊，完全整顿过来。

隋文帝不喜当时华而不实的骈体文辞。开皇四年，诏以天下公私文翰，并宜实录。泗州刺史司马幼之即因文表华艳，交付有司治罪。治书侍御史李谔上书："魏之三祖，崇尚文词，忽君人之大道，尚雕虫之小艺，下之从上，遂成风俗。江左齐梁，其弊弥甚。竞一韵之奇，争一字之巧。连篇累牍，不出月露之形，积案盈箱，唯是风月之状。世俗以此相状，朝廷据兹擢士。禄利之路既开，爱尚之情愈笃。至如羲皇舜禹之典，伊傅周孔之说，不复关心，何尝入耳。以傲诞为清虚，以缘情为勋绩，指德素为古拙，用词赋为君子。故文笔日繁，其政日乱，良由弃大圣之轨模，指无用为有用也。"继又上言："士大夫矜伐干进，无复廉耻，乞明加罪黜，以惩风轨"。隋文帝诏以李谔前后所奏，颁示四方。对于当时的文风和政风，都做了有力的矫正。

隋文帝非常重视吏治，所派州县的官吏，多称职守。对于清明的官吏，不吝厚赏。平乡令刘旷有异政，尝以义理晓谕，讼者皆引咎而去，狱中草满，庭可张罗。高颎荐举刘旷的清名善政，为天下第一，优诏拔为莒州刺史。汴州刺史令狐熙来朝，考绩为天下之最，赐帛三百匹，颁告天下。对贪官污吏，处罚极严。盗边粮一升以上者，皆斩，并且还要籍没家产。齐州刺史卢贲，乃是翊戴的功臣，坐民饥，闭民粜，除名。每患令吏赃污，私使人遗以钱帛，得犯立斩。隋文帝又自矜明察，常于殿内杖人杀人。南北朝以来门阀骄态和重臣奢靡的风气，不再存在。

隋文帝开皇二年，诏高颎等十余人制定新律。搜集魏晋以来的刑法，讨论轻重，务求执中。除去前世的枭、轘、鞭法及族诛。定绞、斩为死刑，徒刑一至三年，流刑两千里至三千里，杖刑六十至一百，笞刑十至五十，拷打不超过二百。枷杖大小，咸有程序。人民如果在县受屈，得上州以至朝廷去申诉。隋律共十二篇，一曰名例，二曰卫禁，三曰职制，四曰户婚，五曰厩库，六曰檀舆，七曰贼盗，八曰斗讼，九曰诈伪，十曰杂津，十一曰捕亡，十二曰断狱，共五百条，使老百姓的生命财产获得相当的保障，是中国近古最进步的法律。

宇文泰采用苏绰的建议，仿效周礼，设置六军，合为百府，为府兵制的起源。隋文帝因袭北周的府兵制，略加改革，增设至十二卫，由十二将军统率诸府的兵众。

隋文帝因袭北周的均田制，略加损益。男女二十一岁为丁，六十岁为老。丁男受露田八十亩，丁妇受露田四十亩。丁男另给永业田二十亩，种桑榆，也叫桑田，没有还受的期限。露田是没有种树的田，年老或身死，必须交还政府。开皇五年，因天下户口岁增，京辅及三河，地小而人众，衣食不给，乃发使四出，再均天下之田，其在狭乡者，每人才至三十亩，老少又少。

隋文帝的理财不在加赋，而在除积弊以增加收入。开皇十二年，有司上言，府藏皆满，无所容放，积于廊庑。诏曰："宁积于人，无藏府库。河北河东，今年田租三分减一，兵减半，功调全免。"由于轻简赋役，人民都感觉便利。原先为逃避租赋，人口的统计多有不实在，至是簿计无隐，户口大增。

隋文帝开皇二年见及当时的古钱或杂钱，多磨损，铜质又劣，民间不乐用。于是开铸标准的五铢钱，每一千重四斤二两，钱周钱孔，都有边廓，不容易磨取铜屑。悉禁古钱及杂钱。置样于开津，不如样者没官销毁，自是钱币始一，民间称便。

隋文帝建立地方积谷的制度，用来防止饥荒。于沿黄河、运河的诸州，设置官仓。其余各州县，于每年秋天令民间每家出粟麦一石以下，贫富为差，储之当社，委社司检校，以备凶年，名曰义仓。又于卫州置黎阳仓，陕州置常平仓，华州置广通仓，转相灌输，漕关东及汾晋之粟，以给长安。其后，隋炀帝于巩县东南设洛口仓，仓城周回二十余里，内穿三千窖，每窖八千石，共二千四百万石。于洛阳北面设回洛仓，仓城周回十里，内穿三百窖。隋代国计的富有，逾越前古。

隋文帝为防御北方的突厥，曾修筑自灵武到榆林的长城。为畅通漕运，曾凿成从长安到潼关的广通渠。并且在长安汉城的南方，营筑大兴城。

隋文帝崇尚儒学，兴办学校。诏求天下的遗书，制订雅乐。禁藏谶纬。有鉴于曹魏以来九品中正取士的不切实际，罢中正，置秀才科，每州岁贡三人，考试高第者为秀才。其后隋炀帝于大业二年建进士科，以策问及诗赋取士，及第者授以官职，则为中国以科举取士的端始。

隋文帝崇尚节俭，厌恶奢侈。开皇十五年，仁寿宫落成后，见其高大壮丽，说道："杨素殚民力而为离宫，为吾结怨天下。"（司马光《资治通鉴·卷一百七十八·隋纪高祖文皇帝》）秦王俊为并州总管，渐好奢侈，逾越制度，盛治宫室。隋文帝因其奢纵免官，以王就第。刘升与杨素进谏："秦王罪不至此。"文帝说道："我是五儿之父，非兆民之父。若如公意，何不别立天子儿律？以周公之为人，尚诛管蔡，我诚不及周公远矣，安能亏法乎？”卒不许。越王秀为益州总管，亦因奢僭，多捕山獠为宦者，造浑天仪，重马被服，拟于乘舆，而被废为庶人。

开皇初年，民户不足四百万。开皇二十年，民户超过八百九十万，有足供国用五十年的储积。

第三节　隋炀帝骄奢虐民

隋文帝仁寿四年崩，次子杨广即位，称隋炀帝。

隋文帝初以长子杨勇为太子，广为晋王，俊为秦王，秀为越王，谅为汉王。杨勇性情宽厚，行无矫饰。因为生活奢侈，又多内宠，失去隋文帝与独孤后的欢心。晋王广阴知其事，于是“弥自矫饰，唯与萧妃居处，后庭有子，皆不育。力行节俭。敬接朝臣，礼极卑屈。由是声名藉甚，冠于诸王。”（袁枢《通鉴纪事本末·卷二十五·隋易太子》）其后又有平定陈国的大功，重臣宿将，多隶麾下，乃与张衡、杨素、杨约、宇文述等定策，谗构夺宗。隋文帝内制于独孤皇后，外惑于众议，于开皇二十年，废太子勇为庶人，改立晋主广为太子。

仁寿四年，文帝病甚，征召太子广入侍大宝殿。大臣侍病者有仆射杨素，兵部尚书柳述，黄门侍郎元岩。“太子广虑帝有不讳，须预防拟，手自为书，封出问素，素条录事状以报。太子宫人误送上所，上览而大恚。”（袁枢《通鉴纪事本末·卷二十五·隋易太子》）“陈夫人平旦出更衣，为太子所逼，夫人拒之，得免，归于上所。上怪其神色有异，问其故，夫人泣然曰：‘太子无礼’。上恚，呼柳述、元岩召杨勇，为杨素所闻。”“太子广矫诏执柳述、元岩于大理狱，追东宫武士，帖上台宿卫，门禁出入，并取宇文述、郭衍节度，令右庶子张衡入寝殿侍疾，尽遣后宫出就别室。俄而文帝崩。陈夫人与后宫闻变，相顾战栗失色。”

隋炀帝先遣杨约缢杀故太子勇，然后陈兵集众，发出文帝的凶讯。其时炀帝的兄弟，秦王俊早丧，越王秀先二年已经废为庶人，汉王谅有宠于文帝，为并州总管。隋炀帝遣屈突通奉着文帝的玺书去征召，汉王谅知有变，发兵反，从者十九州。杨素、李子雄、杨义臣引军进讨，围晋阳，汉王谅穷蹙乞降，余党也完全平定下来。隋炀帝除汉王谅为民，后予幽死。

隋炀帝少敏慧，美姿仪，好学问，善属文，沉深严重，朝野属望。惟自命文采风流，每骄天下的才士，不乐意有人胜过自己！

隋文帝命宇文恺凿成广通渠，从长安到潼关，漕运便利。隋炀帝更于大业元年，“命尚书右丞皇甫议发河南、淮北诸郡民，前后百余万，开通济渠。自西苑引谷洛水达于黄河，复自板渚引黄河，经荥泽入汴水，又自大梁之东引汴水入泗，达于淮。”（袁枢《通鉴纪事本末·卷二十六·炀帝亡隋》）使长安、洛阳、开封都能与黄河、汴、洛、淮、泗地区，通行舟楫。“又发淮南民十余万，开邗沟，自山阳至扬子入江。渠广四十步，渠旁皆筑御道，树以柳。”使淮水与长江之间，得以水陆交通。大业四年，“诏发河北诸军百余万，穿永济渠，引沁水下流，南达黄河；引沁水上流，入清河卫水，北通涿郡。”使黄河的水运，可以向北航行到涿郡。大业六年，“炀帝开凿江南运河，自京口到余杭，八百余里，广十余丈，可通龙舟。”更将长江的水运，延展到杭州以南的余杭。自此，西北起长安，北越涿郡，南至杭州（余杭），卫水、沁水、洛水、汴水、淮水、泗水、黄河、长江、钱塘江之间，都可以通行航运。

隋炀帝为了防御突厥，于大业三年，征发丁壮百余万，北修长城，东起榆林，西达归绥。四年，又征发丁壮二十万修筑榆林以东的长城。为了安辑河北，便利东巡，又大发丁壮修筑御道。一条自陕西榆林东向，而达今天津市的蓟州区。另一条则凿通太行山，使河北、山西的交通无阻。

在建筑都城和营造宫室上，更可以看出隋炀帝的好大喜功和不恤民力。大业元年，隋炀帝命"杨素、杨达和宇文恺营建东京。每月役丁多至二百万人。徙洛州廓内居民及诸州富商大贾数万以实之。"（袁枢《通鉴纪事本末·卷二十六·炀帝亡隋》）又命"宇文恺和封德彝营造显仁宫，南接皁涧，北跨洛滨。发大江之南，五岭以上，奇材异石，输送洛阳。又求海内嘉木异草，珍禽异兽，以实园苑。""自长安至江都，置离宫四十余所""筑西苑，周二百里。其内为海、周十余里。为方丈、蓬莱、瀛州诸山，高出水面百余尺，台观宫殿，罗列山上，向背如神。海北有龙鳞渠，缘渠起作十六院，门皆临渠，每院以四品夫人主之。堂殿楼观，穷极华丽。"大业四年，"炀帝又于汾州之北，汾水之源，营作汾阳宫。"复命项升筑迷楼，何稠作御女车及如意车。骄奢荒淫，骇人听闻。

隋炀帝为晋王时，领导平定陈国，对于江南的风土人物，甚具好感。大业元年八日，首次行幸江都。"隋炀帝发自东都的显仁宫，王弘遣龙舟来迎。龙舟四重，高四十五尺，长二百尺。上重有正殿和内殿，东西朝堂。中二重有百二十房，皆饰以金玉。下重内侍处之。皇后乘翔螭舟，制度差小，而装饰无异。别有浮景九艘，三重，皆水殿也。后宫诸王公主百官僧尼道士蕃客随从乘坐的船，数逾千艘，共用挽船士八万余人。"（出自袁枢《通鉴纪事本末·卷二十六·炀帝亡隋》）舳舻相接，二百余里。骑兵沿着运河的两岸维护安全，旌旗遍野。所过州县五百里内，皆要进献食物。

隋炀帝大业二年，诏吏部尚书牛弘等议定舆服仪卫的制度，命何稠营造。何稠有巧思，博览图籍，参会古今，多所损益。“衮冕画日月星辰，皮弁用漆纱为之，又作黄麾三万六千，人仗及辂辇，车舆，皇后卤簿，百宫仪服，务为华盛。”（袁枢《通鉴纪事本末·卷二十六·炀帝亡隋》）“课州县送羽毛，民求捕之，网罗被水陆，禽兽有堪氅毦之用者，殆无遗类。”隋炀帝每次出巡，羽仪填街溢路，长达二十余里。

隋炀帝因为启民可汗将要入朝觐见，很想夸示国家的富乐。“太常少卿裴蕴希旨，奏括天下周齐梁陈乐家子弟，皆为乐户。其六品以下至庶人，有善音乐者，皆直太常。帝从之，于是四方散乐，大集东京，阅之于芳华苑积翠池侧。有舍利兽先来跳跃，激水满衢，鼋鼍龟鳖，水人虫鱼，徧覆于地。又有鲸鱼喷雾翳日，倏忽化成黄龙，长七八丈。……又有神鳌负山，幻人吐火，千变万化。使人皆衣锦绣彩缯，舞者鸣环佩，缀花毦。课京兆河南制其衣，两京锦彩，为之空竭。”（袁枢《通鉴纪事本末·卷二十六下·炀帝亡隋》）隋炀帝并将亲自制作的新歌，命乐工教唱。大业三年，“隋炀帝自榆林出塞，甲士五十万，马十万匹，千里不绝。命宇文恺等造观风行殿及行城，周二千步，以板为干，衣之以布，饰以丹青，楼橹悉备，胡人惊以为神。”（袁枢《通鉴纪事本末·卷二十六下·突厥朝隋》）“炀帝幸启民可汗帐，启民奉觞上寿，跪伏甚恭。王侯以下，袒伏于帐前，莫敢仰视。”隋炀帝大悦，即兴赋诗：“呼韩顿颡至，屠耆接踵来，何如汉天子，空上单于台。”隋炀帝赐启民可汗及公主金瓮各一，另加衣服被褥锦彩。特勒以下，亦都获有赏赐。

隋炀帝羡慕秦皇汉武的功业，决心再通西域。于大业三年，以裴矩为黄门侍郎，使至张掖，利诱诸胡，劝令入朝。“自是西域诸胡，往来相继，所经州县，疲于送迎，靡费以万万计。”（袁枢《通鉴纪事本末·卷二十六下·炀帝亡隋》）大业五年，又西巡河右。“至张掖，命斐矩往说高昌王伯雅及伊吾吐屯设等，啖以厚利，召使入朝。”“炀帝行至燕支山，伯雅、吐屯设及西域二十七国王，谒于道左，皆令佩金玉，被锦罽，焚香奏乐，歌舞喧噪。”“炀帝复命令武威张掖士女，盛饰纵观，衣服车马不鲜洁者，州县督课，骑乘填咽，周亘数十里”，用来表示中国的富盛。

隋炀帝大业六年，“于洛阳端门街盛陈百戏”，（出自袁枢《通鉴纪事本末·卷二十六下·炀帝亡隋》）以娱诸蕃的酋长。戏场周围五千步，执丝竹者一万八千人，声闻数十里。自昏达旦，灯火光烛天地，终日而罢，所费巨万。自是岁以为常。”“诸蕃请于丰都市交易，炀帝许诺。先命整饰店肆，檐宇如一，盛设帷帐，珍货充积，人物华盛。胡客每过酒食店，悉令邀延就座，饱醉而散，不取其值。绐之曰：中国丰饶，酒食向不取值。胡客皆惊叹！”这样的向外国人夸耀富庶，古今中外，恐怕再也找不出第二个国家的元首了。

第四节　隋炀帝征服四方

隋文帝仁寿中，交州俚人李佛子据越王故城作乱。隋文帝命刘方统兵二十营往讨，寻授刘方为驩州道行军总管，经略林邑。刘方遣钦州总管宁长真等，以步骑万余出越裳，亲率将军张愻等，以舟师出比景。隋炀帝大业元年，刘方兵抵海口。林邑王芃志，遣兵守险。“林邑兵乘巨象，四面而至。刘方乃多掘小坑，草覆其上，既战伪北，林邑兵进，象多陷地颠蹶，转相惊骇。刘方兵以引弩射象，象却走，林邑大败，殍馘万计。刘方引兵追逐，屡战皆捷。八月，大军进入其国都，获金铸庙主十八枚。刘方刻石纪功而还，班师卒于途。”（司马光《资治通鉴·卷一百八十·隋纪炀皇帝》）芃志收复其故地，遣使谢罪，此后朝贡不绝。

隋炀帝大业元年，契丹入寇营州，诏命韦云起率突厥轻骑三万人，分为二十营，四路进讨。韦云起号令严明，“突厥将帅入谒，皆膝行股栗，莫敢仰视。”（司马光《资治通鉴·卷一百八十·隋纪炀皇帝》）契丹本事突厥，情无猜忌，云起既领大军进入契丹的境内，“使突厌诈云向柳城，与高丽交易，敢泄露事实者斩，契丹不为备。及去其营五十里，驰进突袭，掳其男女四万人。杀其男子，以女子及畜产之半赐突厥，余皆收之而归。”契丹自此一蹶不振。

突厥佗钵可汗据有今日内外蒙古的全境，控弦数十万，骄傲自大，视北周、北齐为二孝子。其子沙钵略可汗娶北周千金公主。隋代北周，千金公主劝沙钵略起兵四十万伐隋。隋文帝五路迎击，沙钵略败走。隋文帝旋用长孙晟的谋略，远交近攻，离强合弱，造成突厥内部的混乱。沙钵略、阿波、达头诸可汗争位，各遣使臣来隋求援。隋先助沙钵略。沙钵略死，弟叶护可汗立。叶护死，沙钵略子都蓝可汗立，称东突厥。阿波可汗大罗便立国西域，称西突厥。东西两突厥常起内争，国力浸弱。都蓝弟突利可汗居北方，遣使请隋赐婚。隋用离间计，厚待突利，先后嫁以安义公主和义成公主，长孙晟劝突利帅众南迁，居度斤旧镇，锡赉优厚，都蓝因而大怒，从此断绝朝贡，抄略边境。突利侦察都蓝的动静，事先常有密报，隋的边境有备，都蓝不能得志。后来突利入塞降隋，封为启民可汗。隋助启民，屡败都蓝。西突厥也被炀帝遣人离间，因着内争而破灭。

隋代的流求，即是今日的台湾。物产同于江表，风土气候与岭南相类。隋炀帝大业三年，“命羽骑尉朱宽入海求访异俗、何蛮言之，遂与何蛮俱往。因到流求国，以语言不通，掠一人而还。明年，复命朱宽前往抚慰，流求不从，宽取其一布甲而返。”（《隋书·八一·流求传》）隋炀帝旋遣“武贲郎将陈棱，朝请大夫张镇州，领兵自潮州浮海击之，进抵澎湖。又一日，便到流求。……流求不从，拒逆官军，陈棱领兵攻入都城，焚其宫室，掳男女数千人，载军实而还。”

隋炀帝初即位，遣侍御史韦节、司隶校尉杜行满，使于西蕃诸国。“至罽宾得玛瑙杯，王舍城得佛经，史国得十舞女、狮子皮及大鼠毛而还。于是复命斐矩往来武威张掖间，因其使者入朝，啖以厚利，转相讽谕，相率而来朝者四十余国。”（《北史·九七·西域传》）因此设置西戎校尉，以专接应。

吐谷浑本人名，属辽西的鲜卑族。与其庶弟慕容廆不睦，率众西徙，从洮水西南极于白兰，有地数千里。传至其孙，始号其国吐谷浑。开皇十六年，隋文帝以光化公主妻吐谷浑可汗世伏。“明年，其国大乱，国人杀世伏，立其弟伏允为可汗，遣使陈废立之事，并谢专命之罪，且请依俗尚公主。”（刘义棠《中国边疆民族史·六章一节》）隋文帝崩，伏允遣儿子顺到长安朝隋，以求讨好上国。隋炀帝大业三年，铁勒寇边，寻又遣使谢罪请降。隋炀帝遣斐矩去抚慰，讽令铁勒击吐谷浑自效。铁勒应诺，率兵击破伏允。伏允既败，东走进入西平境内，于大业四年，遣使请降于隋。隋炀帝“命许公宇文述出西平迎迓。伏允畏述兵盛，不敢降，故又率众西遁。述引兵追之，攻下曼头、赤水二城，斩三千级，获其王公以下二百人，掳男女四千口，伏允南奔雪山。”明年，隋炀帝御驾亲征，至西平，分命元寿、段文振、杨义臣、张寿四路进军。伏允引数骑而遁。其属仙头王穷蹙，率男女十余万口来降。卫尉卿刘权别出伊吾道，追击吐谷浑至青海，虏获千余口，吐谷浑故地遂空。自西平临羌城以西，且末以东，祁连以南，雪山以北，东西四千里，南北两千里，皆为隋有，置西海、河源、鄯善、且末四郡。隋炀帝命刘权镇守河源郡的积石镇，大开屯田，捍卫吐谷浑，并且保障西域的通道。

高丽本扶余族，“都于平壤，随山屈曲，南临灞水（鸭绿江）。与新罗每相侵夺，战争不息。”（《隋书·高丽传》）隋文帝开皇初年，常遣使入贡。隋于开皇九年平定南朝的陈国，高丽王汤大为不安，治兵积谷，严为守备。开皇十七年，隋文帝致书于汤，数其过失。责以虽称藩附，诚节未尽。高丽王汤得书颇为惶恐，预备奉表谢罪。会汤死，子元嗣立，态度大变。开皇十八年，以汉王谅与王世积并为行军元帅，将水陆三十万攻高丽，因为军粮不继，为高丽所败。高丽王元亦惶惧，遣使谢罪，于是罢兵。大业六年，隋炀帝谋讨高丽，“诏命山东置府，令养马以供军役。又发民兵运米，积于泸河、怀远二镇。车牛往者皆不返，士卒死亡过半。耕稼失时，田畴多荒。”（袁枢《通鉴纪事本末·卷二十六下·炀帝亡隋》）“又发鹿车夫六十余万，二人共推米三石，道途险远，不足充糇粮，至镇无可输，皆畏罪亡命。”大业七年，隋炀帝自江南行幸到涿郡，下诏讨高丽。“敕幽州总管元弘嗣到东莱海口，造船三百艘，官吏督役，昼夜立水中，略不敢息，自腰以下，皆生蛆，死者什三四。”（袁枢《通鉴纪事本末·卷二十六上·隋讨高丽》）“总征天下之兵，无分远近，俱会于涿郡。又发江淮以南水手一万人，弩手三万人，岭南排镩手三万人，于是四远奔赴如流。”“敕河南、淮南、江南造戎车五万乘，送高阳，供载衣甲幔幕。”“发江淮民夫及船，运黎阳及洛口诸仓米至涿郡，舳舻相次千余里，载兵甲及攻取之具，往还在道，常数十万人。填咽于道，昼夜不绝，死者相枕，臭秽盈路，天下骚动。”大业八年三月，隋炀帝统军渡过辽水，进至萨水，遭到高丽兵的逆袭，诸军俱溃败。“始九军渡辽，凡三十万五千，及还至辽东城，二千七百人，资储器械，亡失荡尽。”

大业九年，隋炀帝再伐高丽。“诏征天下兵集涿郡。修辽东古城，以储军粮。”（袁枢《通鉴纪事本末·卷二十六上·隋讨高丽》）“遣宇文述与上大将军杨义臣趣平壤，左光禄大夫王仁恭出扶余道。仁恭进军至新城，高丽兵数万拒战，仁恭率劲骑一千击破之。高丽婴城固守。帝命诸将攻辽东，听以便宜从事。飞楼、橦、云梯、地道，四面俱进，昼夜不息。正当隋炀帝的车驾渡过辽水，礼部尚书杨玄感反于黎阳。黎阳为援辽的枢纽，隋炀帝不得不回师进讨。

大业十年二月，隋炀帝第三次大发天下兵。三月，隋炀帝行幸涿郡。“士卒在道，亡者相继。所在阻绝，军多失期。”（袁枢《通鉴纪事本末·卷二十六上·隋讨高丽》）七月，隋炀帝进至怀远镇，其时天下已乱，所征兵多失期不至。高丽亦经不起隋军的压力，大感困疲。来护儿引军至卑奢城，击破高丽兵，将进取平壤，高丽王元恐惧，遣使乞降。隋炀帝许诺，在怀远镇接受高丽的降款。

第五节　隋末大乱与丧亡

隋炀帝急政苛虐，民多嗟怨。大业六年准备伐高丽，命山东置府，养马供役。运米的民夫，畏罪亡匿。大业八年，隋炀帝第一次大发天下兵，生还者绝少，于是辗转相告，莫不以往役高丽为死路。逃亡益多，群盗益盛。大业九年，隋炀帝二次大发天下兵，因多失期与逃亡，以致军额不足，开始招募关中的勇士，号为饶果。

大业九年四月，杨素的儿子杨玄感，因为隋炀帝宠用虞世基、斐矩、宇文述等人，国政日非；而有功将吏如贺若弼、高颎等人，又被杀戮，意不自安，起兵黎阳。李密告以“长驱入蓟，据临渝之险，扼其咽喉，绝其归路，高丽蹑其后，不过旬月，资粮皆尽，其众不降则溃，可不战而擒，为上计。鼓行而西，经城勿攻，直取长安，收其豪杰，抚其士民，据险而守之，天子虽还，失其根本，可徐图也，为中计。简精锐，昼夜倍道，袭取东都，以号令四方，为下计。”（司马光《资治通鉴・卷一百八十二・隋纪炀皇帝》）杨玄感认为李密的下计，才是上策，遂引兵攻向洛阳。玄感海战身先士卒，所向摧陷，又善抚悦，部下多乐为效死。但洛阳坚城，久攻未能下。隋炀帝罢去东征高丽的军队，命令宇文述、屈突通、来护儿、卫文升诸将，回师击败杨玄感于皇天原。“至葭卢戍，玄感独与弟积善徒步走，自度不免，谓积善曰：‘我不能受人戮辱，汝可杀我。’积善抽刀砍杀之。因自刺不死，为追兵所执，与玄感首俱送行在，磔死东都市。”推究杨玄感的党羽，诛杀三万，流徙六千余人。

隋炀帝大业九年七月，余杭民刘元进起兵响应杨玄感。刘元进手长尺余，臂垂过膝，自以相表非凡，阴有异志。时值隋炀帝再发三吴兵，征高丽，三吴兵多逃亡，郡县捕之急，闻元进起兵，亡命者云集，旬日间众至数万。杨玄感兵败，刘元进被朱燮、管崇迎立为天子，据吴郡。毗陵、东阳、会稽、建安的豪杰，多执长吏来响应。刘元进攻丹阳，为吐万绪所败，死者万余人。刘元进败而复聚，声势益盛。江都丞王世充发淮南兵攻讨，刘元进败死于吴。

其时济阴孟海公，齐郡王薄、孟让，北海郭方预，清河张金称，平原郝孝德，河间格谦，渤海孙宣雅，聚众攻剽，多者十余万，少者数万人。天下承平日久，人不习兵。郡县守吏每与贼战，望风沮败。

隋炀帝大业十年，第三次议伐高丽。各地的群盗，越聚越众。隋炀帝于怀远镇接受高丽的降款，班师欲还东都。太史令庾质奏谏："比岁伐辽，民实劳弊，陛下宜镇抚关内，使百姓尽力农桑，三五年间，四海稍丰实，然后巡省，于事为宜。"（袁枢《通鉴纪事本末·卷二十六下·炀帝亡隋》）隋炀帝不悦，竟下死狱中。大业十一年，"隋炀帝以户口逃亡，盗贼繁多，命令人民聚集城堡而居，田随近给，郡县驿亭村坞皆筑城。"隋炀帝巡北塞，车驾还至太原。苏威奏请："今盗贼不息，士马疲弊，愿陛下亟还西京，深根固本，为社稷计。"隋炀帝初颇以为然。宇文述认为从官的妻子，皆在东都，宜便道向洛阳自潼关而入长安。隋炀帝还抵东都，"顾眄街衢，见龙舟水殿，皆焚于玄感之乱，命江都更造数千艘，制度仍大于旧者。"大业十二年七月，江都新造的龙舟数千艘，已经送到东都。宇文述劝幸江都，朝臣皆不欲行，隋炀帝意志坚决，幽赵才，杀任宗，斩崔民象、王爱仁，没有人再敢于谏阻。

隋炀帝再次行幸江都后，各处多有据地自雄，僭称尊号。高开道据渔阳，国号燕。窦建德据乐寿，国号夏。刘武周据马邑，国号定扬。郭子和据榆林，国号永乐。梁师都据朔方，国号梁。李轨据武威，国号凉。薛举据金城，国号秦。辅公祐据丹阳，国号宋。沈法兴据毗陵，国号梁。林士宏据豫章，国号楚。萧铣据巴陵，国号梁。朱粲据冠军，国号楚。李密称兵洛口，迫近东都，隋炀帝不敢北归，又贪图江都的繁华，颇有久住的意思。然以天下危乱，亦不自安。日与萧后宴饮，常在醉中。"常夜置酒，仰视天文，谓萧后曰：'外间大有人图侬，然依不失为长城公，卿不失为沈后，且共乐饮耳。’又尝引镜自照，顾谓萧后曰：‘好头颅谁当砍之？’后惊问故，帝笑曰：‘贵贱苦乐，更迭为之，亦复何伤？’”隋炀帝见中原已乱，无心北归，下令修筑丹阳宫，准备迁都。

其时跟随隋炀帝左右的将士，就是大业九年招募而来的饶果。因为久离关中，官兵都想回家。听说隋炀帝有久居江都的意思，都很愤怨，背离思逃。管理饶果的司马德戡，无法控制，转而煽动叛变，竟与武贲郎将元礼及直阁斐虔通密谋，于大业十四年三月，迎接右屯卫将军宇文化及进入朝堂，号为丞相。弑隋炀帝于宫中，立秦王诰为帝。宇文化及夺得江都人的舟楫，欲从水路西归，中途为李密所阻，留于魏，弑诰自立，国号许。唐武德二年，为窦建德所擒杀。

隋炀帝十三年五月，李渊举兵于晋阳。十一月至长安。迎立代王侑，称隋恭帝。隋炀帝被弑的凶讯传到长安，李渊便逼隋恭帝禅位，国号唐，是为唐高祖。

第六节　评鉴

一、隋文帝杨坚崇尚节俭，力矫南北朝以来的奢侈风气。宽减刑律，以使人民的生命财产获得合理的保障。改革官制和兵制，创立新的以考试取士的制度，亦均能切中当时的需要，而为后来的唐宋所取法。实施均田，轻徭薄赋，推行积谷，铸五铢钱，对于国计民生的发展，尤具积效。至开皇二十年，户口倍增，有足供国用五十年的积储。

国力的富厚，迈绝前古。此皆得国以后能够躬行节俭，勤政爱民所致。

二、隋文帝的理财不在加赋，而在除积弊以增加收入。由于轻简赋役，人民感觉便利，乐于输将，不会滋生逃避的心理。各户的丁壮和财产都肯从实照报，政府的簿计无隐，收入自然大增了。开皇十二年，有司竟上言："府库皆满，无所容放，积于廊庑。"隋文帝以"宁积于人，无藏府库"，减免了河北、河东的租额三分之一，兵减半，功调全免，才解决问题。正因为政府有如此富足的财力，隋文帝才能进而推行积谷的制度，用来防止饥荒。于沿黄河、运河诸州，设置官仓。其余各州县，均立义仓。中原一带，最可怕的就是黄河常有灾患。隋文帝这一种积谷制度，法善意美。后来隋炀帝设洛口仓，容三千窖，二千四百万石；设回洛仓，容三百窖，容二百四十万石，更是藏粮丰足，以备非常。推源溯本，还是由于"理财不在加赋，而在除积弊以增加收入"，换言之，"减税严收"四字而已。以视古今中外的政府，大都困于税率高，逃税多。近时各国的民间，甚至有三三制的讽刺。政府实收三分之一，税务人员贪赃三分之一，大户因逃税而少出三分之一。我们应该对隋文帝表示崇高的敬意，也应该想想，能够取法于"减税严收"这四个字吗?

三、开皇初年，天下民户不足四百万。到开皇二十年，民户超过八百九十万。以短短的二十年的时光，民户竟然增加到一倍以上，实在是一个奇迹。主要的原因，当然是由于天下升平，民生乐业，家家户户，喜见儿孙绕膝。开皇九年，平定陈国，得州三十，郡一百，县四百，民户至少增加二百万。中国的户口统计工作，从来做得不确实。在战乱时期，人民为了逃避租税和服役，想尽方法，漏报壮丁，统计起来，当然减少。再加上因战争而死亡，因时疫而病故，户口的锐减，势所必至。隋文帝开皇二十年间，第九年伐陈，虽然动员了五十一万八千的战斗人员，但作战时间不到三个月，也没有经过激烈的战斗，就已兵入建康，俘获陈后主。这一次的战争，并无多大伤亡。其余时间，都是太平岁月，人民不需要为逃役而漏报。又因为隋文帝的理财，不在加赋，而在除积弊以增加收入，人民感觉负担不重，逃避也不容易，更不会兴起漏报的动机。先前逃匿的，势必向来。新生的户口，从实照报。统计起来，民户自然大增了。

四、政府的官吏必须德行高尚，才能卓越，才有资格（条件）替国家办事，为人民服务。西汉的选举贤良方正，东汉的选举孝廉，魏晋南北朝的九品中正，都是授权地方官吏（太守或中正）保举贤才。这种选举的方式，自然地形成以德行为主。德行难有标准，可以伪装，也容易被大家世族所垄断，所左右。隋文帝有鉴于九品中正取士的不切实际，设秀才科，改以考试录取真才，隋炀帝大业三年更设进士科，这是中国历史上登庸人才的一大转变。考试比较公正，容易评校才能，但在德行方面，还是无从知悉。担任政府的官吏，德行有时要比才能更为重要。而考试的内容和方式，也限制和约束了人才的范围。更何况隋、唐以来的擢用人才，仍多重视世阀、贵幸、勋戚、近习，并不是完全依凭考试。这就是为什么一千三百年来的科举制度，并没有造成中国政治的飞跃进步。在每个王朝的末叶，还是文官爱钱，武将怕死，政治败坏，民生疾苦。

五、隋炀帝为晋王时，力行恭俭，敬礼朝臣。灭陈之役，收图籍，封府库，一无所取。沉深严重，朝野属望。隋炀帝非无聪明，所惜者，当上皇帝后，不肯礼遇贤才，不悉民间隐痛，居大位而欠缺服务人民的仁心，徒事劳累百姓，供奉一己无穷的私欲。隋炀帝性格中的最大弱点，在自负其文采风流，每骄天下的才士，不乐意有人胜己！薛道衡死，竟然说："更能作'空梁落燕泥'否？"王胄亡，诵其佳句"庭草无人春意绿”，则谓：“复能作此语邪？”隋炀帝没有统军的才能，却三次亲征高丽。庾质曾一再进谏：“战而未克，惧损威灵。若车驾留此，命猛将劲卒，指授方略，倍道兼行，出其不意，攻其不备，克之必矣！事机在速，缓则无功。”隋炀帝不能听，日发一军，相去四十里，连营渐进，终四十日乃尽。古今中外，其有连营一千六百里而能破敌者？皇帝者，国家的元首，操天下的大柄，用天下的人才，办天下的政事。天下人的才智，即是皇帝的才智。天下人的长技，即是皇帝的长技。皇帝虽圣哲，犹当虚己以受人。隋炀帝自负才学，不乐有人胜己；居国家元首的高位，而欲与臣下争胜；口诵尧舜，身行桀纣，更不自知，以至覆亡。

六、隋文帝斟酌汉魏以来的政制，于中央设三省、六部、一台、九寺、五监。一道诏书，必须经过中书省的宣示和门下省的副署，才交由尚书省去执行。此种审慎下令和专责执行的精神，至堪宝贵。如果隋炀帝依制行事，当不会屡发残虐百姓的诏令。如果隋炀帝确能以科举选拔人才，加上中书的五花判事，门下的封驳审议，何致会发出造成“道途险远，不足充糇粮”的运米命令？隋有御史台，专司监察。庾质、苏威、赵才、任宗、崔民象皆尝力谏。尤以庾质和苏威的奏疏，切中时势，深根固本，最为安定社稷的大计。如果隋炀帝肯接受谏议，西归长安，以三五年的时间，休养生息，当时的局面，犹可改观。隋炀帝性奢侈，好夸大，竟听信宇文述，再幸江都！用兵高丽，损失浩大，人民疮痍未复，宜如何痛自引责，卧薪尝胆，表示与天下同其休戚。今竟乘龙舟，前后数千艘，连接二百余里，两岸维护的骑兵，旌旗蔽野！人民痛苦，主上逸乐，豪杰之士，怎能不起背离之思！隋炀帝自恃才智，一意孤行，虽有美好的制度而不能用，虽有忠良的谏言而不能听，专制残虐，不恤民命，遂使大好头颅，为宇文化及所弑。

七、隋文帝用长孙晟的谋略，远交近攻，离强合弱，造成突厥内部的混乱。隋炀帝扶植启民可汗，替隋守备边境。复因裴矩离间西突厥，射匮被立为可汗，与北突厥为敌。东（北）西两突厥，从此势衰。隋炀帝的对付突厥，可说是相当的成功。隋炀帝的亲征高丽，外则丧师绝域，内则引发群盗，终致覆亡，可说是彻底的失败。远征异域，万里交兵，事先既未料得风土人情，山川险恶，天候变化。每一次都发兵百万以上，连营千里，形同耀武扬威，安能攻城破敌？抑有进者，高丽本扶余种，虽于秦汉的时期，服属中国，究非完全有同于中国。苟与我通好，厚往而薄来，教以礼义，输以文物，使彼逐渐向化，成为我的藩篱。如称兵犯境，实以边备，任以良将，使其进无所获，自然离去。隋炀帝设能秉持以平等对待的原则，修边备，输教化，睦邻、和平、友好，感召边疆民族，当不致为突厥而靡费万万，因高丽而丧师覆国。

八、隋炀帝巡幸江都，舳舻相接，二百余里。所过州县五百里内，皆令献馈。江淮郡官谒见者，专问礼饷的丰薄。丰则超迁，薄则停解。王世充即因贡献珍宝美女，擢升显位，领江都的宫监。由是郡县竞务克削，以充贡献。隋文帝辛勤二十余年培养起来的吏治，至此大壤！山东岁饥，隋炀帝诏发仓米济荒，因为官吏的侵渔，中饱扣押，乏食而饿死者，日有数千。吏治的良窳，实为国家兴亡的关键。吏治一坏，所有政治、经济、文化以及军事措施，皆将法立弊生，事与愿违。由于大业初年的吏治败坏，而后有大业九年以后的兵民相聚为盗，卒致天下大乱，饶果思归，隋炀帝遂为宇文化及所弑。严惩贪官污吏，选任贤良方正，诚为革新政治安定民生的张本，那是不可不慎的！

九、隋文帝开皇十二年，有足供国用五十年的积储。隋炀帝大业年间，置洛口仓、回洛仓，窖粮丰足。其时天下凡郡一百九十，县一千二百五十五，户八百九十万有奇。南北万四千八百一十五里，东西九千三百里。地广、人多、国富，隋帝国都旷绝前古。可惜炀帝以一念之差，师承秦皇汉武，营东都，筑离宫，建西苑，造龙舟，游江都，夸西蕃，陈百戏，幸启民，伐高丽，不恤民命，天下劳疲。尤以进伐高丽，养马运米，使山东诸府的百姓，死亡于途。普天下的人民，为摆脱死亡的恐惧，始则相聚为盗，继则自王自帝。隋炀帝纵然拥有旷绝前古的国富，因为专任佞谀，推行暴政，不恤民命，群盗四起；复以缺乏统军驭将的才能，难以靖乱，卒至骁果思乱，及身而亡。隋炀帝的丧亡，非亡于人民的贫穷，实乃亡于人民对于死亡的恐惧。而造成此种恐惧者，则是隋炀帝好大夸功和不恤民命的暴政！

十、自来中国的历史学者，都说隋炀帝对内苛虐百姓，不恤民命，对外穷兵黩武，侵略高丽，引发了国内外的巨大反抗力量，遂致身丧国亡。当然，这个说法是非常正确的。历史事实的记载告诉我们应该这样去解释。如果我们想从另外一些较远较微的所在去探讨，我们也许可以发现一些附属性质的潜在的因素。隋文帝的自夸明察，常于殿内杖人杀人；每患令吏贪污，私使人遗以钱帛，得犯立斩；亦有失宽厚，而流于苛刻。隋文帝有鉴于北周的宗室削弱，乃使五个儿子勇、广、俊、秀、谅，都分据大镇，专制方面。诸子骄纵奢淫，因为势均位适，虽然同产至亲，不能无相倾夺。复因隋文帝的躬行节俭，厌恶奢侈，忍于果断，先废太子勇，立晋王广，后来又废秦王俊、越王秀。父子兄弟猜忌，骨肉相残。遂使隋文帝的是否自然崩殂，在历史上留下疑问。隋炀帝即位后心理的不正常，影响家庭生活和国家大政的决断，也是可以想象的！如此说来，任何国家任何政府都是需要由一个心理正常的人来领导。让明察苛刻的、感情受有创侮的、神经质的或天才的疯子去领导，一定会带来不堪设想的灾难。

十一、秦始皇的筑长城，隋炀帝的开运河，最为天下后世所诟病，而且后人还多有以此二者作为暴政的代表。秦始皇于三十二年始作长城，命蒙恬收复了河南地，依照燕赵及秦的故长城，做了通盘的适宜防守的配备，工程浩大，劳民伤财。三十五年为了供应边防，又命蒙恬除直道，抵云阳，民力的损耗，确实严重。时距陈胜、吴广的起兵大泽乡，尚有三年。秦始皇如能及时而止，不再建筑阿房宫，营造骊山，稍纾民困，天下未必会形成大乱。隋炀帝于大业元年开通济渠、邗沟；四年穿永济渠；六年凿江南运河。民力凋疲，天下劳怨。时距大业九年的各地相聚为盗，亦为三年。隋炀帝设若不再议伐朝鲜，何来群盗？纵欲攻伐朝鲜，派一猛将，率一劲旅，谋定后动，攻其不意，仍然可以获胜。万一失败，亦不致全局皆非，不堪收拾。长城是防止胡人的屏障，运河是联络中原与江南的大动脉，就事论事，都是当时应该兴筑的有为帝王的功业。我们仅凭筑长城和开运河这两件事，就来评判秦始皇和隋炀帝的是功是罪，还是很难获得定论的。问题乃在秦始皇、隋炀帝二人，未能体念民艰，爱惜民力；只知骄夸奢虐，暴用民力，不恤民命，不肯及时适可而止，遂致引发了广大的民间抗暴运动，埋葬了帝国。

第十章

大唐帝国的盛衰

唐自高祖李渊于隋炀帝大业十四年逼迫恭帝禅位开国，至昭宣帝李柷天佑四年为朱温所篡夺，凡二百九十年，约当公元六一八年至九〇七年。

第一节　太原起兵与扫灭群雄

李渊的祖父李虎，是宇文泰手下的汉人将领，封为唐国公。李渊的父亲李昞，为北周安州总管上柱国大将军。李渊七岁，袭爵唐国公。隋文帝的独孤皇后是李渊的姨母，李渊曾经历任隋朝的重要官职。

李渊娶窦毅女，生了四个儿子，建成、世民、玄霸、元吉。李玄霸早丧。一个女儿，嫁给柴绍。隋炀帝南幸江都，李渊正充当太原留守。李世民聪明果决，胆识过人，见到隋末天下大乱，阴有安天下的志意，倾心下士，散财结客，咸得其欢心。尝劝李渊起兵，李渊犹豫不能决。随后透过晋阳令刘文静，厚结晋阳宫监裴寂，以宫人侍候李渊，李渊恐事发受诛。复值突厥寇掠马邑，李渊遣高君雅、王仁恭拒战不利，又恐坐事获罪。李渊于是叹谓世民："吾一夕思汝言，亦大有理。今日破家亡躯，亦由汝；化家为国，亦由汝矣！"（袁枢《通鉴纪事本末·卷二十六下·高祖兴唐》）使刘文静诈为敕书，发太原、河西、雁门、马邑民年二十以上五十以下悉为兵，期岁募集涿郡击高丽，由是人情忷忷。李渊复以潜引突厥入寇的罪名，斩了副留守王威和高君雅。

"刘文静劝李渊和突厥相结，资其士马，以益兵势。李渊自为手启，卑辞厚礼，以遗始毕可汗：‘欲大举义兵，还迎主上。复与突厥和亲，如开皇之时。若能与我俱南，愿勿侵暴百姓，若但和亲，生受宝货，惟亦可汗所择。’始毕复以‘苟唐公自为天子，我当不避盛暑，以兵马劝之。’使者七日而返，将佐皆喜。”（袁枢《通鉴纪事本末·卷二十六下·高祖兴唐》）大业十三年五月，李渊遥立代王侑为隋恭帝，阳尊隋炀帝为太上皇，自为大将军，建大将军府。以裴寂为长史，刘文静为司马，唐俭、温大雅为记室，武士彟为铠曹，殷开山为府掾。以长孙顺德、刘弘基、窦琮、王长谐、姜宝谊、阳屯为左右统军。以李建成为陇西公、大都督，领左三统军；李世民为敦煌公、大都督，领右三统军。七月，李渊以李元吉为太原留守，自率甲兵三万发晋阳。立军门誓众，移檄郡县，谕以尊立代王的志意。

“代王侑遣宋老生帅精兵二万屯霍邑，屈突通将饶果数万屯河东，以拒李渊。”（袁枢《通鉴纪事本末·卷二十六下·高祖兴唐》）李渊先攻霍邑，斩了宋老生。军过鼓山，至龙门，刘文静、康鞘利以突厥兵五百、马两千匹来助阵，军容益壮。李渊进军围河东，屈突通婴城自守。李渊留诸将围河东，自与世民引军而西。“世民军行所至，吏民及群盗，归从如流。世民收其豪俊，以备僚属，营于泾阳，已有胜兵九万。”“其姐柴绍妻，归鄠县别墅，散家财，聚徒众，与李渊从弟李神通合势攻下鄠县，徇盩厔武功，众至七万，将精兵会世民于渭北，与柴绍各置幕府，号娘子军。”李渊于大业十三年十一月攻克长安，聚众已至二十万，迎立十三岁的代王侑于东宫，称隋恭帝。李渊自为大丞相、唐王，以武德殿为丞相府；与民约法十二条，悉除隋苛禁。明年四月，隋炀帝的凶讯传到长安，李渊乃逼隋恭帝禅位，是为唐高祖。改元武德、大赦天下。罢郡置州，以太守为刺史。六月，以李世民为尚书令。

李渊登上皇帝位后最迫切的课题，乃是扫灭割据各地的势力。在称王称帝的各个势力中，原以盘踞瓦岗寨的翟袭和李密最为强大。翟让原为东都法曹，坐事当斩，遂亡命瓦岗为群盗。徐世绩、单雄信、王伯党等亦拥众为盗。李密因王伯党以见翟让，为翟让划策。攻占洛口仓后，更是兵多粮足。翟让于是推尊李密为魏公，自为上柱国司徒东郡公。程知节、秦叔宝、罗士信皆来归，声势极盛。旋因谗构，李密袭杀翟让。翟让残忍，猜忌贪纵，被杀之日，所部无哀痛者。然李密的将佐，亦因而自疑。李密旋又击败宇文化及的叛军，骁将多死，战士心怠。其后李密为王世充所击败，单雄信又离去，乃与王伯党等于武德元年西走长安，投依唐高祖。李密自负其归国的功勋，而朝廷给予的待遇，不符所望，郁郁不乐。王伯党亦失意，心常怏怏。于是二人借口奔往山东招抚旧部，反于桃林的县舍。行军总管盛彦师追斩李密及王伯党，传首长安。

武德元年九月，李世民领兵攻讨陇右的薛仁杲，相持于高墌六十余日。薛仁杲多力善骑射，军中号万人敌。然性好贪，苛虐无恩。为太子时，与诸将多有隙，及即位，众心猜惧。薛仁杲粮将尽，将士离心。李世民击败其骁将宗罗喉于浅水原，斩杀数千，进围坚城，自称秦帝的薛仁杲终于计穷出降，陇右平。

武德二年五月，李世民攻讨河西的李轨。李轨的部将安修仁、安兴贵兄弟劝说李轨以河西归唐，不听，于是阴结诸胡，起兵攻李轨。李轨战败，婴城自守。城中人争出投奔安兴贵。自称大凉皇帝的李轨计穷，为安兴贵所俘获，械送长安，河西平。

武德元年三月，刘武周袭破楼烦郡，进取汾阳宫，获隋宫人以赂突厥始毕可汗，突厥立刘武周为定扬可汗。武德二年十月，刘武周、宋金刚攻拔晋州，进逼并州，声势甚盛，关中震骇。唐高祖有放弃河东坚守关西的意向。李世民力言太原王业所基，国之根本，河东殷实，京邑所资，不可放弃，引兵自龙门乘冰坚渡河，屯柏壁，与宋金刚相持。三年四月，宋金刚骁将尉迟敬德举介休来降。宋金刚、刘武周俱奔突厥，先后为突厥所杀，并州平。

武德二年四月王世充自立为郑帝。五月，以鸩酒弑皇泰主，皇泰主布席焚香礼佛，愿自今以往，不复生帝王家。世充器度浅狭，喜信谗言，残虐成性，众心乖离。闻说唐军来讨，相率归降。武德三年十一月，李世民进围洛阳，王世充向自称夏帝的窦建德求救。四年五日，窦建德于率军赴援的途中，竟被唐军生擒。李世民因囚窦建德等于洛阳城下，以示王世充。王世充素服率其太子群臣二千余人诣军门降，河北、河南平。

武德元年四月，萧铣称梁帝，徙都江陵。萧铣性情褊狭，多所猜忌，诸将有恃功恣横，萧铣均予陆续诛杀。文武离心，兵势转弱。武德四年九月，诏发巴蜀兵，以李孝恭、李靖统十二总管，李瑗出襄州，田世康出辰州，周法明出夏口，以击萧铣。十一月，进围江陵，萧铣出降，荆南平。

武德五年正月，窦建德的旧部刘黑闼据有漳南（山东恩县），进陷定州、冀州，自称东汉王，都洺州。唐师进讨，刘黑闼败奔突厥，旋引突厥的士马来寇，尽复故地。李建成、李元吉领军来攻，相持于昌乐。黑闼食尽，众多亡。六年五月，刘黑闼所署饶州刺史诸葛德威执缚刘黑闼，诣送李建成，斩于洺州，山东平。

武德五年七月，李世民领军进击自称鲁帝的徐圆朗，攻下十余城，声震淮泗。杜伏威畏惧，请求入朝，拜太子太保，定居长安。六年八月，辅公佑起兵于丹阳，自称宋帝。唐以李孝恭、李靖、李绩等率兵进讨。武德七年三月，唐师攻克丹阳，辅公佑弃妻子，独将心腹数十人，斩关走至武康，为野人执送丹阳枭首，江淮平。武德七年五月，李绩引军攻讨徐圆朗，进围任城，徐圆朗与数骑弃城出走，为野人所杀，山东平。

唐太宗贞观二年，命柴绍讨伐在朔方自称梁帝的梁师都。突厥颉利可汗出兵援助梁师都，为唐军所败。梁师都的从弟洛仁，杀了梁师都降唐。

第二节　唐朝开国的规模

唐高祖李渊父子有鉴于隋炀帝身丧国亡的教训，都肯躬行节俭，接纳谏言。所以唐朝开国以后，能够参照隋文帝建立的制度，记取隋炀帝的缺失，做出更好的创进。

唐初承袭隋制，设中书、门下、尚书三省。唐太宗鉴于中书省掌诏敕出命，门下省掌封驳审议，二省因为立场不同，时有争执。为补救此一缺失，乃设政事堂，命中书、门下二省长官协议国家的政务，然后奏闻草诏，交尚书省执行。政事堂初设门下省，后设中书省，改称中书门下。中书令和侍中握有实际的相权。尚书仆射须加“同中书门下平章事”或“同中书门下三品”衔，入政事堂议政，方才取得实际的相权。尚书省的正副首长，为尚书令及左右仆射。因为唐太宗李世民为秦王时担任过尚书令，位高权重，嗣后群臣没有敢为尚书令。自此以后，一直虚悬不补。左右仆射下设吏、户、礼、兵、刑、工六部，各部置尚书一人，侍郎一至二人。每部分四曹，各置郎中一至二人，左右丞一人。门下省有侍中二人，门下侍郎二人，另有给事中、左散骑常侍、左谏议大夫、左补阙、左拾遗。中书省有中书令二人，中书侍郎二人，通事舍人十六人，另有右谏议大夫、右散骑常侍、右补阙、右拾遗。尚书省六部而外，设太常、光禄、卫尉、宗正、太仆、大理、鸿胪、司农、大府九寺，分掌庶政。

唐初的地方行政，仍沿隋制。武德元年，废郡存州，仍为二级。贞观元年，分全国为十道。开内道辖陕西的中北部，内蒙古的南部，宁夏的东南隅，甘肃的东北隅各州。河南道辖黄河与淮水间，西至潼关，东至沿海的各州。河东道辖山西及内蒙古的东部，河北、山西、内蒙古的西北各州。河北道辖太行山以东，黄河以北，东至辽河的各州。山南道辖汉水流域及长江中游的沿岸各州。陇右道辖甘肃和宁夏的各州。淮南道辖长江与淮水间的各州。岭南道辖五岭以南，包括粤、桂、越南各州。江南道辖长江至南岭间的各州。剑南道辖长江的上游，四川的西部，西康的东部及云南的北部各州。玄宗开元二十一年，又分山南道为东西两道，江南道为东西两道及黔中道，分关内道置京畿道，分河南道置都畿道，合为十五道。

唐代承隋行均田制。唐太宗时国力强盛，垦田增加。露田改称口分田，男子十八岁至六十岁，各给口分田八十亩，六十岁以上及残废者改为四十亩，寡妻则授三十亩，均于每年十月还授。此外，每户各授桑田二十亩，地宅每三口一亩，为永业田。狭乡的土地不足分配者，授以定额的半数。居于宽乡的工商业者，亦给永业田与口分田的半数。狭乡的工商业者，则不给田。政府的官员自王公以下，亦有永业田。田地禁止买卖。唯身死无以为葬，或流徙他乡者，准其出售永业田。

唐初承隋行府兵制。全国分置兵府六百三十四，号折冲府。设在关中者二百一十六，所以加强中枢的兵力，巩固西北的边防。每折卫府各有名号，分属十六卫，总部设在京师。宿卫京师的府兵，由各折冲府轮流抽调，称为“番上”。折冲府有三等，上府有兵一千二百人，中府一千人，下府八百人。各府的民户分三等，唯上中等的民户子弟，家境小康，而有才智者，始有服兵役的资格，免其徭役。下等的民户子弟，不能服兵役。兵不发饷，随身的用品亦须自备。民年二十开始服兵役，先在京师宿卫一年，然后分发，六十免役。平时务农，农闲的时间实施训练。战时征集，命将统率。战事结束的时候，将归于朝，兵散于府。

唐代的刑律，较隋律更为宽厚。刑罚分笞、杖、徒、流、死五种。流分两千里、两千五百里和三千里，刑期不超过三年，三流均配役一年。最重者为加役流，配役三年。余与隋同。唐律和隋律，都有十恶条。犯谋反、谋大逆、谋叛、恶逆、不道、大不敬、不孝、不睦、不义、内乱十恶罪，从重量刑。大理寺司审罪案，凡罪至流死的案件，须呈刑部转中书门下。如果鞫讯大狱，例由刑部尚书、侍郎，与御史大夫、大理卿会审，号称三司。平时刑部只按覆奏谳，不理狱案。州刺史和县令察听狱讼。州司法参军主理刑事案件，司户参军主理民事案件。县有司法佐和司户佐，分理册民的案件。县不能决的诉讼可上诉州府，州府不能决者可上诉大理寺。

唐初沿袭隋制，实行租庸调法。租出于田，丁男授田百亩，每年征粟二斛，或稻三斛。庸出于丁，每丁每年服劳役二十日，闰月增两日，不愿服劳役者，以绢三尺折算一日。调出于户，每户每年征绢两疋，每疋宽一尺八寸，长四丈；绫罗各两丈，缴布加五分之一；绵三两或麻三斤。不产绢麻的地区，可以折缴银两。国家有事，加役十五日者免调，加役三十日者，租调全免。安史乱后，户籍大乱，杨炎始创两税法，每年分夏秋二季缴纳每户的租调。

唐代的教育，有中央、地方及私学三类。尚书省礼部掌理全国的教育政策，由国子监主持全国的教学。设有国子学，学生三百人。太学，学生五百人。四门学，学生一千三百人。律学、书学、算学，学生三十人。另立小学，教授王族子孙及功臣子弟。武德七年，各州县均设立学校，称乡学。州学的学生平均五十名，县学的学生平均三十五名。学生年二十五以下，八九品官员的子弟，及庶人年二十一以上，通一经以上，有文辞且精史学者，经过有司的简试，可以进入四门学，充当俊士。唐的乡学系官学，不能私设。唐时私人讲学的风气甚盛，名师宿儒，多有设学于乡里；世家的子弟更多就家自学，私学颇为发达。

唐代的科举，大别有三：一是礼部主持的乡贡考试，一是国学毕业生的生徒考试，一是诏求非常之才的制举。一般人所说的科举，指的是乡贡。乡贡的科目有秀才、进士、明经、明法、明字、明算、童子等科。唐初承隋制，以秀才科为最高。贞观中有举而不第者，使得保举的州刺史亦连带坐罪，由是废绝。后来士人趋向于明经、进士两科。武后称制，进士科尤为士林的华选。缙绅虽位极人臣，不经由进士者，终不为美。

第三节　唐太宗与唐玄宗

唐太宗李世民，和他的曾孙唐玄宗，造成大唐帝国的盛世，国力雄厚，独步亚洲。而唐玄宗于其晚年，又播下大唐帝国丧亡的种子。

唐高祖李渊起兵太原，完全得力于次子李世民的安排。自后南征北讨，亦以李世民立功甚多。唐高祖立长，以长子李建成为太子。又因次子李世民有殊功，封秦王，加天策上将，拜尚书令。天下谋臣猛将，多在秦王府。武德九年，太子李建成与齐王李元吉共同谋杀秦王李世民，反被李世民杀于玄武门。李世民受禅即皇帝位，称唐太宗，改元贞观，尊唐高祖李渊为太上皇。

唐太宗李世民有求贤礼士的气度，开阔容人的雅量，识拔天下的英才，用为将相，政通人和，海内艾安，四夷绥服，史称贞观之治。贞观为时二十三年，政治上的成就多有足称。

第一是选贤与能。唐高祖时赂贿公行，纲纪紊乱，有道德有才能的士大夫生当离乱，多不愿意仕途。唐太宗躬行节俭，勤求内治，简拔英豪，以诚信统御天下。武将有李靖、李绩、尉迟敬德、秦叔宝、张亮、程知节、侯君集等辈，文臣有杜如晦、房玄龄、魏征、王珪、温彦博、长孙无忌、褚遂良、孔颖达诸人。玄龄善谋，如晦能断，二人深为相得，同心殉国。为官择人，唯才是与。赏善罚恶，至公无私。

第二是奖励谏诤。唐太宗求治心切，拳拳纳善，恐人臣不谏，常导使群下尽言。张玄素，魏征辈，认为法律乃天子与天下人所共有，为政莫若至公，人主应该兼听，所以有失即谏，开启了唐朝谏诤的风气。唐太宗神采英毅，群臣进见者，皆失举措。每见人奏事，必假以辞色，冀闻规谏。贞观年间的直臣，以魏征最为知名。唐太宗闻魏征死，叹息道：“以铜为镜，可以正衣冠。以古为镜，可以知兴替。以人为镜，可以明得失。朕常保此三镜，以防己过。今征殂逝，朕亡一镜矣。”（《贞观政要 · 卷二》）

第三是整饬吏治。唐太宗常说官吏在得人，不在员多。贞观元年十二月，裁汰冗员，中央文武官吏仅留六百三十四员，革除滥竽充数。

贞观十一年，侍御史马周上疏：“理天下者，以人为本，欲令百姓安乐，唯在刺史县令。县令既众，不可皆贤，若每州得良刺史，则合境苏息。天下刺史称圣意，则陛下可以端拱岩廊之上，百姓不虑不安。朝廷必不可惟重内臣，外刺史县令遂轻其选。所以百姓未安，殆由于此。”（《贞观政要·卷三》）唐太宗称善良久，对侍臣说道：“刺史朕当自简择，县令宜诏京官五品以上，各举一人。”唐太宗留心亲民的官吏，录姓名于屏风，察其善恶，以备黜陟，经常派人到各地视察吏治，省民疾苦。

第四是审慎刑罚。贞观五年十二月，唐太宗命长孙无忌等更定律令，改绞刑五十条为流徙。对死刑的罪案，命中书门下二省四品以上官员与尚书慎加研究，以免冤滥。京师处死刑犯，须于行刑前覆奏五次，奉准后始可执行。地方处决者，亦须覆奏三次。贞观元年，或有说重法以禁盗，唐太宗笑着说：“民之所以为盗者，由赋役繁重，官吏贪求，饥寒切身，故不暇顾廉耻耳。朕当去奢省费，轻徭薄赋，选用廉吏，使民衣食有余，则自不为盗，安用重法耶？”（袁枢《通鉴纪事本末·卷二十九上·贞观君臣论治》）唐太宗虽不主张严刑重法，但亦决不轻纵忤恶，对于刑罚的措施，务求审慎允当。

第五是偃武修文。唐太宗虽在军旅，好学不倦。为秦王的时候，开文学馆，与十八学士讨论文籍，夜分始寝。即位后，于弘文殿聚四部书二十万卷，置弘文馆，简选欧阳询等以本官兼学士。唐太宗又数幸国子监，征召名儒为学官，学生能够通一经者，可以补官。其时四方的学者云集京师，高丽、新罗、高昌、吐蕃，亦遣子弟入国学。国学生近一万人，一时学术大盛。

第六是决行王道。贞观十一年一月，释奠以孔子为先师，颜回为配飨。厌恶前代的经说纷纭，命孔颖达撰定五经正义，各为注疏，有《毛诗》《尚书》《周易》三经，《左传》《公羊》《谷梁》三传，《仪礼》

《周礼》《礼记》三礼。唐太宗说："朕所好者，唯尧舜周孔之道，以为如鸟有翼，如鱼有水，失之则死，不可暂无耳。"由于唐太宗的决行王道，以儒术治天下，所以不出数年，纪纲肃然，吏治清明，外户不闭，行旅不赍粮。贞观的政治，足以媲美文景。

唐太宗鉴于隋炀帝纵欲的祸害，尝谓侍臣道："君依于国，国依于民，刻民以奉君，犹割肉以充腹，腹饱而身毙，君富而国亡。故人君之患，不自外来，常由身出。夫欲盛则费广，费赓则赋重，赋重则民愁，民愁则国危，国危则君丧矣。朕常以此思之，故不敢纵欲也。"又和公卿说道："昔禹凿山治水，而民无谤讟者，与人同利故也。秦始皇营宫室而民怨叛者，病人以利己故也。夫靡利珍奇，固人之所欲，若纵之不已，则危亡立至。朕欲营殿，材用已具，鉴秦而止。王公上下，宜体朕此意。"由是三十年间，风俗素朴，衣无锦绣，公私富给。

贞观二十三年，唐太宗崩，三子李治继立，称唐高宗。唐高宗继承贞观的遗绪，治绩比隆乃父，百姓阜安。对外经营，亦着功业。晚年上朝，武皇后垂帘于后。武后生有四子，弘、贤、哲、旦。武后鸩死弘，废死贤。唐高宗在位三十四年而崩，哲即位，是为唐中宗，尊武后为皇太后。武后旋废唐中宗为卢陵王，改立旦，是为唐睿宗。其后武后临朝称制，潜谋革命，引用诸武，刘除李氏宗室，自号圣母神皇、圣神皇帝、天册金轮大圣皇帝。为防范官吏人民的反侧，铸铜为柜，以受天下密奏，盛开告密之门。信用索元礼、周兴、来俊臣、侯思止等酷吏，残杀忠良。宠幸张易之、张昌宗兄弟，纡乱朝政。然亦能"挟刑赏之柄，以驾驭天下。政由己出，明察善断。故当时英贤，亦竞为之用。"（袁枢《通鉴纪事本末・卷上・武韦之祸》）狄仁杰、魏元忠、娄师德、张柬之、宋璟辈，颇获优容。所以在武后专政期间，国内尚称太平，对外不失威信。当武后病笃，宰相张柬之、崔玄玮等迎回唐中宗，胁迫武后禅位。唐中宗懦弱，韦皇后干预朝政，一如武后在高宗之世。安乐公主恃宠骄恣，卖官鬻爵，势倾朝野，宰相以下，多出其门。或自为制敕，掩其文请中宗签署，中宗笑而从之，竟不阅视。自请为皇太女，中宗虽不从，亦不谴责。后来唐中宗为韦皇后所毒杀。韦后立温王重茂，是为唐少帝。韦后亦以皇太后临朝，引用诸韦，专擅残虐，不下诸武。睿宗的第三子李隆基，发动政变，杀死韦后及诸韦，迎同唐睿宗复位。

太极元年，唐睿宗传位李隆基，自为太上皇。李隆基称唐玄宗，在位四十三年，开元二十九年，天宝十四年。唐玄宗于开元初擢用姚崇、宋璟为相，吏治清明。开元后期的名相如张九龄、韩休，均以方正著称；李元纮、杜暹，亦以俭德知名。百官称职，刑赏无私。唐玄宗初尚节俭，禁用珠玉锦绣。罢斜封官几千人，严格官吏的考选。采用姚崇的建议，淘汰僧尼，禁止营建寺院、铸造佛像。由于君臣上下一心，勤政求治，百姓富庶，海内安和。东都洛阳斗米值十五钱，青、交等州斗米仅五钱，斗粟三钱。野无饿殍，国无盗贼。开元的政治，可以和贞观媲美。

唐玄宗于开元元年诛杀太平公主，因为内给事高力士定议有功，封为骠骑大将军。开元九年，唐玄宗于沿边陆续设立平卢、范阳、河东、朔方、河西、陇右、安西、北庭、剑南、岭南十大兵镇，长官称节度使，掌理兵马、民政及财税。开元十年，唐玄宗采纳张说的建议，废去府兵，招募壮丁十二万充宿卫，称彍骑。开元后期，李林甫为相，李林甫欲蔽塞人主视听，自专大权，乃明告诸谏官道："今明主在上，群臣将顺之不暇，乌用多言？诸君不见立仗马乎，食品三料，一鸣即斥去，悔之何及？"补阙杜进上书言事，明日被黜为下邽令，自是谏争路绝。凡才望功业出其右，乃为上所厚，势位将迫已者，必百计去之。

尤忌文学之士，或阳与之善，啖以甘言，而阴陷之，世谓李林甫口有蜜，腹有剑。天宝九年，建议唐玄宗起用番将，于是节度使多用胡人。唐玄宗晚年，因为天下升平日久，无复可忧，君臣奢隋，声色自娱。武惠妃死后，竟然夺取儿媳寿王妃杨玉环为贵妃。杨国忠继李林甫入相，朝纲大坏。

第四节　大唐帝国的衰落

武后称制六年，称帝十六年，阴狠残毒，宠信诸武及李义府、索元礼、许敬宗、周兴、来俊臣辈，元老重臣，有功将相，多被杀戮。李氏宗室的诸王，被害三十多人。唐中宗复位，韦氏一门，盘踞要津。宠信武三思、安乐公主，贬窜张柬之、桓彦范、敬晖、袁恕己、崔玄暐。韦后毒杀唐中宗后，亦以太后临朝。韦后无武后的才能，而淫乱与残虐，不让武后，宠信武三思、宗楚客、安乐公主，朝政渐坏。

唐玄宗中岁以后，政治由盛而衰。开元二十二年，李林甫入相，张九龄、李适之等，都被迫出朝廷。天宝三年，武惠妃薨，后宫无当意者。或言寿王妃杨氏绝世无双，唐玄宗见而悦之，乃命杨玉环自以其意乞为女道士，号太真。天宝四年，册杨太真为贵妃。十一年，以贵妃从祖兄杨国忠继李林甫为相，奢侈贪贿，纲纪废弛。

安禄山本营州柳城的胡人，姓康，名轧荦山，随母改嫁突厥安廷偃，遂冒姓更名。忮刻多智，通六蕃语，张守珪拔为偏将。因平奚契丹有功，唐玄宗擢为平卢、河东、范阳三镇节度使。安禄山外若痴直，内实狡黠，专制三道，阴蓄异志。安禄山养同罗契丹降者八千余人，谓之曳落河（壮士），及家僮百余人，皆骁勇善战，一可当百。又蓄战马数万匹，多聚兵仗。以高尚、张通儒为腹心，以史思明、安守忠、崔乾佑、尹子奇、田承嗣为爪牙。唐玄宗待之厚，信之专，安禄山原想等到唐玄宗晏驾，然后作乱。因为平日与杨国忠结有私怨，屡为所迫，激而遽反，乃于天宝十四年十一月骋兵叛乱。安禄山以讨杨国忠为名，兵发范阳，引众十五万南侵。其时天下承平，百姓不悉兵革。安禄山乘铁舆，步骑精锐，烟尘千里，鼓噪震地。河北的州县，望风瓦解。惟常山太守颜杲卿，忠贞死节。平原太守颜真卿，遣李平间道上奏，并且招募勇士万余人，举兵声讨安禄山。洛阳陷落后，河南郡县的官吏，非降即走，惟张巡、许远坚守睢阳，以为江淮的屏障。大小四百余战，杀贼十二万人。城中食尽，将士疲不能战，城陷，被执成仁。安禄山僭号燕国，自称大燕皇帝。哥舒翰以二十万军扼守潼关，兵败被俘。叛军入关，长安震动。

杨国忠倡议幸蜀，唐玄宗与贵妃姐妹、皇子、妃主、皇孙、杨国忠、韦见素、陈玄礼及亲近宦官、宫人，行出延秋门。走到马嵬驿，将士饥疲，众皆愤怒。陈元礼等以祸乱由杨国忠所引起，于是追杀杨国忠，迫唐玄宗缢死贵妃，方始整顿步伍，行抵成都。太子李亨从行到马嵬驿，父老共拥太子，马不得行，太子乃使广平王俶驰白玄宗，玄宗命分后军二千人，从太子北还即位于灵武，是为唐肃宗。尊唐玄宗为太上皇。次年，安禄山为其子安庆绪指使阉竖李猪儿所刺杀。唐肃宗命郭子仪节度朔方，李光弼节度河东，仆固怀恩使于回纥以请兵。回纥怀仁可汗遣其子叶护及将军帝德等将精兵四千余人来凤翔。广平王（俶）将朔方等军及回纥西域之众十五万，至长安城西，夹击贼阵，斩首六万级，大军进入长安。安庆绪集众十五万于新店，唐军与回纥两面夹击，贼众大败，僵尸蔽野，安庆绪出走河北，广平王进复洛阳。又二年，史思明勒兵入邺城，杀安庆绪，收其士马，僭号大燕皇帝。率众南下，攻陷洛阳、开封、郑州。又二年，史思明为其长子史朝义所缢杀。后一年，郭子仪、李光弼、仆固怀恩获得回纥的援兵，再度克复洛阳。史朝义退走到范阳，为李抱忠所拒。独与胡骑数百，欲投奔奚、契丹，行至温泉栅，为李怀仙所追，史朝义穷蹙，缢于林中，传首长安。自安禄山起兵叛唐，历八年而平定，史称安史之乱。安史乱平，边将照旧专擅，真正形成叛乱的因素，仍然没有消失。

安禄山的部将刘客奴、王玄志降唐，唐以刘客奴为平卢节度使。王玄志杀刘客奴，代其位。乾元元年，王玄志死，李怀玉为裨将，杀死王玄志的儿子，拥侯希逸代领兵众，朝廷竟以侯希逸为节度使。节度使由军士废立，自此始。其后，侯希逸为部将李怀玉所驱逐，唐代宗竟以李怀玉为留后。田承嗣以莫州来降，唐代宗以为魏博兼领德、沧、瀛三州节度使，治魏州，拥兵十万。李怀仙以范阳来降，唐代宗以为幽州、卢龙节度使。时成德节度使李宝成，魏博节度使田承嗣，相卫节度使薛嵩，卢龙节度使李怀仙，各拥劲卒，治兵完城，自署文武将吏，不供贡赋，与梁崇义、李正己皆结为婚姻，互相表里。朝廷专事姑息，不能复制。虽名藩臣，羁縻而已。大历十四年，田承嗣死，其子田悦为魏博留后，开启了藩镇世袭的祸端。唐德宗即位之初，撤梨园，遣宫女，行节俭，整吏事，又以杨炎整理财政，藩镇敬畏。其后以卢纪为相，枉杀杨炎，挤颜真卿于死地，迫使李怀光叛变，政事日非，藩镇复轻视中央。建中元年，成德节度使李宝臣死，田悦屡请以宝臣子惟岳为留后，唐德宗欲革前弊，不允，于是河北的李惟岳、田悦、李正己共同起兵叛乱。从此各地的藩镇彼降此叛，兵祸连结，竟至朱泚称帝长安，国号汉；李希逸称帝淮西，国号大楚。唐德宗后来以李泌为相，浑瑊、李晟、马燧为将，遂乃克复长安，诛杀朱泚、李希烈，逼使诸藩镇表面服从。翰林学士陆贽所为书诏，情辞恳挚，虽骄兵悍将，闻之无不感激挥涕。究其实际，各地的藩镇依然自置官吏，各拥强兵，不供贡赋。稍有不遂，立即背叛。至唐宪宗在位，以杜黄裳、李绛、李吉甫为相，斐度、高崇文、李愬、严砺、李光颜、乌重胤为将，才先后平定蜀的刘辟、吴的李锜、魏博的田弘正、成德的王承宗、淮蔡的吴元济、淄青的李师道。惟继起的各地节度使，仍旧拥兵署吏，割据一方，以迄于唐代的丧亡。

唐初宦官地位极卑。贞观定制，宦官高者不过四品，趋侍内廷而已。武后以女主临朝，差增员额，然穿着朱紫者，还是很少。唐玄宗奢侈，宫嫔四万余人，品官随增。内结事高力士居中宿卫，拜骠骑大将军；杨思勖将兵平蛮有功，拜辅国大将军，执掌兵柄，宦官的祸端渐萌。唐玄宗以后的诸帝，复多宠信宦官，于是政治的大权，逐由宰相转移于宦官。唐肃宗时，李辅国、程元振怙宠邀君，干预国政。唐代宗时，以鱼朝恩为观军容宣慰处置使，牵制统帅，挟制中外。唐德宗不欲用武臣典重兵，以宦官窦文场、霍仙鸣为两中尉，分掌禁兵。自是神策亲军，全归宦者，朝廷的安危，系于宦官的手中。宦官以废立为手段，挟制人主，虽有英君贤相，而无可如何！唐顺宗为宦官的胁迫而退位，唐宪宗为宦官陈宏志所弑，唐敬宗为宦官刘克明所弑，唐昭宗为宦官刘季述所幽。宦官马宝立唐宪宗，陈宏志立唐穆宗，王守澄立唐文宗，仇士良立唐武宗，马元贽立唐宣宗，王宗宝立唐懿宗，刘纡深立唐僖宗，杨复恭立唐昭宗。帝位的废立操于宦官，公卿大臣倚伏受制。

唐武宗会昌三年，仇士良致仕，其党送归私第，士良教以巩固权宠之术："天子不可令闲，常宜以奢靡娱其耳目，使日新日盛，无暇更及他事，然后吾辈可以得志。慎勿使予读书，亲近儒生，彼见前代兴亡，心知忧惧，则吾辈疏斥矣。”其党拜谢而去。唐代宦官的叵测奸险，可见一斑。

唐承隋制，以科举取士，进士为士人的重要出身。但南北朝以来的门第之风，依然存在，高门子弟的入仕，常较科举出身为容易。时日稍久，科举出身的官吏大量出现以后，自然要和门第出身的官吏，形成两个壁垒。李吉甫、李德裕父子为赵郡的著姓，郑覃、斐度亦百年的望族，轻视以科举出身的进士，称李党。牛僧孺、李逢吉、李宗闵、张仲方等人皆进士出身，称牛党。

唐宪宗元和元年，刘辟反于蜀。宰相杜黄裳、翰林学士李吉甫主张用兵；并且以高崇文将步骑五千为前军，李元奕将步骑二千为次军，与山南西道节度使严砺同讨刘辟。李逢吉、张仲方痛诋李吉甫，反对用兵。元和九年，李吉甫又主张用兵淮西，方欲出师而卒。斐度继起，统领淮西的诸军。元和十一年，李逢吉在相位，深以用兵为非；张仲方、韦贯之等，亦反对用兵。但唐宪宗主张用兵，李逢吉等无可如何。唐穆宗即位，牛僧孺入相，宦官陈宏志、王守澄等与牛党勾结，执行销兵政策。唐文宗立，征召李德裕（李吉甫的儿子）为兵部侍郎，斐度荐以为相，李宗闵、牛僧孺得到宦官的援助，亦相继入相，排挤李德裕，外放为四川剑南节度使。会吐蕃叛将悉坦谋来投降，李德裕收纳，牛僧孺反对。诏李德裕以悉坦谋还归吐蕃，卒被吐蕃诛杀于境上。李德裕的党人，群起攻击牛僧孺，言牛僧孺与李德裕有隙，害其功；缚送悉坦谋，以快虏心，绝后来降者，非计。唐文宗出牛僧孺为淮南节度使，召还李德裕主持朝政。宦官王守澄等不喜李德裕，复引李宗闵为相，用以抵制排挤，唐文宗因而叹息：“去河北贼易，去朝中朋党难！”（袁枢《通鉴纪事本末・卷三十五下・朋党之祸》）唐武宗立，复召还李德裕主理朝政，贬斥牛僧孺为循州长史，长流李宗闵于封州。唐宣宗立，贬李德裕为潮州司马，再贬崖州司户，流死崖州。唐宣宗死，两党的党魁或死或败，党争始息。连续四十年的牛李党的意气之争，无原则、无道义、无雅量，加剧了大唐统治的虚弱。

第五节　唐代的边疆民族

唐朝和边疆民族的关系，相当复杂而微妙。唐高祖起兵，突厥的始毕可汗曾资助士马。在贞观的盛世，四夷宾服。唐高宗时代对外的经营，亦着功绩。唐玄宗宠任藩将，卒有安史之乱。回纥曾内犯，亦曾数度出兵援唐。突厥、吐谷浑、薛延陀、吐藩、南诏都曾内犯，造成唐朝国力的损耗。

隋末唐初，突厥转盛。李唐的统一中国，东突厥并不真心乐愿，遂使原本是唐高祖的支持者，一变而成为唐室的敌人。武德三年以后，岁岁入寇，饱掠而去。唐太宗即位，颉利可汗与突利可汗的联军抵达长安西北的渭水桥。“太宗亲至渭水，斩白马与颉利盟于便桥之上，颉利引兵退。”（袁枢《通鉴纪事本末·卷二十八上·太宗平突厥》）其后，颉利与突利相互冲突，突利降唐。贞观四年春，李靖率精骑三千击破颉利于定襄，擒颉利，降者十余万口，置于幽州至灵州的边塞地区。不数年，东突厥的故地又为车鼻可汗所据。唐高宗永徽元年，唐将高侃执擒车鼻可汗，处其余众于郁督军山，置狼心都督府。东突厥降服，于是设单于、瀚海二都护府，管理大漠南北的地区。

唐高祖武德元年，西突厥统叶护可汗立，国势益强。唐太宗贞观十二年，分裂为东西二部，互相攻伐。唐高宗永徽三年，“阿史那贺鲁统一东西，自号沙钵罗可汗，南下寇唐。”（袁枢《通鉴纪事本末·卷二十八下·唐平西突厥》）唐高宗显庆二年，唐将苏定方执擒贺鲁。于是将伊犁河、吹河流域的西突厥故地，分为蒙池、昆陵二都护府，将其原统多逻斯水的部众及西域诸国，置于安西都护府的治下。

隋末唐初，西域诸国臣属西突厥。贞观十三年，高昌王曲文泰阻绝西域的朝贡，勾结西突厥，企图攻击请求内属的伊吾，因唐的切责而中止。其后，“又与西突厥共攻击焉耆，焉耆求援于唐，太宗遣侯君集、薛万均等将兵往击。次年，文泰以忧死，子智盛穷蹙，开门出降。”（袁枢《通鉴纪事本末·卷二十八下·太宗平高昌》）唐于高昌设西州，置安西都护府。贞观二十一年，龟兹诃黎布设毕立，中止朝唐，侵凌邻国。“太宗遣阿思那社尔、契苾何力、郭孝恪等将兵击之，仍命铁勒十三州、突厥、吐蕃、吐谷浑联兵进讨。”（袁枢《通鉴纪事本末·卷二十八下·太宗讨龟兹》）次年，社尔下龟兹城，追擒布设毕，俘送京师，立其弟叶护为龟兹王。西域诸国，相率奉唐。永徽元年，复以布设毕为龟兹王。显庆三年，龟兹又起内乱，唐再平定，徙安西都护府于龟兹。

吐谷浑的伏允，承隋末大乱，恢复故土，据有青海及新疆的东南，屡次入寇。贞观八年，唐太宗命李靖、侯君集等领兵进讨。“伏允败逃，帅千骑逃渍中，十余日众散稍尽，为左右所杀。”（袁枢《通鉴纪事本末·卷二十八下·太宗平吐谷浑》）伏允子顺降唐，唐立顺为可汗。国人不附，竟为部下所杀。唐太宗再遣侯君集领兵赴吐谷浑，立顺子诺曷钵为可汗。贞观十三年，吐谷浑王诺曷钵入朝，唐太宗妻以宗女弘化公主。

唐伐东突厥，回纥诸部臣属薛延陀。薛延陀真珠可汗有兵二十万，非常强盛。贞观十三年，唐太宗命思摩为俟利必可汗，率领突厥的部众徙居河北。贞观十五年，“真珠引兵三十万进击思摩，思摩不能敌，率部落入长城保朔州，遣使告急。”（袁枢《通鉴纪事本末·卷二十八上·唐平铁勒》）唐太宗派李勣击破真珠，但思摩不敢回河北。贞观十九年，真珠卒，庶长子曳莽自立为多弥可汗，引兵寇河南，唐将薛万彻、社尔等大破多弥于夏州。次年，回纥酋长吐迷度杀多弥，据有薛延陀的故地，与铁勒诸部相率奉唐。贞观二十一年，改铁勒的诸部为府州，以酋长为都督刺史，置燕然都护府于单于台的旧址，以统其地。龙塑元年，亲唐的酋长婆闰死，其侄比粟毒与同罗仆固犯边。唐高宗派郑仁泰、薛仁贵将兵进讨，于龙塑三年，平定了铁勒的诸部。安史乱起，回纥曾四次派兵援唐。唐代宗曾用回纥兵，抵抗吐蕃的入寇。

吐蕃位于吐谷浑的西南，据有今日的康藏高原。贞观八年，吐蕃王弃宗弄赞向唐求婚不成，疑心吐谷浑的离间，发兵攻掠，拥众二十万，进屯松州的西境。贞观十二年，侯君集击败吐蕃于松州的城下，弃宗弄赞谢罪，复请求婚。贞观十五年，唐以文成公主下嫁。安史乱起，吐蕃倾巢入寇，攻占了河西、陇右、安西、北庭诸地。广德元年，吐蕃寇掠长安，唐代宗以郭子仪领兵反攻，吐蕃败退。两年后，吐蕃又结连同纥入寇，幸得郭子仪安抚回纥，击退吐蕃。此后吐蕃仍不时进犯京师，抄掠近辅。一直等到唐文宗即位，吐蕃内部发生变乱，自顾不暇，才解除了边患。

高丽宝藏王既立，泉盖苏文自为“莫离支”，专擅国政。高丽畏惧新罗的强盛，联合百济去攻略。贞观十七年，新罗求援于唐，唐太宗敕书宝藏王与新罗和好，泉盖苏文拒命。贞观十八年，唐太宗下诏讨伐高丽，分令契丹、奚、新罗出兵。张俭、张亮、李勣等渡过辽水，攻占卑沙城，进军鸭绿江。次年，唐太宗御驾亲征，大军进围平壤，高丽坚守。其时“辽东早寒，草枯水冻，士马难久留，且军粮将尽。……诸军渡渤错水，暴风雪，士卒占湿多死者。……班师而还者仅千人，战马损失九千匹。”（袁枢《通鉴纪事本末·卷二十九上·唐平辽东》）泉盖苏文为防备唐军的再来攻击，于沿边筑柳条墙。唐军亦不时以轻骑去突袭，使高丽的沿边地区，不得耕种，导致其人心的慌乱和动摇。

永徽六年，新罗王表称百济与高丽侵犯北界，向唐求援。唐高宗遣营州都督程名振、左卫中郎将苏定方，发兵击高丽。显庆五年，以苏定方为神丘道大总管，统水陆十万，以伐百济。苏定方击破百济的都城，斩首万余，执缚百济王义慈诣送京师（长安）。苏定方旋将攻伐百济的军队北讨高丽，高丽气沮。适值高丽的泉盖苏文病死，长子男生虽立为莫离支，但为其二弟男产男健所驱逐，男生投奔唐营，愿为唐军做向导。唐高宗乘着高丽的内乱，命李勣领统大军去进讨。总章元年，李勣攻拔平壤。高丽宝藏王遣男产率首领九十八人，持白幡诣李勣投降。唐于百济分置五都督府，于高丽分置九都督府，徙安东都护府于平壤。

南诏以滇西为根据地，属藏缅族。唐玄宗开元二十六年，封南诏王皮罗阁为云南王，赐名归义。归义征服邻近的群蛮，击破吐蕃，威胁南疆。归义死，儿子阁罗凤立为云南王。天宝九年，杀死云南太守张虔陀，取去夷州三十三，称大蒙。次年，大败剑南节度使鲜于仲通，杀死唐军六万。天宝十三年，剑南留后李宓领兵七万进讨，全军败没。大历十四年，阁罗凤孙异牟寻立为大蒙王，与吐蕃联兵，入寇维、茂诸州，为李晟所败。贞元十年，异牟寻率众破吐蕃，占领十六城池，掳吐蕃王五，俘得吐蕃兵十万，向唐报捷，唐德宗册封为南诏王。太和三年，南诏王丰佑攻陷隽、戎、邛三州，进围成都，大掠珍宝及士女数万口。次年，唐文宗以李德裕为剑南节度使，积极练兵贮粮，索还被南诏掳去的子女数千人。大中十三年，丰佑死，儿子巴隆称帝，国号大礼。唐懿宗的时候，迭寇交趾、邕川、嘉州、黎州、雅州、成都一带地方。唐僖宗以高骈为西川节度使，大修战备，专事征讨，南诏（大礼）始停止犯蜀。

第六节　唐的乱亡

自唐懿宗至唐昭宗的四十年间，变乱蜂起。

唐宣宗大中十三年十二月，裘甫在浙东起事，攻陷象山，进逼剡县，明州城门夜闭。唐懿宗咸通元年，浙东观察使郑祗德与战剡西，官军大败，于是山海诸盗，以及无赖亡命之徒，四方云集，众至三万。裘甫自称天下都知兵马使，改元罗斗，铸印曰天平，大聚资粮，购良工，置器械，声震中原。唐懿宗遂以王式为浙东观察使。王式为儒家子，名经师，曾为安南都护，威服华夷，名闻远近。裘甫自将万余人，掠上虞，入余姚，破慈溪，下奉化，据宁海。王式命诸县散积谷，赈贫乏，于是民皆得食，不再从盗。严密门禁，悉斩贼谍，于是官府所为，贼始不知。以东路军自上虞趋奉化，解象山之围。以南路军拔沃州寨、新昌寨，进抵唐兴。裘甫连战皆北，进退失据，其时海口已为浙西水军所阻，遂从黄罕岭遁入剡县。稍后出降，械送京师。

唐懿宗咸通九年，徐泗往援桂林的兵士，因为过期不迁，推举粮科判官庞勋为谋主，声言北还，沿途抢掠。顺湘水，出长江，北上至徐州，盗匪群起附从，声势浩大。攻破彭城后，把徐泗观察使徐彦曾囚禁起来。庞勋草表求节钺，朝廷不许。庞勋继而攻破亳州及鱼台邻近十县，其党散入乡村，驱人为兵。兵众聚至数万人，资粮匮竭。于是敛聚富室及商旅的财物，什中取其七八，坐匿财夷宗者数百家。与庞勋共同举兵桂州者，尤骄暴，夺人资财，掠人妇女，庞勋不能制。境内人民，皆不聊生。被庞勋所占领的州县，残破不堪。唐懿宗以康承训为徐州行营招讨使，以西突厥别种沙陀军酋长朱邪赤心将三千骑为前锋，陷阵却敌，骁勇无比。庞勋累战皆北，仍自称天册将军。后来败退到彭城故县西，为官军击毙。乱事既平，唐懿宗赐朱邪赤心姓名李国昌，镇守大同。

唐僖宗乾符元年，濮州的王仙芝、尚君长聚众数千人，扰乱山东、河南、淮南、荆南等地。朝廷遣宋威、曾元裕督兵进讨。四年，斩尚君长。五年，王仙芝战死黄梅。黄巢兼并了余众，被推为冲天大将军，自湖北南下江西，由宣城经浙东越仙霞岭而入福建，又由福建入岭南，攻破广州。黄巢向朝廷求为天平节度使没有成功，进窜广西桂林，自湘趋鄂转豫，北陷洛阳、潼关，西进长安，于唐僖宗广明元年入宫，自称大齐皇帝。唐僖宗以李克用（李国昌的儿子）为雁门节度使，将沙陀兵四万至河中，连战皆捷，于中和三年，收复长安。黄巢在向东脱逃的途中，为其甥林言所杀。黄巢的部将朱温降唐后，赐名全忠，攻击黄巢甚出力，朝廷以朱全忠为宣武节度使。

黄巢死后，秦宗权的势力转盛，命将纵兵寇掠邻道。陈彦侵淮南，秦贤侵江南，秦诰陷襄唐，孙儒陷东都，张晊陷汝郑，卢塘攻汴宋，所至屠翦焚荡，殆无孑遗，极目千里，无复烟火，残虐甚于黄巢。唐僖宗光启元年，秦宗权称帝。唐昭宗龙纪元年，秦宗权为其部将申丛所擒，献与朱全忠，以槛车械送京师诛死。

唐僖宗宠信宦官田令孜。田令孜在蜀募得新军五十四都，每都一千人，分隶两神策。田令孜欲收回安邑解县的池盐，与河中节度使王重荣交恶，迁王重荣为泰宁节度使。王重荣自以为平诚黄巢克复京城有功，今竟为田令孜所摈，乃上表论离间君臣，数田令孜十罪。唐僖宗其时已为田令孜所钳制，诏趋王重荣上道。王重荣求救于李克用，李克用引兵至，上表请诛田令孜。田令孜奉唐僖宗自开远门出幸凤翔。长安一再经过乱兵的焚掠，残破不堪。当田令孜挟制唐僖宗出幸宝鸡、兴元的时候，朱玫在长安逼百官奉襄王煴为皇帝，遥尊唐僖宗为太上元皇圣帝。王行瑜引兵诛朱玫，王重荣亦杀襄王。唐僖宗乃以王行瑜为靖难军节度使，李茂贞为武定节度使，削夺田令孜官爵，长流端州。唐僖宗还长安，崩于灵符殿。右军中尉刘季述、杨复恭等立唐昭宗。杨复恭持援立的功劳，总宿卫兵，专制朝政，所为多不法。后来，杨复恭竟伙同假子守亮、守忠、守贞、守厚举兵兴元。李茂贞、王行瑜、韩建上言讨伐杨复恭，攻拔兴元。李茂贞恃功骄横，王行瑜求为尚书令，韩建强要洛阳，竟然盛陈甲兵至京师，诛求无厌。李克用因上表王行瑜、李茂贞、韩建称兵犯阙，贼害大臣，大举蕃汉兵南下。王行瑜兵败，走至庆州，为部下所斩。李克用引兵东归，李茂贞骄横如故。宰相畏惧韩建，不敢专决政事。韩建引麾下精兵围行宫，表章连上，勒收诸王甲兵，纵归田里，复解散殿后四军二万余人，使天子不再有亲军。后来又与宦官刘季述矫制杀尽诸王。朝廷的威信，陵夷扫地。藩镇的跋扈，宦官的专横，至斯已极。

唐昭宗光化三年，以崔胤为吏部尚书同平章事，崔胤日与唐昭宗谋去宦官。宦官逼迫唐昭宗罢去崔胤的同平章事，出镇广州。崔胤遗朱全忠书，朱全忠上言崔胤不可离辅弼之地，表连上不已。唐昭宗因而召还崔胤，以为司空门下侍郎同平章事。并且将宦官宋道弼长流驩州，景务修长流爱州，皆赐自尽。于是崔胤专制朝政，宦官不胜其愤。

唐昭宗天复元年，左军中尉刘季述、右军中尉王仲先率禁军千人，破门而入，幽禁唐昭宗于思政殿，矫诏令太子嗣位。凡宫人、左右、僧道为唐昭宗所宠信者，皆杀之。崔胤阴结左神策指挥使孙德昭，伏兵安佑门，擒斩王仲先、刘季述，并其党二十余人。天复二年，朱全忠杀死宦官韩全诲等四百余人。只留黄衣幼弱者，以备洒扫。天佑元年，朱全忠杀死宰相崔胤，逼唐昭宗迁都洛阳。旋弑唐昭宗，立太子祝，是为昭宣帝。天佑四年，朱全忠篡位，国号梁，唐亡。

第七节　评鉴

一、秦后有汉，隋后有唐，秦皇以后有汉武，炀帝以后有太宗。时运人事，有如巧合。秦始皇与隋炀帝均具非凡的才智，同为虐民的暴君。炀帝猜忌成性，信人不专，有功将相，多被谗构杀害，不若秦皇的信用王翦、王贲、蒙骜、蒙恬、李斯，能够获得多士的力量。此炀帝的所以及身而亡，秦皇尚能再传。汉武帝自是命世的英主，雄才伟略，大有作为，征匈奴，通西域，尊儒术，尚力田。然性尚矜伐，欠缺自制，比诸唐太宗的勇武、才智、纳谏、求治，不无逊色。至若炀帝与太宗，以言才学，诚难分轩轾。太宗的任贤、纳谏、用兵、雅量，均非炀帝所能企及。此太宗所以成为中国的圣君，而炀帝羞蒙亡国的恶名。

二、唐高祖李渊因李世民而成事，本身实为一庸才。高宗受制于武后，不过中才之主。中宗、睿宗，亚于乃父。自肃宗以至昭宣帝，无一英明。有唐一代的皇帝，真正杰出者太宗一人。武后和玄宗能用人，亦有政治的天才。武后偏私残虐，玄宗奢侈逸乐。然唐代得开三百年的统业，声名被世界，皆太宗、武后、玄宗三朝的文治与武功，有以使然。尤以唐太宗的决行王道，以儒术治天下，使中国踏上正确的历史发展的道路，最为成功。自来中国谈政治的，虽然有王道霸道的划分。王道是根本的要图，霸道不过是出于迫不得已的一时权宜。儒家的学术，给农业高度发展的中国社会，总结了过去长时期政治设施的经验，以王道的道德仁义、礼乐刑政为工具，治平天下。唐太宗的决行王道，乃是听信了魏征的忠告，所以后来唐太宗说："贞观初，人皆异论，云当今必不可行帝道王道，惟魏征劝我。既从其言，不过数载，遂得华夏安宁，远戎宾服，此皆魏征之力也。"（《贞观政要·卷一》）

三、唐初的政制，多沿隋习。然其变化损益，确多有值得称颂的地方。唐太宗的设立政事室，协调中书、门下二省，使政令得能执中，便于推行。于口分田之外，每户授桑田二十亩，地宅每三口一亩，称永业田。狭乡宽乡，保有田亩数量的弹性。田地虽禁止买卖，唯身死无以为葬，或流徙他乡者，准出售永业田。凡此措施，确能因事因地因时而制宜，便利百姓。余如租庸调的税制，人民负担公平；中上等民户的子弟才能当兵，兵精而费少，又可以培养当兵荣誉的观念，确属良好的创新，利国而便民。此所以唐承隋末大乱之后，能够迅速扫平地方割据的势力，使人民各安生理，出现了贞观、永徽和开元的盛治。

四、唐承隋绪，重视礼部的贡举。武后称制，尤推重进士科。中国以科举取士的制度，至是完全确立。此后历经五季、宋、元、明、清各代，莫不沿袭，推行了一千三百年。因为以公平的考试选拔人才，贫穷的平民子弟，“十载寒窗无人问，一举成名天下闻”。虽然出身大官巨室，如果本身不争气，在举人与进士的考试中落选了，也就难以进入仕途。这使得在政治地位上，在社会（人际）关系中，没有绝对的统治阶级和被统治阶级的存在；一切都是依凭一个人的本身条件和努力，来公平竞争其社会的政治地位。中国历史上没有阶级斗争的记载，没有阶级斗争的观念，科举制度，有其贡献。民国成立，论者对于历代科举制度的得失，见仁见智。平心而论，笔帖、策论、诗赋，虽不一定考得出真才实学，然能长于笔帖、策论、诗赋者，其人必头脑清醒，思考灵敏；而士子长期涵泳于四书五经之中，大体上亦都具备伦理及道德观念。历代举进士出而为官者，一般而言，确比世勋、门阀、外戚、宦寺出身者，远为优越。中国往昔政治的败坏，非科举登庸者无人才，乃在昏庸帝王于科举人才而外，别辟蹊径，信用外戚、宦寺或奸佞之徒。

五、唐玄宗开元九年，设置边境十节度使。十年，采纳张说的建议，废去府兵，招募彍骑十二万。开元二十二年至天宝十一年，李林甫居相位，胡人多为节度使。安禄山、史思明皆是胡人而汉姓的边将，野心难驯，乘时叛乱。虽然经过郭子仪、李光弼、仆固怀恩等名将，经历八年的时间，会同回纥的骑兵，予以平定，朝廷仍然不得不以归顺过来的安史部将，派为节度使。这些归顺过来的安史部将，大都胡人而汉姓（名），自署吏，拥劲卒，不贡赋。唐德宗、唐宪宗二朝，对于桀骜不驯、自为留后的藩镇，迭经用兵；事平之后，各地的藩镇依然有如独立的王国。实在说来，安史乱后的大唐帝国，已经不是一个统一的国家。武夫战卒，以功起行阵，列为王侯者，皆为节度使。由是藩镇相望于内地，大者连州十县，小者犹兼三四。违抗中央，私自传授，尾大不掉，中枢俯首，唐室终亡于强藩。

六、唐玄宗与杨贵妃的故事，缠绵悱恻。传说唐玄宗为朱贵儿投胎，杨贵妃为隋炀帝转世。晚近更有以西方的爱情观念，附丽渲染。实在说来，故事本身不过是一个年已花甲的公公和艳丽的少艾媳妇之间的畸恋而已！因为发生在帝王家，影响了中国历史发展的轨迹，所以传达千古，垂训后人。唐朝中叶，韦太后临朝，引用诸韦，专擅残虐；李隆基发动宫廷政变，迎回唐睿宗。太极元年，唐睿宗传位李隆基，是为唐玄宗。初期擢用姚崇、宋璟，吏治清明；废科封官，严格考选，禁用珠玉，崇尚节俭，的确是一个励精图治的好皇帝。及到晚年，因宠爱的武惠妃死去，不尽怀思；竟巧夺自己第十八子寿王妃杨玉环，改称女道士，号太真，封为贵妃。李白清平调有“云想衣裳花想容，熏风拂槛露华浓”，即是描写唐玄宗的想念武惠妃；“解释春风无限恨，沉香停北依栏干”即是绘出唐玄宗的移情杨贵妃。唐玄宗有子三十，有女二十九，其时年已五十八岁，杨玉环尚只二十二龄，以将近花甲的公公，不顾伦常，寄情于少艾的媳妇，实在是一件毫无廉耻的丑闻。自是以后，唐玄宗的心神显失均衡，生活奢侈，纵情声色，杨氏一门，势倾朝野，几使天下人不愿生儿重生女，皆是肇因于畸恋而形成的不正常心理的表现。

七、唐玄宗诛杀太平公主，内给事高力士定策有功，封为骠骑大将军。杨思勖平蛮有功，拜为辅国大将军。唐肃宗时的李辅国，干预朝政。唐代宗时的鱼朝恩，派为观军容宣慰处置使，挟制中外，使郭子仪、李光弼不能安其位，使仆固怀恩冤抑无诉，更为叛乱。唐德宗更以宦官窦文场、霍仙鸣为左右中尉，典领禁兵，自是宦官乃能劫挟天子，如制婴儿，废置在手，东西出其意。天子畏之若乘虎狼，挟蛇虺，而无可如何！至若参掌机要，夺去有司的职权，构扇藩镇，倾危国家，卖官鬻爵，蠹害朝政，犹其余事，不胜枚举。唐朝中叶以后的衰弱，实以宦官乱政为祸根。等到崔胤联络当时最近最大的藩镇朱全忠，成为朱全忠派驻朝廷的代言人，杀尽无恶不作的宦官，危如累卵的唐室，也就为朱全忠所取代了。

八、安史乱后，藩镇遍地，到处都是半独立的王国。唐德宗贞元以后，宦官掌握了一支六千人的禁军（左右神策），用来控制京师，废立皇帝，钳制百官，绰有余裕；用来对付藩镇，却又力量不足。所以遇有藩镇的叛乱，都是利用附近藩镇的力量，或是叛乱藩镇部下的归顺反正，才能平定下来。至于造成叛乱的基本因素，各地半独立的状态，始终无以改变过来。宦官为了继续把持朝政，绝不放弃左右神策，不肯让朝廷大臣或皇室子弟典兵。当时的情势，非削弱藩镇，不足以造成国家的统一。欲削弱藩镇，非训练一支强劲刚健的中央军队不为功。欲训练一支中央的劲旅，藩镇固不喜欢，宦官尤抵死不能同意。非尽除宦官的兵权，中央政府无以振作，凡百庶政，难以兴革。欲尽除宦官的兵权，皇室及朝臣苦于没有听命的军队。如调用藩镇的军队，既恐机事不密，反为宦官所制，又恐宦官与藩镇勾结。何况藩镇，大都狼子野心，心怀叵测。这两个无法解开的死结，推源追始，都是唐玄宗先已播种下来，而后由唐德宗铸成大错的。

九、李吉甫、李德裕、郑覃、斐度诸人，出身世族，称李党。牛僧孺、李逢吉、李宗闵、张仲方诸人出身科第，称牛党。因为李逢吉于对策时肆言批评李吉甫，造成李德裕的不满，牛李党之争，实在起因于细故。李党主张对藩镇用兵，重建国家的纲纪。牛党主张对藩镇姑息，以免因用兵而涂炭生灵。彼此攻讦，势如水火。更由于牛党的结纳宦官，依仗宦官的力量，排斥李党，尤使党争进入白热化。连续四十年的牛李党意气之争，加剧了大唐帝国的没落。在当时的政治情势之下，朝廷既没有训练有素的足够的军队，纵使对藩镇用兵，如何能够彻底消灭地方割据的势力？牛党诸人姑息藩镇，勾结宦官，借以维持其权位，不知从大处远处和国家利益设想，替皇帝分忧，为人民服务，更属识浅而智短！

十、甫裘之乱，由王式平定。王式之后，唐朝再没有出色的汉人将领。庞勋北还，声势浩大。黄巢乱起，纵横三分之二的国境。这两次祸乱的平定，全赖突厥别种的沙陀酋长李国昌、李克用父子。朱全忠以黄巢余党，投降后开府洛阳，打败李茂贞，击退李克用，居然一时无敌于中国。唐朝的末叶，朝廷受制宦官，内无良相，外无良将。如有叛乱发生，所有领军作战的大事，不是依靠沙陀军，就是黄巢的遗孽。而长安附近的大小藩镇，更是处处钳制政府，勾结宦官，任意杀戮诸王与大臣。皇帝的处境，尴尬万分，比起诸唐初开国的局面来，真是天壤有别。

十一、唐高祖、太宗、高宗三朝，武功强盛，版图有胜于两汉。然观乎征服高丽，得力于唐军的征战者寡，得力于高丽的内乱者实更多。若非泉盖苏文身死，三子内讧，男生为唐军做向导，李勣军未必能直下平壤，执宝藏王献俘京师。吐蕃与回纥曾多次内犯，名将如侯君集、郭孝恪、郭子仪、薛仁贵等皆曾领军进讨，斩获不少，败没亦多。唐文宗时吐蕃内乱，连年构兵。唐宣宗时诸部来降，边患始息。用兵力来讨平边疆的少数民族，固足以显武功；然旋降旋叛，徒费人力、财力，衡之于所得与所失，至不合算。安边境，绥外夷，军事不如政治，政治不如文化。以王道的教化，使其倾心于中国，策之上。洞察彼土的人物，依其情势而因应，策之中。领着大军去征伐，俘其叛逆，易其君长，策之下。

第十一章

混乱的
五代十国

自后梁高祖朱温（全忠）篡唐，开始了混乱的五代十国时期。所谓五代，指的是后梁、后唐、后晋、后汉和后周，五兴五灭，篡夺相承。当其时，另有前蜀、吴越、楚、吴、闽、南汉、荆南、北汉、后蜀、南唐十国，与五代诸国相并立。自朱温与后梁，至后周柴宗训禅位与宋太祖赵匡胤，历时五十三年，约当公元九〇七至九五九年。

第一节　混乱的时代

中唐以来，藩镇遍地，中央政府所在都门的外面，便是地方割据的势力。朱温既敢以宣武节度使篡夺皇帝位，于是东西南北的大镇，亦纷纷起而称王称帝，演变而成为五代十国的大混乱局面。在中国纷纷的变乱时期，孰为天子，孰为僭窃，原本是很难论断的。自来史家都把灭唐的后梁，灭后梁的后唐，灭后唐的后晋，灭后晋的后汉，灭后汉的后周，这五个皇朝都是建都中原，前承李唐，后启赵宋，一脉相承，便于纪年，合称五代。把其他割据一方的前蜀、吴越、楚、吴、闽、南汉、荆南、后蜀、北汉、南唐，合称十国。

五代诸国的疆域，限于以洛阳开封为中心的黄河流域。就地理形势言，河东表里河山，谁能控制河东，便能主宰中原的全局。后梁的朱温居河南，虽然地广民众，后唐的李存勖居河东，拥有善战的沙陀军，后梁的朱温父子，终为后唐的李存勖所击灭。后晋的代后唐，后汉的代后晋，亦都起自河东。

十国之中，沙陀族的北汉地处河东。其余的九国，都在南方。其中的吴越和南汉，自唐末到宋初，始终和五代并立，享国最久。吴越的气运较长，得国八十六年。南汉略短，得国六十七年。荆南和楚，得国亦久。十国的疆域，南唐最大。若论文化的进步，生活的安定，应该推举吴越、南唐和后蜀。

五代十国为唐末藩镇的变形，但其纲纪的败坏，风气的恶劣，逾越前代。唐代的节度使固然多用武人，各州的刺史仍是多用文士。五代的节度使和刺史，全用武人。唐代只闻军士废立藩帅，五代的军士则拥立皇帝。后唐明宗李嗣源，后唐废帝李从珂，后周太祖郭威，都是由军士拥立的。唐代的藩镇多数聚敛以自肥，五代的君主则将聚敛的所得，用来笼络或收买军士。后唐的废帝李从珂，为潞王时，兵发凤翔，允许军士进入洛阳后，每人赏钱百缗。等到进位洛阳，搜集府库的积贮，收敛京城的民财，聚集诸道的奉献，加上皇太后皇太妃的器服簪珥，才得二十万缗。军士多，财帛寡，后来只好听从李专美的建议，诏命“禁军在凤翔归命者，自杨思权、尹晖等，各赐二马一驼，钱七十缗。下至军人，钱二十缗。其在京者，各十缗。”（袁枢《通鉴纪事本末·卷四十一上·秦王之乱》）“军士无厌，犹怨望为谣言曰：除去菩萨，扶立生铁。”因为闵帝李从厚仁弱，废帝李从珂刚严，所以军士们虽然拥立成功，反而表现怨望和后悔。

自唐末黄巢之乱，长安与洛阳两大政治、经济与文化的中心，已经变成历史的陈迹。关中居形胜的地位，原为国家财赋的所从出，至是凋疲残破，大不如前。朱温为拒阻李克用的骑兵，决绝滑州的黄河，鲁西诸州，为水所淹，弥漫无涯，百姓大受其害。其后，朱温又与李存勖频频交战，历数年不息，兵争的所在，田舍为墟。契丹灭后晋，即以契丹的部将为诸州镇的刺史、节度使，尽括钱帛，赏赐军人。胡人的兵马，不给粮草，每日数千骑分出四野，轮番剽掠，号为打草谷。汴洛东西二三十里的地区，全被荼毒。丁壮老弱，散乎四方。财物牲畜，几乎无存。

五代的君主，大多数残酷成性。后梁太祖朱温令军士文面，逃亡者问死。将校战殁，全军悉斩。后唐庄宗李存勖灭后梁，族诛赵岩、张希逸、朱珪。后晋出帝石重贵，经常用长钉刺人手足，或以短刀脔割人肉。后汉高祖刘知远过生日，因为净狱，杀尽狱中的囚徒；严令捕盗，杀绝平阴十七村的村民。后汉隐帝刘承佑，设有断舌、决口、折足的酷刑，冤死无数。

五代的时世，武夫肆意妄行，毫无人理。士大夫对于国家的兴亡存灭，视若无睹。缙绅偷生朝位，廉耻荡然。朱温到张全义的会节园去避暑，留十日，张全义的妻女皆被逼幸，不以为耻。冯道历相四姓八君，为人情俭宽宏，滑稽多智，浮沉取容，对于丧君亡国，一点没有羞辱的感觉，并且自号长乐老，著书以为荣。张全义因为治理洛阳有功，冯道肯以救济为心，还都被当时的人，称为名臣！当然，冯道于后唐明宗长兴三年，奏命判国子监田敏，依据石经的文字，用以校正九经，而付之印版，对于中国学术文化的保存，也不是没有贡献的。

第二节　五代的更替

后梁太祖朱温，砀郡人。曾到萧县刘崇家当佣工，常被挞辱。黄巢起兵，朱温前往投效，积功为同州防御使。黄巢势蹙，朱温降唐，赐名全忠，任为宣武节度使。朱温善作战，又多阴谋奇计，所以能够夺取王师范的山东、秦宗权的蔡州、时溥的徐州、徐匡凝的荆南，打败太原的李克用、凤翔的李茂贞，招降魏博的罗少威、幽州的刘仁恭，据地七十八州，成为当时最大的军阀。于是屠宦官，杀宰相，于昭宣帝天佑四年，自立为皇帝，国号梁，改元开平，是为后梁太祖。朱温做皇帝六年，屡次被李存勖打败。张皇后严整多智，为朱温所敬惮。张皇后死，朱温极意声色。晚年好色，连他的八个媳妇，都要侍寝。“养子友文妇王氏色美，帝（朱温）尤宠之，虽未以友文为太子，帝意常属之。次子友珪心不平。”（袁枢《通鉴纪事本末·卷三十八下·郢王篡弑》）乾化二年，朱温疾甚，友珪带兵入宫，弑温自立。乾化三年，第三子友贞讨平友珪即位，是为后梁末帝，迁都大梁。朱友贞在位十年，与李存勖对迭河上，连番苦战。龙德三年，李存勖遣李嗣源攻破大梁，朱友贞因对皇甫麟说道：“李氏吾世仇，理难降，首不可俟彼刀锯。吾不能自裁，卿可断吾首。”（袁枢《通鉴纪事本末·卷四十下·后唐灭梁》）皇甫麟杀友贞，随亦自杀。后梁得国十六年，二世而亡。

李存勖，沙陀人，是李克用的儿子。既灭后梁，自即帝位，是为后唐庄宗，改元同光，都于洛阳。同光二年，凤翔的李茂贞来降。同光三年，大将郭崇韬平灭前蜀。因为屡次打败北方的契丹，威震四方，据地一百二十三州，疆域在五代中最为广大。后唐庄宗渐骄奢，御下无方，模仿前代皇帝唐玄宗，重用宦官，浸干攻事，大造宫室，妙选民间美女，并且宠信伶人，自己亦常粉墨登场。诸伶出入宫掖，侮弄缙绅，群臣愤疾，莫敢出气。皇后刘氏，专务蓄财，宝货山积。因为杀了平蜀的功臣郭崇韬，朝野惊骇，群议纷然，人情不安。又因为重饮急征，虽然库藏充盈，人民却多有饥死道路。连他自己的亲车，亦竟乏粮思乱。河北魏博的地方首先发生兵变，叛事奉赵在礼占据邺城。庄宗命李嗣源率领亲军去攻讨，亲军亦叛变，拥立李嗣源，并且与邺城的叛军联合，回师洛阳。伶人出身的从马直指挥使郭从谦乘机谋作乱，庄宗中流矢而死。军士拥立李嗣源，是为后唐明宗。明宗是李克用的养子，庄宗在位，立功最多。即位以后，勤政爱民，赏廉治贪，政事修明。明宗死，子从厚嗣位，是为后唐闵帝。在位四月，为明宗的养子李从珂所弑。李从珂亦为军士所拥立，是为后唐废帝。明宗的女婿河东节度使石敬瑭谋叛，表奏废帝："养子不应承嗣，请传位许王从益。"（袁枢《通鉴纪事本末·卷四十一下·石晋篡唐》）废帝李从珂发兵征讨，石敬瑭向契丹称臣，要求援兵。契丹太宗耶律德光领军进入雁门关，大破后唐的兵众。四十五岁的石敬瑭，乃拜三十四岁的耶律德光为父亲。耶律德光作策书，命石敬瑭为大晋皇帝。石敬瑭随耶律德光到潞州。耶律德光在潞州接受赵德钧父子的投降，尽杀其银鞍契丹直三千人，并且将赵德钧父子锁送归国。其后，石敬瑭自率蕃汉大军进攻洛阳，李从珂登玄武楼自焚而死。后唐得国十三年，四世而亡。

石敬瑭，沙陀人。父亲臬捩鸡为李克用的部将，官至洛阳刺史。石敬瑭善战，娶李嗣源的侄女永宁公主为妻，既篡夺大位，改元天福，是为后晋高祖。割让幽、蓟、瀛、莫、涿、檀、顺、新、妫、儒、武、蔚、云、应、寰、翔十六州给契丹，从此河北无险可守。石敬瑭建都开封，有地一百零九州。榨取百姓的财物，孝敬契丹。耶律德光称赞石敬瑭的孝顺，免其称臣，使用家人相见礼，只称父皇帝儿皇帝。石敬瑭死后，侄子石重贵继立，是为后晋的出帝。石重贵接纳宰相景延广的建议，"对契丹称孙而不称臣。耶律德光大怒，集山后及卢龙兵五万人，使赵延寿将之，委延寿经略中国。"（袁枢《通鉴纪事本末·卷四十二上·契丹灭晋》）石重贵举兵抵抗，契丹败退。次年，后晋的李守贞打败契丹八万骑于阳城。由于一连二次的得胜，石重贵骄侈益甚。开运三年，契丹大举入寇，杜重威以贵戚领军，竟于被围晋州中度的时候，与李守贞率部解甲降契丹。耶律德光旋命后晋叛将张彦泽为先锋，引骑兵两千攻开封，城中大忧。石重贵只好上表请降，自称孙男臣重贵。耶律德光进入开封，改服中国的衣冠，接受百官的朝贺，以石重贵为负义侯，置于黄龙府。后晋得国十一年，二世而亡。

刘知远，沙陀人。初为石敬瑭的亲军，屡经征战，握有重兵。当耶律德光自为中国皇帝的时候，刘知远为河东节度使，曾经上表称臣。中国各地义兵四起，耶律德光惧难久留，有北归的意向。刘知远乃在太原自即皇帝位，是为后汉高祖。跟着契丹兵的退出中原，刘知远引军进入开封，文武百官，照例迎降。刘知远在位一年死，子承佑立，改元乾祐，是为后汉隐帝。乾祐三年，契丹入寇，隐帝以“郭威镇邺都，使督诸将以备契丹”。(袁枢《通鉴纪事本末·卷四十二下·郭威篡汉》)隐帝不乐意顾命大臣的掣肘，采用苏逢吉、李业的谋议，杀杨邪、史弘肇于东庑下；遣供奉官孟业斋密诏诣澶州及邺都，令李洪义杀王殷，令郭崇威、曹威杀郭威。李洪义畏懦不敢发，以密诏出示王殷、郭威。郭威召集诸将，告以杨邠的冤死，以及有诏诛自己。诸将大激动，都愿意举兵以清朝廷。大军行至大梁，隐帝逃入民家，为乱兵所杀。郭威入见太后，准备迎立刘赞为皇帝。适值契丹引数万骑入寇，太后遂令郭威将大军出击。“郭威渡河，馆于澶州，天明将发，将士数十人忽大噪，威命闭门，将士逾墙登屋而入。……裂黄旗以被威体，共扶抱之，呼万岁震地，因拥威南行。”太后不得不废刘赟为湘阴公，以郭威为监国。郭威旋即帝位，国号周。后汉得国四年，二世而亡。

郭威，刑州人。出身黥卒，屡立战功，尝任天雄军节度使，为刘知远所亲信。既即帝位，改元广顺，是为后周太祖。信用王峻、范质、李谷。王峻夙夜尽心，多所谋划。范质明敏强记，谨守法度。李谷有器略，善擘谕，以开主意。郭威恭俭爱民，罢去四方的贡献，减轻人民的租赋。在位三年，养子柴荣嗣位，是为后周世宗。后周世宗柴荣诛贪污，严军纪，勤国策，兵强民治。在位六年，击破北汉的刘承钧，攻取后蜀的陇西四州和南唐的江北十四州，夺回契丹的瀛、莫、易三州。严惩不法的官吏，裁减无用的军士，限制私度僧尼，规定荒田开垦，招徕逃户归乡，颇有一番新气象。中原百姓，喁喁在望。显德六年，柴荣病殁，子宗训立，是为后周恭帝。契丹又来入寇，后周恭帝命殿前都检点赵匡胤率领亲军（殿前班）去抵御，大军进次陈桥驿，诸将突以黄袍加上赵匡胤，高呼万岁。赵匡胤还师大梁（开封），即皇帝位，是为宋太祖。后周得国九年，三世而亡。

第三节　十国的兴灭

十国之中，前蜀最早称帝。王建，许州人。少无赖，以屠牛、盗驴、贩卖私盐为业。后来被宦官田令孜收为养子，曾经出任监军。光启二年，王重荣进犯京师，唐僖宗避难兴元，“上（僖宗）以传国玺授建，使负之以从。……王建扶掖上自烟焰中跃过，夜宿版下，上枕王建膝而寝，既觉始进食。”（袁枢《通鉴纪事本末·卷三十七上·藩镇之乱》）勋劳颇着。唐昭宗大顺二年，以王建为成都尹、西川节度使。王建既得西川，留心政事，容纳直言，好施乐士，用人各尽其才，谦恭俭素，然亦多忌好杀。乾宁四年，王建攻破梓州，掩有整个的四川。天复二年，夺取李茂贞的山南西道诸州，攻占成汭的夔、施、忠、万四州。天复三年，进取归州，并有三峡。朱温代唐，王建亦于后梁开平元年自称帝，国号蜀。王建虽目不知书，好与书生谈论，善待士人，对于往蜀投依的名臣世属，优礼有加。后梁末帝贞明四年，王建年七十二而卒。子衍嗣立，年少荒怠，蜀国的政事一日不如一日。后唐庄宗同光三年，郭崇韬统兵伐蜀，王衍出降，前蜀亡。凡二世，立国十九年。

其次为吴。杨行密，庐州人。少为群盗，后来盘踞庐州，唐任为刺史。唐僖宗光启三年，淮南节度使高骈被盛彦、毕师铎所戕，“杨行密帅士卒缟素向城大哭三日，进兵取扬州，自称淮南留后。”（袁枢《通鉴纪事本末·卷三十七下·杨行密据淮南》）唐昭宗景福元年，杨行密执杀孙儒有功，拜淮南节度使。杨行密宽简有智略，善抚慰将士，与同甘苦，推心待物，无所猜忌。孙儒降兵多蔡人，杨行密选其勇健者五千，厚其廪，赐以皁衣蒙甲，号黑云都。每战使之先登陷阵，四邻畏惧。其后，杨行密又陆续攻占濠、泗、苏、杭诸州。天复二年，唐昭宗封杨行密东面行营都统、中书令、吴王，使讨朱温，声势益盛，得地愈广。天佑二年死，年五十四。长子渥嗣立，为徐温所弑。三子隆演继立，建吴国，置百官。惟其时吴国的大政已为徐温及其养子知诰所掌握，隆演怏怏以疾卒。杨行密的第四子溥继立，徙都金陵，称吴帝。后晋高祖天福二年，禅位于南唐，吴亡。凡二世，立国二十七年。

其次为闽。王潮，光州人。唐末天下大乱，寿州屠者王绪与其妹夫刘行全，聚众五百，盗据本州，进陷光州，自称将军。蔡州节度使秦宗权表王绪为光州刺史。其后，王绪为秦宗权所逼迫，悉举寿光二州兵五千人，驱使吏民渡长江，以王潮兄弟为军校，转掠入闽。王绪猜忌，将卒中有勇略及气质魁伟者皆杀之，刘行全亦死。于是将卒皆畏惧，伺王绪至，挺剑擒缚，群推王潮为将军。福建观察使陈严，表王潮为泉州刺史。唐昭宗大顺二年，“以王潮为福建观察使，”（袁枢《通鉴纪事本末·卷三十九上·王氏据闽中》）尽有福、汀、建，泉、漳五州的地方。乾宁四年，王潮卒，唐昭宗以王潮弟王审知为威武节度使。后梁开平三年，封闽王。王审知为人俭约，好贤下士，礼遇各地往依的士宦，招徕海上蛮夷的商贾。后唐同光三年卒，年六十四，子延翰立，称大闽国王。延翰被其弟延钧所杀，后唐封延钧为闽王。长兴四年，延钧自称帝，国号大闽，大作宫殿，极土木之盛，后来被他儿子继鹏所弑。后晋天福四年，王审知的第三子延义杀继鹏自立。王审知的第四子延政亦自立于建州，国号大殷。闽中大乱，王延义被朱文进杀死。李仁达自称威武留后，用保大年号，奉表称藩于南唐。后唐开运二年，南唐大军克建州，迁王延政的宗族于金陵，闽亡。凡四世，立国十三年。

其次为吴越。钱镠，杭州人。少无赖，以贩卖私盐为业。唐僖宗乾符五年，钱镠为董昌的裨将，击破称乱浙西的王郢，以功为石镜都知兵马使。次年，黄巢入寇浙东，亦被钱镠所击退。光启三年，“唐以董昌为浙东观察使，钱镠为杭州刺史。”（袁枢《通鉴纪事本末·卷三十九上·钱氏据吴越》）唐昭宗乾宁二年，董昌欲为帝，杀副使黄碣、会稽令吴镣、山阴令张逊，自为大越罗平国王。钱镠讨平董昌的叛乱，拜为镇海镇东军节度使。天复二年，进封越王。天佑元年，更封吴王。朱温代唐，封吴越王。后唐庄宗同光二年，赐以玉册金印，钱镠自称吴越国王。后唐长兴三年，钱镠病甚，嘱子孙善事中国，勿以易姓，废事大之礼。卒年八十一。子元瓘立，以遗命去国仪，用藩镇法。喜好儒学，善抚将士。后晋天福六年，元瓘卒，年五十五。子弘佐立，年仅十四岁，好书礼士，躬勤政务，发摘奸伏，能振纲纪。开运四年，弘佐卒，弟弘倧立，为部将胡进思所幽禁。后汉乾祐元年，传位于弟弘俶。宋兴，自行除去帝号，举国归附，吴越亡。凡五世，立国七十三年。若以乾宁二年起计，则其立国应为八十六年。

其次为楚。马殷，许州人。初为孙儒的裨将，以材勇闻。及孙儒为杨行密纵兵击斩，随从刘建锋入湖南。唐昭宗乾宁三年，“以刘建锋为武安节度使，马殷为马步外都指挥使。”（袁枢《通鉴纪事本末·卷四十上·马氏据湖南》）“建锋既得志，嗜酒不亲政事，长直兵陈赡妻美，建锋私之，陈赡袖铁挝击杀建锋，诸将杀陈赡……张结等举殷为留后。”杨行密虑其建国，遣舟师数万来伐，马殷一鼓击败杨行密的西征军，湘水为赤。后梁开平元年，封楚王。后唐天成二年，封楚国王。长兴元年，马殷卒，年七十九。次子希声嗣立，称遗命去建国之制，复藩镇之旧。三年卒，弟希范立。后晋开运四年，希范卒，弟希广立。为武安节度，封楚王。后汉乾祐三年，希广的哥哥希萼联结群蛮攻陷长沙，大掠三月，杀吏民，焚芦舍，所营宫室，皆为灰烬，所积宝货，皆人蛮落。杀希广自立，称臣于南唐。希萼多思旧怨，杀戮无度，昼夜纵酒荒淫，政刑紊乱，士卒怨望。次年，希萼又被其弟希崇幽禁于衡山。后周太祖广顺元年，南唐派边镐引兵攻入长沙，尽迁马氏的宗族于金陵，楚亡。凡五世，立国四十五年。

其次为南汉。刘隐，南海人。父亲刘谦为封州刺史，刘谦死，刘隐于居丧中平定贺江的民乱，遂代理父事。唐昭宗天佑三年，“以刘隐为清海靖海节度使，封南平王。”（袁枢《通鉴纪事本末·卷三十九下·刘氏据广州》）刘隐喜好贤士，对于避难岭南的中朝士夫，礼遇甚隆；对于谪死岭南的名臣子孙，都加眷顾。后梁乾化元年，刘隐卒，年三十八。其弟刘岩嗣位，于贞明三年，自即皇帝位于番禺，国号大越。次年，刘岩祀南郊，改国号曰汉。刘岩在位十五年，子玢立，骄奢不亲政事，为部下所杀。弟晟立，攻占了柱、连、宜、岩、梧、蒙六州，疆域扩大。周世宗显德五年，刘晟卒，子铱立，时年十六。淫昏失德，委政于宦官龚登枢及才人卢琼仙，镇日里深居宫中，荒耽酒色。每岁赋敛，异常繁重。又作烧煮、剥剔、刀山、剑树等刑，残暴不仁。宋兴，诏南唐的后主李煜作书谕其称臣，刘𬬮不从。宋太祖开宝四年，潘美的军队攻入广州，刘𬬮出降，南汉亡。凡四世，立国五十四年。若从刘隐据有广州起算，则为六十七年。

其次为荆南。高季兴（昌），陕石人。“后梁开平元年，为荆南节度使。荆南旧统八州，乾符以来，寇乱相继，诸州皆为邻道所据，独余江陵。季兴到官，城邑残毁，户口凋耗，乃安集流散，民皆复业。”“后唐同光二年，加高季兴兼尚书令，进封南平王。”（袁枢《通鉴纪事本末·卷三十九下·高氏据荆南》）天成二年，高季兴表求夔、忠、万三州，诏许之。天成三年卒，年七十一，子从诲继立。荆南地狭兵弱，介于吴楚的中间，唯有所向称臣，籍达保境安民的目的。后汉乾祐元年，从诲卒，年五十八，子保融立。宋太祖建隆元年，保融卒，弟保勖立。三年，保勖卒，由保融子继冲继立。乾德元年，宋将慕容延钊进讨湖南的张文表，假道荆南，继冲大惧，尽籍其境内的三州十六县，奉表请降，荆南亡。凡五世，立国三十八年。奉中国正蜀，未建元。

其次为后蜀。孟知祥，邢州人。弱冠即补太原衙内都指挥使，李克用妻以宗女。后唐庄宗即位，任为太原尹。同光三年破蜀，庄宗以孟知祥为成都尹、剑南西川节度使。后唐明宗天成二年，孟知祥杀西川监军李严，明宗不能制，传诏安谕孟知祥及吏民。长兴三年，东川节度使董璋会诸将谋袭成都。“孟知祥击破董璋，兼并东川，后唐的明宗不能讨，以为东西川节度使蜀王。”（袁枢《通鉴纪事本末·卷四十一下·孟知祥据蜀》）明年，自即皇帝位于成都，国号蜀。七月死，年六十一。子昶嗣位，颇知勤政爱民。惟宠爱花蕊夫人，荒淫无度，所任多纨绔子弟，素不知兵。显德二年，后周世宗伐蜀，割让秦、成、凤等州。宋太祖乾德三年，派王全斌、崔彦进出凤州，刘光义、曹斌出归州。蜀兵溃败，将帅被擒。宋军逼近成都，孟昶命李昊草表请降，后蜀亡。凡二世，立国三十三年。

其次为南唐。李升，徐州人。少孤寒，杨行密收养于濠州，时年八岁，质状性识，颇异常人。杨行密揣度诸子不能容，后来把他送给徐温，因此冒姓为徐，取名知诰。事徐温勤孝过于诸子。长大以后，喜书善射，识度英伟，继徐温独专吴的国政。后晋天福二年篡吴，自称是唐宪宗子建王恪的后裔，复姓李，国号唐。在位七年，对杨氏徐氏子孙，多予优容。不以外戚辅政，宦官不得预事，不受尊号，皆他国所不及。子璟继立，出兵闽，攻克漳、泉、汀等州。复因楚的内乱，攻克潭州。其后见到后周世宗的频年南征，知道不能抵御，自去帝号，上表称臣，并且奉献江北诸州。璟死，子煜嗣立，是为南唐后主。性骄侈，好美色，又喜浮屠，习为高谈，不恤政事。平日愁思哀意，见之于词，悱恻缠绵，极哀感顽艳之至；而政治军事，均非所长。虽怏怏以国事为忧，而悲愁酣饮如故。宋太祖开宝八年，派曹斌攻破金陵。"煜率臣僚诣军门请罪。……煜治装毕，遂与其宰相汤悦等四十五人赴汴京。"（陈邦瞻《宋史纪事本末·卷六·平江南》）南唐亡。凡三世，立国三十九年。

最后为北汉。刘崇，沙陀人，是后汉高祖刘知远的同母弟。刘知远既即皇帝位，以刘崇为太原尹，北京留守。后周太祖郭威杀了湘阴公刘赟（刘崇子），刘崇遂即皇帝位于太原，并向契丹称侄。郭威大败刘崇于高平，进围太原，刘崇忧病而死。子承钧继立，勤于为政，好学知书，礼重儒者。开宝元年，尝因谍者还报宋太祖："河东土地兵甲，不足以当中国，然我家世非叛者，区区守此，盖惧汉世之不血食也。"（陈邦瞻《宋史纪事本末·卷十二·平化汉》）宋太祖哀其言，所以终世没有加兵。乾德五年，承钧死，养子继思嗣体，立六十日，为郭无为所弑。同母弟继元立。太平兴国四年，宋太宗亲将大军，由潘美等分四路攻向太原，继元急遣使向契丹求救。契丹的耶律沙、耶律斜轸援军均为郭进、潘美所击败。继元因援军不至，饷道又绝，只好率官属出降，北汉亡。凡四世，立国二十九年。

第四节　契丹的侵凌

契丹初有八部，每部设一大人。每隔三年，八部的大人互推一人为王，建立旗鼓，号令诸部。耶律阿保机既被推立为王，恃其强勇，用武力击平另外的七部，并为一国。向北侵入室韦、女真，向西夺取突厥的故地，威服奚、夷，掩有整个广大的东北。

后梁太祖开平元年，阿保机与李克用会盟云州，约为兄弟，延之帐中，纵酒握手，誓言合击后梁。等到朱温派人从海道送给他书币衣带和珍玩，阿保机决定更附后梁，并且请求朱温的策命，约击沙陀。燕人苦刘守光残虐，军士多亡归契丹。及刘守光被围于幽州，其北边士民，多为契丹所掠，契丹日益强大。契丹王阿保机，自称皇帝，置百官，以韩延徽为相。群臣上他的尊号为天皇帝，他的皇后述律氏为地皇后。

后梁末帝贞明三年，晋王李存勖使其弟威塞军防御使李存矩募兵，存矩得五百骑，自部送之，以青州卢文进为裨将，兵叛杀存矩，卢文进率其众投契丹。阿保机使卢文进引契丹的兵众进攻新州，刺史安全不能守。李存勖使周德威领兵攻讨卢文进，阿保机亲率三十万来救，乘胜进围幽州。周德威遣间使诣晋王告急。其时李存勖正与后梁相持于河上，欲分兵则兵少，欲勿救恐有失，忧形于色。后来派李嗣源、李存审、阎宝将七万兵间道力战、李嗣源与养子李从珂将三千骑为前锋，距幽州六十里，与契丹遇，契丹行山上，晋兵行涧下，嗣源父子力战。李存审命步兵陈于其后，烟尘蔽天，大败契丹，俘斩万余，幽州才解围。阿保机以芦文进为幽州留后，卢龙节度使。仍使芦文进常居平州，不时引奚骑侵扰边境，杀掠吏民。每当契丹入寇，卢文进引汉兵做向导，卢龙边属的各州，无不残破。

后梁龙德元年，王郁进说："镇州美女如云，金帛如山，天皇王速往，则皆己物也。不然为晋王所有矣。"阿保机采用王郁的谋议，大发兵众南侵，旬日攻拔涿州，进寇定州。李存勖以亲军千骑先进，为契丹所围，李嗣昭引三百骑横冲直撞，契丹退，李存勖乃得出，因纵兵奋击，契丹大败逐北。行到易州，连天大风雪，平地厚数尺，契丹的人马乏食，死者相属于道。

后唐庄宗同光二年，契丹入寇瓦桥、新城，侦骑直到幽州的城门外边，馈运多被剽掠。三年二月，李嗣源击败契丹于涿州。后唐明宗立，契丹有事于女真及渤海，恐惧后唐的乘虚，派出梅老鞋里来修好。明宗遣姚坤去答谢，契丹告以欲得大河以北，姚坤婉拒，减为镇、定、幽三州，姚坤又不可，阿保机欲杀姚坤，经过韩延徽的谏阻，遂为契丹所囚。

阿保机生有异相，丰上锐下，目光射人，悍勇而有智略。皇后述律氏，亦是女中的英杰，尝劝阿保机，礼用韩延徽。阿保机崩于扶余城，述律氏原欲以身殉葬，经过亲戚百官的力谏，自断右腕，纳于柩中。契丹太宗耶律德光继位，尊为皇太后。

后唐明宗天成元年，卢文进杀死戍守平州的契丹，举众十余万车帐八千乘来降，明宗以为义成节度使。天成三年，契丹攻陷平州，王宴球引军迎击，大破契丹的兵众。死者过半，余众北走。赵德钧又邀击于北走的途中，契丹得脱归国者不过数十人，自是气沮，不敢轻犯塞。明宗长兴元年，契丹东丹王突烈，领部曲四十余人，越海自登州来降，后唐赐东丹王姓名李赞华，以为怀化节度使。

后唐废帝李从珂即位后，契丹又屡次寇边。清泰二年七月，李从珂夺削石敬瑭河东节度使的官职，石敬瑭遣使求救于契丹。“令桑维翰草表，称臣于契丹，且请以父礼事之。约事捷之日，割卢龙一道及雁门关以北诸州与之。”（袁枢《通鉴纪事本末·卷四十一下·石晋篡唐》）表到契丹，耶律德光大喜。九日亲将五万骑，号三十万，自扬武谷而南，旌旗不绝五十余里。至晋阳，阵于汾北的虎北口。使人知会石敬瑭，石敬瑭遣刘知远出兵助战。两军交战于汾曲，后唐军大败，步兵死者近万人。是夕石敬瑭出见耶律德光，契丹主恨相见之晚。石敬瑭甚叹伏，引兵会契丹。契丹兵“进围晋安寨，置营于晋安之南，长百余里，厚五十里，多设铃索吠犬，人跬步不能过，围数月，杨光远帅诸将降于契丹。”耶律德光作策书，封石敬瑭为大晋皇帝。石敬瑭改元天福，割让燕云十六州给契丹，并许每岁输帛三十万匹。其时赵德钧父子亦阴蓄异志，厚以金帛贿赂契丹。云若立己为帝，当以见兵南平洛阳，与契丹为兄弟之国，仍许石氏常镇河东。耶律德光恐惧山北诸州邀其归路，颇有允许的意向。石敬瑭闻悉大恐，亟使桑维翰再往输诚，长跪于耶律德光的帐前，自旦至暮，涕泣哀求，耶律德光始指帐前石对赵德钧的使者说：“我已许石郎，此石烂可改矣！”石敬瑭留石重贵守河东，自随耶律德光南下。至潞州，耶律德光尽杀银鞜契丹直三千人于西效，并将赵德钧父子锁送归国。到上党，耶律德光举酒属石敬瑭：“余远来徇义，今大事已成，我若南下，河南之人必大惊骇。”不再前行，命太相温将五千骑护卫石敬瑭至河梁。石敬瑭于是自领蕃汉军南下，后唐的将校多迎降，没有再经过重大的战斗，便进入洛阳。后唐废帝李从珂，与曹太后刘皇后登玄武楼自焚而死。

石敬瑭事契丹甚谨。奉表称臣，谓契丹主为父皇帝，每契丹使至，于别殿拜受诏敕。每年输送金帛三十万而外，吉凶庆吊，岁时赠遗，玩好珍异，不绝于途。终石敬瑭的一生，与契丹无隙。

石敬瑭死，兄子石重贵继立，称出帝。出帝用景延广为宰相，告哀于契丹，称孙而不称臣。耶律德光大怒，遣使责让，景延广又答以不礼貌的语句。赵延寿时为契丹的卢龙节度使，很想替代石重贵来做中国的皇帝，一再向耶律德光进说击灭后晋。耶律德光乃集山后及卢龙兵五万，委赵延寿经略中国。后晋开运元年，赵延寿攻陷贝州，杀兵民万人。契丹继以大军随进，雁门关、恒、邢、沧诸州都告警。后晋的军队曾在戚城及马家口二地打败契丹，耶律德光因而大怒，嗣后每攻占后晋的城守，就公然杀戮人民，烧炙军士。由是亦刺激后晋的兵民，戮力争奋。后晋与契丹再次大战于戚城，两军都有重大的伤亡。耶律德光乃自澶州分为两军，一出沧德，一出深冀，所过烧杀焚掠，方广千里的所在，民物殆尽。

契丹连岁入寇，中国疲于奔命，边民涂地，契丹人畜亦多死亡，国人厌苦。后晋出帝开运三年，耶律德光亲领大军进攻，自易定趋恒州，遥以兵环晋营，内外断绝。后晋的军粮将尽，杜重威、李守贞、宋彦筠率军士解甲投降。契丹兵进攻大梁，出帝召范质草降表，面缚待罪。耶律德光进入开封。以晋出帝为负义侯，置于黄龙府。以李崧为太子太师，充枢密使。冯道守太傅于枢密院，以备顾问。以麻答、马崇柞、孙方简等契丹将领为节度使，放纵胡骑四处打草谷，丁壮毙于锋刃，老弱委死沟壑。自东西两京以及郑、滑、曹、濮的数百里间，财畜殆尽。耶律德光又迫使刘昫括借都城以及近州士民的钱帛，厚赐军士。于是内外怨愤，患苦契丹。

耶律德光“服通天冠，绛纱袍，登正殿，设乐，悬仪卫于庭。百官朝贺，华人皆法服，胡人仍胡服，立于文武班中。下制称大辽会同十年，大赦。”（袁枢《通鉴纪事本末・卷四十二上・契丹灭晋》）俨然统治中国的皇帝。闻刘知远即位太原，乃以耿崇美、高唐英、崔廷勋等为节度使，控扼要害。然其时义军已四起，多者数万，少者千百，攻陷州县，杀掠吏民，契丹的士马，渐感不能控制。梁晖突袭相州，杀契丹数百，自称留后。赵晖焚毁契丹的诏书，斩杀契丹的使者。耶律德光开始畏惧，派遣杜重威、李守贞等汉人将领还镇，改用汉人治理汉人。东方群盗大起，陷宋、亳、密三州，耶律德光谓左右道：“我不知中国人之难制如此。”亟遣安审琦、符彦卿等归镇。耶律德光旋以到上国省视太后的名义，诏命有职事者从行，余留大梁，复以汴州为宣武军，以萧翰为宣武节度使，留守汴州。一行人马到相州，杀尽城中的男子，掳走全部的妇女，胡人掷婴孩于空中，举刃接之以为乐，留高唐英守相州。耶律德光见到所过城邑凋残，亦颇称悔，对着蕃汉的群臣，说道：“致中国如此者，皆燕王赵延寿之罪也。”耶律德光行到临城得病，死于杀胡林。

契丹太宗耶律德光既崩逝，永康王兀欲锁赵廷寿于恒州。梓宫到达镇阳，兀欲即皇帝位于柩前，称号世宗，改元天禄。天禄二年，契丹世宗遣将攻下贝州的高老镇，徇地鄚都、南宫、堂阳，俘获去颇多的人民和财物。天禄四年，契丹又入寇山西，攻陷安平、内丘、束鹿等城，大获而去。

契丹世宗兀欲后来在行宫遇刺身死，述律立，是为契丹的穆宗。穆宗亦数度南侵，均被后周世宗所打败。终五代的时世，以迄宋初，契丹一直为害中原。

第五节　沙陀和契丹的汉化

后唐、后晋和后汉的皇帝，都是汉化了的沙陀人。自朱邪赤心平灭庞勋有功，赐姓名李国昌，受封为大同军节度使，镇云州。儿子李克用，孙子李存勖，汉化的程度很深，而且都已经自视为中国人。后梁龙德元年，李存勖、李嗣昭打败了契丹，追蹑阿保机的退兵，“见其野宿之所，布藁于地，回环方正，皆如编翦，虽去无一枝乱者，叹曰：虏用法严乃能如是，中原所不见也。”（袁枢《通鉴纪事本末·卷四十一下·契丹入寇》）足证当时汉化了的沙陀酋长，甚至沙陀的官兵，都自视为中国人了。石敬瑭的父亲是李克用的部将，刘知远是石敬瑭的亲军。刘知远曾经谏阻石敬瑭：“称臣可矣，以父事契丹太过。厚以金帛赂之，自足以致其兵，不必许契丹土田，恐异日大为中原之患。”足见石敬瑭和刘知远，平日亦都自视为中原人。

契丹的情形，稍有不同。阿保机姓耶律氏，崛起边陲，既为本部大人，旋被推举为王，乃凭借其雄勇，以兵力击灭另外的七部，并为一国。南下占据了汉人聚居的古盐城（滑盐县），地宜五谷，又有盐池的利益。开始的时候，契丹无制度可言，得汉地而废耕稼，得汉人而不能抚慰。等到阿保机被其族人推尊为天皇帝，以幽州韩延徽为相，局面大变。韩延徽原为刘守光的参军，有智略，能文章，使于契丹，为阿保机所留，资为谋主。韩延徽“始教契丹建牙开府，筑城郭，立市里，以处汉人。使各有配偶，垦艺荒田。由于汉人各安生业，逃亡者益少”。（袁枢《通鉴纪事本末·卷四十一下·契丹入寇》）契丹一切开国大政，皆出诸韩延徽的号令。攻党项，侵室韦，威服奚夷，皆出诸韩延徽的谋议。韩延徽介绍中国文化，深得契丹上下的尊敬，契丹人尊称其为“崇文令公”而不名。

青州卢文进，原为后晋威塞军防御使李存矩的裨将，叛奔契丹，被阿保机识拔为将领，常引契丹兵攻掠中国的边境。幽州之役，卢文进教契丹兵攻击坚城。为地道，昼夜四面俱进；为土山，进迫城守。契丹多骑兵，驰射本为其长技，但其攻城与野战，皆得力于卢文进的教导。

契丹原设干越（议政）、宰相、夷离华（军民）、东夷毕（刑狱）、林牙（文翰）等官，用来统治本部及属国。契丹太宗耶律德光自后晋高祖石敬瑭手中取得燕云十六州后，始仿汉制，设置官守，谓之南面，号契丹官为北面。南北各因习俗。北面官依旧掌理宫帐部族属国的政事，治游牧地区。南面官治汉人地区。中央有三师、三少、三公，有枢密院，有三省，有吏、户、礼、兵、刑、工六部，有御史台，有翰林院，有太常、光禄、卫尉、宗正、太仆、大理、鸿胪、司农八寺，有秘书、司天、国子、太府、少府、将作、都水七监，职掌均与汉制相同。地方于东京、中京、南京设宰相府。五京所在地东京（辽阳）、上京（林西）、中京（平泉）、西京（大同）、南京（北京）设留守司及总管府。州官有刺史、节度使、观察使、团练使、防御使等职。县官有县令。上京、南京均有太学，置祭酒、司业、博士、助教等官。又有府学、州学，分设各府道。其他赋税、刑法等，也都在仿摹汉制。

燕云十六州，指的是山前七州和山后九州。所谓山，乃是军都山和太行山。山前七州为幽州，今北京一带；蓟州，今天津市蓟州区；瀛州，今河北河间市；莫州，今河北任丘县；涿州，今河北涿州市；檀州，今北京市密云区；顺州，今北京市顺义区。山后九州为新州，今河北省张家口市涿鹿县；妫州，今河北省怀来县；儒州，今北京市延庆区；武州，今河北省宣化区；云州，今山西大同县；应州，今山西应县；朔州，今山西石玉县；蔚州，今山西灵丘县；寰州，今山西朔县。这些地区，汉人密集。耶律德光改革中央及地方的官制，完全汉化，乃是有其不得不然的情势。

石敬瑭死，石重贵立，以景延广为宰相，不肯尊礼事契丹。耶律德光大怒，亲自领军进入汴京（开封），在兵荒马乱中，首先把中原历代的图书礼器都取去。又因为领土大张，乃于南面官置汉人枢密使，掌管汉人的兵马。翰林掌内制，中书舍人掌外制。国史有院，起居有注。南面之官，遂遍于国内。

韩廷徽而外，影响契丹汉化最深者，当推张砺。张砺初为耶律德光的翰林学士，官至吏部尚书，既获宠信，遂多献议。耶律德光领兵进入汴京，以契丹将领麻答为安国节度使，孙方简为义成节度使，马崇柞权知恒州事。张砺进谏："今大辽（契丹）已得天下，中国将相宜用中国人为之，不宜用北人及左右近习。苟政令乖失，则人心不服，虽得之亦犹失之。"（袁枢《通鉴纪事本末·卷四十二上·契丹灭晋》）以一汉人的文官，居然这样对胡人的皇帝直谏，平日被宠信的程度，可以想见。这一次耶律德光没有听从他，乃是日后义兵四起，被迫退出中原的主要原因。

阿保机以能够讲话自夸。增损隶书，制成契丹的文字。契丹曾建造有孔子庙，并且还实行中国的科举制度。历代的契丹皇帝，都喜读汉文书籍，能文能诗能画者颇多。中原的很多书籍，都被译成契丹文字。

契丹非唯以武力侵凌中原。因为汉化颇深，到了五代的末季，文物上已经多有可观，并不是一个纯粹的野蛮部族了。

第六节　评鉴

一、五代相替，战乱不已，外有契丹侵凌，内又彼此交攻。争城夺地，杀烧人屋，劫掠资财，百姓不胜其苦楚！即称帝称王的乱世幸运儿，少则数年，多则十数年，身死族灭。亦大可哀伤！五代开国的君主，所以未能预为防制，或则由于军士的拥立，身不由己；或则贪恋皇帝的权位，不惜冒身后的血食。契丹骑兵的入侵和野心军阀的争着做皇帝，乃是五代战乱不已的两大原因。当时的契丹，本部族及属国的总人口不会超过二百万人，以十分之一的动员率计算，能够参加作战的骑兵最多二十万人。如果野心的军阀不争着做皇帝，以中国的广土众民，团结对外，应该可以抗阻契丹的入侵。耶律德光进入开封后，由于诸道括钱，令契丹兵打草谷，不早遣诸节度还镇，卒至义兵四起，被迫北归，就是一个有力的明证。

二、朱温（全忠）原是盗贼，李存勖、石敬瑭、刘知远都是沙陀人，郭威本是黥卒。他们的共同出身，则是军人。他们的登上皇帝位，完全仗着镇将的地位，也就是大军阀，握有重兵，压倒了同列的将领，消灭了其他的强人，遂乃取代前朝，自为开国的君主。朱全忠的后梁，得国十六年。李存勖的后唐，得国十三年。石敬瑭的后晋，得国十一年。刘知远的后汉，得国四年。郭威的后周，得国九年。五代合计，总共不过五十三年。在不断交战的动乱时期，道德仁义，早已置诸脑后；兵争者的唯一目标是夺权。废君立君，自为皇帝，都以武力作为最后的决定。领导者，也就是旧有的统治者，君主的突然死亡，造成短暂的权力的真空，常使掌握兵权的人，脱颖而出，成为新兴的决定的力量。这就造成五代时如环一样的篡夺频仍，祸乱不已。一直等到宋太祖赵匡胤杯酒释兵权，才结束了镇将做天子的危局。

三、五代的时世，士大夫苟全偷生，廉耻荡然。张全义妻女被淫，不以为羞。冯道历仕四姓八君，若逆旅的视过客，朝为仇敌，暮为君臣，易面变辞，曾无愧怍。自称长乐老，著书以为荣。藩镇反复，习以为常，丝毫没有羞耻的心理。契丹初无制度，韩延徽软其立衙开府，抚慰汉人。契丹每入寇，卢文进尝为其先导。赵德钧为后唐的卢龙节度使，方唐军被围晋安寨，欲因乱取中原，自请救晋安寨。及为招讨使，拥有重兵，又以金帛通款契丹，请契丹立己为帝。后与其子往投契丹，其子赵延寿复又引导耶律德光南侵。杨光远、杜重威、李守贞辈，既是国戚，又是统帅，解甲倒戈，迎降契丹，更不知气节与羞耻为何事！文武的官吏，所以领导庶民和军士，做天下百姓的表率。今既不讲华夷的界限。民族的大义，又不谈进退的节操，寡廉鲜耻，苟全偷生，升斗小民，自更将为果腹而无所不为了。精神与道德的衰落，到五代达于极点。

四、五代的时世，一般的平民百姓，目击在上者的所为，既不胜其愤慨；转念到自身的前途，亦因重税苛役而蒙上阴影。厌战逃役，非常普遍。朱全忠令军士文面，逃亡者问死，将校战死，全军悉斩，法虽酷暴，事出有因。李克用、李存勖父子的沙陀兵，善骑射，较团结，所以每战必胜，最后攻破了大梁（开封）。契丹崛起北荒，富有朝气，极武勇而有纪律，所以又有胜于后唐的沙陀兵。土广民众的中原，内不能团结一致，拒阻后唐、后晋和后汉的沙陀，竟任汉化的胡人充当皇帝，外不能众志成城，抵御契丹骑兵的入侵。

五、五代的君主，本身多无实力，实力大都操在部下将校的手中。将校图升官发财，常以威逼利诱的方式，拥举认为适当的人为皇帝。赵在礼为军士皇甫晖等所逼，据邺城而叛。后唐庄宗遣李嗣源率领亲军前往进讨，方下令攻城，军吏张破忽纵火噪呼。李嗣源叱斥，张破忽答道："城中人何罪？但思归不得而已！今宜与城中合势，请天子帝河南，令公帝河北。"李嗣源涕泣谕命。乱兵大呼："令公不欲，则他人有之。我辈虎狼，岂识尊卑？"安重诲、霍彦威等力劝李嗣源，共拥李嗣源入城，与赵在礼合，率兵而南，遂得为帝，是为后唐的明宗。后唐废帝李从珂、后周太祖郭威，其被拥立，如出一辙。同样的，将校自身，亦由士兵拥立。五代的骄兵悍将，不听命令，不守纪律，要算是古今中外最没有节制的军队了。

六、五代君主之中，以后晋的石敬瑭最为无耻。石敬瑭娶后唐明宗的侄女永宁公主，既谋叛变，遣间使求援于契丹，令桑维翰草表，称臣称儿，约事成之日，割卢龙一道及雁门以北诸州。刘知远谏说："称臣可矣，以父事之太过。厚以金帛，自足以致其兵，不必许其土田，恐异日大为中国之患，悔之无及。"石敬瑭不听，遂割让燕云十六州。屏障华北的天然国防线遂致尽握外族之手，直抵黄河北岸，无险可守，使中国受制于外族，垂四百年。非石敬瑭的智略，不及刘知远，实因石敬瑭洞明契丹的野心，非如此不足引诱其助己。国家的长策，人民的生理，皆非所计。闻悉赵德钧赵延寿父子亦通款契丹，亟使桑维翰再往输诚，竟至长跪耶律德光的帐前，自旦至暮，涕泣哀求，则更不成话说了。

七、五代的君主，以后周世宗柴荣较成气候。柴荣的姑母是后周太祖郭威的原配，郭威无子，养柴荣为己子。郭威死，柴荣嗣立。柴荣知道州县官吏的贪鄙，了解当时民间的疾苦，惩贪污，轻赋税，讲书史，勤内治。柴荣亲征刘承钧，发现诸将中有作战不力，立即诛杀樊爱能以及所部军使以上七十余人，自是骄将惰卒，始知所惧。显德元年，打败北汉契丹的联军于高平。二年，伐后蜀，取得秦、成、凤、阶诸州。三年，伐南唐，尽有江北的濠、泗、光、寿、滁、和、舒、庐、蕲、黄、海、楚、杨、泰十四州。六年，北伐契丹，收回瀛、莫、易三州，正拟进围幽州，因疾而崩。后周世宗在位六年，颇有一番新气象。中原百姓，喁喁望治，闻到凶讯，无不哀悼。是知扭转政治的风气，争取人心的归向，亦非大难，要在严惩贪污与整肃军纪。二者若成，余事皆可计程而行。

八、契丹的太宗耶律德光，貌严重而性宽仁。太祖阿保机尝谓："是儿必兴我家。"观其统率诸蕃，屡征中原，玩弄石敬瑭、赵延寿、杜重威辈于指掌，亦属一时的人杰。石敬瑭死，石重贵称孙而不称臣。耶律德光亲领大军入开封，服通天寇，纱绛袍，登正殿，爰百官的朝贺，……立于文武班中，俨然蕃汉共奉的天子！可惜他以契丹将领为中原王朝各地的节度使（刺史），以致人情不洽；纵容契丹的骑兵四出打草谷，遂使城乡成墟；搜刮京城及近州的财物，造成民不聊生；于是义兵四起，被逼北归。耶律德光富有容人的雅量，军事的谋略，其于政治的运用，仍然是幼稚的角色。以少数民族入侵广土众民的地区，其有不用当地的人才，不以平等对待当地的土著，而能维持良好的秩序？其有放纵军士，四出扰民，破坏生产，而不激起各地的民变？武力为国家独立的保障，立国于人类的社会，必须保有强大的武力，其理甚明。然武力必须服属于政治，接受政治的指导，才能发挥其保国卫民的作用，更属昭然。

九、契丹虽处北荒，由于阿保机的宠信韩延徽，耶律德光的礼遇张砺，汉化颇深。契丹的官守官称，大部仿效汉制。中原的书籍，大都被译成契丹文字。到后来，契丹亦建筑有孔子庙，并且还实行中原的科举制度。中原的书画与诗词，更为契丹皇室所喜爱。契丹汉化之深，已经到了非常认真的程度。有谓契丹（辽）日后的文弱，卒为大金所破，乃是由于完全汉化所致。这是一个似是实非的论断。所谓汉化，指的是接受中国儒家的孔孟之道与过着农耕生活。儒家教人尊天敬祖，力田耕稼，和睦邻里，忠勤王事，这与文弱何关？凡是一个新兴的民族或国家，质朴而有朝气，一经接触儒学，便能培养其安分尽己，团结合作，友爱国人，忠勤王事的风尚。北魏的孝文帝，北周的宇文泰，或汉化，或复古，效验甚明。建国的时日稍久，就难免发生国戚、大臣、亲幸或将军的争权夺柄。在夺权的意念驱使下，道德仁义，摒弃不顾；使用不正当的手段或方法，争逐权位，骄奢淫逸，尽情享乐，就成为必然的不可避免的趋势。尔诈我虞，形成风气。贪图享受，举国皆然。没有人再肯舍己为群，奉献牺牲。下焉者忍辱偷生，苟全性命。文弱之风，由此而成。这是中外历史发展的通则，何关汉化？

十、吴越偏安浙江，后蜀远处西陲，南唐位于长江的下游，这三个国家的经济和文化发展，都远较并时诸国为进步。这三个国家的黎民百姓，亦较少遭逢战祸的涂炭，在混乱的五代十国时期，未始不是一件值得欣慰的事情。此后的中国历史，江苏、浙江和四川，人才辈出。宋以后的中央政府，多数仰赖江南财物的供应。推原究始，不能归功于李升、钱镠和孟知祥的保存地方元气。钱镠少为无赖，李升幼年孤寒，孟知祥弱冠成名，三人的出身虽然不同，都能因缘时会，割据一方。及至自立为帝，决志行善，保觅安民，致力于经济与文化的繁荣，使当时与后世，皆蒙其利。李升、钱镠、孟知祥三人，不失为造福人民的英杰。

第十二章

贫弱的大宋帝国

自宋太祖赵匡胤于建隆元年黄袍加身，到帝昺祥兴二年投海死，凡三百一十九年，约当公元九六〇至一二七八年。汉、唐、宋三代，均为汉族政权的统一时期。汉唐强盛，两宋贫弱。在汉唐的时代，居住中原的汉族，武功盖世，诸边疆民族都曾纳贡称臣，愿为藩篱。在两宋的时代，居住中原的汉族，趋于文弱，诸边疆民族却都相形崛强，屡加侵凌。卒至北宋亡于金，南宋亡于元。唯两宋的文治修明与经济开发，仍然多有足称。

第一节　赵匡胤的开国

后周世祖柴荣，志欲收复燕云，统一海内，招募天下的壮丁充禁军，称为殿前班，以赵匡胤为殿前都检点。赵匡胤，涿州人，容貌伟雄，情性豪爽，专喜骑马，复好射箭，少年阔达，有安邦定国之志。与韩令坤、慕容延剑交往最密，联成知己。壮年投效郭威，披坚执锐，所向有功。柴荣嗣立，竟命他人典禁兵。显德六年，世宗崩，子柴宗训嗣立为恭帝，年才七岁。皇太后符氏，继姐为后，入宫未几，年才二十余岁。明年元旦，忽报北汉联络契丹为寇，赵匡胤奉命抵御。大军行到陈桥驿，哗然兵变，禁军的将士石守信、高怀德、赵匡义、赵普等以黄袍加赵匡胤身，拥立其为皇帝。赵匡胤回师大梁，改国号宋，是为宋太祖。

宋太祖即位的时候，尚有后蜀、南唐、南汉、北汉、吴越、荆南六国，割据边郡，然均非弱即乱。宋太祖为完成统一，自建隆元年至开宝八年，十六年间，用兵灭平荆南、后蜀、南唐、南汉。宋太宗赵匡义继立，吴越王钱俶于太平兴国三年，举国来降附。太平兴国四年，又平灭北汉。

禁军将士石守信等以黄袍加赵匡胤身，乃是五代以来军士拥立皇帝的第四次。赵匡胤即皇帝位，亟谋所以收拾“镇将做天子”的危局。建隆二年，调慕容延钊为山南道节度使，撤去殿前都检点一职，不复除授。复因晚朝，与石守信、王审琦、张令铎、赵彦徽等酣饮，宋太祖屏退左右，叹道：“朕非卿等不及此，然天子亦大艰难，殊不若为节度使之乐，朕终夕未尝敢安枕卧也。”（陈邦瞻《宋史纪事本末·卷二·收兵权》）石守信等离座请问其故，宋太祖说：“是不难知，此位谁不欲为？”石守信等顿首：“陛下何出此言？今天命已定，谁复有异心？”宋太祖说：“卿等固然，其如麾下欲富贵何？一旦有以黄袍加汝身，汝虽欲不为，其可得乎？”石守信等泣谢：“臣等愚不及此，惟陛下哀矜，指示可生之途。”于是宋太祖说：“人生如白驹过隙，所以好富贵者，不过欲多积金钱，厚自娱乐，使子孙无贫乏尔！卿等何不释去兵权，出守大藩，择便好田宅市之，立子孙永远不可动之业，多置歌儿舞女，日久饮酒相欢，以终天年。朕且与卿等约为婚姻，君臣之间，两无猜疑，上下相安，不亦善乎？”石守信等皆谢：“陛下念臣等至此，所谓生死而肉骨也。”明日，石守信等皆称疾，乞请罢去兵柄。宋太祖听从，准石守信等皆以散官就第，赏赐极为优厚。另派资浅的新将，代掌兵权。

乾德元年，王彦超及诸藩镇入朝，宋太祖赐宴于后苑，酒酣，从容说道：“卿等皆国家宿旧，久临剧镇，王事鞅掌，非朕所以优贤之意也。”（陈邦瞻《宋史纪事本末·卷二·收兵权》）王彦超已经懂得宋太祖的用意，即前避席跪奏：“臣本无勋劳，久冒荣宠，今已衰朽，乞骸骨，归丘园，臣之愿也。”宋太祖离席亲扶，并加嘉慰：“卿可谓谦谦君子。”宏远节度使武行德、护国节度使郭从义、定国节度使白重赞、保大节度使杨廷璋，个个都诉说自己往昔追随的勋劳，以及艰苦作战的经历。宋太祖说："此异代事，何足论？"明日，将他们全部罢去节度使，留在京师奉朝请，另派文臣接替他们的职务。

宋太祖的开国创制，或为矫正五代的弊政，或为沿袭五代的陋规。而其基本的原则，则是相互牵制，不使再出现权力强大的朝臣和藩镇。中央政府设同平章事，为正宰相，居中书省政事堂，总理政务。有参知政事，为副宰相。有枢密使，居枢密院，掌军务，与宰相分主文武，并称二府。有三司使，即盐铁、度支、户部，管理全国财政，地位低于二府，却有其独立行政的性质。此外，有省、台、部、寺、监、院等名位，实际上只以名位领俸，并不管事。分全国为十五路，设节度使、防御使、大都督、刺史等，但亦都是名位，不负实际责任。实际管事的，都由中央临事派遣，经略使管军民，转运使管财政，按察使管刑狱，常平使管物资。路下分府、州、军、监及县，长官称知府、知州、知军、知监、知县事。宋太祖又以文官为通判，掌理军民，凡事可以专呈中央，以分知府、知州的职权。

乾德三年，宋太祖"命诸州度支经费外，凡金帛悉送汴都，无得占留"。（陈邦瞻《宋史纪事本末·卷二·收兵权》）"凡一路财物，置转运使掌之。虽节度、防御、团练、观察诸使及刺史，皆不得预签金谷之籍，于是财利尽归于中央。"自中唐以来留使留州聚敛自赡的弊端，从此根绝。

五代的时候，藩镇枉法杀人，朝廷置而不问。宋太祖认为人命至重，不当如是。乾德三年，诏命"自今诸州决大辟，录案奏闻，付刑部详覆之"。（陈邦瞻《宋史纪事本末·卷二·收兵权》）刑辟之权，从此亦收归中央。宋朝的刑罚分五等，笞、杖、徒、流、死。然于当流者，往往加杖或配役。有刺配法，既杖其背，又配其人，又刺其面。有凌迟法，先断肢体，后绝其吭。惟宋代的君主大都宽厚，常有赦免。

宋太祖出身武将，对军人深怀戒惧。分全国军队为禁兵、厢兵、乡兵、藩兵四种。禁兵是皇帝的卫士，招募天下的壮健，赏给优厚。厢兵是各州的守军，供官府役使。乡兵是点抽的壮丁，充地方守卫。藩兵是归顺的部落，使防守边境。厢兵及乡兵，多不加训练。宋太祖先将全国的精兵收归中央，编为禁兵（军）。全国的真正武力，就是这二十万皇帝的禁卫兵。进而实行更戍法，经常以十万禁兵驻守京都，以十万禁兵驻守乡曲，由京师至边疆，轮番换防，时加调动，以使将不专兵，兵不专将。

宋代科举，有常贡、制举二种。制举不常举行。常贡诸州于每年秋天取士，冬季各州的士子集中京师，明年春季，由礼部考试。进士一科，试诗赋、策论、帖经、墨义。宋太祖开宝元年，发现陶谷的儿子陶邴凭势位入选进士，因命令中书复试。宋太宗淳化年间，又规定考试糊名之法，于是唐代通榜之弊，一扫而空，使中国的考试制度和门阀关系，隔离更远。宋英宗时，始定三年一试，并以诗赋取士。宋神宗时，考试经义、策论。宋哲宗元祐年间，改为诗赋与策论并行，至南宋不废。宋仁宗于京师设立国子监、大学。另有武学。路、府、州、县，普遍立学。王安石的三舍法，由外舍而内舍，由内舍而上舍。其进入上舍学业有成者，得送吏部补官，有似近代的学校。

宋太祖沿用唐的两税法，分春秋二季征收赋税。赋税的主要来源为公田，为民田，为城郭（宅税地税），为丁口，为牛、羊、革、蚕、盐等杂赋。另有矿税、山泽税、商税。宋徽宗时，征役特苛。南渡以后，增税繁多，人民的负担，较北宋时代为重。

宋太祖重视吏治。乾德二年，诏下左右近臣荐举郡守及州县的参官，不当者连坐。为安定官吏的生活，对于官吏的待遇，设想周全。在职的有厚禄。俸钱、绫绢、禄粟、衣粮、茶盐等，皆由政府优予供给。

子孙世守，有职田。退职的有恩礼，称祠禄。子孙并得无条件的补官，称荫补。

宋太祖生性节俭，行事自然。常穿衣服，浣濯至再。永康公主劝宋太祖以黄金饰肩舆，宋太祖说："我以四海之富，宫殿饰以金银，力亦可办。但念我为天下守财耳，岂可妄用？"（陈邦瞻《宋史纪事本末·卷七·太祖建隆以来诸政》）

第二节　两宋贫弱的原因

宋太祖赵匡胤和宋太宗赵匡义是同母的兄弟，均具非常的干略，在位亦久。有鉴于前代的缺失，整肃宫闱，抑制宦官，睦好懿亲，防闲戚里，罢典禁兵，理宜比隆汉唐，民富国强。事实不然。北宋一百六十七年，在宋太祖的建隆、乾德、开宝年间，统一中国，差堪威服内外。宋太宗的对辽（契丹）作战，一败于高梁河，再败于瓦桥关，三败于歧沟关与陈家谷。宋真宗与大辽盟约于澶渊，而西夏又变乱。北宋联合金人灭辽以后，继续受到金人的侵凌；南宋联合蒙古灭金以后，又为蒙古所逼迫而亡国。终北宋的时世，兵弱财困。南渡临安后的一百五十二年间，情势依然。历来对于两宋贫弱的原因，有着下列各种不同的解释。

第一，由于石敬瑭割让燕云十六州给契丹，造成国防门户的洞开。后晋高祖石敬瑭为夺取后唐废帝李从珂的帝位，不惜称臣父事契丹太宗耶律德光，既入洛阳，割让燕云十六州给契丹。其地当为今北京及天津北部、河北省的北部和山西省的一部，正是三省靠近长城的内外地带。从北华北无险可守，胡人的铁骑，可以直抵黄河北岸，中国失去抵拒塞外民族的国防线。北宋承袭后周，建都开封，所以便利江淮的漕运。但开封地当四战的位置，难以遏阻胡骑的奔驰。两宋迭遭辽、金、蒙古的侵凌，乃是石晋留下的祸害。

第二，宋太祖杯酒释兵权，削弱藩镇，将不专兵，形成将弱兵惰的局面。宋太祖因宴饮收回石守信等的兵权，改派资浅的新将。削弱藩镇，改派文臣去接替。收全国的精兵二十万为禁兵，实行更戍法。所谓更戍，乃是以二十万的禁兵，十万防守京师，十万防守边疆和要地，由京师到边疆，轮番换防，时常调动，以使将不专兵，兵不专将。更戍法实施以后，唐末以及五代将帅专横的恶习，从此清除，镇将做天子的危局，不再出现。然将领与士兵之间，因而亦不易建立强固的感情，导致将弱兵惰，难以取胜战阵。

第三，北宋优渥官吏，外输银绢，养兵日多，以致财用支应困难。中国历代官吏的待遇，以北宋最为优厚。在职的官吏，有钱俸和实物补给。退职以后，复有恩礼，名为优待老者贤者，实则不外多设闲职，予人俸给。一人当官，其子孙乃至亲戚，均得荫补。遂致冗员充积，政费庞大。北宋几次对外用兵都失利，不得不议和订盟，输辽输夏和输金的岁币，为数可观。宋太祖开国，养兵二十万人，到宋仁宗时，已经超过百万，兵员增多，需费至巨。自宋仁宗朝开始，国用已感不足。政费、输币与兵饷的压力，越到后来越严重。北宋的财用困疲，固属事理的所必然。

第四，北宋政制复杂，宰相无能，州县无权，每使兴革无以成功。宋代的中央政府，有同平章事，为正宰相，总理政务。有参知政事，为其副。有枢密使，掌军事。与宰相分主文武，并称二府。有三司使，即盐铁、度支、户部，管理全国的财政，地位虽低于二府，而有其独立的事权。宰相虽号执政，不能过问军事与财政。宋仁宗庆历年间，范仲淹的改革无成。宋神宗时，王安石变法受到名士大夫的反对。宰相欠缺制服群伦的权能，亦有以使然。以言地方政府，节度使、防御使、团练使、大都督、刺史、知州等皆是名位，不负实际的责任。实际管军民的经略使、管财政的转运使、管刑狱的按察使、管物资的常平使，皆由中央临时派遣。各州又以文官任通判，管理军民，以分知府知州的职权。地方长官权责轻，经费少，掣肘多，自然难以施展长才。驯至政事敷衍，兵备空虚。一旦胡骑侵至，非死即降。

第五，北宋重文轻武，广开言路，议论不已，无补于实际的政事。宋太祖军官出身，深恶将领的专恣。即位以后，多用文臣代武人。真宗、仁宗二朝，重文轻武，战备废弛。北宋诸帝对于上疏谏诤的言官，优渥备至。即南迁临安以后，亦是文臣的天下。两宋的士大夫莫不以出身进士为正途，以上疏建言为职志。宋仁宗明道二年，废去郭后，宰相吕夷简顺旨，中丞孔道辅率谏官范仲淹、孙祖德力谏，叩环大呼。宋英宗治平二年，诏议崇奉濮王的典礼，司马光以为不宜追尊生父为皇帝，欧阳修以为可尊为皇考，王珪、韩琦等以为宜尊称皇伯，相持不下。实则，废后是皇帝个人的私事，濮议不过皇帝所以不忘其本生父，究非军国大事，影响千秋安危，何劳诸儒议论盈廷，意气非凡。无怪后人讥评：宋人议论未定，金兵已经渡河。

第六，自宋太祖以后，北宋缺乏豁达大度的君主，非失忮刻，即失懦弱。宋太祖赵匡胤虽尽收诸宿将的兵权，然甚重视命将守边。凡军中的事情，诸边将都有许从便宜的权力。郡中的财政，悉数授与。其家族在京师者，抚慰甚厚。每来朝，宋太祖必召对命坐，赐以酒食。由是诸边将皆富于财物，能够养募死士，使为间谍，洞知敌情。每有入寇，必能先知，预为防备，自此累年无西北的边患。宋太宗赵匡义即位，性稍猜忌，有输于太祖的推诚。宋真宗、宋仁宗，性格懦弱，统兵驭将，非其所长。宋神宗以宦官李宪为统帅，徒知结纳弄权。宋徽宗宠信童贯、高俅，军政败坏。纵有智勇的良将，亦难望其有所作为的了。

第三节　北宋的变法与党争

宋太宗迭遭契丹（辽）的侵凌，对于西夏的用兵亦失利。宋仁宗以后，“财不足用于上，而下已疲；兵不足威于外，而敢骄于内。”有识者咸知非改弦易辙，无以图强。

宋仁宗庆历三年，以范仲淹为参知政事。范仲淹退而上书，提出“明黜陟，抑侥幸，精贡举，择长官，均公田，厚农桑，修武备，推恩信，重命令，减徭役。”（陈邦瞻《宋史纪事本末·卷二十九·庆历党议》）宋仁宗悉予采用，皆以诏书颁行。宋仁宗复以富弼为枢密副使，富弼“上当世要务十余条及安边十三策，大略以进贤退不肖，止幸侥，去宿弊，欲渐易监司之不才者，使能澄汰所部吏”。韩琦为陕西宣抚使，亦数次上书言事。宋仁宗虽然都加嘉纳，但因所议论的范围太过广泛，一般人总认为难以推行。其后，按察使对于各地的官吏多所举劾，众心不悦。任子的恩薄，磨勘的法密，侥幸者咸感到不方便，于是谤毁浸盛。反对者还利用“朋党”的帽子，不断地渲染攻击。庆历四年，出范仲淹为陕西河东宣抚使，富弼为河北宣抚使。

宋神宗即位，锐意图强。熙宁二年，以王安石为参知政事。王安石少负盛名，慨然有矫世变俗的志意，既然执掌政治的大柄，遂提出财政、军事与教育的改革方案。

财政改革的目的在富国。先事清理财政的积弊，次求增加国库的收入，进而培养社会的富力。办法有七：一为设置三司条例司。由宰相摄领，考核度支、盐铁、户部三司的簿籍，决定废置之宜。二为农田水利。遣使分行各路，相度农田和水利。三为均输法。下令江、浙、荆、淮的转运使，假以钱货，预知在京所需的物资，得由政府贮购，制其有无。四为青苗法。以诸路常平广惠仓的钱谷，贷予愿借的民户，令出息二分，俟谷熟秋收后纳还。五为免役法。计考人民的贫富，令输免役钱，政府以此款另募无业的人民去服役。六为市易法。置市易务于京师，凡民间滞销的货物，由政府平价收买，或易以官物。人民以田宅金帛为抵押者，由政府贷钱取息。七为方田均税法。以东西南北各千尺，当四十顷六十亩一百六十步为一方，量地辨色，视土质的高下，分为五等，以定税则。

军事改革的目的在强兵。采取精兵主义，改革军政，逐渐恢复征兵制度，并以保甲作为巩固国防的基础。办法有五：一为裁汰冗兵。不能任禁军者降为厢军，不能任厢军者取消其兵籍。二为改定番戍。宋初收四方的劲卒，悉隶禁军，分番外戍，遂致兵将不相识。至是改为部分诸路，各自为将，总隶京师。诸路分别训练，以使兵将相习。三为保甲法。民户十家为一保，有保长；五十家为大保，有大保长；十大保为都保，有都保正副。每户有两丁以上者，选一人充保丁，授以弓弩，教以战阵，有事则征发。四为保马法。保甲须马供者，政府给予一匹或二匹，或给其值令自市马，除逐盗驱寇而外，乘越三百里者有禁。每岁阅视一次，死病者必须补偿。五为改良军械。置军器监，掌理军械，谋武器的改进。

教育改革的目的在培养人才。一为变科举。自唐以诗赋、帖经、墨义取士，考试中选的士子，多有不通时务。至是考试经义、策论。二为置三舍。于京师的太学，设外舍、内舍、上舍。其进入上舍学业有成者，得送吏部补官。三为设学校。全国的各州县，皆令兴办学校。

王安石得到宋神宗的知遇，一直执政到熙宁九年。义勇保丁已经达到七百余万，养兵的费用大为省减。得田三十六万顷，地利尽而国家的财税亦增加。免役法行，百姓称便。然当时老成持重的大臣，却又议论滔滔，群起反对，谓王安石“改变祖宗法度，培克财利，民心不宁”，（陈邦瞻《宋史纪事本末·卷三十七·王安石变法》）讥其“急政重敛，与民争利”。

由于王安石的变法，朝臣时起争议，俨然分为新旧的两党。新党多为赞成王安石变法的新进官吏，如吕惠卿、章惇、曾布、蔡京、蔡卞等人。旧党多为反对王安石变法的保守大臣，如司马光、范纯仁、吕大器、韩琦、苏轼、程颐、刘挚等人。自宋神宗至宋徽宗朝，为时五十余年。当皇帝年幼，皇太后临朝，必旧党执政，尽排新法。当皇帝长成亲政，必任用新党，复行新法。

旧党之中，司马光为名义上的领袖。但程颐、苏轼、刘挚等人，意见亦未必一致。宋哲宗元祐年间，高太后临朝，司马光为宰相，尽废新法，悉复旧制，苏轼便表示异议，反对废除免役法。等到宋哲宗亲政，任用吕惠卿、章惇、蔡卞、蔡京，复行新法。对于元祐年间的诸臣，生者谪徒远窜，死者削爵夺谥，得罪者多至八百余人，于是政见之争，一变而为私仇的报复。宋哲宗死，宋徽宗立，向皇太后执政。复用旧党，以范纯仁、韩忠彦为相，昭雪元祐诸臣，章惇等人以罪免官。宋徽宗亲政，专相蔡京。蔡京执掌朝政将近二十年，愈益排斥异己，列司马光等一百二十人为奸党，立党人碑。

第四节　北宋的边患

辽即前代的契丹。后晋开国的次年，契丹太宗耶律德光改国号为辽。在北宋时俨然大国，设有北面官与南面官。北面官统领契丹各部落，南面官治理汉人。自契丹太祖耶律阿保机开始，皇帝和贵族虽然仍旧过着行帐的生活，却都会说中国话，读中国书，喜爱中国的诗画；并且建有孔子庙，尊荣儒生，实行科举选士的制度，汉化的程度颇深。

宋太祖一心安内，对辽采取守势。宋太宗击灭北汉，想乘机收复燕云。太平兴国四年，宋兵攻辽，取涿州，围幽州，与耶律沙大战于高梁河，耶律休哥来援，宋兵大败，太宗乘驴车走免，丧失了无数的资械。次年，宋太宗再次攻辽，战于燕云两州，辽兵进围瓦桥关，耶律休哥渡河来攻，追宋军至莫州而还。雍熙三年，宋太宗命曹彬、米信由雄州取涿州，辽将耶律休哥守幽州，断绝宋兵的粮道，曹米两军食尽同退，休哥进至歧沟关，追着宋军。宋军无心恋战，随势退却，沿途弃甲抛戈，不可胜数。好容易奔至沙河，埋锅造饭，辽兵已经追到，于是弃食忍饥，渡河南走，河中尸首填满，河水为之不流，委弃战仗，积同山丘。与曹彬进取幽州的同时，另一军由太原进取朔云，闻曹彬军退易州，潘美乃还代州，徙云、应、朔、寰四州吏民，分置河东京西。潘美命杨业保护人民内徙，碰上耶律斜轸的伏兵，杨业战死陈家谷，边境大震，将吏弃域而遁，自是辽势愈炽。

宋真宗景德元年，辽兵大举入寇，掠滦州，围瀛州，逼冀州，直抵澶州，跃兵于黄河的对岸。内外大臣，莫不惊惧。王钦若建议迁都金陵，陈尧叟主张驾幸成都。独丞相寇准力主真宗亲征。真宗兵发京师，进次澶州北城，亲御城楼，宋军望见御盖，高呼万岁，声闻数十里。辽知宋师有斗志，遣使持书请盟。宋遣“曹利用往议岁币，以银十万两，绢二十万匹成约而还”。（陈邦瞻《宋史纪事本末·卷三十一·契丹盟好》）南朝（宋）为兄，北朝（辽）为弟。交为誓约，各解兵归，是为澶渊之盟。

澶渊会盟后，自景德元年至宣和四年，宋辽勉强维持和平一百一十八年。然辽每趁宋有外患的时际，从中要挟勒索。如宋仁宗庆历二年，约定每岁增加银绢各十万。如宋辽分境，本以古长城为界。宋神宗熙宁八年，辽使萧禧坚请改以慰、荆、应三州的分水岭作为两国的分界线。宋不堪其扰，后来走上联金驱辽的道路。

西夏姓拓跋氏，属鲜卑族。唐末，拓跋思恭助唐平灭黄巢，有功封夏州节度使，赐姓李，为夏国公。历五代至宋，均臣属中国。太平兴国五年，夏国公李继捧率领所部纳土入朝，居京师，宋太宗赐名赵保忠。辽封其弟李继迁为夏王，妻以宗女。李继迁挟持辽的声势，恢复故有的土地。宋真宗咸平五年，攻陷灵州，定为国都。六年，李继迁引兵攻西番，中流矢而死。子李德明立，于景德三年奉表归顺，封西平王。宋仁宗明道元年，李德明死，子元昊立，雄毅有权略，号令严明，攻破西番、回鹘，据有今宁夏、陕西、甘肃的大部分地方，国势益强，与宋辽形成鼎足的形势。

李元昊深慕汉化，模仿中国的文物制度，改革政府的组织形态，命官蕃汉并用，于是不得志的汉人多往投效。李元昊于宋仁宗宝元元年称帝，国号大夏，都兴庆（银川）。庆历元年，李元昊打败宋军于好水川，沉没将士万余人，西夏气焰大盛。其后宋将范仲淹实行坚壁清野的战略，西夏渐困。庆历四年，李元昊上表称臣，宋仁宗册封“李元昊为夏国王，仍赐对衣黄金带，银鞍勒马，金二万两，绢二万匹，茶三万斤”。（陈邦瞻《宋史纪事本末·卷三十·夏元昊抗命》）宋另每年赐西夏“银七万二千两，绢十五万三千匹，茶二十五万五千斤”。自李元昊叛变，到此十年，总算获得暂时的平息。庆历八年，李元昊为其子谅祚所弑，李谅祚号毅宗，宋亦封为夏国王。宋英宗治平四年，李谅祚死，子李秉常立，号惠宗，又复入寇。宋神宗元丰四年，宋遣宦官李宪出熙河，种谔出鄜延，高遵出环庆，刘昌祚出泾原，王中正出河东，五路伐西夏，西夏以轻骑拦绝宋军的粮道，又决河水淹没宋营，宋军大败。元丰五年，宋命徐禧筑永乐城，赐名银川砦，距故银州二十五里，地当银川要冲，为西夏人所必争。西夏来攻，以铁鹞子军渡河，纵横驰骤，如入无人之境，宋军大溃，徐禧败死，丧亡将校数百，士卒夫役二十余万。西防的军储，损失殆尽。

金人本名女真，鸷劲沉雄，勇悍善战，臣属辽国。辽人尝言女真兵满万，便不可敌。传到阿骨打的时候，已经非常强盛。辽国的天祚帝（延禧）终日畋猎，荒淫无度，政事败坏。每年派出使者征集名鹰海冬青，用以擒获天鹅，使者骄横，道出女真，往往需索无厌，苛扰女真的全境。阿骨打素怀大志，于宋徽宗政和三年叛辽，乘机独立。政和五年称帝，国号金，定都会宁（阿城），是为金太祖。自此与辽作战，每战皆胜。

宋徽宗宣和元年，金遣使臣入宋。宣和二年，宋遣赵良嗣去答礼，约金灭辽。宣和四年，双方约定以长城为用兵的界线，南北夹击，宋取辽的南京（北平），金取辽的中京（平原）。议定灭辽以后，宋将每年输辽的银绢移赠于金，宋则收复燕云十六州的失地。金兵既出击，直薄中京，旋下西京（大同），继又攻陷东胜诸州。宋师虽出，却一再失利。卢沟一役，宋军大败。童贯恐惧战败获罪，密遣使者向金求助，请他夹攻燕京，金兵遂再分三道进军。辽虽以劲兵扼守居庸关，不料崖石无故坍下，压死多人，大众哗然退走；等到金兵来攻击，不战而溃，金兵入关下南京，辽亡。辽自阿保机开国，传九主，凡二百一十九年。宋请如约，金人却借口宋兵的失期，不肯履约。宋不得已，只好再送金人海岁燕京（北平）代税钱一百万缗。金人以燕京及蓟、景、檀、顺、涿、易六州二十四县的地方，归还给宋国。所有山后诸州及西北接连的一带山川，概为金有。

宣和七年，金太宗吴乞买嗣立，借端侵略宋境，攻克朔代二州，直下太原，河东路燕山路亦遭兵祸。宋徽宗大惧，下诏罪己。接受李纲的建议，传位给儿子宋钦宗。金兵渡过黄河，进围汴京。李纲、种师道主张固守待援，李邦彦、耿南仲主张和议，宋钦宗采纳和议，命李棁与金议和。宋“输金五百万两，银五千万两，缎百万匹，牛马万头为犒赏费。尊金帝为伯父。割让太原、中山、河间三镇。并以亲王宰相为质。”（陈邦瞻《宋史纪事本末·卷五十六·金人入寇》）为履行此一和约，宋国的金银殆空，自称“侄大宋皇帝，以张邦昌为计议使，奉肃王枢为质以求成”。金兵围汴京三十日，然后北还。

宋钦宗靖康元年，金兵二次南下。靖康二年，粘没噶、斡离不攻破汴京，掳去徽宗、钦宗二帝，置黄龙府，封为昏德公及重昏侯。所有赵氏宗室王孙以及宦门士族被俘北去者三千人，尽供金人的役使和虐待。史称靖康之难，北宋亡。

第五节　南宋的苟安

金人不想直接统治中国的人民，于是立张邦昌为楚帝，把黄河流域以南的土地，全部予楚，指定建都京陵。黄河以北的地区，并为金有。金兵既退，张邦昌不为中国人所归附，接受吕好问的规劝，自去伪号，恭迎宋徽宗的第九子康王赵构为皇帝，即位于南京（商丘），改元建炎，是为南宋的高宗。其时长江的南北、河南、陕西，仍为宋国所有；山东、河北、河东，亦未完全失去；各地的义军纷起，大势尚有可为。宋高宗初以李纲为宰相，宗泽为汴京留守，张所招抚河北，傅亮经略山西，韩世忠、岳飞、张浚，俱为一时的名将。李纲和宗泽力主还都汴京，高宗迟疑不能决。适值金太宗吴乞买下诏伐宋，河北州郡多被攻陷，汪伯彦、黄潜善趁机进言，宋高宗南走避扬州。李纲、张所罢职，宗泽忧愤成疾，疽发背死。金兵分三路南犯，河南山东尽失，宋高宗渡江奔杭州。

宋高宗建炎三年，金兀术率领大军来追赶，一路破金陵、临安、明州，宋高宗渡海走台州、温州。金兀术以江南的天时地利不利，后路复受威胁，饱掠之后，将所有金帛财物装载了数百车，取道秀州、平江、常州、镇江，率部北归。韩世忠邀击于镇江的黄天荡，金兀术凿通秦淮河，自江宁渡江北走。

金人知道灭宋的不易，又于建炎四年立刘豫为齐帝，初都大名，后徙汴京。刘豫自称子皇帝，禀承金人的意旨，屡次出兵伐宋，均为岳飞、韩世忠所击败。绍兴七年，金兀术认为刘豫既不能大举侵宋，又不足以为金的屏障，废去刘豫。

金人于立刘豫的同时，放回宋臣秦桧。秦桧携妻王氏航海至越州，诈言杀死监守，夺舟逃归。绍兴元年，宋高宗以秦桧为宰相，秦桧竟主张以中原归刘豫，河北归金。宋高宗不满，反问秦桧："朕乃是北人，又将谁归？"将其罢职。其后的几年，吴玠、吴璘、岳飞、刘光世、张浚、韩世忠屡败金兵，东起淮河，西至仙人关，已经形成对垒的局面。会王伦自金归南，入报高宗，谓金人许还梓宫及韦太后，且许归还河南地。高宗大喜，乃以力主和议的秦桧为尚书右仆射。时岳飞已奉诏返鄂，上言："金人不足信，和议不足持，相臣谋国不臧，恐贻讥后世。"绍兴九年，和议将成，岳飞又上言："颐策全胜，收地两河，唾手燕云，终欲复仇报国，誓心天地，尚令稽首称藩。"绍兴十年，金兀术大举来寇，自黎阳趋河南，势如破竹，岳飞先以背嵬军击败金兀术的铁军拐子马于偃城，追破于朱仙镇，于是自燕以南，金的号令不行。金以南犯不利，扬言将立宋钦宗于汴京。宋高宗大惧，再用秦桧为宰相，重开和议。绍兴十一年十一月，宋金订立和约。"宋金以淮水中流为界，自淮而西，以唐邓二州界南四十里为界。"（陈邦瞻《宋史纪事本末·卷七十二·秦桧主和》）"宋高宗对金熙宗（合剌）奉表称臣，受金册封为皇帝。宋向金岁银二十五万两，绢二十五万匹。金归还徽宗梓宫，与高宗生母韦氏。"

秦桧得到宋高宗的支持，力主和议，恐诸将不听命令，先行召还张俊、杨沂中、韩世忠，并且上言宋高宗，说岳飞孤军不可久留。宋高宗于是一日内连发金牌十二道，岳飞不得不自偃城引军还。河南新光复的诸州，又复归金人所有。秦桧进且牢宠张俊、万俟卨等，"诱王俊诬告副都制张宪谋据襄阳，还飞兵柄"，（陈邦瞻《宋史纪事本末·卷七十·岳飞规复中原》)捕岳飞父子下狱查证。秦桧“手书小纸付狱吏，即报飞死，时年三十九，子云弃市，籍家资，徙家岭南”。“方狱之将上也，韩世忠不平，诣桧诘其实。桧曰：岳飞之子岳云与张宪书虽不明，其事莫须有。忠曰：莫须有三字，何以服天下？”岳飞被害，战士含悲，就是一般平民百姓，亦莫不义愤填胸。南宋治下的官民，咸知不复有光复中原的希望。

其后，宋金间维持了二十年的和平。南宋君臣苟安，且把杭州作汴州。秦桧排斥忠良，粉饰太平，劝宋高宗立太学，耕籍田，修举弥文，殆无虚日。而且贿赂公行，富可敌国，外国珍宝，死犹及门。秦桧专擅国政十五年，其势渐不可制。宋高宗虽然不耐，一切举措，辄受劫制，而无可如何。绍兴二十五年，秦桧病死。

绍兴十九年，金海陵王亮弑金熙宗自立，大杀宗室，荒淫妇女。绍兴三十一年，海陵王亮迁都汴京，举兵六十万，南下伐宋，尽陷长江以北的诸州，兵锋直抵长江的北岸，被虞允文击败于采石，再挫于京口。其时金世宗马禄已经自立于辽阳，定都燕京。海陵王亮遂陷于进退失据的危局，为其部下所弑。

宋孝宗立，与金世宗并称英主。宋孝宗志切恢复，命将北伐，符离一役，宋师败绩。乾道元年，和议再成。恢复绍兴十一年所划的国界，宋不复对金称臣，敢呼金主为叔父，诏表变更为国书，宋对金的岁币，银绢各减五万。是后四十年，宋与金未再交兵。

宋宁宗扩立，以赵汝愚为相，起用道学家朱熹为侍讲。自北宋仁宗朝开始，泰州胡瑗（安定）、晋州孙复（泰山），都以圣贤高自期许，聚徒著书，或教授吴中，或隐居泰山，大抵以儒家的孔孟之道为中心，参合老庄的玄理，佛氏的性灵，而以讲求个人的道德修养，作为做人处世的起点，进而尽力做好官吏，治平天下。范仲淹、欧阳修、司马光、邵雍、周敦颐、张载、程颐、程颢、苏轼、王安石、朱熹、陆象山辈先后继起，砥砺品德，出仕问世。道学是有识之士对儒学的再一次统整合发展，一方面吸收了老庄和佛学的精华，一方面亦思痛改李唐以来士人竞逐利禄的风尚。是以宋明的道学之士，莫不砥砺品德，学为君子。朱熹奉命就道，途次即上奏读，请斥近幸，用正士。及入对时，复又劝宁宗随时定省，勿失天伦。朱熹每进讲，务积诚意，感动上心，宋宁宗亦稍稍嘉纳。其后以韩侂胄为相，排斥赵汝愚和朱熹，严禁道学，指其学为伪学，指其党为逆党。党禁既兴，六经、论语、孟子、大学、中庸皆垂为世禁，朝右无正士，所有宰辅以下，统是韩家门下的走狗。后来韩侂胄为清议所不容，极思对外建功以自固，适值金章宗麻达葛沉湎酒色，不修朝政，兵刑废弛，士卒疲敝，遂于开禧二年伐金，各路皆溃败。开禧三年，金兵进陷淮南，攻取扬州。宋宁宗杀了韩侂胄，与金重订和约。宋改以伯父礼事金，增加岁币银为三十万两，绢为三十万匹，并且一次付给金的犒军银三百万两。金将所攻略的土地，归还宋国。

宋理宗绍定五年，蒙古太宗窝阔台遣王檝来议夹攻金人。蒙古许成功后，以河南的土地归宋。绍定六年，金汴京西帅崔立叛降蒙古，后妃等五百余人俘送苏鲁特军前，道途的艰楚，有甚于徽钦二帝的北走黄龙府。金哀宗走蔡州。端平元年，孟珙与蒙古兵合围蔡州，蒙古军从西门入，宋兵从南门进，金哀宗守礼自缢而死，金末帝承麟亦为乱兵所杀，金亡。金自太祖阿骨打开国，传十主，凡一百二十年。

宋理宗宠爱贾贵妃，妃弟贾似道开始当国。景定四年，行限田的制度，置公田。其法“以官品计田亩，将官户田亩逾限之数，抽三分之一，回买以充公田，每岁以公田所收的租米，资为军饷。”（陈邦瞻《宋史纪事本末·卷九十八·公田之置》）景定五年，“行经界推排法于诸路，由是江南之地，尺寸皆有税。”宋度宗立，昏庸过于乃父，因为贾似道有定策功，益加礼遇，特授太师，封魏国公，每朝必答拜，称师相而不名。贾似道好游博，喜燕饮，聚娼妮，斗蟋蟀，治第葛岭，作半间堂，筑多宝阁，淫乐嬉戏。他并且利用官爵来牢笼当时的名士，以故言路亦断绝。

金亡后，宋与蒙古接壤，立即遭到蒙古的侵凌。宋理宗宝祐六年，蒙古宪宗蒙哥率军南侵，其弟忽必烈围攻鄂州，贾似道遣宋京去蒙古的军营，请求称臣纳币。忽必烈因为蒙哥死于合州，必须北还争大位，允许宋每岁奉银二十万两，绢二十万匹，然后退兵。贾似道上奏，佯言大捷。景定元年，忽必烈即蒙古帝位，称元世祖，遣派使臣郝经来索取银绢。贾似道恐怕事泄，幽禁元使。忽必烈再遣使臣追问，贾似道仍不答复。宋度宗咸淳九年，忽必烈改国号为元，遣史天泽益兵进攻襄阳，宋守将吕文焕出降。次年，度宗殁，恭帝㬎立，年才四龄，全太后临朝。元将伯颜领兵南下，以宋叛将吕文焕为向导，势如破竹，沿江守军均迎降。贾似道兵败，谪为高州团练使，被监理官郑虎臣杀于漳州的木棉庵。元军向临安推退，全太后上表称降。

文天祥、张世杰、陆秀夫等拥立益王昰于福州，称宋端宗。元兵随后赶到，张世杰、陆秀夫等又奉宋端宗、广王昺、杨太后及军民数十万人，由海道往奔泉州。一行于乘船赴井澳的途中，不幸遇到台风，宋端宗受惊而死，年才十一岁。张世杰、陆秀夫等又立广王昺于硇州，走往崖山。派文天祥驻守潮阳，抗拒元兵。元兵追至，文天祥被执，俘送北京，不屈成仁。文天祥的《衣带赞》，大书三十二字：“孔曰成仁，孟曰取义。惟其义尽，是以仁至。读圣贤书，所学何事？而今而后，庶几无愧。”元世宗连读连叹：“好男子！好男子！可惜不肯为我所用，现在死了，奈何！”元兵进迫崖山，陆秀夫背负八岁的广王昺投海死。

张世杰、杨太后突围出海，希望找寻帝裔，延续宋祚，又遇台风，船没俱死，南宋亡。

第六节　评鉴

一、北周世宗柴荣病殁，儿子柴宗训嗣立，年才七岁。赵匡胤为殿前都检点，掌握全国的精兵，取代前朝，已成定局。黄袍加身后，所以能够长延国祚，不若五代的短促，原因有三。第一，他以杯酒释兵权的手法，免掉禁兵的老将，罢去资深的藩镇，使得像他自己一样握有全国精兵的大军阀，不再出现。第二，他用文官替代武官充当地方的长官，并且以通判为知州知府的副贰，掌理军民，可以上奏朝廷。地方官权轻而分，自然不会威胁中央。第三，宋朝的皇帝，莫不重视科举，虽武官，亦以出身进士为正选。两宋科举出身的士人，大都受过道学，亦即理学的熏陶。出仕以后，德行良好，政治修明。影响所及，社会风气为之一变。忠君爱民的观念，深入人心。中原民族精神与道德，大非五代之比，维系了政治与社会的安定。

二、宋太祖开国，养兵二十万，宋仁宗庆历年间，养兵一百二十万。兵额虽增五倍，可用之兵反少，复以兵多，养兵之费甚巨。兵弱财困，北宋遂亡于异族。盖因宋朝的开国辅臣如赵普、王溥，多为不学之辈，气魄既不够宏伟，思虑亦有欠周密。所以制度规模，不及汉唐。舍弃汉周的征兵制，沿袭后周的募兵制，乃是最大的失策。征集而来的农民兵，身体健康，纪律良好。招募而来的健壮，初期或有锐气，日久必致老兵坐食，陋习重重，造成国家的灾害。古今中外，无不如此。宋仁宗以后养兵虽多而不能战，其故乃在募兵制度。宰相与枢密使分主文武，三司使独立，使宰相不能过问军事与财政，难有作为，亦是败笔。地方长官拥有虚名而无实权，有作为的人才，群趋中央，不思外放，也增长了日后新旧党争的复杂性。

三、北宋自太宗伐辽，每战皆北。区区西夏，亦输岁币。议者认为宋太祖收天下精兵为禁军，实行番戍法，以使将不专兵，兵不专将，遂使将惰兵弱，难御强敌。虽然平时认真练兵，战时审慎选将，战后解甲归农，诚为古今兵事的恒理。设如议者所指，平时典将练兵，战时即以其将专其兵，岁月流转，岂不又将形成藩镇做天子的危局？宋的将惰，在于选将任将的不得其道。宋太祖虽以杯酒释兵权，然仍以老将守边，信之专，抚之厚，许从便宜，故累世无西北的外患。其后的君主，选将不慎，任用不专，赏罚欠公，纲纪废弛，以故纵有良将，亦难成功业。宋的兵弱，在于偏重禁军，禁军皆招募而来，士兵终身在营。方其年壮，固是作战英勇；然老兵坐食，与年俱增，时日愈久，兵愈多而能战者反愈少。军队不能常保青壮，何能力战胜敌？

四、范仲淹的革新，王安石的变法，皆招致巨大的阻力，范仲淹所上十事，王安石的十五项改革方案，皆属可圈可点，掷地有声，然都未曾成功。革新和变法都是一种不流血的革命，目的在革除不合时宜的旧积习，此种旧积习虽已不合时代的需要，仍然有其支持的巨大的社会旧势力。主持变法者必须具备非常的力量，足以约束或制服此种巨大的社会旧势力，始有成功的胜算。否则，必致焦头烂额，甚至还要牺牲生命和荣誉。范仲淹的明陟黜，抑幸侥，非不光明正大；然而侥幸者甚多，势须一一去澄汰，及至多所举劾，众心不悦，造作谤毁，终因朋党的滋不可解而去职。王安石的青苗法，即是今日的农贷；

王安石的市易法，即是今日的购储物资和抵押贷款；此二法均与当时地主的利益相抵触。当时的朝臣及地方官吏，利禄所得，大都购置田地住宅，或放贷给平民以取高利。新法青苗市易夺其利，此元老重臣讥其“急政暴敛，与民争利”。其余如方田均税、均输、免役诸法，无一不与商人、地主的利益相冲突。当时的商人，固不若近代国家的具有巨大影响力；当时的地主，无不与统治阶层的元老重臣通声气。王安石的招致群起反对，固势所必至。

五、在北宋仁宗朝，欧阳修所进的朋党论，指出君子之朋应该守道义，行忠信，惜名节。就是现代国家的政党，亦应重视道德，资为借鉴。宋神宗即位，王安石等推行新法，司马光等群起反对，争议朝野，诚表现有政党政治的气象。王安石的新党，以富国强兵培育人才为号召，是进步党。司马光的旧党，以祖宗制度先王成法为号召，是保守党。二党自由辩论于社会，争议于朝廷，向使裁决者非皇帝，非皇太后，而为选自民间的代表，或交付国民总投票，虽近代的议会政治，无以过矣！全国的民意短时期内较少变化，不若皇帝必赞成新法，皇太后必任用旧党，当不致五十年间，如此翻来覆去，民间莫知适从，造成政治上的混乱。等到吕惠卿、蔡京辈当政，一变政见之争而为私仇的报复，立党人碑，斯则每下愈况，不成格局了。

六、靖康之难，北宋以亡。其时金人尚无吞灭中原王朝的准备，故先立张邦昌为楚帝，再立刘豫为齐帝。张邦昌自除帝号，迎立宋高宗。刘豫立八年，既不能大举侵宋，又不能为金屏障，被金兀术所囚，降封蜀王。绍兴十年，岳飞大破金兀术于朱仙镇，中原形势，大非昔比。自燕以南，金的号令不行。金人乃扬言欲立宋钦宗于汴京。宋高宗恐惧，再用秦桧为相，与金重开和议，接受称臣纳币的屈辱条件。后人不耻秦桧，有谓秦桧乃是接受金人指使的汉奸。靖康之难，秦桧随宋徽宗、宋钦宗北俘，其得能携妻子数千里逃归，原本不无可疑；其于南归之前，或获有金人的谅解，如其仕宋，必定促成宋金的和好，以是放归，亦在情理之中。虽然，秦桧虽奸凶，若非宋高宗一念之私，亦无以逞其恶逆。秦桧的执杀岳飞，宋高宗不能辞其咎责。

七、绍兴十年，东起阜阳，西至宝鸡，已经构成抗金的坚强有力的防线。岳飞的背嵬军，尤为金兀术所畏惧。如果宋高宗不起用秦桧，不执杀岳飞，直捣黄龙，迎回徽钦二圣，非无希望。岳飞，相州人，出身农家子，乃是中国军事史上的奇才。严于军纪，而从者如云。本于人道，而百战百胜。无论剿匪、抗金，都是以少胜多，以寡击众，对于投降归附的各色部队，尤有兼收并蓄和组织运用的本领。岳飞所率领的本是北方部队，不惯水战，征讨杨幺时，却能用间，以水寇治灭水寇，完成任何军人都认为不可能的任务。当时的金兀术，以拐子马为铁军，所向无敌，碰上岳飞的背嵬军，全部报销。岳飞所念念不忘的直捣黄龙，迎回二圣，恰恰针对着宋高宗的心事。所以宋高宗授意秦桧执杀岳飞，并且杀死岳飞的长子岳云、女婿张宪，把岳飞的家属，充军岭南。当大狱将兴，韩世忠不平，去问秦桧。秦桧说："岳云与张宪书虽不明，其事'莫须有'"。"莫须有"三字，乃是宋人的口头禅，意思就是"或者是真实的"，"可能是有的"。所以韩世忠当即回答"莫须有"三字，何以服天下？不是宋高宗的授意，秦桧怎敢执杀岳飞？岳飞虽被执杀，一点无损于他在中国历史上的地位。

八、科举之制，始于隋而盛于唐。降至两宋，诸帝重文轻武，于是进士出身成为参与朝政的唯一正途。宗泽进士出身，曾为汴京的留守。韩琦、范仲淹都是镇边的名将，均皆出身进士。历朝的同平章事、参知政事，无一不是选自高第的进士。所以两宋三百二十年，虽武功不行，而文治修明。北宋之亡，亡在将惰兵弱，难以取胜战阵。南宋之亡，亡在秉用小人，有君子而不能用。李纲、张鼎、王浚皆贤相，而高宗却专信秦桧。女后、外戚、宦官、藩镇之祸，不算非常严重。宋神宗用李宪、徐禧，用兵西夏，丧师辱国。宋宁宗用韩侂胄，宋理宗用贾似道，宋徽宗用蔡京、童贯，排正士、用小人，贿赂公行，虽各败坏朝政，究竟不若汉唐时代祸害的酷烈。两宋的文治何以比较修明？重视科举，以考试取士，有以使然。

九、宋高宗南迁临安，外则强敌压境，内则群盗并起，幸赖韩世忠、岳飞诸将，内剪群益，外御金兵。其时朝廷下诏州县，重视农田水利，于是江南愈益开发，农产大增，兵糈民食，两无欠缺。宋理宗时，大官巨室的田地，有年收租米至百万石者。景定四年，贾似道当国，诏买官田。当官者依品级而定其田亩的限额，田亩逾限者，抽三分之一，回买以充公田。至是年六月，平江、江阴、安吉、嘉兴、常州、镇江六郡，已买公田三百五十万亩。是年秋，再推及江南荆湖的诸道。景定五年，贾似道复请行经界推排法于诸路，于是土地清丈，田税陟增。贾似道因此大招士民的怨讟，当时有人作诗讥刺：失淮失蜀失荆湘，犹把江南寸寸量，纵使量得长丈丈，也应不是旧封疆！然而因此增加政府的收入，公平百姓的负担，不为无功。可惜为时已晚，未能对国家发生巨大的影响。南宋诸帝，一意苟安，其所以能够苟安一百五十余年，农田水利的开发，民得安业，不思为非，应属首要的贡献。

十、辽、金、蒙古、西夏，都是两宋的外敌。西夏地狭人寡，为祸尚轻。辽于宋初，尝为北方的大患。五代时，辽太宗耶律德光入侵，恃其骑兵的强劲，不以平等待遇汉人，不尊重汉人的生活习俗，劫掠财货，无殊盗寇，所以义兵四起，被迫北归。金太宗吴乞买惩辽之失，改以汉人统治汉人，立张邦昌为楚帝。既失败，又立刘豫为齐帝；复失败，不得不自为治理。然中原百姓，无日不在仰望王师。是知民族间的问题，既不能徒恃武力的征服，亦不易选择代理统治的角色，以异民族而欲治理占领地区的人民，更非具有高明的政治艺术而无以奏功。

十一、辽、金、蒙古、西夏为两宋三百年的劲敌。在武力上，两宋不是北方异族的对手，从不曾镇服边疆。在文化上，两宋对于北方异族的启发，却都是至深且巨。辽的汉化，五代时即已开始。西夏君主，累代出任唐宋的官职、通汉文。元昊兴起，全赖汉人张元、吴昊的策划。所制的蕃书，不脱汉字系统。谅祚立，欣慕华风，易其衣冠为中国衣冠，请赐《五经正义》《孟子》医书等；更且兴立学校，策试举人，尊孔子为文宣帝。金人灭辽后，自燕而汴，国都深入中原，兵力所及，远到江浙。汉化之深，尤过于辽及西夏。金初多用汉人为宰相。金的官制，大都沿袭辽宋。金熙宗合剌尊崇孔教，喜读贞观政要，效法中国的帝王。海陵王亮喜赋诗，自命文采风流。于中央设立国学，各州府镇设立学校，所印行书，雕刻极工。金世宗马禄嗜好史籍，以《资治通鉴》为良史。辽、西夏、金，虽都侵凌中原，因为接受汉族文化的熏陶，在历史的洪流中，都渐渐被融合为中华民族的一分子。

第十三章

横跨欧亚的元帝国

宋宁宗开禧二年，铁木真被蒙古诸部推尊为成吉思汗。此后七十年间，蒙古灭夏、灭金、灭宋。三次西征，席卷欧洲。武功的强盗，空前未有。蒙古世祖忽必烈即位后的第十二年（至元八年），改国号为大元。又八年，统一中国。到至正二十八年，明太祖朱元璋的北伐军进入大都，元顺帝亡走漠北，才结束其统治。自铁木真称成吉思汗，到至元十六年灭宋为七十三年，约当公元一二〇六至一二七八年。自灭宋以至亡走漠北，元朝统治中原八十九年，约当公元一二七九至一三六七年。如果自成吉思汗崛起算到元亡，则为一百六十二年。

第一节　铁木真、窝阔台父子的创业

蒙古原出契丹，为室韦的别种。打猎为生，自成部落。唐朝的时候，蒙兀室韦北傍望建河（黑龙江）。宋初，蒙古的主要部族为乞颜、塔塔儿、蔑儿乞、乃蛮、喀列，散居北方，彼此相侵，叛服无常，但在名义上都属于金。乞颜部传到也速该，有胁力，善骑射，远近惮他威武，不敢妨命，国势渐强。也速该后为塔塔儿的部人所毒杀，部众离散。寡妻诃额仑，含辛茹苦，教养五子，尝谓“除影子外无伴党，除尾子外无鞭子”。要他五子不可拆开。铁木真兄弟常忆母言，很是和睦。长子铁木真长大以后，英勇善战，远近钦慕，归附者日众。宋孝宗淳熙十六年，铁木真被乞颜十一部推举为本部长。于是招近怀远，举贤任能，纠合部众，兼并泰赤乌、塔塔儿、喀列、乃蛮，降服翁吉利、蔑儿乞、汪古，统一了大漠的南北。宋宁宗开禧二年，“铁木真大会蒙古诸部于斡难河（鄂伦河），被忽鲁尔台大会推尊为成吉思汗”（刘义棠《中国边疆民族史》第六篇第五章），都和林（库伦），是为蒙古族的太祖。大封功臣，以木华黎为首功，博尔术次之，其余诸将按功给赏。又因术撒带临敌敢先，命他世统怯薛（亲军）四千人。蒙古族原是游牧民族，建都和林的初期，仅有宫帐，没有固定的建筑物。三十年后，始建城垣、市场、宫殿、官署。成吉思义为最强大，成吉思汗就是最强大的汗，有似突厥人习称的天可汗。

铁木真统一蒙古后，次一目标为攻略金人与西夏。金人自海陵王南迁，金世宗马禄定都燕京，大部移居于中原富庶的地区，习于安乐，往日之沉雄武勇精神，逐渐消失，将士骄惰，战斗力已经大不如前。金章宗麻达葛死，卫绍王允济立，昏庸懦弱。铁木真于宋宁宗嘉定四年进入居庸关，打败金兵，攻陷西京，晋、冀东、辽西残破，契丹人纷纷叛离金人归附蒙古。嘉定六年，蒙古大军又越过居庸关，河东、河北、山东，蹂躏殆遍。嘉定七年，卫绍王为部下所弑。铁木真乘着金人的内乱，再围中都，金宣宗吾睹南迁汴京，借以躲避蒙古的锋镝。嘉定八年，铁木真入关占领金的中都，金宣宗以卫绍王的女儿归蒙古，屈意求和，蒙古军始退。其后，蒙古大将木华黎复用契丹人为前锋，平定辽西，南下河北、山西、山东，西取陕西。金人仅保有河南，国势益衰弱。

嘉定二年，铁木真往攻西夏，连拔数城。会闻西北吉里吉思荒原，有二部遣使通好，乃领兵归国，接见二使。铁木真于嘉定七年，第二次领兵攻讨西夏，围兴中府（银川），西夏主李安全（襄宗）拒战失利。会天大雨，黄河水涨，蒙古军筑堰引水灌城，居民溺死甚众。因为河水久浸，城址将圮，外堤溃决，河水反流，蒙古军不能支持，才撤围回军。嘉定十二年，蒙古西征，向西夏征兵，为西夏主李遵顼（神宗）所拒绝。宋理宗宝庆二年，铁木真西征胜利东归。以西夏容纳逃人，不入质子，拒绝征兵的罪名，出师征讨。大军进入长城，取甘州、肃州、西凉府及灵州。铁木真驻跸盐州川，西夏主李德旺（献宗）逃往兴中府。宝庆三年，蒙古军围攻兴中府，并且渡河攻略，西夏的城邑，多遭残破。

西夏主李晛遣使乞降，蒙古允其请。其时铁木真行抵六盘山的西江，得重病，“临崩之前，告其大臣，我死且不发丧，勿令敌知，待西夏主来，即尽杀之。”（李则芬《成吉思汗新传》第十章）蒙古诸军果然如命而行，西夏亡。西夏自景宗李元昊称帝，传十主，凡一百九十五年。如果自李继迁封为夏王起算，应为二百三十八年。如果自拓跋思恭于唐代开府夏州起算，则为三百四十七年。

太祖铁木真生四子，长子术赤，次子察哈台，二人素不相容。西征之前，议立嗣子，察哈台请以三子窝阔台为嗣，铁木真为避免长次二子的争执，从其请。铁木真崩，窝阔台远在封地，东归即位于和林，是为蒙古的太宗。重用耶律楚材，以旧制简率，未足表示尊严，乃增修朝仪，参订仪注。令皇族诸王尊长，皆列班罗拜，共效嵩呼。耶律楚材进陈周孔道德，且谓以马上得天下断不可以马上治。窝阔台深服是言，由是尚武以外，稍稍尚文。

太宗窝阔台遵行联宋灭金的遗命，于宋理宗绍定五年，遣使与宋订定协议。蒙古军假道宋境进攻金都汴京，宋军则进攻唐邓二州，用来牵制金军。约定灭金后，以河南部分的土地，归还宋国。先是金人南迁汴京，国势日弱，为宋所轻，罢其岁币，宋金的关系已经恶化。宋宁宗嘉定十二年，金人乘蒙古西征，兴兵分道伐宋，宋金连兵七载，互有胜负。绍定六年，窝阔台命其弟拖雷假道于宋，迂回汉水，南山唐邓，大破金兵十五万于钧州的三峰山。金的精锐，丧失殆尽。窝阔台从山西渡河而南，攻陷潼关，进围汴京，金哀宗守礼走保蔡州。蒙古军照会宋师合攻蔡州，宋将孟拱领兵二万往会，并以粮食三十万石馈蒙古国。端平元年，金兵粮尽援绝，哀宗自缢，末帝承麟亦死于乱军，金亡。

宋蒙联军灭金后，蒙古以陈蔡两州归宋。南宋志在恢复洛阳、汴京和归德，于是乘着蒙古的退兵，遣师北伐，进入洛阳。蒙古军回师打败了宋军，宋军所得到的河南地方，复为蒙古所有，宋与蒙古亦就进入战争的状态。

窝阔台初嗣位，颇能励精图治。及夏金灭亡，渐成荒怠。七年，曾大兴土木筑和林城，并建万安宫。九年筑瑑林城，并建格根察罕殿。十年筑托斯和城，并建迎驾殿。于是广选美女，贮入金屋。后宫妃嫔，不下数百。第六后马乃真氏，貌既绝伦，才又迈众，最获宠信。窝阔台死，乃马真称制四年，由其子贵由嗣位，是为定宗，在位三年。

第二节　元世祖忽必烈入主中原

元世祖忽必烈，为拖雷的第四子。宪宗蒙哥即位，同母弟惟忽必烈最长且贤，于是尽属以汉南汉地的军国庶事。宋理宗宝祐元年，忽必烈领军征伐大理，以大将兀良合台为副。“军薄大理城，命姚枢裂帛为旗，书止杀之令，分号街陌。”（刘义棠《中国边疆民族史》第六篇第五章）大理段兴智去帝号，改称总管。忽必烈于征伐大理的同时，“分兵进攻吐蕃，其酋唆火脱惧而迎降。”藏僧八思巴，年甫十五，善诵经咒，忽必烈爱他颖慧，命侍左右。“兀良合台签发吐蕃军为前锋，进取交趾，安南王光昺请降。”

宝祐五年，蒙古宪宗蒙哥亲自领兵十万南下攻宋，自秦陇入蜀，进围合州，先遣宋降将晋国宝，招降宋将王坚，王坚不从。蒙哥屯兵城下，将及半年，复以良将汪德臣伤毙，郁怒中更带悲愤，遂致成疾，卒于合州城外的钓鱼山。蒙古军用二驴载尸，解围而去。其时忽必烈已经平定大理，回师伐宋，经云南进入湖广，围攻鄂州。兀良哈台的大军亦自交趾北上，围攻潭州。闻到蒙哥的死耗，忽必烈接受贾似道的乞和，匆匆北归。

宋理宗景定元年，忽必烈自立于开平（金莲川），即今多伦，建元中统，是为蒙古的世祖。其弟阿里不哥被忽鲁尔台大会拥立于和林，忽必烈用兵力迫使归命。景定五年，忽必烈改元至元，迁都燕京，蒙古的政治中心南移。宋度宗咸淳七年，忽必烈采纳刘秉忠的建议，取易经“大哉乾元”之义，改国号为大元，并以开平为上都，燕京为中都。

忽必烈既即大位，使翰林侍读学士郝经促宋如约，贾似道幽囚郝经。宋度宗咸淳三年，忽必烈命丞相伯颜、大将阿术阿里、海牙，大举南侵。先攻襄阳，六年不下。咸淳九年，蒙古人用火炮攻下樊城，继陷襄阳，宋守将吕文焕乃出降。咸淳十年，伯颜分兵三路进犯，以降将吕文焕将舟师为前锋，以降将刘整将骑兵为先行，芜湖、扬州、建康、江、淮、荆南，尽被攻下。德祐二年，临安不守，宋恭帝㬎迎降，被掳北去。

蒙古宪宗蒙哥时，忽必烈以皇太弟开府开平（金莲川），总管汉地的军民。其时汉儒络绎而至，张文谦、姚枢、许衡、廉希宪、窦默位列侍从，李治、王鹗、张德辉应聘讲学，形成儒臣集团，讲求王道，体恤民难，以刘秉忠为领袖人物，影响元初的政治甚大。元世祖在位三十五年，为元朝的盛世。定朝仪，典礼乐，建国学，立官制，设中书省，置御史台，节财用，劝农桑，皆发自刘秉忠。刘秉忠邢台人，英爽不羁，应对敏捷，尤长易理及邵康节经世书，以天下为己任，事无巨细，凡有关国家大体者，知无不言，言无不听。可惜刘秉忠早逝，后继无人！元世祖晚年奸佞用事，宠信僧侣，一切由盛而转衰。

元代以中书省为中央的最高行政机关，总理政务。中书令常以太子兼任。次为左右丞相，佐理中书令综管大政。又次为平章政事，参决军国的大计。中书令、左右丞相、平章政事，均为宰相。另有左右丞及参知政事，则为副相。中书令下设吏、户、礼、兵、刑、工六部，各部设尚书、侍郎。枢密院掌兵权，御史台掌监察，集贤院掌学校，宣徽院掌御膳，通政院掌驿传。另有太常院、太史院、太医院、将作院等，略同宋的九寺诸监。地方的行政区划，仍沿袭宋的路府州县，而于路上设行中书省。划分全国为岭北、辽阳、河南江北、陕西、四川、甘肃、云南、江浙、江西、湖广、征东十一行中书省，简称行省。每省置丞相一员，下设平章政事、左右丞、参知政事等官。地方行政长官皆蒙汉并置，蒙古人为正官，称达鲁花赤，汉人备位副贰。

元代的兵制最为复杂。元世祖初分为蒙古军、探马赤军、汉军、新附军四种。蒙古军以蒙古人组成，为其主要的武力。蒙古人年十七以上，七十以下，皆服兵役。成童亦隶兵籍，称渐丁军。探马赤军以边疆的各部族所组成。汉军以入据中原后征民为兵，大率以二十户出一卒所组成。新附军则于平定南宋后，由所收容的宋军所组成。此外，有宿卫中央的怯薛和各卫。怯薛由贵族子弟充任，直隶皇帝或其所命的大臣，为亲军。各卫统属于枢密院，担任卫戍京畿、营缮、屯田、出征。驻防地方的镇戍军，亦属枢密院。边徼襟喉的要地，命宗王率兵驻守。河、洛、山东，戍以蒙古军及采马赤军。江淮以南，戍以汉军及新附军。各路设万户府，各县设千户府，千户之下有百户。地方有警，则设行枢密院。事毕，即废去。

元初刑法沿用金制，甚为苛严。元世祖灭宋后制定新律，定名至元新格。参照宋代的刑法，分笞、杖、徒、流、死五刑。笞刑自七至五十七，杖刑自六十七至一百七。徒刑与宋无别。流刑则南人迁北，北人迁南。死刑有斩而无绞。惟处刑从轻，对死刑的判决尤为审慎。元代尊崇喇嘛，享有特权。对待蒙古人与汉人，亦有差别。

元世祖置国学监，设立国子学、蒙古国子学、回回国子学。另有医学、阴阳学及蒙古字学。其后在各路设学官，各置教授一人，学正一人，学录一人。各县设小学。国子学的学生成绩优良者，政府授以官职。唯种族的歧视甚深，对待蒙古人、色目人，远较汉人、南人为优。到元仁宗的时候，始以科举取士。进士分左右榜，蒙古、色目人为右榜，汉人、南人为左榜。

元代的税法，因南北地区而不同。北方分地税丁税两种。地税按亩计算，每亩岁粟三升。丁税计丁缴纳，每丁岁粟三石。但地丁不并纳，丁税多地税少则纳丁税，地税多丁税少则纳地税。江南初仿唐宋的两税法，秋税纳租米，夏税纳绵绢。后来改以三分之一输米，其余三分之二折合钞价缴纳。盐、茶、酒、醋，均由政府专卖。元世祖初入中原，税负从宽，后来以回纥人阿哈马主理财政，想出两条增加税收的计策，一是冶铁，一是榷盐，并且添立江南榷官，内通货贿，外示刑威，上下以聚敛为事，开始流毒百姓。

自元太祖铁木真开始，历朝对于手工艺都极为重视。战俘中如有工匠，必能获得优待。

元世祖即位，特重农桑，诏颁农桑辑要于天下，使人民崇本抑末。“至元七年设立司农司，专掌农田水利，分遣劝农官及知水利者巡行郡邑，察举勤惰。”(《元史·食货志》)元代社会又有劝农立社的组织，“县邑所属村庄，凡五十家立一社，择年高晓农事者一人为社长。增至百家者，别设社长一员。不及五十家者，与近村合为一社。”“社长以教督农桑为事，对社内各家的田地，以时点视，劝诫。”凡境内的河渠水利，规定以时浚治。民力不足者，提举河渠官必须相视其轻重，引导当地人民，设法解决。所以终元世祖的时世，家给人足。

元世祖时，江南有黄道婆者，不知何故流落到崖州，在崖州向黎民学会种棉花、织棉布的整套方法。于元成宗时回到家乡，尽力棉织。因为棉织品精美舒适，价格又便宜，很快地就从松江乌泥泾推广到全国。对于我国人民的穿衣，裨益甚大。

第三节　蒙古西征及其影响

成吉思汗击灭乃蛮后，乃蛮太阳汗的王子屈出律投奔西辽，西辽国君直鲁古（天禧）妻以公主，委以国政。宋宁宗嘉定五年，屈出律联合中亚的花剌子模夺取了西辽的帝位，正欲乘着成吉思汗的南征，东进恢复乃蛮故地。成吉思汗先发制人，于嘉定十一年遣大将哲别、速不台领军进讨。其时屈出律另娶故相女为妃子，妃子不信回教，怂恿屈出律使令民间奉佛。又复暴饮横征，派兵监谤，民间痛苦异常，恨不得有人除他。于是西辽人群起响应，屈出律被猎人执杀，将首级献于蒙古军。蒙古既有西辽，遂与花剌子模接壤。

花剌子模即回回国，在里海的东边，为西域的强国。成吉思汗初欲与之和好，利用商人传谕，要求通商，为花剌子模的国王摩诃末所执杀。再派武官前往责问，又被薙须遣返。成吉思汗因而大怒，于嘉定十二年率军二十万亲征，大捷于忽章河（锡尔河）。明年，攻陷花剌子模的国都撒马尔罕，摩诃末逃死于里海的阿比恩昆岛。成吉思汗又击破其出奔的王子札兰丁于印度河边，花剌子模亡。哲别、速不台更乘胜攻略里海以西，北越高加索的太和岭，击破钦察的诸部，歼灭俄罗斯联军于端河的附近，直趋诺佛哥罗城，大掠而还。成吉思汗将所得的土地分封诸子。长子术赤得到花剌子模的故地及俄罗斯的大部，是为钦察汗国。次子察合台得到西辽的故地，是为察合台汗国。三子窝阔台得到乃蛮的故地，是为窝阔台汗国。幼子拖雷得到蒙古的旧境。

蒙古灭金以后，钦察及俄罗斯的诸部相继叛乱。窝阔台于宋理宗端平二年，命拔都率军十五万进行第二次的西征。其时蒙古军已有火炮，足可攻坚摧远。端平三年，拔都攻克里海北岸的不里阿耳，略定钦察，长驱入欧，进陷莫斯科，杀死二十七万人。宋理宗嘉熙二年，拔都攻破乌拉的迷尔，莫斯科大公爵玉里全家死难。进而西下乞瓦（基辅），欧洲俄罗斯全部被蒙古军所平定。嘉熙四年，拔都攻入孛烈儿（波兰），大破波兰人与条顿骑士团的联军于柏林的东南，蒙古军纵兵杀戮，伏尸盈野。其后分为二路，一路由拜答儿率领，以枪贯穿亨利王的首领，进围俄尔迷资城，遭到守军的突袭，略有损失。三日后，解围进入马札儿（匈牙利），与拔都的大军会合。一路由拔都亲自统率，侵入马札儿，攻拔其首都布达佩斯。与拜答儿会合后，兵锋直抵亚得里亚海。

宋理宗淳祐元年，蒙古驻军休养士马。是年冬，多瑙河结冰，蒙古军乘着坚冰渡河，攻陷格兰城，进围圣马儿丁堡。驿骑至，宣告窝阔台的死讯，蒙古军下令班师。淳祐二年，以拔都承袭钦察汗位。钦察汗国的领土大为扩张，东至叶尼塞河，西至多瑙河，南至高加索山。

蒙哥即位后，命弟旭烈兀统兵进行第三次的西征，以亚洲的西南部地域为目标。旭烈兀所统的大军，由成吉思汗系诸宗王所部兵各签十分之二而组成；并且在中原招致工匠千人，来管理投石发弩射石油等攻城的机械。

旭烈兀于宋理宗宝祐元年领军西征，以乃蛮部人乞都不花率领一万二千人为前锋。至阿力麻里，察合台汗国王妃倭耳干纳设宴慰劳。次年，驻夏于突厥斯坦。招致西域诸侯王，合军西进。宝祐四年，渡过阿母河，驻冬于黍布儿干草原。木剌夷王鲁克赖丁遣弟请降，旭烈兀因致书鲁克赖丁，谓既遣弟请降，其父虐待蒙古人的罪名可宥。若能毁去数堡，亲自来营谒见，可保其国来不受损害。鲁克赖丁虽然毁去数堡，却故意拖延不来谒见，希望严冬的到来，可以阻碍蒙古军的进攻。旭烈兀知道鲁克赖丁的居心，乃命诸军并进，鲁克赖丁终以计穷，与其大臣、天文家纳速剌丁、名医谟瓦非怯迪莱等出城投降。旭烈兀待遇优厚，命鲁克赖丁传谕诸堡的守将赶快献堡，四十余堡悉降。蒙古人于是摧毁所降的城堡，尽杀诸营中的亦思马因人，鲁克赖丁亦为护行的军校所杀死。

旭烈兀攻灭木剌夷后，兵锋指向报达。宋理宗宝祐五年，旭烈兀派遣使臣到报达谕降，为哈里发所峻拒。蒙古诸军悉进，合围后，炮毁阿只迷门戍楼，肉搏登城，占据东墙。哈里发眼见大势已去，遂出降。蒙古军入城，用布袋盛着哈里发及其长子并内监五人，于瓦迦夫的附近，驱马践踏至死，东大食帝国亡。蒙古军继续西征，至米索不达米亚，平定述利亚，驻军大马士革。旭烈兀又遣使臣招降埃及，埃及苏丹率众抵抗。宋理宗景定元年，埃及苏丹吐斯调集全国的兵力，击败驻在叙利亚的蒙古守军，乞都不花战死。蒙古宪宗的凶讯随着到来，蒙古军不得不班师东归。旭烈兀西征七年，拓地万里，合波斯、述利亚、小亚细亚等地，建立伊儿汗国。

蒙古三次西征，建立了钦察、察合台、窝阔台、伊儿四大汗国，地跨欧亚，其在战时和平时的交通运输，有一套颇为完整的邮驿制度。蒙古（元）邮驿分站赤与急递铺。站赤称驿，急递铺称邮。站赤设于较冲要的地区，有陆站、水站。陆站包括牛站、马站、步站，此外尚有驴狗羊等站，在中国境内共有一四一九站。各州县设急递铺，每十里，或十五里，或二十五里设一铺，全国有二万余铺。每十个急递铺有一邮长，京师有总急递铺提领。驿（站赤）均建有华丽的房屋，讲究的餐旅设备。各驿所备马，多者四百匹，少亦二百匹，全国驿马不下三十万匹。驿站人员，官长称驿令，小者称提领，属下称站户。站户多者三千，少者五百，全国有站户二五四五四人。此外设有脱脱禾孙，是稽查人员，负责查验使命的真伪。

邮驿管理机关，中央为通政院或兵部，地方为各路、府、州、县的达鲁花赤或民政官。邮驿文书的传递，定制一昼夜，行走四百里。

十三世纪中叶，教宗因诺森第四，想用基督教的精神，感化蒙古军的横暴，派传教士意大利人蒲朗嘉宾取道俄国。其时拔都正驻俄境，会见后，拔都派遣专使护送，于蒙古定宗贵由元年到达和林，颇受优遇。蒙古宪宗蒙哥三年，法王路易九世派方济会会士罗伯鲁克取道君士坦丁堡，到达和林，翌年返欧。元世祖至元二十六年，教宗尼古拉四世派方济会会士孟德高维诺，取道南路，经波斯、印度，于三十一年抵大都。因为富热诚，善应对，甚得宫廷的好感。因而得以建筑教堂，翻译《圣经》为蒙古文，教徒多至五六千人，在大都传教三十四年，享年八十一岁。意大利人鄂多利克，行径最广，于元仁宗延祐三年起程，经波斯、印度、锡兰、爪哇、婆罗州、占婆，而在广州登陆；然后到泉州、福州、金华、杭州、南京、扬州、济宁，而达于大都。在大都传教三年，取道陕西、四川，而入中亚，回到欧洲。这些人对于基督教的东来，贡献极大。他们的“奉使始末”或“笔录”，为欧亚交通史的重要文献。

举世闻名的《马可波罗游记》，乃是曾在元朝做官的意大利人马可波罗回到威尼斯后，参战被俘，在狱中口述，由小说家罗斯底加诺笔记，历述各地风物和中国的繁华。出版以后，引起很多欧洲人对于东方中国的仰慕。

蒙古西征以前，中国和欧西的关系，断续无常。经过蒙古的西征，道远路通，凡持有牌符者，驿站皆供应招待。往来频繁，接触增多。中国的发明如罗盘、火药、印刷术、纸币、算盘、炼金术等，因而传入欧洲。对于后来欧洲人的航海、制造火炮、活版印书、化学，都有很大的贡献。欧洲的基督教自此东来。随着基督教而东来的，还有天文、历法、数学、建筑等科学知识，影响中国亦甚大。中西文化的交流，从此加剧。

第四节　元朝统治的虚弱

蒙古人崛起于游牧的地区，完全凭着武力建国。自铁木真开始，因其族人的勇悍，教以坚忍，习以骑射，其后复能制造攻坚的火炮，遂能无敌于天下，蒙骑所至，无不威服。其于文治，毫无所知。成吉思汗时有中使别迭，建议把黄河以北的汉人全部移去，使草木畅茂，以为牧地。成吉思汗准备接受他的意见，经过耶律楚材的谏诤而止。此种缺乏历史常识的观念，到元世祖入主中国时依然存在。益以文化低落，国本不固，皇位移转，时起纠纷。治理人民，多有失策。元世祖即位之初，虽有刘秉忠的儒臣集团为其策划，政尚宽厚，劝农桑，修水利，略具开国的规模。自刘秉忠死去，阿哈马、桑哥、卢世荣接踵用事，务于聚敛，渐失人心。其后诸帝，徒事淫乐，不知改善民生，收拾人心。益以后妃奸诈，番僧荒诞，权臣横暴，宗王夺位，故其统治的基础，非常虚弱。

蒙古无继统法，造成政治领导的不稳定。蒙古旧俗，被继承者可以任意指定子侄兄弟继承其帝位，但仍须于即位之前，经过忽鲁尔台大会的推举。成吉思汗指定第三子窝阔台继承汗位，成吉思汗既死，在忽鲁尔台大会中，有人提出改推幼子拖雷，经过四十余日的僵持，才决定维持成吉思汗的遗命，由窝阔台继承汗位。太宗窝阔台崩，遗命传位皇孙失烈门，而皇后乃马真矫诏改立窝阔台的长子贵由，招致拔都系诸王的反对。经过忽鲁尔台大会三次的协议，才勉强通过由贵由继承汗位。定宗贵由卒，拔都以武力拥护拖雷的长子蒙哥，察合台、窝阔台两系诸王都表示反对，亦经过忽鲁尔台大会三次的协议，才立蒙哥。宪宗蒙哥崩于合州，忽必烈自立于开平。蒙古宗王召开忽鲁尔台大会，立其弟阿里不哥于和林。元世祖忽必烈举兵攻讨，经过连续四年的战争，阿里不哥才败降，忽必烈因而废除忽鲁尔台大会，采用汉人的嫡长子继承制度。惟蒙古诸王对于立嫡长的制度，并不尊重，自元世祖以下的九朝，发生帝位争执四次，由争执而被杀者一人，以太子继位者不过英宗硕德八剌一人而已！

成吉思汗分封诸子，造成帝国的分裂与内争。蒙古人凭其强大的武力，征略四方，夺人之地，亡人之国，疆域的广大，种族的复杂，实开人类历史的新纪元。自成吉思汗开始，将所征服的地域分封诸子，以便管辖镇压。长子术赤据花剌子模及俄罗斯的故地，称钦察汗国。次子察合台据西辽的故地，称察合台汗国。三子窝阔台据乃蛮的故地，称窝阔台汗国。太宗窝阔台即位后，将窝阔台汗国并入察合台汗国。拔都二次西征，扩张了钦察汗国的版图，以细浑河的北岸地封其兄，称白帐汗，以乌拉河的东面封其弟，称蓝帐汗，其后又有克里米汗的封立。宪宗蒙哥即位，旭烈兀三次西征，征服波斯、阿拉伯、小亚细亚，建立伊儿汗国。这些汗国，都是独立自主的国家，不过在名义上尊重在位的蒙古大汗而已！元世祖入主中原，又以宗室诸王驻守边徼襟喉的要地。四大汗国的建立，地方势力强大，中央无从控制。宗室诸王领兵驻守要地，亦容易造成尾大不掉的形势。自太宗孙海都为窝阔台汗，联合察哈台汗八剌，钦察台汗蒙哥帖木儿，模仿忽鲁尔台大会推海都为蒙古大汗，共抗燕都。乃颜继起倡乱，一波未平，一波又起，兵祸连结。窝阔台、察哈台两系从不曾对燕京的大汗完全臣服。凡此皆足以酿成分裂，导致叛乱与内争。

元代行政紊乱，衙门纷杂，十羊九牧，事权不一。蒙古初用部族酋长制，父死子弟相继，地方官多世袭不替。各大行政区的长官，无异封君诸侯，据有广大的土地，奴役治下的人民。郡县的长吏，都是行政长官的僮仆。元世祖即位，开始罢去州县的世袭，改为由中央统一任使。同时实施中书省制，于诸路酌设行中书省，作为中书省的分支机构，以行省丞相统州县，镇边鄙，领导一切的庶政。行省无所不管，上与都省为表里，下则威福自恣，临御治下的万民，遂使原有的地方政府，难有作为。行省多因事设官，各自管领，不相统摄，形成组织繁复，机构纷杂，一事分隶数官，一官置有数员，有权则争，遇事则推，使其治下的百姓，莫所适从。

元代自分畛域，对各族的待遇，极不平等，招致汉人南人的反感。蒙古人以少数民族入主中国，宜如何寻求与中国的汉族水乳交融，借以巩固统治。元代诸帝不此之图，反严格划分蒙古、色目、汉人、南人四种，自为畛域，分散力量。以服官言，汉人、南人不得为正官。自元世祖灭宋以迄国亡，八十九年间，中国人为丞相者，仅史天泽、贺惟一而已。对南人的限制尤严，非特没有宰相，入中书省枢密院御史台者亦为数寥寥。汉人三品官以上，须以亲人为质。又立里甲之制，二十家为一甲，以蒙古为甲主，由二十家供他衣服饮食，给其男女力役。并且禁止汉人田猎，习武艺，持兵器，集众买卖，夜行。元律：汉人、南人与蒙古人、色月人打，准许蒙古人、色目人还打。蒙古人、色目人打汉人、南人，只许诉官，不得还打。汉人、南人杀蒙古人、色目人处死刑；蒙古人、色目人若因争论或乘醉杀汉人、南人，则仅罚金，或命其出征，可以免死。其他的禁令法条，亦莫不尊崇蒙古人和色目人，而抑制汉人。汉人的文化水平，既然高于蒙古人、色目人，对粗鲁不文的蒙古人、色目人本已不甘为伍，今复身受此种极不平等的待遇，自然要滋长不满和反抗的心理。

元代诸帝不习汉文。治理百姓，不用士人，于是嬖幸因缘，吏治败坏。元世祖命藏僧八思巴造作蒙古文字，自是凡国政文书，皆译为蒙古文字进呈。元仁宗爱育黎拔力八达最是亲儒重道的皇帝，仍须命人节译《大学衍义》进读。蒙古人、色目人居官，多不能执笔画押，例用象牙或木刻的印章。元代分人民为十等：一官、二吏、三僧、四道、五医、六工、七匠、八娼、九儒、十丐。列儒生于娼妓之下，汉人的读书人自不甘心，有才识的人士，便不肯出来做官。间有用其聪明才智，从事于文艺，小说戏剧的创作，极有成就。有元一代的官职，多由吏幕进升。闾里的小民，粗识文字，堪治文书，得入官署司笔札，积年累月，便可以致通显。州县的守官，或择自将校，或起自民伍，大率昧于政事。县尉多用色目人，年少不谙事，不识汉文，唯事聚敛。地方的吏治，败坏不堪。

元代中叶以后，支出无节，交钞膨胀，物价腾涌，民不聊生。元武宗海山朝课税的收入，视元世祖朝增加二十余倍，而国用日患于不足。元武宗至大二年，国库实收二百八十余万锭，若按正常的开支，应只动用二百七十余万锭，年终应有节余。因为靡费过多，支用无度，是年实支五百二十万锭，赤字竟达二百四十万锭。其后的诸帝不思开源，亦不节流，唯知增税取于百姓。增税不足，便增加交钞的发行，日久物重钞轻，又改造大银钞。多年行用的结果，交钞愈膨胀，物价愈腾高，竟至钞料十锭，易斗粟而不可得。于是人民的生计艰难，怨声四起，盗贼横行，天下大乱。

第五节　元末大乱及覆亡

真金太子先元世祖而丧亡，诸王觊觎帝位，赖重臣伯颜遵奉元世祖的遗命，立真金的第三子铁穆耳为皇帝，是为元成宗。元自成宗至顺帝即位的三十九年间，九易皇帝，每次易帝都曾引起政变或战争，国势因而日衰。

元贞六年，元成宗授嗣汉三十八代天师张与林为太素凝神广道真人，管领江南道教。元武宗嗜酒好色，宠信西僧，西僧气焰，炙手可热。小皇门李邦宁对宫中大小事情，耳熟能详，元武宗竟命为江浙平章。重用脱虎脱、三宝奴二人，滥发交钞，充作银两，以致物价高昂，民生日困。元仁宗即位，节滥费，汰冗员，罢免僧道各官，采用科举取士，是元代唯一守文的令主。

元顺帝嗣位以后，天灾人祸，相逼而至。京畿大水，黄河泛滥，两淮亢旱，蝗旱疾疫及山崩地震等怪异，所在迭见。益以宠任奇后，信奉番僧，日耽淫乐。佞臣哈麻兄弟及秃鲁帖木儿导上作奸，怙恶不悛，政治大坏。物价腾贵，民生日困。于是五十余年来的统治错误、文化低级、行政无能，便完全暴露出来。平日受压迫最甚的南人，领先发难。湖南、广西的苗猺，首倡变乱。朱光卿揭义于广东的僧城，胡闰儿起事于河南的信阳州，韩法师举兵于四川的大足县。叛乱虽都一一平定，而元代政治的颓风仍然未有改进。元顺帝至正六年，以伯颜的侄子脱脱为右丞相，削除积弊，宽减民赋，恢复科举取士，续开经筵，慎选儒臣进讲，政治才略有起色。至正七年，沿江盗起，脱脱受命前往徐州督师。至正十四年，脱脱总制诸军进讨张士诚，连战皆捷。后来为朝臣所忌，谗死云南。脱脱器识宏远，轻贱财货，礼贤下士，事君不失臣节。因为元顺帝的内惑女蛊，外信憸言，被贬而死。元代的政治，愈益不堪设想！

元顺帝至正三年到至正十年的期间，各地起义军多如雨后春笋。惟以本身无组织，彼此无联络，欠缺坚强有力的政治号召，不足以动摇蒙古统治的基础，先后失败。至正十一年红巾军崛起，局面为之一变。乐城县人韩山童，借白莲教烧香聚众，“倡言天下将大乱，弥勒佛降生济世。”（陈邦瞻《元史纪事本末·卷二十四·小明王之立》）刘福通等宣称“韩山童是宋徽宗赵佶的八世孙，受天保佑，灭元复宋”，广大不满现实的群众，经其号召，蜂拥而起，归附者甚众。于是起事颍州，连下数十县。徐寿辉、孟海马、赵君用、郭子兴等继起响应。各军头裹红巾以别于众，号红巾军。在起事的初期，韩山童被杀，刘福通于至正十五年，寻得韩山童的儿子韩林儿，迎归亳州，立为皇帝，又号小明王，国号宋，建元龙凤。遣兵分攻晋、陕、冀、鲁各地，由山东北攻者逼近大都，由晋北进攻者取道大同，破元上都。刘福通自将兵众攻下汴梁，声势浩大，元廷震惊失措。至正二十二年，张士诚遣吕珍袭杀刘福通，首举民族革命义旗的红巾军，因群龙无首，始星散消灭。

与红巾军同年起义的徐寿辉，“攻陷蕲水县及黄州路，自称皇帝，国号天完，建都汉阳。”（陈邦瞻《元史纪事本末·卷二十六·东南丧乱》）于攻破武昌后，略取江西、湖南各地，并自江西进入浙江杭州。至正二十年，为部将陈友谅所杀。“陈友谅自称皇帝，国号大汉。”陈友谅所部用白旗，号白军，与用红旗的朱京璋军相攻，死伤无算。至正二十二年，两军大战于鄱阳湖，陈友谅中流矢而亡，子陈理嗣立。至正二十四年，为朱元璋所消灭。

张士诚于至正十三年起事泰州，破兴化、高邮。至正十四年自称诚王，国号大周。至正二十三年取杭州，改称吴王，都苏州。至正二十五年，朱元璋遣将攻破苏州，张士诚身死，吴亡。

郭子兴于至正十二年起兵定远，引众数千取濠州。朱元璋投其麾下为亲兵，屡立战功，郭子与妻以义女马氏。至正十五年，郭子兴死，朱元璋代领其众。至正十六年，朱元璋南渡长江，攻克集庆路，改名应天府，自称吴国公。先后战胜陈友谅、张士诚，降服方国珍、陈友定，江南悉平。至正二十八年正月，即皇帝位于南京，国号大明，建元洪武。当年闰七月，北征军大将徐达常遇春攻克元的大都（今北京），“元顺帝及后妃太子开建德门，由居庸北走，如上都”。（谷应泰《明史纪事本末·卷八·北代中原》）

元顺帝弃大都北遁，徙应昌，又二年而殂。儿子爱默识里达腊嗣立，是为元昭宗，改元宣光。大明北征军围应昌，元昭宗走保和林，自是称为北元。北元昭宗在位十一年，后主脱古思铁穆耳嗣立，改元天元。北元的横廓铁木儿（王保保）不时引兵寇边，明初颇以为患。其后，横廓铁木儿病死，北元后主脱古思铁木耳亦为部下所杀。

另有帖木儿者，成吉思汗从兄哈剌察儿诺颜的后裔，起兵据阿母河、锡尔河的中间地方，于明太祖洪武二年，自称汗，定都撒马尔罕。东定察合台汗国，西服伊儿汗国，西北平钦察汗国，几乎统一了蒙古的四大汗国。正拟东逾葱岭，与大明一争雄长，惜未出师而病殁。其子沙哈鲁继位，宗王割据，内争不已，故其都城时在撒马尔罕，时在哈烈，有时甚至徙都两城以外的地方。帖木儿的六世孙巴拜尔，于明世宗嘉靖五年，进入印度，消灭路提王朝，建都待里，是为蒙兀儿帝国。巴拜尔的孙子亚格伯，更征服西、北、中三印度。嗣后，英人的势力进至印度，联合了麻拉他同盟，攻陷特里，蒙兀儿帝国亡。

钦察汗国强盛时，俄罗斯诸小公侯皆受役属。钦察汗国既衰弱，白帐、蓝帐、克里米汗，相互攻争，各逞雄长。其后，分裂为大斡儿朵、阿斯达拉干两国和喀山、克里米二汗。克里米汗兼并了大斡儿朵，俄罗斯人击灭了喀山汗及阿斯达拉干。十八世纪的末叶，克里米汗亦为俄罗斯人所并吞。

第六节　评鉴

一、蒙古兴起于游牧的地区，族人武勇、纯朴、善骑射。铁木真、窝阔台、蒙哥、忽必烈诸帝，术赤、拔都、拖雷、旭烈兀诸王，木华黎、哲别、速不台、兀良合台、伯颜诸将，均属一时的英杰，御军严整，用兵如神。西征破花剌子模，得到色目人阿老区易思马替其制造火炮，于是攻城略地，愈益无敌于天下。蒙古人入主中原以后，歧视汉人、南人，罔顾中土的习俗，不重中原的文化，贱待读书的士子，以为凭借强大的武力，天下事未有不可为者。而其进居中原繁华地区的王公大臣，复皆徒知聚饮淫乐。凡此皆表现其政治的愚昧，文化的低落。以少数民族而统治文化优越的广大人民，只知用武力来残杀、镇压和防范，不思所以和绝大多数的人民清除隔阂，水乳交融；抑且自分畛域，制造治下百姓不满和反抗的心理，足见蒙古开国的诸帝，未能记取辽金入侵中国的教训。蒙古当年所建立的，乃是一个武力空前强大而政治异常脆弱的国家。

二、元世祖忽必烈，在历代蒙古皇帝中较为仁明宽厚。当其信用刘秉忠的儒臣集团，立制度，设学校，宽税负，固亦念念为民，而有人君的气度。当其派伯颜略地江南，谕以“古之善取江南者，唯曹彬一人；汝能不杀，是我曹彬也”。顺圣皇后尝于太府监，拿去布帛表里各一，元世祖谓：“此供军国所需，非私家物，后何可得支？”当他初当上皇帝，诏告天下：“国以民为本，民以衣食为本，衣食以农桑为本。”于是劝农桑，兴水利。终其世，家给人足。可惜后起的诸帝未能继其遗绪，徒事杀戮、奴役、淫乐、聚敛，不知建国的首要在民生。此蒙古虽有空前强大的武力，而入主中原仅得八十九年。以蒙古的政治愚昧，文化低落，光凭武力，入侵中原，其所以未若辽太宗耶律德光的引发义兵四起，被迫北归，亦皆由于元世祖初期能够信用刘秉忠的儒臣集团，念念为民。否则，恐怕八十九年的统治，亦不可得。

三、元代诸帝，不习汉文。宗王大臣，识汉文者亦少。对于中原的历史文化，风土习俗，殊鲜理解。元仁宗以后的开科取士，徒有虚文。官吏不用士人，政治遂呈干枯。州县官或择自将校，或起自民伍。闾里小民，粗识文字，堪治文书，得入官署司笔札，积年累月，便可以致通显。以此等的材料，司牧民的职守，宜其吏治败坏！益以在上的王公大臣，无不聚饮财物，追求淫乐，于是上行下效，贪渎成风。历代王朝的丧亡，莫不起源于政风的败坏，种因于官吏的贪渎。有元一代，尤为显明的例证。

四、刘秉忠的儒臣集团中有张文谦者，元世祖至正七年，拜为左丞司农卿，专掌农田水利，分遣劝农官及知水利者，巡行郡邑，察举勤惰。所在牧民的长官，提点农事，岁终第其成否，转申司农司，由户部注照，以为殿最。张文谦复于地方创设劝农立社的组织，于县邑所属的村庄，每五十家设一社，以年高晓农事者为社长。社长以教督农桑为事，对社内各家的田地，以时点视、劝诫。社中有病凶丧之家，众为合力支助。此种农务有官与农社互助的组织，诚千古劝农增产的良法，是故终元世祖之世，家给户足。其后诸帝，徒知增税敛财，司农立社的良法，渐成具文。平年农产不增，蝗旱物价腾贵，小民生计日艰，遂形成动乱的根源。

五、宋高宗绍兴初年，始有纸钞。因为易于携带，商民称便，以其与铜钱并行，有子母相权的作用，故宋行多年，尚没有发现多大的弊病。元于太宗窝阔台八年始造交钞。到元世祖忽必烈中统元年，又造中统元宝交钞，每二贯准白银一两。至元二十四年，又造至元交钞，与中统钞并行。终元之世，常用中统至元两种交钞，每年印造的数目，自数十万贯至数百万贯不等。钞面虽以钱文为计值的单位，而元世未尝铸钱，事实上等于不兑现的纸币。所幸各地有交钞平准行用库，持钞者可以就库兑换金银。更有回易库，专收破烂的废钞，聚而焚毁。后来卢世荣关闭了回易库，于是交钞有出而无入，民间所存的破烂旧钞变成废纸。元武宗海山至大年间，改造大银钞，多年行用的结果，钞愈膨胀，物价愈高。元顺帝妥懽帖木儿至正年间，又改印至正交钞，二贯当旧钞十贯。时已末季，政府的威信日替，遂至钞料十锭，每锭应值银五十两，易斗粟而不可得，生民叫苦思变，元室因以覆亡。

六、元太祖铁木真西征归来，以花剌子模及俄罗斯地封长子，以西辽地封次子，以乃蛮地封三子。拔都二次西征，以白帐汗封其兄，蓝帐汗封其弟。旭烈兀三次西征，建立伊儿汗国。四大汗国辖地广大，自领军队，自理政事，非中央政府所能控制。统军的宗王，长期征伐，手握重兵，更能左右忽鲁尔台的大会。蒙哥既因拔都的大军而拥立，忽必烈亦凭借武力而威服阿里不哥。其后每次易君，因为宗王间的争做皇帝，都曾引起政变或战乱。蒙古开国的诸帝，只知道多建兄弟之国，屏藩王室；不知夺权之际，兄弟何殊陌路？现代统一的国家，都将军事与外交集权中央，不容地方置喙，实在具有至理。

七、自元世祖崩殂，至元顺帝即位，为时三十九年，九易帝位，每次都发生政变或战乱，统治威信，大为降低。蒙古人散居于中原民间为甲主，接受二十家的供养。时日既久，原有的武勇剽悍，大不如前。蒙古本部军与采马赤军由亲王统率，分别驻屯腹里（指京师一带）及大河南北。辽远地区，以汉军及新附军留戍。各路立万户府，各县立千户府。时日既久，各地军事废弛，渐失控制。汉人、南人居住的地区，由于长期遭受种族的歧视、阶级的迫害、重税的压榨，便领先发难，敲起了结束蒙古统治的丧钟。各地民间的起义，初始时无组织，无联络，容易扑灭。元顺帝如果明于治理，及时任用贤良的将相，消除汉人、南人的不平，宽减民间的赋税，整饬当时的政风和军纪，蒙古的统治，不是没有延续的可能性。可惜元顺帝淫乱信谗，计不及此，反而猜忌当时朝廷中唯一的直臣脱脱，流死云南。蒙古帝国丧亡的命运，就已注定。朱元璋提出‘驱逐鞑虏，恢复中华’，‘拯生民于涂炭，复汉宫之威仪’，声势浩大，元廷震惊失措，自然更无招架之力了。

八、拔都的征服钦察与俄罗斯，屠杀掠夺，到处残破。攻陷莫斯科，杀人二十七万。进入波兰，伏尸盈野。俄罗斯人对于蒙古武力统治的仇恨与反抗，表面上似不若汉人、南人的激烈。意者俄罗斯人世居寒冷饥渴的地区，俗尚蛮勇，强则威武，弱则奴服。其时俄罗斯的军事组织，既不如蒙古，骑射火炮，更难比拟蒙古。蒙古人的特务与情报，又是异常灵敏，稍有抗争，蒙古人即将临以集体的屠杀，以是畏惧、屈辱，接受暴力统治垂二百余年。后来蒙古武力一衰，俄罗斯人便起而击灭喀山和阿斯达拉干，兼并克里美，蒙古人乃无噍类了！民族与民族间的相与，需要以平等对待，自然同化。民族与民族间纵有冲突，决不能凭借残暴和武力，以求解决。

九、蒙古的邮驿制度，组织严密，设置完善，确是一种非凡的创举。横跨欧亚的四大汗国，南北万里的中国本土，都赖以传递文书，运输财物，护送使节。对于巩固中国本土与四大汗国的统治，厥功甚伟。蒙古驿站的最大贡献，还是促成中西文化的交流，这对于全世界的人类来说，亦是历史发展的重大环节。蒙古西征以前，中国和欧洲的交通，都是片段的，断续无常，若隐若现。经过蒙古的三次西征，欧亚之间，凡持有牌符者，驿站都供应招待。虽然道途万余里，却是畅通安全。往来人物，大为增加。欧西的基督教与天文、历法、数学、医学、建筑等科学知识，因而传入中国。中国的罗盘、火药、印刷术、纸币、算盘、炼金术，亦传入欧洲。这对于后来的欧洲和中国，都曾发生了极其重大的影响。

十、蒙元以野蛮部族凭武力而入主中国，政治愚昧而幼稚，文化低落而浅陋。然而有元一代的戏剧及小说，则是开创了中国文学史上的奇迹。蒙古人的胡乐，嘈杂凄紧，进入中原地区后，创为北曲。北曲以《西厢记》为代表，传为王实甫所创作，取材于唐元稹的《会真记》，凡四套四十六折，写男女离合的情绪，为千古绝调。中国人不习惯于北曲的音节，乃别创南曲。南曲以《琵琶记》为代表，传为高则诚所创作。有谓为讽刺其友王四，弃糟糠之妻而缔姻权门，写孝妇行路的艰难，清净雅艳，别具一格。元代以戏剧成名者，尚有关汉卿、马致远等人。小说家言，起于稗官。唐有传奇，宋有话本。元代因有蒙古人和色目人，注入新思想，别出心裁，更足以令人喜悦奇异！施耐庵的《水浒传》，罗贯中的《三国演义》，以及其他章同体的小说，遂因以勃兴。元代歧视汉族，贱视儒生，不用士人，中国的读书人自不甘心。有才识的人士，都不肯做元朝的官吏。一部分的读书人，乃用其聪明才智于文学的创作。元代戏剧与小说的特多珍品，与此不无关系。

十一、黄道婆，松江府乌泥泾人，年轻的时候，不知何故流落到崖州（海南岛）。她在崖州向土著的黎人学棉艺，很快就把制棉的一套技能，运用得很纯熟，也学会了织制精细崖州被的方法。元成宗元贞年间，黄道婆搭上了一艘要回江苏的便船，回到故乡乌泥泾。她把“捍、弹、纺、织”之具传入长江下游的乌泥泾，再从乌泥泾传遍了长江流域。她使当地对纺织不完备的工具完备了。如由核去壳和棉子，以前是用手剥，她教以由铁杖捍。她以强有力的竹弓绳弦，取代软弱无力的竹弓绳弦；并且由碾棉籽、弹棉花、纺棉线（纱）到织成布，立下一套系统化的手续。她教乌泥泾的男人，怎样种植、收成、弹棉花。又教乌泥泾的女人怎样错纱、配色、综线、絜花。乌泥泾繁荣了。因为棉花种植广，价格便宜，成品又精美舒适，棉织业兴起发达，解决了穿衣问题，中国的百姓大受其利。黄道婆确是中国历史上少数留名青史的女杰之一，足以媲美发明蚕丝的嫘祖。无怪乎元顺帝至元三年，要为她立乡祠，岁时享祀了。

第十四章

大明帝国

元末大乱，朱元璋崛起淮西，提一旅的兵众，平汉吴，下浙闽，定广东，北上驱逐蒙古，再兴汉族。自明太祖朱元璋于洪武元年即位金陵，至明思宗朱由检于崇祯十七年自缢煤山，为时二百七十六年，约当公元一三六八至一六四三年。如果加上南明的福王、唐王、桂王十八年，则为二百九十四年，亡于公元一六六一年。

第一节　开国皇帝朱元璋

朱元璋，字国瑞，濠州钟离人。父朱世珍，母陈氏，兄弟四人，元璋排行第三。生得相貌魁梧，奇骨贯顶。元顺帝至元四年，朱元璋年才十一岁，濠泗一带旱蝗饥疫，父母兄弟相继死去，孤苦无依，到皇觉寺去当和尚。稍后外出化缘，托了钵盂，云游四方，越水登山，餐风饱露，走遍光、固、汝、颍四州，于至正三年返还皇觉寺。元政不纲，群雄并起。至正十二年，朱元璋已经二十五岁，投入郭子兴军为亲兵，每次作战，勇敢机智，甚为郭子兴夫妇所器重，因妻以义女马氏。马氏贤而慧，为朱元璋的好内助。

至正十四年，朱元璋自领一军。至正十六年，攻下金陵，召集官吏父老温言慰谕："元朝失政，生民涂炭，我率众至此，无非为生民除害。汝等各守旧业，勿生疑惧。贤人君子，能相从立功，我当重用。旧政不善，汝等可一一直陈，我当立除。官吏毋得贪暴，虐我良民。"改集庆路为应天府，自号吴国公。其时西有陈友谅，东有张士诚，东南有方国珍，北方有韩林儿。陈友谅兵强，张士诚财雄，尤为朱元璋的劲敌。终于凭着明智与才略，先攻陈友谅，再平张士诚，统一了长江流域。至正二十七年，朱元璋遣汤和取温州，克庆元，方国珍乞降。汤和乘胜发兵入福建，进逼延平，掳陈友定，俘送建康。朱元璋又命廖永忠为征南将军，攻克潮州，元左丞何真以广东来降。至正二十八年，朱元璋即皇帝位于金陵，国号大明，改元洪武，是为明太祖。当年命徐达、常遇春率领大军北伐，势如破竹，于闰七月进入北京。号令士卒，秋毫无犯，人民安绪，市肆不惊。元顺帝亡走漠北。汉人的政权，重新治理着广大的中国。

明太祖朱元璋出身平民，十余年间，卒成帝业。创业的艰难，胜利的快速，为中国历史所仅见。论者分析其成功的原因：一为得地利。明太祖据有金陵，凭着长江的天险，胡骑不能飞渡。又以江南的富庶，军粮无缺，兵源的补充亦易。二为得人和。明太祖初期不嗜杀人，布信义，行节俭。在起义的群雄中，最得人心，收揽的贤才亦最多。三为才略卓越。明太祖取得金陵的时候，张士诚据有平江，陈友谅称雄汉阳。明太祖认为“友谅剽而轻，士诚狡而儒，若先攻士诚，友谅必空国来救，是我疲于二寇。”（谷应泰《明史纪事本末·卷三·太祖平汉》）于是决定先行攻灭陈友谅。又于统一江南以后，北伐军先行攻略山东、河南，然后直取北京，皆能因应当时的情势，做出最有利的抉择。四为主义正大。元末并起群雄中，惟刘福通持白莲教以反元为政治号召。比起明太祖的“驱除元虏，恢复中华”“拯生民于涂炭，复汉宫之威仪”“使民各得其所，雪中国之耻辱”，（谷应泰《明史纪事本末·卷八·北伐中原》）以民族革命为号召，相去甚远！

明太祖深知民间的疾苦，故其带兵作战，最重军纪，所至秋毫无犯。对于传统的儒学，甚为崇奖，一时韬光蕴德的才士，如刘基、宋濂、章益等，都来投效。当上皇帝以后，立即严惩贪污，官吏贪赃六十两以上者，枭首示众，并剥皮实草，悬于官署，以为贪污者戒。广开言路，准许人民上书，奖励直谏，培养士大夫敢言的风气。虽然诏禁胡语、胡服、胡俗，但不歧视蒙古人和色目人，有才能者，一体擢用。严禁宦官预政典兵，以防后患。重农桑，兴水利，躬行节俭，为天下倡。

明太祖所定的制度，颇为详备。边防的规模，亦甚宏远。惟私心稍重，专制的气焰极浓。

第一，分封宗室诸王。明太祖认为秦、汉、唐、宋四朝，因为没有强藩作屏障，所以遭到爽亡。又因为当时已经退出塞外的蒙古，仍然不时内犯，于是分封诸王二十五人，委以御边的重任。诸王的封地漫布全国，其中以秦王樉封于西安，晋王㭎封于太原，燕王棣封于北平，代王桂封于大同，宁王权封于大宁，肃王楧封于甘州，皆当守御北边的大任，权势尤重。

第二，厉行君主独裁。明太祖初承元制，以中书省左右丞相总理全国的政务，下设吏、户、礼、兵、刑、工六部。改枢密院为大都督府，以掌兵权。改御史台为都察院，以司监察。洪武十三年，左丞相胡惟庸谋反被诛，于是罢去中书省，度置承相，政事分隶六部，各部领以尚书，直隶皇帝。同时改大都督府为前后左右中五军都督府，分领在京的衙所以及各地的都指挥使司，五个都督府亦各直接受命皇帝。

第三，改革地方政府。明初亦承元制，置行中书省。后来改为十三个布政使司，布政使掌理民政钱谷；置按察使，掌省刑罚；置都指挥司，掌军政。号为三司。另有监察御史，访问民间的疾苦，监察官吏的贤不肖，隶属都察院。中叶以后，又设巡抚、总督及经略诸使。各府州县则设知事，主理民事。

第四，建立卫所兵制。明太祖取法汉的屯田、唐的府兵，建立卫所。自京师到郡县，择天下冲要的地点，设立卫或所。大率以五千六百人为卫，一千一百二十人为一千户所，一百一二十人为一百户所。连数郡设卫，一郡设所。卫所均统于都指挥司，都指挥司统于中央的五军都督府。兵部有出兵的令，而无统兵的权。五军都督府有统兵的权，而无出兵的令。征补、训练、饷糈，属五军都督府。军队调拨与指挥作战，属兵部。兵籍均世袭不改，悉以屯田的所得来给养。兵民分籍，各不相混。

第五，加重监察权。明太祖改御史台为都察院，监察中央及地方的文武百官。都察院置左右都御史、副都御史各一人，左右佥都御史各二人，监察御史八人。十三布政使司的监察御史百十人，亦皆隶属于都察院。另于吏、户、礼、兵、刑、工六部，都设有给事中，专管六部的政事。

第六，编造黄册及鱼鳞册。黄册是户籍册（户口名簿），因册面用黄纸，故称。鱼鳞册是地籍册（土地登录簿），以写土地的方圆、丈尺、字号、四至及主名，因其状如鱼鳞，故名。明初的赋役，概以二册。丁有役，田有租。租分夏秋，夏税以麦为主，秋粮以米为主，但都得以银钞钱绢来折纳。因为明太祖所编造的黄册和鱼鳞册，将全国的户口和土地调查登录清楚，所以明代的赋役，比较历代公平而完整。

第七，严密科举取士制度，明的科举取士，有乡试、会试、殿试三阶段。凡子、卯、午、酉之年，于各省试士，为乡试。乡试及第者称举人。明年，亦即丑、辰、未、戌之年，集各省的举人于京师，先试礼部，为会试。后由天子亲试于殿中，为殿试。殿试及格者分为三等。一等为一甲，限三名，第一名状元，第二名榜眼，第三名探花，皆赐进士及第。二等为二甲，赐进士出身。三等为三甲，赐同进士出身。二等、三等没有固定的员额。状元任翰林院撰修，榜眼、探花任翰林院编修，此外的进士则为庶吉士，或为知县的候补。

第八，明的刑法，大略皆沿唐宋元的旧贯。唯其名例的次第为吏律、户律、礼律、兵律、刑律、工律，与前代稍有不同。吏律有职制、公式二目；户律有户役、田宅、婚姻、仓库、课程、钱债、市廛七目；礼律有祭礼、仪制二目；兵律有宫卫、车政、厩津、厩牧、邮驿五目；刑律有盗贼、人命、斗殴、骂詈、诉讼、受赃、诈伪、犯奸、杂犯、捕亡、断狱十一目；工律有营造、河防二目。刑名分笞（五等），杖（五等），徒（五等），流（三等），死（二等），共为五类二十等。

明的锦衣军，本司侍卫天子。明太祖往往将有罪者下锦衣卫鞫实，称锦衣卫之狱。遂由侍卫而汇掌刑狱，缉查民间情伪，成为天子的特务机关。后来发生偏差，任意捕治人犯，施用非刑，诛杀冤滥，乃是明代的一大弊政。

明太祖为防廷臣蒙蔽，尝与侍从数人，易服微行。一面采访才能，一面侦察吏治，一面调查民情，所以江淮一带恒有太祖君臣的踪迹。尝自作诗："百官已睡朕未睡，百官未起朕先起，不如江南富足翁，日高三尺犹拥被。"明太祖晚年的行事，多以汉高祖为取法，猜疑成性，果于杀戮。从龙佐命的功勋，只有徐达、常遇春、李文忠、汤和、邓愈、沐英六人，保全身名，余皆不得其死。洪武初年发生空印案，明太祖疑心作弊，兴起大狱，官吏死者数百，株连获罪者数千人。洪武十三年，胡惟庸以左丞相阴谋不轨，寸磔市曹，连兴大狱，坐诛者三万多人。洪武十八年，户部侍郎郭桓，因为盗卖官粮被杀，株连而死者数万人。蓝玉为常遇春的妻弟，屡立战功，因为恃功粗暴，亦以伺机谋变的罪名，于洪武二十六年被杀，株连灭族者一万五千人。

第二节　成祖靖难与仁宣郅治

洪武三十一年，命燕王棣总率诸王，得专征伐。明太祖崩，皇太孙允炆立，改元建文，是为明惠帝。明惠帝喜好文章，善作诗词，本是仁柔寡断的人物。但对各地藩王，恰也有些疑忌，于是采纳侍读黄子澄和兵部尚书齐泰的建议，决心削藩。废周王橚、湘王柏、齐王榑为庶人，囚禁代王桂于大同。燕王棣畏惧，遂与鲁道衍（姚广孝）计议，于建文元年起兵，仍称洪武三十二年，指称黄子澄、齐泰为奸臣，包藏祸心。扬言入清君侧，号其举兵为“靖难”。燕王棣的大军进入山东，屡为山东的军帅盛庸所破。因为明惠帝有诏不杀叔父，盛庸姑且纵去燕王棣。

建文三年十二月，内廷的宦官遣人间道告燕王，谓京师空虚可取。燕王乃于建文四年五月，大皋南下，由大名经河南东部入安徽，渡过淮水，直下扬州。朝廷惊骇，臣民大恸。明惠帝征召天下的勤王兵，下诏罪己，派遣庆成郡主与燕王割地议和，燕王不允。六月，燕王自瓜州渡过长江，攻破南京，宫中大火，明惠帝不知所终。燕王自立为皇帝，改元永乐，是为明成祖。杀戮黄子澄、齐泰以及明惠帝的旧臣，死者数万。燕王登极，命方孝孺草诏。方孝孺悲恸，大号不可草。燕王命左右强授笔，方孝孺草书‘燕贼篡位’四字。燕王怒问：“汝不顾九族乎？”（谷应泰《明史纪事本末·卷十八·壬午殉难》）方孝孺答：“便十族奈我何耶？”燕王因将方孝孺的朋友门生亦收杀，合为十族。

明成祖怀疑明惠帝亡命海外，即位以后，立派亲信宦官，分赴南洋等地寻访。永乐元年，侯显出使乌斯藏，马彬出使爪哇与苏门答腊，李兴出使暹罗，尹庆出使摩剌加与柯枝。而规模最大、行程最远、影响最深的，要算郑和的七次出使西洋（南洋）。第一次，郑和率船六十二艘，大者长四十四丈四尺，阔十八尺，中船长三十七丈，阔十五丈，将士二万七千八百余人。携带金银珠宝，不计其数。观其兵力的强大，已非专为寻访明惠帝的踪迹，而有夸耀国力，威震远方的意图了。

北方久已残破，自宋元以来，军糈民食，多有赖于江南的供应。元行海运，用以接济北平和辽东，但海上波涛险恶，不若河运的安全。元世祖尝开通惠河及会通河，且浚治江南江北的运河。明初会通河又淤塞，明成祖于永乐元年，改道淮河沙河运粮抵陈州，经黄河，转卫河，以输北京。北征军兴，需粮益繁，永乐九年，重开会通河。复以淮安过坝，输挽仍艰，因再疏导清江浦，以贯通长江至淮水间的水道。从此北平至杭州间的水道，完全畅通。明成祖建造平底的浅船三千艘，行走运河，每年运粮三百万石。

明成祖于永乐十九年，自南京迁都北京，改北京为京师，而以南京为留都。

明成祖躬行节俭，励精图治，常遣御史分巡全国，监察官吏的贤不肖。对于地方的守令，采取重赏重罚的政策，闻有不贤，立即逮问，查属被诬，立于升擢。其时亲民的官吏，不患公道的不彰，都不以权贵为惮。所以吏治清明，得到人民的拥护。但明成祖重视宦官，派宦官出使专征，监军分镇，调查民隐；后来并以宦官主持东厂，缉访谋逆、妖言、大奸恶，与锦衣卫均其权势，迫害官吏，暴虐百姓，却也开创了宦官祸国的乱端。

明成祖死于永乐二十二年，太子高炽立，是为明仁宗。明仁宗爱民恤刑，除去明成祖的苛政。立一年而殁，太子瞻基嗣位，廷为明宣宗。明宣宗当国十年，平定藩祸，注重吏治，府库充实，闾阎乐业。

明仁宗即位，下诏赦免建文诸臣的家属。罢去下西洋的取宝船，云南的取宝石，交趾的采金珠，撒马儿汗的取马，并且停止采办烧铸进供诸务。命吏部淘汰冗官，慎选师儒与御史。命户部停征被灾田地的粮税，发出仓粮赈饥。命刑部、都察院、通政司，自今内外官的贪赃者，录其姓名于宫，以便稽阅。命翰林院严考岁贡生，不在文辞的工拙，但取明理。

明宣宗继位，浙江布政司参议王和、袁昱，陕西按察司佥事韩善等坐赃遇赦，吏部奏拟还职。明宣宗认为，“士大夫当务廉耻，三人皆贪污，岂可复任方面”，（谷应泰《明史纪事本末·卷二十八·仁宣郅治》）皆罢职为民。

明宣宗三年，工部侍郎李新从河南还朝，说起“山西民饥，流徙至南阳诸郡不下十余万，有司遣人捕逐，民死亡者多”，（谷应泰《明史纪事本末·卷二十八·仁宣郅治》）明宣宗对夏原吉说道：“民饥流亡，岂其得已！昔富弼知青州，饮食居处医药皆为区画，山林河泊之利听民取之，全活五十余万人。今乃驱逐使之失所，不仁甚矣。”于是遣官赶往山西河南赈济，严禁捕治。

明宣宗始定会试分南北卷取士例。如当取百人，南人六十，北人四十。其后复定南北中卷，北卷北直隶、齐、豫、晋、陕；中卷川、桂、云、贵及淮南、凤阳诸州；余皆南卷。

甯王权上奏乞赐南昌的土田，明宣宗诏以“王者食租衣税，今有税禄足矣。一乡之田，民所衣食，不当夺以自养”。（谷应泰《明史纪事本末·卷二十八·仁宣郅治》）

宛平民有以土地布施崇国寺请蠲其税，明宣宗诏以“民地衣食之资，乃以施僧，且求免税，甚无谓。令亟以还民”。（谷应泰《明史纪事本末·卷二一八·仁宣郅治》）

侍臣有建言：“宋太祖太宗以兵定天下，其子孙率流于弱，致武备不饬。”（谷应泰《明史纪事本末·卷二十八·仁宣郅治》）明宣宗却说：“宋之君诚失之弱，将帅虽才，亦不得展，盖为小人所坏，大抵宋之亡，柄用小人之过也。”

有僧自陈修寺祝延圣寿，明宣宗予以申斥，并对侍臣说道：“人情莫不欲寿，古之人君若商中宗、高宗、祖甲、周文王，享国最久，其时岂有僧道神仙之说？秦皇、汉武求神仙，梁武帝、宋徽宗崇僧道，效验可见。世人不悟，可叹也。”（谷应泰《明史纪事本末·卷二十八·仁宣郅治》）

明宣宗对于农田水利最为留意。尝命工部饬行郡县，务须及时修筑陂池堤堰。尝命户部重申栽种桑枣的旧令。

第三节　明代的宦官与党争

明太祖有鉴于历代宦官的祸国，特制“内官不得干预政事，犯者斩”的铁牌，悬于宫门。明惠帝继立，严遵祖训。明成祖起兵靖难，多有得力于京师宦官的密告虚实。既即位，重用宦官，宦官始秉兵柄，并得拘捕人犯。自明英宗祁镇开始，历朝的明帝大都昏庸，不亲朝会，委政内阁。国家的重要政事，例由大学士票拟，送呈御笔朱批。疏懒的明帝，朱批时多有交由秉笔的太监代笔。大学士不若内侍的亲近，不得不奉迎交结，因此阉臣骄横，权倾天下。

明英宗信任宦官王振，用为司礼监，窃弄权柄，擅作威福。正统十四年，瓦剌酋长也先分四道大举入寇，王振怂恿明英宗亲征。兵部尚书邝埜、侍郎于谦、吏部尚书王直等再三谏阻。明英宗不听，率领五十万人仓促就道，出居庸，过宣府，至大同。回师东还，军次土木堡，被也先的大军追及合围，水源断绝，明军大溃，王振为乱兵所杀，军士死伤数十万人，也先掳明英宗北去，史称土木之变。败讯至京，举朝大惊。皇太后命郕王祁钰即位，是为明景帝。明景帝以于谦为兵部尚书，力筹战守，抄没王振的家产，得金银六十余库，珍玩无算。也先原以英宗为奇货，至是如挟一废物，毫无用处，遂与明廷议和，放回明英宗。景泰八年，明景帝卧病，宦官曹吉祥与朝臣石亨纠众攻破南宫门，拥立明英宗复辟，史称夺门之变。明英宗复位，杀死于谦，临刑这一日，道旁人民，莫不泣下。明英宗委政于曹吉祥和石亨，二人朋比为奸，揽权态肆，卖官鬻爵，朝政大乱。其后，曹石二人均因谋为不轨而先后伏诛。

明宪宗（见深）于成化十三年，立西厂，以宦官汪直主持其事，缇骑倍东厂，权势远出锦衣卫之上。汪直本是大藤峡的猺僮，猺乱平，被俘以幼男没入禁中，为昭德宫的内使。因能奉迎万贵妃的喜怒，竭力趋承，当上了掌理御马监的差事，年少黠谲。明宪宗欲侦知外事，命汪直改换衣服，带领锦衣官校，私行外出，查察官民举动，但有街谈巷议，莫不奏闻。宪宗以为能，命掌西厂，至是挟得专刑杀的密旨，骄横跋扈，强夺民田，广收货赂，屡次兴起大狱，使卿大夫不安于职，商贾不安于途，庶民不安于业。因为都察院御史的交章上劾，成化十八年，明宪宗罢去西厂。次年，贬汪直为南京的御马监。

明宪宗末年，所用非人，当时有纸糊三阁老（万安、刘翊、刘吉），泥塑六尚书（尹曼、殷谦、周洪模、张蓥、张鹏、刘昭）的谣传。这九人旋进旋退，毫无建白。及明孝宗祐樘即位，励精图治，黜佞任贤，诛妖僧继尧，斥侍郎李孜省、太监梁芳、外戚万喜，夺僧道封号千余人，宫廷一清，乃大赦天下。其时海内宴然，承平无事。弘治八年以后，孝宗求治渐怠，朝政日晏，太监杨鹏、李广，朋比为奸，蔽塞主聪。李广且以修炼斋醮等术，纵恿左右，骄恣跋扈，权倾中外。后来得罪太后，服鸩酒自杀。内监至其家搜索秘籍，发现贪渎大批黄白物。孝宗经此觉悟，乃复远佞臣。

明武宗厚照十七岁即帝位，性好逸乐，嬖幸宦官刘瑾、马永成、谷大用、高凤、罗祥、魏彬、邱聚、张永等八人，号八党。日进鹰犬、歌舞、角抵等戏，导帝游玩。正德元年，以刘瑾掌司礼监，马永成掌东西厂。次年刘瑾领内厂，权势益盛。刘瑾尤狡狯，涉猎书籍，粗通掌故，与大学士焦芳相勾结，朝臣不附己者，莫不斥去；纳赂攀附者，越次超升。正德五年，安化王寘鐇反于庆阳，传檄远近，以诛刘瑾为名。明武宗命右都御史杨一清、宦官张永监军往讨，擒缚寘鐇，槛送京师。张永于献俘的时候，出示寘鐇的檄文，宣布刘瑾的不法事。明武宗阅后感动，因诛刘瑾，抄籍其家，得金二十四万锭又五万七千八百两，元宝五百万锭又一百五十八万三千六百两，其他的珍宝无算。明武宗信用张永，宦官的气焰如故。正德十四年，宁王宸濠反于南昌，王守仁在赣南起兵，直捣南昌，擒获宸濠，准备献俘京师。王守仁，余姚人，前时反对刘瑾，谪戍龙场驿，平生倡导“去人欲存天理”的“致良知”学说，为明清以来影响最大的理学家。明武宗竟欲听信边将江彬、许泰与中贵张忠的建议，命令王守仁纵放宸濠于鄱阳湖，俟明武宗亲自领兵与战，再行一鼓成擒，而后奏凯论功。王守仁至杭州，得到张永的维护，始免谗害。

明武宗在位十六年。无子，张太后召杨廷和等至大内，议立兴献王长子厚熜，即位后，改元嘉靖，是为明世宗。将正德年间冒功鬻爵、监织榷税诸弊政，尽行革除，所斥锦衣内监旗校工役等，不下十万人。京都内外，统称新主神圣。稍后，为尊兴献王大礼议，与百官意见相左，自是辅臣丧气，引为大戒。终世宗朝，内阁大臣，大半委蛇朝右，无复强谏。明世宗旋复宠信太监，命中官提督苏杭织造。宠信方士，在宫中设立醮坛。四方道流，趋集都中。后来以善写青词的分宜人严嵩跃登相位，窃弄威柄，狡黠奸巧，纳贿营私，政治亦就愈加败坏了。

明世宗崩，裕王戴垕嗣立，改元隆庆，是为明穆宗。用徐阶言，力除宿弊。逮方士王金、陶效、田世文、高守中、陶世恩下狱，一并处死。及徐阶去位，高拱、张居正入朝掌政，授戚继光为都督同知，总理蓟州、昌平、保定三州练兵事宜。著有《练兵实纪》《纪效新书》，所谈兵法，均关窾要。节制严明，器械犀利，无论什么巨寇，都闻风远避，边境稍宁。穆宗在位六年而殁，神宗翊钧继位，年才十龄。中官冯保掌司礼监，又督东厂事务，总兼内外，权焰逼人。张居正与他勾结，很是契合。冯保虽承李太后的眷宠，却也不敢导帝为非。张居正虽受李太后的嘱托，亦思整肃朝纲，不负倚畀。居正日侍经筵，为神宗讲解经义，亦必一一辨正，不使少误。对所有军国要政，无不悉心筹划。宣大总兵李成梁，镇抚辽东，骁悍善战，屡摧塞外巨寇，内外承平，十年无事。张居正病逝，冯保亦势孤。明神宗宠爱郑贵妃。遣中官四出开矿，勒索民间。增设各省税吏，所在苛索。全国的老百姓，痛苦得不得了。而且自万历十九年开始，深居拒谏，上下相蒙，就是终日入直的大臣，也无从见帝一面，密陈国政。

明熹宗由校即位，年十六岁。宦官魏忠贤与明熹宗的乳母客氏有宠。魏忠贤为司礼监，裁决章奏，权势倾朝。天启三年，魏忠贤兼掌东厂，厂卫的命令竟与诏旨并行，跋扈日甚。其顾宗谦、魏广征为大学士，皆谄事魏忠贤，甘为鹰犬。另以文臣崔呈秀、田吉、吴淳夫，李夔龙、倪文焕等五人主谋议，号五虎。以武臣田尔耕、许显纯、孙云鹤、杨寰、崔应元等五人主杀戮，号五彪。残害忠良。天启五年，魏广征、崔呈秀等借审问移宫与熊廷弼通权纳贿案，启导魏忠贤兴大狱，杨涟、左光斗、高攀龙、魏大中、袁化中等十二人，下狱惨死。魏忠贤并且废毁书院，榜示东林党人的姓名，永久禁锢。朝廷的善类，为之一空，海内屏息丧气。天启六年，浙江巡抚潘汝桢首先建造魏忠贤的生祠于杭州西湖，勒石志功德。自是各省仿效，魏忠贤的生祠几遍天下。入祠不拜者，下狱论死。宦官的祸害与流毒，中外切齿。明熹宗在位七年，后来得了鼓胀病，诊治无效。明思宗由检立，改元崇祯。令出客氏，流放魏忠贤，阉斥闱党。魏忠贤行到阜城，自缢而死。

宋朝新旧党的争执，起因于政策政见的不同。明朝的党争，自始便是宦官流毒。明神宗自万历十八年以后，二十五年不见朝臣，不省章奏。中外缺官，常久悬不补。于是纲纪荡然，百政废弛。朝局水火，党派纷争。在朝的齐、楚、浙、宣、昆五党，以兀诗教、官应震、姚宗文、汤宾尹、顾天俊为首领，莫不勾结宦官，希望长保禄位。在野的东林党，以顾宪成、邹元标、高攀龙、钱一本为健将，相继讲学，自负气节，与执政相抗衡，依附者日众，顿能左右当时的舆论。朝中五党联成一气，皆与东林为敌，于是政治上形成东林与非东林的两派，相互诋诟，愈演愈烈。梃击、红丸、移宫三案，成为两派争执的主题。

明神宗的王皇后无子。郑贵妃生子常洵，王恭妃生子常洛，经过群臣屡次的请求，明神宗立常洛为太子。万历四十三年，有男子张差持梃突入太子的宫中，击伤守门的内侍，迹近行刺，讯明为郑贵妃宫内太监庞保、刘成等所主使。明神宗不欲深究，但杀张差、庞保、刘成而寝其事，此为梃击案。东林党人主张严究，非东林党人反对。

明神宗死，常洛嗣立，是为明光宗。明光宗即位数日即病痢，内医崔文升进泄剂，病益剧。鸿胪寺官李可灼上疏，谓有仙丹治帝疾，居然进红丸。明光宗服后，腹苦肠泻，滴泄不止，次日而死，此为红丸案。东林党人主张追究，非东林党人反对。

明光宗死，子由校立，是为明熹宗。明熹宗登极有期，应该移住内廷乾清宫。明光宗的宠妃李选侍犹在乾清宫，不肯别移，竟挟持皇长子以自重，意欲专权。御史杨涟、左光斗上疏，请令李选侍移宫，廷臣多赞成此议，李选侍不得不移居哕鸾宫，此为移宫案。东林党人主张移宫，非东林党人反对。

明熹宗的大学士叶向高和吏部尚书赵南星，皆左袒东林党。非东林党人遂勾结宦官魏忠贤，迫害东林党人。魏忠贤借势操纵，尽行罢去有志行的朝臣。

有明一代，殊少权倾内外的重臣。其能把持朝政经历相当岁月者，严嵩、张居正二人而已！明世宗朝的严嵩，谄媚蒙蔽，把持朝政二十年。其子世蕃，相助为恶。后来，严嵩因罪状暴露而罢去，世蕃亦伏诛。明神宗即位时，年才十岁，嫡母陈太后与生母李太后并听政，仍以张居正为首辅。张居正执政十六年，节制亲贵，整饬吏治，加强国防，肃清盗贼，整顿学风，整理财政，均具绩效。张居正处事公正，赏罚严明，廉洁自持，贤才是用，故能威行法立，明廷赖以转危为安。然因恃才傲擅，恩怨过于分明，死后经不起御史的交章，被明神宗追夺原官。其后的朝臣随俗浮沉，明政又败坏了。

第四节　明代的武功与边患

明初的主要强敌，仅是退走塞北的蒙古人。洪武三年，元顺帝死于应昌，昭宗立，自后史称北元。洪武十一年，北元昭宗死。后主脱古思铁穆耳嗣位，免不得又来侵边。将军徐达等奉命驰御，擒住平章阿里不花，元兵败退。洪武二十一年，蓝玉奉命北讨，进至庆川，直抵百眼井，大破北元后主脱古思铁穆耳于捕鱼儿海的东南，俘获八万余人，马牛驼羊十五万匹，蒙古自此势衰。次年的秋天，脱古思铁穆耳为部将鬼力赤所篡，去元国号，改称鞑靼可汗。部民以鬼力赤并非元裔，多不从命。强臣猛可帖木儿自据蒙古的西部，是为瓦剌。永乐四年，鬼力赤为其太保知枢密院阿鲁台所执杀，迎立蒙古族的本雅失里，居胪朐河。永乐八年，明成祖征鞑靼，督师五十万出塞，"于斡难河大破之，本雅失里以七骑遁去，走死瓦剌。"（谷应泰《明史纪事本末·卷二十一·亲征漠北》）阿鲁台降明。永乐十二年，明成祖再次北征。"大破瓦剌马哈木，追至土拉河，斩首数千级而还。"永乐十九年，阿鲁台复叛，明成祖乃有第三次的亲征，大军出应昌，次威远，直抵沙胡原，鞑靼远遁。于是尽收阿鲁台所弃牛羊驼马，指日还师。乘便出击兀良哈三卫巢穴，然后下令班师。明宣宗时，阿鲁台为瓦剌的酋长脱欢所杀，其子降明，鞑靼大衰。

明代为防阻北方的入侵，乃有边墙（长城）的修筑。早在洪武初年，徐达镇守蓟北，已于山海关以西之地，沿山筑城垣。成祖时，又于宣府以西，筑至山西北境。至中叶正统、成化时，乃于沿边普遍修筑。至嘉靖时，东起山海关，西至嘉峪关的伟大长城，修筑完竣，亦即今日雄峙华北的万里长城。

明初以马云叶旺屯兵驻守辽阳，经略东北。其时元将纳哈出盘踞金山，东向结纳高丽，西与北元相呼应。洪武二十年，明太祖命冯胜、傅友德、蓝玉等直攻金山，“纳哈出率数百骑诣蓝玉降。”（谷应泰《明史纪事本末·卷十·故元遗兵》）明成祖永乐初，女真内附，置建州、海西、野人等卫，复招抚黑龙江下游的南北诸部，设奴儿干都司，总理各卫。

明太祖即位，思州、思南等地的土司先后归降。明太祖命令他们各以原官世袭，不置郡县。明成祖永乐十一年，思南的土酋田宗鼎与思州的土酋田琛彼此仇杀，不听禁令，明成祖命顾成将兵攻讨，执获二酋送京师。于是设贵州布政使司治理其地，开郡置县，筑城辟道。

青海、西藏于明初内附，置朵甘、乌斯藏两行都司。洪武十五年，云南亦平定。

明太祖封陈日煃为安南国王。建文元年，安南国王陈日焜为权臣黎季犛所篡，明廷不知内情，竟封黎氏为安南国王。其后，陈氏的宗亲陈天平奔告明廷，明遣副将黄中等护送陈天平归国，为黎氏所杀。永乐四年，明成租命张辅、沐晨统兵进讨，大破安南军。“土人将黎氏父子将相王侯柱国等，皆缚献军门。”（谷应泰《明史纪事本末·卷二十二·安南叛服》）因为安南再没有陈氏的子孙，明廷乃于其地置交趾布政使司。永乐十六年，交趾的土官黎利复倡乱，攻陷茶龙，占据谅山，声势浩大。明宣宗命将往讨，颇苦兵事。黎利亦感到难于支撑，请求立陈氏的后人。明宣宗遂于宣德二年，“赦免黎利罪，罢去交趾布政使司，以陈氏后人陈暠为安南国王。”三十年经营创造的安南，一旦弃去。

明太祖即位，张士诚和方国珍的遗部，以首领丧亡，栖身无所，铤而走险，相率入海，纠合日本的亡命客，趁间劫剽中国的沿海。洪武二年，明太祖遣行人杨载赴日，诘以入寇之故。洪武四年，日本南朝的怀良亲王特遣僧祖来使明，奉表称臣，献贡马方物，送还明州、台州二郡被掳的人口七十余人。洪武八年，日本北朝的征夷大将军足利义满亦遣僧中津妙佐使明。

洪武二十五年，高丽李成桂遣使求册命，明太祖以朝鲜古号见赐，是为李氏朝鲜。李成桂改名旦，迁都汉城。自是李氏朝鲜的新王即位，必先奏请明帝的承认；国君去世，亦奏请明帝颁赐谥号。

琉球于洪武初年入贡受封，奉明正朔。永乐中，派遣留学生来明，风俗渐变，华化大行。

明初国势强盛，太祖、成祖、宣宗三朝，都留意经略海外。明成祖的经营南洋，宣扬国威，卓有成绩。郑和为明成祖的宦官，从永乐三年到宣德六年，二十六年间，先后七次西行海外，到过三十五国。每到一地，发布大明皇帝的谕旨，宣示威德。服从命令者，以金帛赠其君长；不服从命令者，则以兵力镇压，遂致互市不绝，国用以裕，更使风气大开，声威远播。其后闽粤的居民竞向南洋移殖，或经商，或开垦，贡献极大。

中叶以后，国势渐衰，鞑靼、日本和满洲，对明廷构成极大的威胁。

明世宗的时候，鞑靼复盛。达延汗颇有雄略，统一诸部，中兴蒙古，自称大元奇汗，不时侵扰明的北边。后来以年老厌兵，将各部分封诸子，自与长孙卜赤徙居插汉儿（察哈尔），号土蛮（土默特）。卜赤继立，名义上虽然成为鞑靼的共主，兵力实不及西部的俺答汗。嘉靖二十一年，俺答汗侵寇山西，全境蹂躏。其后继续内犯，抄掠无虚日。嘉靖二十九年，俺答汗进逼京师，明军饥疾，不能守战，严嵩听其饱掠八日，整好辎重，向白羊口而去，并且还答允互市。而俺答汗的要求无厌，仍然入犯不已。嘉靖四十二年，再迫京畿。明穆宗隆庆五年，始定和议，明帝封俺答汗为归义王，以其所居住的地方为归化城，沿边广设马市。北边二十余年，始无烽火。明神宗的时候，土蛮部转盛，数度入侵，均为明将李成梁所击退。

中国沿海一带，向有倭寇出没。明成祖年间，屡破倭兵，倭寇少戢。日本将军足利义满遣使入贡，受封为日本国王，遂与中国交通。并代为追捕海寇，只准乔民入市，不准掳掠。沿海一带，尚称安靖。明世宗时而海禁，时而开放。浙闽滨海一带的莠民、海盗与失意政客，遂乃勾结日本浪人，狼狈为奸，不时袭破卫所，杀都指挥，沿海官民，不胜其害。嘉靖三十三年，海上巨寇汪直，勾引诸倭，大举入寇，联航数百，蔽海而至，浙东西，江南北，滨海数千里，同时告警。浙江巡抚胡宗宪以乡谊将汪直的母妻迎至杭州，馆待甚厚，劝诱汪直起义，明廷竟置汪直于死罪。汪直的党羽不满政府的背信杀降，愤而纠集日人大举进犯东南沿海，浙江、福建、广东、江苏及江西等地，备受蹂躏。直至嘉靖四十三年，始为谭纶、戚继光、俞大猷、刘显等所击灭。人民生命财产的损失，实难胜计。

明神宗万历二十年，日本丰臣秀吉假道朝鲜伐明。朝鲜京城失陷，日军大事抢劫，府库民家，荡然一空。国王李昖逃奔义州，向明求援。明廷以宋应昌经略备倭军务，李如松为御倭总兵官，率师数万援朝鲜，大破日军于平壤，进复开城。日军退出朝鲜，与明议和。万历二十五年，丰臣秀吉再次发兵攻伐朝鲜，明廷以邢玠督师援朝，中日两军各据汉江两岸而守，相持不下。万历二十六年，丰臣秀吉卒，日本停止攻伐朝鲜，在撤退的时候，为中朝联军所击溃。前后七年的朝鲜战争，三国均受其害。明廷出师十万，两度援朝，耗饷七百八十万两，致使财政上出现很大的赤字。

满洲为女真的后裔。明神宗万历四十四年，努尔哈赤自立为可汗，国号后金，建元天命，是为满洲的太祖。万历四十六年，宣称七大恨事，公开向明挑战，攻陷抚顺、清河，袭灭叶赫，明廷震动。明神宗命杨镐督师，率领明兵八万八千以及叶赫朝鲜的联军，分四路深入进剿。次年战于萨尔浒，努尔哈赤击破明兵的主力杜松部三万人，兵威大振。明神宗急令熊廷弼为辽东经略，坚守辽阳。明熹宗继立。熊廷弼素性刚正，因为不肯趋附内臣，奉送厚礼，经不起阉党的攻讦，革职归里。天启元年，努尔哈赤攻陷辽阳，杀死经略袁应泰。明廷大惧，又起用熊廷弼为经略，而以阉党的王化贞为巡抚。王化贞意气自豪，与熊廷弼不和，却控有关外的重兵，熊廷弼徒具经略的虚名。天启二年，努尔哈赤挥军渡过辽河，王化贞不战而溃，弃守广宁，逃入山海关。熊廷弼不能立足，护卫难民入关。阉党杀死弼熊廷，宥免王化贞。天启三年，明廷以孙承宗为经略，起用袁崇焕修筑宁远城，掩护山海关。天启六年，满洲兵十万来攻，袁崇焕发射红夷大炮，努尔哈赤受伤，恚愤而死。第八子皇太极继立，改元天聪，是为满洲的太宗。皇太极屡次遣使请和，明思宗不允。皇太极于崇祯九年自称宽厚仁圣皇帝，改国号为太清，改元崇德，俨然与大明为敌体。

第五节　大明帝国之覆亡

明熹宗死，弟朱由检继立，是为思宗，改元崇祯。明思宗在潜邸时，深恶魏忠贤和客氏。即立后，犹以阉党势力强大，迁延数月，始诛魏忠贤、客氏，尽斥阉党，天下称快。然明思宗生性猜忌，于崇祯二年，中了满洲的反间计，错杀袁崇焕，自毁长城。明自中叶以来，财政支绌，兵员宠大。各地将领，多由寅缘赂贿得来，军队中欠饷、冒领、克扣情形，日益严重。兵士缺乏训练，畏敌却战。御寇无人，形势阽危。崇祯元年，陕西大旱，人民缺粮，兵士缺饷，驻守固原的士兵，首先叛变，民乱继起，流窜求食。陕西巡抚乔应甲，延绥巡抚朱章蒙，皆是魏忠贤的党人，平素贪而扰民，乱起不能靖寇。自是外遭满洲的逼迫，内有流寇的猖獗，政繁赋重，民不聊生。

崇祯二年，满洲南侵，进迫北京。山西巡抚耿如杞率兵五千驰援，士兵饷索不得哗变，溃回山西，叛军与高迎祥等合流，寇势大振。

崇祯三年，明廷裁驿站，驿卒失业，大都加入流寇的部伍，贼势更盛。白水的王二、府谷的王嘉胤、宜川的王左挂、安塞的高迎祥、汉南的王大梁、延安的张献忠，另有老回回、八金刚、扫地王、射塌天等，共结为三十六营，窜扰于陕北一边。

崇祯四年，明廷命三边总督杨鹤统兵进剿，抚而又叛，其势益盛。

崇祯七年，陈奇瑜督理山、陕、豫、湖广、四川的军务，大小数十战，擒住贼渠数十人，斩首万余级，围困诸寇于汉中的车箱峡。夹在万山中间，有进路，无出路。闯王闯将，误入此处，已陷绝境。“会连雨四十日，贼马乏刍，死者过半，弓矢俱脱。贼大窘，李自成乃自缚乞降，奇瑜许之，各给免死票回籍，自是复纵横，不可制矣。”（谷应泰《明史纪事本末·卷七十八·李自成之乱》）招抚的政策，完全失败。

崇祯八年，贼众十三家，七十二营，共几十万人，大会于河南的荥阳，以高迎祥、李自成、张献忠为三巨头。李自成倡议：“宁败不降，分头游击，不立统帅，各自作战。”于是黄河流域数千里，皆有流寇的踪迹。

崇祯九年，陕西巡抚孙传廷擒斩流寇头子高迎祥，余寇推举李自成为闯王。崇祯十一年，洪承畴击溃李自成于梓潼，张献忠亦被左良玉击败，贼势大挫。就在这时，满洲兵大举内侵，洪承畴撤兵入卫。于是贼势复炽，乃至不堪收拾。

崇祯十三年，河南饥荒，李自成声势转盛。“杞县举人李信，卢氏举人牛金星来投，自成大悦，改信为岩。李岩因进说：‘取天下以人心为本，请勿杀人，取天下心。’自成从之，屠杀为减。又散所掠财物，赈济饥民，民受惠者杂呼曰：‘李公子活我！’岩复进谣词曰：‘迎闯王，不纳粮！’使儿童歌以相煽，从自成者日众。”（谷应泰《明史纪事本末·卷七十八·李自成之乱》）李自成向黄河一带窜扰，河南、河北、鄂北、鲁西，无不遭其蹂躏。崇祯十四年，陷洛阳。西进攻陷潼关，入长安，于崇祯十七年称大顺皇帝，建元永昌。李自成复自山西入河北，引兵直逼北京，沿途如入无人之境。三月十八日，太监曹化淳开彰义门迎降。十九日，明思宗命后妃自尽，手刃十六岁的长公主后，自缢煤山，明亡。当其时，张献忠部受到左良玉的逼迫，遁入四川，称大西国王，大肆杀掠。

明思宗殉国后，明的遗臣拥立明的宗室于南方，史称南明。马士英、史可法等拥立常洵的长子福王由崧于南京，改元弘光。马士英专制朝政，勾结阉党阮大铖，排挤正人君子，外放史可法守卫扬州。黄得功、高杰、刘佐良、刘泽清等四位硕领兵的镇将，骄横跋扈，军纪荡然。弘光二年，清兵南下，福王被擒。黄道周、郑芝龙等拥立唐王聿键于福州，改元隆武。张煌言等拥立鲁王以海于绍兴，称监国。隆武二年，清兵陷绍兴，鲁王逃死海上（金门）。清兵攻福建，郑芝龙投降，唐王自缢。广西巡抚瞿式耜等拥立桂王由榔于肇庆，建元永历，据有湖南、江西、云南、贵州、两广等地方，与清军奋战十五年，后来退到缅甸，为当地的土人缚送吴三桂，终被杀害。

郑芝龙的儿子郑成功，于隆武二年郑芝龙降清的时候，哭谏不从，与同好甘辉等九十余人，乘二舰入海，据闽粤交界的南澳岛，招兵集众，从事抗清复明的事业。屡与清军作战，曾进据福建漳浦、韶安、海澄一带。永历十一年（顺治十四年），桂王晋封郑成功为延平郡王，拜招讨大将事。永历十二年，郑成功亲率大军，步骑水军铁甲号称十七万，大举北伐。次年，进驻舟山，入长江，直逼南京城下。因为受了清廷两江总督郎廷佐约期诈降的欺骗，反胜为败，狼狈而回。十多年蓄积的财力，损失殆尽。永历十五年，留其子郑经据守厦门、金门，亲自率兵东征台湾，经过九日的苦战，荷兰人不支投降。郑成功既有台湾，组政府，定法制，修兵备，兴农业，建学校，筑馆舍，招徕明臣，气象一新。可惜未及一年，郑成功病逝。其子郑经继立，才智、胸襟，均不若乃父。与清兵周旋于金、厦、漳、泉之间十九年，迭有胜负。康熙二十二年，清廷遣施琅率兵进攻台湾，郑经的儿子克塽迎降。台湾郑氏的三朝元老陈永华，潜回福建，联络各地的志士，秘密组织会党，继续其反清复明的事业。

第六节　评鉴

一、明太祖朱元璋以一个毫无凭借的平民，提一旅的兵众，转战十六年，卒能剪减群雄，驱除顺帝，统一中国，再兴汉族，诚为照耀历史的英雄人物。治史者称道他智略卓越，肯任贤才，军纪严肃，吏治清明，并世群雄，无出其右。而他所提出的“驱除鞑虏，恢复中华”的民族革命号召，尤能道出蒙古统治下汉人、南人的心声，故能脱颖而出，独获成功。观其即位后的种种措施，确亦规模宏大，真是天生圣明，非力学者所能企及。惟以私心太重，家天下的观念作祟，致有分封诸王，重蹈汉高晋武的覆辙，导成后来惠帝的撤藩和燕王的靖难。复因胡惟庸的谋反，废去宰相，六部直隶皇帝，划分五军都督府，兵权集中皇帝，中国的专制政体，至明太祖而达于极峰。

二、明太祖的废去宰相和重用宦官，乃是造成明代政治虚弱的原因。秦汉唐宋的宰相，号执政，皆择贤才，使能治理人民。明代以握权的皇帝，兼司有能的执政，政事繁剧，非一个人的时间精力所能及。虽然有殿阁大学士的设立，要皆为秘书或属员的性质，不能替代皇帝决定政事。明初太祖成祖宣宗三帝，精力充沛，洞察事理，或可少致乖误。英宗以后，皇帝类多幼弱昏庸，没有独揽六部的过人精力，欠缺统兵驭将的卓越智能；才识既不足以应事，宦官遂得乘虚而入。宦官的祸害流毒天下，于是中枢腐败，地方糜烂。加以连年大旱，饥民思乱，地方的将吏多为依附宦官的阉党，平素贪而虐民，乱起无以靖寇，卒致愈剿愈多，不堪收拾。满洲乘虚入侵，始则牵制剿匪，终则入主中国。宦官、流寇、满洲，乃是造成明室丧亡的因素。三者之中，尤以宦官为根本的决定的祸害！

三、明代宦官的祸害，尤以“秉笔”“厂”“卫”为最烈。自明英宗开始，历朝的皇帝大都昏庸，武宗的淫乱、世宗的迷信、神宗的荒怠，都属骇人听闻。这些昏庸的皇帝，对于朝廷的政事，不胜负累。每天看到大学士“票拟”的奏本，先为亲批数本，其余就交由宦官“秉笔”。由于大学士不若宦官的亲近，于是秉笔之柄，大于票拟。宦官乃得与外廷结交往来，无政不与、无恶不作了。明太祖设锦衣卫，原以勋戚督领，出警入跸，承旨传宣，侦缉奸猾，威武非常。明成祖以锦衣卫不足为用，特于京师东门外，置东厂，以宦官主持，威权在锦衣卫之上。明宪宗宠信宦官汪直，又以东厂为不足，增置西厂，缇骑倍于东厂。明武宗时，宦官刘瑾又置内厂，侦骑布四方，缉捕异己，酷刑拷鞫。厂卫狈狼相结，排斥清流重望，交通奸恶，祸害人民。到后来，厂卫的命令，竟与诏旨并行，跋扈的程度，可以想见。而明末以阉党监军，阉党只贪金钱，所得贿赂，一半中饱，一半送与忠贤。忠直刚正的将领，不安于位，更是造成外不能御寇，内不能剿匪的最主要的原因。

四、自秦置御史，为副丞相，监察官吏的贤不肖，历代相沿，确能发生驱除腐恶澄清吏治的功能。祸国的权臣和宦官，多有因御史的交章而去职。荒淫的君主，多有因御史的极谏而自制。巨大的冤狱，多有因御史的直言而平反。明太祖为加重监察权，特设都察院，监察内外的文武百官。置左右都御史、副都御史各一人，左右佥都御史各二人，监察御史八人。而十三布政使司的监察御史百十人亦皆隶属于监察院。另有若干给事中，专察六部的政令。我国的监察制度，至明代而益为严密，故其成效亦最显著。明宪宗的时候，汪直主持西厂，屡兴大狱，为害天下。幸赖都察院御史的交章上劾，贬为南京御马监。明武宗正德年间，寘镭与宸濠的叛乱，所以得能迅速平定，监察制度的运用，大有贡献。此种独立的监察制度，足为现代化的政治所取法。

五、明代的科举制度，取法于唐宋。对于乡试、会试、殿试的时间、方式与内容，均有统一的规定。对于录取后的出路，亦有合理的安排。虽其八股文体，不无缚锢学者的知识，然明代因科举而得的人才，仍极丰硕。若非中叶以后的君主宠信宦官，排斥在朝的正人君子，明代的吏治，当可并比汉唐宋三代而无不及。现代化的政治，应该取法于中国自隋唐以来的科举制度，将考试权自行政权中取出，任其居于超然的独立地位，才可以不受权贵、门阀、嬖幸、奸佞的影响，公平公允，选拔贤才，提供国家健全的行政干部。

六、明太祖编造黄册和鱼鳞册、户籍清楚，土地有所稽考，丁有役，田有租，负担公平，百姓称便。时日既久，黄册和鱼鳞册渐失其用，富者有田无税，细民有税无田，平民的负担增加，政府的收入减少。明初有田八百五十万顷，到中叶，因为势家侵占，纳税者仅得四百万顷。加上宦官的借势侵渔，多端敲诈，平民的生计日艰，天下骚然。追至张居正秉政，节用均赋，清丈田亩，计得七百万顷，使豪猾不得欺隐，里甲免赔累，小民无虚粮。其后的明臣随俗浮沉，册籍又渐坏。明神宗重敛扰民，以中官为税监，矿监，大珰小监，纵横绎骚，吸髓引血，以供进奉。人心乃至思变。是知执政者首须顾虑广大人民的生活，公平其税负，然后才可以使人民各得安居，各乐其业。

七、严嵩，分宜人，本以善写醮祀青词而得到明世宗的赏识。入阁后，谄媚蒙蔽，以固权位。其子世蕃，亦为明世宗所信任。父子把持朝政二十年，朝臣与严氏有隙者，皆置之死地。嘉靖四十一年，罪状暴露，父自杀，子伏诛。张居正，江陵人，明穆宗朝为首辅六年。神宗继位，又独揽大政十年。整饬吏治，修建边防，肃清盗贼，整理财政，绩效显著。至于知人善任，信赏必罚，号令既发，虽百里外，朝下令，夕奉行，尤具特色。死后因御史的交章，诏夺原官。查抄家产，不及严嵩的二十分之一。张居正此种不计私家但求服公的精神，获得读史者至高的崇敬。知识分子生当纲纪不振的时代，进退出处，原不简单。如果有服务国家的机会，要当以国计民生为顾念，切不可贪恋权位，营谋一己一家的私利，允宜讲求利义之辨，忠奸之别。宁为张江陵，不做严分宜。

八、明太祖、明成祖的对待鞑靼，修武备，谨边防，来则抵御，去不穷追，纳其降人，促其自衰，深得使用武力应付外族的要领。中叶以后，俺答土蛮为患，或与互市，或备战守，虽然屡被抄掠，要亦尚得机宜。倭寇的施虐东南沿海，祸起于关闭市舶，断绝互市。如果当时的执政者具有政治眼光，能从国际贸易、经济互惠的观点，承认当时已经存在的中日通乔的事实，选择若干海口，严密关防，准其继续互市，使日人与我滨海小民，公平交易，各获利益，倭寇的骚扰，未尝不可以或免，明廷国库的收入，亦将有所裨益。

九、洪武二十五年，高丽王李成桂遣使求册命，明太祖以朝鲜古号见赐。李成桂改名旦，迁都汉城，是为李氏朝鲜。自是朝鲜新王即位，必先奏请明帝的承认；国君去世，亦奏请明帝的颁赐谥号。中国之与朝鲜，名义上乃是上国与属国。即位的承认、谥号的颁赐，不过表示天下的一尊或一统而已，对于朝鲜本身实质的利权，一无损失。明神宗万历二十年、二十五年，日本丰臣秀吉两次发兵征伐朝鲜，攻陷京城，大事抢劫，府库民家，荡然一空。朝鲜求援于明，明廷先后派遣宋应昌、李如松、邢玠督师援朝，第一次大破日军于平壤，第二次击溃日军于汉江。朝鲜古国，幸免沦亡。在这两次战役中，明廷出师十万，费去饷银七百八十万两，以致财政上出现很大的赤字，受累綦重。乱定之后，明军立即退出朝鲜，对于朝鲜王国的利权，一无要求。此种存废国，继绝世，助人而不求利，施恩而不望报，能够亡人之国而反扶持其独立自主的国际道义，在人类历史中是鲜见的。亦唯有中国的王道文化，才会做出此种扶助弱小民族（国家）的行为。

十、明代对付满洲的入侵，错失殊多。萨尔浒的战败，辽阳的陷落，广宁的失守，皆为用人不当不专之所致。阉党的从中弄权，尤为造成丧师失地冤杀大将（熊廷弼）罢免主师（孙承宗）的主要祸害。后来中了满洲的反间计，又冤杀袁崇焕，实亦自毁长城！非中国无良将，无贤才，神、熹、思三朝，庸弱猜疑，无知人之明，诚非选将任贤的君主。明思宗尤不知因应机势，决志图强。满洲太宗皇太极初嗣位，曾一再通好于明。其时明思宗如能一面允其和议，据关而守，一面选将练兵，专力剿寇，先去内忧，后除外患，当时的危局，未尝不可以挽回。民族间的争执和纠纷，不可专凭武力以求解决，应以外交策略，配合运用；而内政的稳定与健全，又为运用武力、外交的真正后盾。

十一、明末农民起义，以李自成为最烈。李自成，米脂人，幼年牧羊于大姓艾氏。及长，充银川驿卒。善骑射，勇猛有识略。崇祯四年，往从其舅父闯王高迎祥，号闯将。七年入河南，自为一路。八年，贼众七十二营十余万人会于荥阳，李自成倡议："宁败不降，分头游击，不立统帅，各自作战。"九年，陕西巡抚孙传庭擒斩高迎祥，余众推举李自成为闯王。十三年，河南饥荒，接受杞县举人李信的建议，取天下以人心为本，屠杀为减。又取所得财物，赈济灾民，从者日众。于是陷洛阳，破长安，沿途如入无人之境，自称大顺皇帝。进入北京后，复亲将兵众十余万攻取山海关，守将吴三桂向清朝乞师。清朝摄政王多尔衮命英王阿济格、豫王多铎各将万骑分道而入。李自成与战不利，策马而遁。自此一蹶不振，走陕西，去河南，于顺治二年，缢死于湖北通城的九宫山。明末农民起义乃是种因于宦官的把持朝政。当时军政大员，多由夤缘贿赂而来，非庸即佞，人人怀着现利自全的畏惧心理，欠缺报效国家的道德勇气。地方守吏不知勤政爱民，抚辑流亡。各处镇帅只知冒领克扣，孝敬中官。营伍败坏，纪律荡然。内不能剿匪，外不能御寇。

第十五章

清帝国的建立与衰亡

清朝以少数民族入主中原，多有赖于汉奸降将的助力。自清世祖福临于顺治元年入关，灭南明，除三藩，平台湾，为时四十年，才完成统一。康熙、雍正、乾隆三朝，乃是大清帝国的盛世。乾隆的晚期，骄汰荒怠，已经隐伏衰运。中叶以还，适逢欧洲帝国主义势力的东来，衰象已现的古老帝国，经不起新兴的帝国主义侵略势力的打击，清朝遂在西潮的不断冲击中，挣扎至宣统三年而覆灭。清朝的统治历时二百六十八年，约当一六四四至一九一一年。如以万历四十四年清太祖努尔哈赤背叛明朝自做满洲皇帝起算，则清朝建国，应为二百九十六年，约当公元一六一六至一九一一年。

第一节　清军入关与清初政治

李自成攻陷北京后，把城中子女玉帛掳掠一空。又将明朝大臣，个个绑缚起来，勒令献出金银。为消灭明朝的残留武力，亲将兵众十余万进取山海关。山海关守将吴三桂大惧，急遣使者到摄政王多尔衮军前乞师。其时多尔衮正领兵到了翁后，距宁远城只数里，乃命英王阿济格、豫王多铎各将万骑，由东西水关分道而入，自领大军继进。吴三桂亲率骑兵突出叩谒多尔衮，即在军中薙发设誓。然后自为前锋，悉众出战，无不以一当百，奋勇杀寇。阿济格和多铎的铁骑横跃入阵，所向披靡。李自成策马逃走，群寇皆惊恐溃散。

顺治元年十月，摄政王多尔衮奉迎清世祖福临移都北京，诏告中外，完全除去明季的税饷厂卫诸弊政。顺治二年，阿济格引军追赶残寇，李自成走死。多铎进入南京，执杀福王。豪格攻取顺庆，磔死张献忠。命洪承畴招抚江南。吴惟华招抚广东。孙之獬招抚江西。黄熙允招抚福建。江禹绪招抚湖广。丁之龙招抚云贵。顺治三年，唐王自缢于汀州。顺治四年，颁行大清律。顺治五年，诏许满汉通婚。顺治八年，福临亲政。顺治十八年，吴三桂杀死桂王于云南。

清圣祖玄烨八岁即帝位，改元康熙。其时吴三桂为平西王，镇云南。耿精忠为靖南王，镇福建。尚可喜为平南王，镇广东。三藩功高势强，形同独立的王国，自非长成后青年有为的康熙皇帝所能容忍，认为藩镇久握重兵，总不免要闯出祸害，于是有撤藩的蓄意。康熙十二年，吴三桂反于云南，自称天下都招讨兵马大元帅，云、贵、湖、广、福建皆响应，台湾的郑经亦出兵相助。康熙十七年三月，吴三桂称大周皇帝于衡州。改元昭武，置百官，封诸将，造新历，举办云贵川湖乡试，号召远近。八月身死，其孙世璠嗣立。康熙十九年三月，赐平南王尚之信死。康熙二十年十月，吴世璠自杀。康熙二十一年正月，磔死靖南王耿精忠，斩杀其子耿显祚。康熙二十二年，福建水师提督施琅率兵攻取台湾，舟船进至鹿耳门，郑经的儿子克塽，遣使请降。

清圣祖颇好学。理学家李光地、陆龙其、汤斌，都获得重用。康熙十八年，诏举博学鸿儒，取录一等彭孙遹、朱彝尊、汤斌等二十人，二等李来泰、毛奇龄等三十人。授侍读、侍讲、编修、检讨等官。清圣祖修成明史，编有康熙字典、佩文韵府、数理精蕴、历象考成、子史精华、历代纪事年表，对于后世的学术，贡献甚大。清圣祖理财有道，康熙四十八年的库存节余，高达五千万两。自五十年起，轮免各省的钱粮三分之一。自五十一年起，所有滋生的人丁，永不加赋。

清世祖和清圣祖对于耶稣会的传教士汤若望、南怀仁二人，礼遇有加，希望他们能够帮助制造火炮，用来平定南明的抵抗。耶稣会的传教士们，容许中国教徒保持尊天、敬祖、祀孔等固有的礼俗，并且以数理、历算、舆图等学识，争取清廷在朝官吏的好感，获得了在各省传教的自由。康熙二年，中国已有信徒二十万人。康熙四十三年，教皇克勒芒第十，听信多明我派教士的主张，遣使来华，宣谕教令，严禁中国教徒尊天、敬祖、祀孔；并派南京总主教铎罗为代表，觐见清圣祖。康熙四十六年，清圣祖下令逮捕铎罗。康熙五十五年，教皇解散耶稣会。康熙六十年，清圣祖降旨禁止在中国传布基督教和吸收教徒。

清圣祖在位六十一年，自奉勤俭，待民宽惠，全国百姓，统是畏服。第四子胤禛立，改元雍正，是为清世宗。清世宗崇法，严刻为治。用杀、斥、贬的手段，对待异母诸兄弟。诛杀功臣年羹尧，舅舅隆科多，极其刻薄寡恩。喜怒不时，刑赏不测。然因勇于杀戮，急于求治，康熙末年因循低落的政风，为之一振。清初征收税银，原有火耗的名目，依估计浮收若干，成为公开的陋规。清世宗定制，化私为公，成为官吏的变相津贴，名曰养廉。养廉的数额，甚为可观，如总督一职，年俸银一百八十两，米一百八十斛。养廉多者如陕甘云贵等省，每年二万两。少者如闽浙四川等省，每年一万三千两。知县年俸银四十五两，米四十五斛。养廉多者每年两千两，少者每年六百两。雍正三年，编成《古今图书集成》，为中国学术的一大贡献。

雍正十三年，清世宗暴卒，第四子弘历嗣立，改元乾隆，是为清高宗。在位六十年，文治武功，达于极峰。乾隆四十七年，编成《四库全书》。分为文、史、子、集四类，对中国学术做出最重大最费力的汇整功夫。清高宗两平准噶尔，两平金川，一平回部，一平苗疆，一平缅甸，一平安南，一平台湾，一平廓尔喀，即所谓十大武功，因自号十全老人。清高宗的学术德行不及清圣祖，政治才能不及清世宗，全凭父祖的遗荫，穷极奢侈，尽情享用。外貌国运昌隆，实已盛极而衰。晚年重用和珅，贪赃聚敛，政风官常，败坏不堪。嘉庆四年，清仁宗赐和珅自尽，籍没财产，竟然估值八万万两。当时中央政府的岁入，亦不过七千万两而已！

清朝自顺治元年入关，历经康雍乾三朝，统治稳固，国力强盛。八旗的善战，绿营的听命，固为主要原因；自摄政王多尔衮以迄清初诸帝，莫不具有高度的政治手腕，安抚与高压迭用，使汉人接受其统治。

多尔衮拥清世祖进入北京，即为明思宗帝后发丧，通令全体的官民服丧三日。对于明朝的官吏，因守土或临阵死难者，赐谥抚家，立庙崇祠。官吏降附清廷者，各复其职。征辟在野的遗贤，恢复开科取士，笼纳儒生。仿照明太祖的成例，严束宦寺。废除明的三厂，罢去明的三饷。大兵经过的地方，豁免田赋的一半，未经过者减三分之一。凡此种种措施，颇收安抚人心的功效。

多尔衮入关之初，文臣的衣冠暂从明制，薙发与否，亦听自由。顺治二年，天下大致已定，诏下薙发的命令，限旬日实行，留头不留发，留发不留头。扬州的十日，嘉定的三屠，无不惨极人寰。江南奏销一案，藉抗粮的罪名，革黜苏、松、常、镇四府的官绅士人一万三千余人。在康雍乾的三朝，凡文字上有诋毁讥刺清朝，或追怀明代的著作，刻书者，校对者，无不即罹重罪。凡此高压的措施，颇能遏止汉人的反抗。

清初不设宰相，以内阁大学士掌理国政。六部的尚书和左右侍郎，满汉各半。大学士之上，尚有议政王，裁决军国的大事。清世宗别设军机处，此后议政王及内阁的重权，均移军机处。都察院掌理全国的监察。理藩院管理蒙古和外藩的事务。翰林院掌编修国史，撰述文章。内阁大学士及军机大臣都不设首长，皇帝才是首长。六部虽为中央政府的行政机关，对于各省的政务，可以核议准驳，没有命令权。六部的尚书与侍郎各有单独的上奏权，如有争议，只能请皇帝裁决。命令权用人权，悉由皇帝一人独断。专制的气味，较明代尤甚。

清代地方政府分省、府、县三级。清初内地有十八省，清末增为二十二省。省的首长为巡抚，下有布政使，按察使、提督学政，以及督粮、盐沽、河工等道员。合二省或三省设总督，为地方的最高行政长官。总督和巡抚都有单独的参奏权。府的长官为知府，县的长官为知县。

八旗为入关前的行政兼军事组织。以正黄、镶黄、正白为上三旗，镶白、正红、镶红、正蓝、镶蓝为下五旗。满洲全族的子弟，分隶八旗。清太宗降伏蒙古及汉人，又扩编了蒙古八旗及汉军八旗。入关前的八旗约十万人，入关后的八旗约二十万人。半数卫戍京师，谓之京营。其余的半数分别驻守重要的城镇，以防反侧。入关以后，收编或招募所得的职业兵，使用绿色的旗帜，以别于八旗，称绿营，约六十万，分驻各省及边疆的要地。

顺治四年的大清律，分律目、图、制服、名例、吏户、礼兵、刑工、六律及总例，比引条例，凡四十七卷，二百三十六门。五刑分笞、杖、徒、流、死。十恶为谋反、谋大逆、谋叛、恶逆、不道、大不敬、不孝、不义、不睦、内乱。八议为议亲、议故、议功、议贤、议勤、议能、议贵、议宾。满洲贵族只要不犯十恶，便受不到什么处罚。旗人狱讼，交由旗人审判衙门处分，汉人在法律上处于不平等的地位。

清初入关，因袭明代八股取士的制度，借以笼络人才。乡试三年一次，子、卯、午、酉之年在各省举行，各省的秀才赴本省省城应试，及格者为举人。会试三年一次，丑、未、辰、戌之年在京师礼部举行，各省的举人参加，及格者为贡士。殿试三年一次，各省的贡士，由天子亲策于太和殿，分一二三等，叫三甲。一甲三名，状元、榜眼、探花，赐进士及第。二甲赐进士出身，不拘名额。三甲赐同进士出身，无名额限制。一甲三名，授修撰。二三甲再朝考庶吉士，得入翰林院；否则为京官主事、中书教习，外官知州、知县。就是州县官考选的童生、学政科考的秀才、食官禄的廪生、国子监的监生，也可以穿蓝袍，戴银雀帽，免徭役，见官不跪，在乡成为绅士。

清代的朝仪，规定三跪九叩，隆重而严肃。皇帝坐于殿上，大臣跪伏殿下，不敢仰视，低头应对。外官奉到谕旨，恭设香案，望阙叩首。凡遇赏赐，也要叩首。君权发展到清朝达于极点。

第二节　清初的武功与开边

清军于入关以前，已经收服汉南的蒙古。汉北的蒙古是元太祖成吉思汗的后裔，分车臣汗、土谢图汗、扎萨克图汗三部，总称喀尔喀。其西为厄鲁特蒙古，即明代的瓦剌，是元太师脱欢及瓦剌汗也先的后裔，分和硕特、杜尔伯特、准噶尔、土尔扈特四部。康熙的时候，准噶尔的酋长噶尔丹最为强盛，兼并了四部及天山南路以后，东侵喀尔喀。三部不能抵抗，数十万人南越大漠，请降于清。清廷遣使谕和，噶尔丹抗命，并且深入漠南。康熙二十九年，清圣祖派出大军，“迎击于乌兰布通，敌军死伤甚众，噶尔丹乘夜遁走。”（黄鸿寿《清史纪事本末·卷十四·准噶尔及西藏之兵事》）次年，清圣祖亲至多伦，安抚三部。编外蒙古为三十七旗，令与内蒙古四十九旗同例。又因蒙俗素信佛教，命在多伦泊附近，设立汇宗寺，居住喇嘛。康熙三十六年，噶尔丹为费扬古所击败，逃回阿鲁特。僧格子策妄阿布坦为兄报仇，占据准格尔旧疆，拒绝噶尔丹。噶尔丹进退失据，一夕数惊，彷徨达旦，遂饮药死。三部归返故地，外蒙古成为中国的藩属。清圣祖认为欲安定中国，必先安定蒙古，于是定下与蒙古人通婚联好的政策，公主下嫁蒙古的各汗，后妃亦多娶自蒙古，使满蒙成为一家。其后复于蒙古推行盟旗，驻办事大臣于库伦，安抚同化，颇为成功。

准噶尔部原据天山的北路，自噶尔丹败亡，异母兄僧格的儿子策妄阿布坦领有其地。策妄初与清廷通好，截献噶尔丹的骸骨，奉命清廷，非常温顺。既而南侵西藏，清兵出援，策妄引兵北归。雍正初年，策妄死，其子噶尔丹策零屡谋犯边，清世宗命傅尔丹、岳钟琪两路往击，未能得逞。幸有土谢图汗部的三音诺颜汗策陵，战败噶尔丹策零，清世宗因封策陵为和硕亲王，自为一部，漠北蒙古遂成四部。乾隆十三年，清兵乘准噶尔部的内乱，“二路会师伊犁，擒获准噶尔汗达瓦济及青海酋长罗卜藏布丹津。”（黄鸿寿《清史纪事本末·卷三十一·准部及回部之平定》）乾隆二十二年，准噶尔部的阿木撒纳又叛，兆惠率兵往讨，阿木撒纳逃入俄罗斯，患痘而死，俄国将其尸首送交清廷。天山北路既平，置伊犁将军。回疆在天山的南路，叶尔羌回部的和卓木兄弟乘机独立。清高宗命兆惠自伊犁南征，连战皆捷。乾隆二十四年，兆惠抚定喀什噶尔和叶尔羌，俘获有名的香妃，就是小和卓木霍集占的妻子，置参赞大臣于喀什噶尔。天山南北，皆入版图。清高宗以其地新辟，命名新疆。

元世祖封藏僧八思巴为帝师，令他管理藏地，总理政教大权。他的子孙取名萨迦胡土克图，服饰尚红，得娶妻生子，称为红教。传到明朝，红教徒渐渐不法。青海西宁卫中，出了一个宗喀巴，别立一教，禁娶妻生子，衣饰尚黄，蕃众大加信仰。宗喀巴死后，西藏的致教大权，操于他的两大弟子达赖和班禅。达赖管理前藏，班禅管理后藏。因为教中严禁娶妻，乃创立世世转生的嗣续法。又置第巴，代理兵刑赋税。置呼图克图，分掌教化。清初，达赖五世曾到北京，接受封册。康熙三十四年，清圣祖封第巴桑结为图伯特国王，以资羁縻。康熙五十六年，准噶尔部的策妄阿布坦攻陷拉萨，藏人向清廷求援。次年，清圣祖派“皇子允禵为抚远大将军，引兵西进，西藏听命”。（黄鸿寿《清史纪事本末·卷十四·准噶尔及西藏之兵事》）雍正初年，西藏复叛，清世宗命年羹尧、岳钟琪发兵平定，置驻藏办事大臣，以领其地。清高宗晚年，决心整顿藏事，将所有政务、用人、财政、军事以及对外的关系，均收归驻藏办事大臣掌管。又因班禅达赖的嗣续法，积久生弊，兄弟子孙，相继擅权，弄出纠纷。惩前毖后，创立了一个掣签的法子。将班禅达赖的化身，书名签上，插入瓶中，这瓶供在西藏大昭寺，叫作金奔巴法。遇到达赖、班禅及各大活佛的继承人发生争执时，由驻藏大臣抽签决定。

青海自厄鲁特蒙古的固始汗入据后，即受中国的册封。雍正元年，罗卜藏布丹津袭位，雄心勃勃，竟与策妄阿布坦联兵作乱。清世宗遣年羹尧、岳钟琪率兵往讨。“次年，岳钟琪率师直抵青海之色拉图，罗卜藏布丹津远遁，擒其家属，青海平。”（黄鸿寿《清史纪事本末·卷二十六·青海及准部之用兵》）置办事大臣于西宁，改西宁卫为府城，分立部、旗、土司，酌置道、府、所、衙，以治其地。

西南滇、黔、湘、桂、川等省的边区，苗蛮杂处。清世宗采用鄂尔泰的建议，改世袭的土司，为委任的流官。雍正四年，任鄂尔泰为云贵总督，兼广西总督，统筹全局。鄂尔泰先行划定川、滇、黔、桂的境界，以一事权。继以军事为主，使土司知所儆惧，“招服黔边东西南三面生苗千余寨。”（黄鸿寿《清史纪事本末·卷三十·苗族及金川之征剿》）然后辅以政治，开郡县，设学校，使苗蛮输诚向化，愿遵约束。雍正十年，贵州台拱九股苗复叛，遍地蔓延，不可收拾。乾隆即位，朝政颇尚宽大，只云贵叛苗未平，初次用兵，不得不稍示威严。乃别授张广泗为七省经略，节制各路兵马，攻破牛毛大菁，平定了云贵的苗乱。乾隆闻报大喜，豁免苗疆钱粮，永不征收。苗民诉讼，仍从苗俗，不拘律例。取消世袭的宣抚、安抚、招讨、指挥，改设知府、知县。苗荒的边民，开始接受教化。

四川成都的西北，大渡河的上游有两条支流，西名大金川，东名小金川，本系吐蕃领地，都属土司的区域。乾隆十一年，大金川土司莎罗奔兼并小金川后，反抗清廷，侵入川边。清高宗先后命张广泗、讷亲率兵征讨，均无功。乾隆十四年，“傅恒命岳钟琪前往敌营谕降。……次日，莎罗奔率师众诣军门降，大金川平。”（黄鸿寿《清史纪事本末·卷三十·苗族及金川之征剿》）乾隆二十三年，莎罗奔老病，兄子郎卡主土司事，渐渐桀骜，不受四川总督的命令。自此累年作战，互有胜败。直至乾隆四十一年，始为阿桂讨平，将其地分置阿尔吉与美诺两厅。直隶四川省，由明亮镇守。大小金川之役，前后三十年，耗资七千万两，死伤数万，实属小题大做，得不偿失。

乾隆三十一年，木疏土司雍藉牙率众入缅，重建缅甸，尽服诸部，进犯云南的边境。一连三任的云贵总督刘藻、杨应琚、明瑞皆战死，损失惨重。乾隆三十四年，以傅恒为经略，调集满汉精锐五六万，骡马六万余匹，三路进攻，合围老官屯。缅甸的雍藉牙病死，子孟骏请和，答允进表纳贡，归俘虏，返土司侵地。傅恒亦适可而止，将木邦、蛮莫、孟拱、孟养诸部人口，还付缅甸。乾隆五十五年，清高宗封孟云为缅甸国王，定十年一贡的制度，为中国藩属。

清初，安南有广南、大越二国，黎氏主大越，阮氏主广南，南北对峙。康熙五年，清圣祖封大越国王黎氏为安南国王。乾隆四十四年，阮文岳、阮文惠击走广南的旧阮（阮福映），进军北朝，黎氏向中国求援。清高宗命两广总督孙士毅率兵往征，初以破竹之势，进据河内，后来遭到阮文惠的反攻，狼狈败溃。清高宗嗣以福康安为两广总督，阮文惠谢罪请降。降表上改名阮光平，自称世守广南，与安南乃是敌国，没有君臣名分。乾隆五十五年，封阮文惠（光平）为安南国王。阮光平亲自入朝，颇为恭顺。嘉庆五年，南朝的旧阮（阮福映）得到暹罗人的援助，恢复国土，消灭新阮（光平），统一安南，遣使称臣，请改国名为越南。嘉庆九年，清仁宗封阮福映为越南国王，定四年一贡。

明末以来，暹罗一再受到缅甸的侵略。乾隆三十二年，国都被陷，国王败死。华侨郑昭，起兵逐退缅甸，被推为国王，迁都曼谷，遣使入贡。其后，暹罗发生政变，却克里篡位，称拉马一世，即今日泰国王朝的始祖，假冒为郑昭的义子郑华，称臣入贡，受封为暹罗国王，列为中国藩属。

乾隆晚年，廓尔喀侵扰西藏。乾隆五十七年，清高宗命福康安往讨，大军进入尼泊尔，收为藩属。于是哈萨克、浩罕、布哈尔和阿富汗，都遣使入贡。

清太宗皇太极，于明熹宗天启七年，击败朝鲜，朝鲜被迫乞和。入关以后，朝鲜对清廷四年一贡，相沿不断。

顺治二年，琉球遣使请求册封。康熙二年，正式受封，定二年一贡。

康熙二十二年，台湾内属福建省，设台湾府，辖台湾、凤山、诸罗三县。开垦的区域，限于南部，其时有汉人五六十万。雍正元年，增设彰化县、淡水厅（新竹）。雍正十年，放宽汉人入台的限制，北部的开发加速。八里岔（淡水口）成为入台的要道，艋舺（万华）最为繁华。嘉庆十年，增设噶玛兰厅（宜兰）。其时在台湾的汉人，已经有两百万了。

第三节　清帝国的中衰

清高宗的晚年，表面极盛，实则衰机已伏。就政治说，和珅窃柄弄权，贪赃枉法，无恶不作，吏治的败坏，达于极点。就财政说，清高宗好大喜功，军费的消耗，动辄千万两。屡次南幸，劳疲地方。就军事说，清初八旗善战，无有当其锋者。三藩乱起，渐用绿营。等到平定大小金川，清军作战的能力，大非昔比。

在乾隆的中叶，台湾的黄教、山东的王伦、甘肃的苏四十三，都曾作乱，幸未酿成巨变。乾隆六十年，湘黔边境的苗民石三保、吴龙登、吴半生、吴八月，纷起叛乱，倡言驱逐客民，收复故地，四川、贵州、湖南三省同时戒严。清仁宗颙琰嗣立，以傅鼐总苗疆事，“修碉堡，破苗寨，收苗械，广屯田，设书院义学以教苗民，经营十余年，苗乱始定。”（魏源《圣武记·嘉庆湖贵征苗记》）

嘉庆初年，荆州宜昌一带的白莲教遗党姚之富、齐王氏、刘之协，以官逼民反为辞，起兵作乱。鄂、川、豫、陕等省的教徒，纷起响应。又因清吏借端将无辜百姓，罗织成罪，百姓大起怨愤，向未入教的，也就甘心从逆，蔓延甚广。清仁宗亲讯王三槐后，感慨万端，乃严定剿匪的方略，但治从逆，不治从教。阅时九载，以额敕登保为经略，杨遇春为提督，杨芳为副将。就是罗思举、杨涵两乡勇，亦因有功必赏，愿效前驱。靡费二亿两，合官兵乡勇的力量，始克讨平。

当白莲教骚扰西北，安南的阮光平因为财政困难，招纳沿海亡命之徒，劫掠商船，充作国用。粤、闽、浙三省备受蹂躏。幸赖李长庚的死战，邱良功、王得禄的合力，直至嘉庆十五年，海盗首领蔡牵投水死，余党皆降伏，海盗才肃清。

天理会为白莲教的一支，分布直隶、河南、山东、山西等省。天理会又名八卦教，每卦有一教首，震卦最高。其他七卦，皆听震卦教首的号令。震卦教首李文成，传教河南，于嘉庆十七年，在河南滑县设人皇府，立大旗，上书“大明天顺李真主”。另由坎卦教首林清，传教直隶，结交内监刘得才等，拟乘清仁宗颙琰巡游木兰，袭据北京。并且由内监引导林清、李文成，进攻皇宫。清仁宗闻警驰回，捕获林清，及通匪诸太监，均予凌迟处死，传首畿内。李文成亦在滑县，被知县捕获，击断足胫。教徒知事泄，聚众三千人，攻破滑县，劫救李文成。山东、直隶的教徒，同时响应。李文成盘踞滑县及道口镇，聚众进围浚县，清仁宗急调杨遇春、杨芳平乱。杨遇春攻破道口镇，烧杀万余人，进围滑县。李文成率众四千人逃入山中，兵败自焚而死。

嘉庆二十五年，大和卓木的孙子张格尔纠众入寇，连陷喀什噶尔、叶尔羌、和阗诸城，杀死守兵六千人，声势浩大。其时清仁宗秋狝木兰，驻驿避暑山庄，忽染头痛发热的病症，竟而逝世。清宣宗旻宁命长龄、杨遇春、杨芳率兵三万进讨，经过多次的战斗，才将张格尔捕获，平定乱事。

汉族的会党，相传为台湾郑氏的三朝元老陈永华所秘密组织起来，虽在清朝的盛世，仍然从事地下的反清复明运动。到了嘉庆道光年间，乘清廷的统治衰落，三合会的会员，在湖南、广东、广西一带，鼓动反清。嘉庆二十三年，广东的三合会会员称兵与官吏抗争，大败于梅岭。道光十二年，两广湖南的三合会，煽惑瑶人叛清。道光三十年，三合会侵扰两广各地。江西、福建，亦有三合会的活动。所至往往盗杀，制造地方社会的混乱。

道光十九年，清宣宗命林则徐到广东禁烟，发生了鸦片战争。道光三十年，洪秀全在广西桂平金田村起事，建立太平天国。在清宣宗的晚年，士大夫不顾廉耻，寅缘做官。京官讲排场，尚阔绰，蓄养奴婢、侍卫、门下、骄夫、清客、亲戚；而正式的俸禄，为数戋戋。收入少，开支多，不得不依靠外官的送礼。地方官自总督、巡抚、布政使、按察使、道尹、知府、知州、知县，都是下级给上级送礼。这些送礼的钱，当然都由剥削人民而来。政治黑暗，贪污盛行。官场中养成一种掩盖弥缝、苟且偷安的习气。上下相与，讲求弥缝，叫作“设法”。设法是巧取于民的别名，种种意料笔墨难罄的弊病，皆由设法而生。十余年间，百官但知苟全禄位，九卿无一人敢陈时政的得失，司道无一折敢言地方的利弊。

清宣宗在位三十年，第四子奕詝嗣立，改元咸丰，是为清文宗。清文宗初欲有所作为，斥责穆彰阿，诏求天下贤才。惟以内忧外患，接踵而至，内有太平天国、捻匪、会党参与的叛乱，国力大损；外有英法联军的两次北侵与帝俄的三度趁火打劫，订立了割地赔款丧权辱国的不平等条约。当时的文武官吏，极不振作。京官遇事畏缩，外官遇事敷衍。八旗和绿营，胜则争功，败则诿过，退则坐视，皆已不能为用。咸丰十年，英法联军进入北京，清文宗避走热河，次年郁郁而死。皇后钮祜禄氏，为人方正，崇尚节俭，能守礼法。懿贵妃叶赫那拉氏，聪明干练，逞能弄权，清文宗奕詝不喜其为人；因为生育皇储，母以子贵，欲废未忍。

载淳六岁继位，改元同治，是为清穆宗。两宫皇太后垂帘听政。先是怡亲王载垣、郑亲王端华、户部尚书肃顺三人，喜为狎邪游，迎合奕詝的所好，故获宠信，权势远超过军机大臣。奕詝晏驾，肃顺等八人同时取得赞襄政务王大臣的名位。大政名虽八人裁决，实由肃顺一人专擅。在热河的两宫太后，在北京的恭亲王奕䜣，都对肃顺不满。两宫的车驾还北京，即以“无人臣礼”的罪名，赐载垣、端华自尽，肃顺斩立决。咸丰帝死于内忧外患的交迫，嗣君幼弱，又发生宫廷的政变，国势愈益危殆。

慈禧太后（叶赫那拉氏）生平最喜看戏，内侍安德海先承意旨，替太后造了一座戏园，招集梨园子弟，日夕演戏。两宫垂帘时，安太监亦有参与密谋的功绩。至时权力越大，朝臣多奔走安阉的门下，势焰足埒明代的魏忠贤。载淳虽然年幼，颇不满其生母的所为。同治八年七月，慈禧太后命安德海往江南督办龙衣，乘坐太平船二只，声势烜赫，前有娈童，后有妙女，品竹调丝，悠扬不绝。沿途招摇，责令地方供张报效。载淳密诏山东巡抚丁宝桢就地正法。慈禧太后心虽怏怏，碍于祖制，而无可奈何！慈禧太后性格专断，喜人阿顺。载淳虽为其亲生的儿子，反而常去省视慈安太后。慈禧太后，俞兹不悦，母子之间，常有意见。因为策立皇后，母子又不和；进而干预载淳与皇后的亲近，载淳愤而独居乾清宫，时常微服出游。亲政年余，患痘而死。

载淳无嗣，慈禧太后在御前会议中宣布以载湉入继大统。载湉的父亲奕譞闻言惊昏，仆倒地上。载湉年才四龄，即皇帝位，改元光绪，是为清德宗。光绪九年，慈安太后（钮祜禄氏）死去，慈禧太后益无顾忌。于是以祖制家法，管束控制皇族，对待皇帝；又以君臣名分，摆弄汉臣。进且干涉清德宗的婚姻，移用海军的经费，宠幸太监李莲英，演戏内廷，阻碍自强与维新，引发中日战争，造成义和团的暴乱，延宕立宪，促成清帝国的丧亡。

第四节　西方帝国主义的侵略

欧洲自产业革命以还，英德法俄等国纷向海外竞逐产品和原料的市场，在兵船与大炮的支持下，贸易与传教，无远勿届，此即改变世界的帝国主义的殖民运动。欧洲帝国主义的侵略中国，其一来自陆路，以俄国为祸首；其一来自海路，以英法为主力。而东邻的日本，尤为穷凶极恶，大有后来居上的气势。

明宪宗成化年间，俄罗斯人以莫斯科为中心开始复国。一五七九年，越过乌拉山，六十年中，西伯利亚一千二百九十五万平方公里的土地，全入俄国的版图。顺治六年（一六四九），俄人进入黑龙江，兴筑雅克萨城，四出劫掠。顺治十四年，俄人又建造尼布楚城。于是在黑龙江的上流，中俄时有冲突。俄人要求通商与通使，清廷要求送回逃犯和退出雅克萨，交涉多次，未得结果。康熙二十一年，三藩削平，海内无事，清圣祖决定大举北伐，驱逐俄人。康熙二十二年清兵至雅克萨劝降，俄兵不从。康熙二十四年，都统彭春率兵五千，从松花江出黑龙江，进抵雅克萨，围城三天，俄军战死百人，部分投降，部分退回尼布楚。次年中俄再战，俄军伤亡惨重。旋经荷兰使臣的调停，俄皇彼得覆书请和，康熙皇帝饬彭春解围暂退。康熙二十八年，中俄订立《尼布楚条约》，议定东以外兴安岭，西以额尔古纳河为界，南属中国，北属俄国。雅克萨地方归还中国。两国彼此不得容留逃人。康熙三十二年，因为俄使肯行跪拜之礼，清圣祖大喜，特许俄国商队每三年来北京贸易一次。

康熙二十九年以后，清廷征服噶尔丹，收服喀尔喀，直接与西伯利亚接壤，中俄的边界及通商问题，需待解决。雍正五年，中俄订立《恰克图条约》，议定于恰克图小河沟俄国卡伦与鄂尔怀图山中国卡伦的中央地方，建立界碑，作为两国疆界。自此界东至额尔古纳河，西至沙毕纳伊岭，如果横有山河，即以横断的山河为界，如果为空旷的地方，则于适中的地点立标为界，南为中国，北为俄国；并且订定以尼布楚、恰克图为互市场，两国的人民均可于其地建盖房屋。

咸丰八年，“俄国西伯利亚总督木拉维岳夫（木哩斐岳福），胁迫黑龙江将军奕山签订《瑷珲条约》（黄鸿寿《清史纪事本末·卷四十七·俄订瑷珲天津北京诸条约》），侵夺外兴安岭以南黑龙江以北的地方；乌苏里江以东至海，中俄共管；黑龙江、松花江及乌苏里江的水道，中俄共有。同年，俄国借口调停英法联军的功劳，胁迫清廷先签订《中俄天津条约》，许俄国至上海、宁波、福州、厦门、广州、台湾、琼州七处通商，并且设立领事官。咸丰十年，“俄国又迫恭亲王奕䜣签订《中俄北京条约》，夺去乌苏里江以东至海的土地。”俄人于瑷珲、北京两约中，坐得一百多万平方公里的中国领土。

英国的东印度公司，掌握广东对外贸易的大宗。英国屡派使臣来华，要求增进中英商业的关系，均因礼节问题，为高宗、仁宗、宣宗三朝所拒绝。英国于是准备以武力为后盾，打开中国通商的门户。

鸦片即罂粟，原供药用。印度的孟加拉及孟买等地方盛产鸦片，英国人把这物运到中国，昂价兜销。乾隆以后，吸食者日众。道光十九年（一八三九），输入鸦片三万箱，输出白银三千余万两。鸦片含有毒素，常人吸了，容易上瘾。起初吸着，精神陡长，气力倍生，及至吸上了瘾，往往骨瘦如柴，神疲力衰。此时欲要不吃，倒又不能。半日不吸，眼泪鼻涕一并迸出，比死还要难过。林则徐上奏："烟不禁，则国日贫，民益弱，数十年后，非特无可筹之饷，抑且无可练之兵。"（蔡丐因《林则徐传》）清宣宗读后大为感动，即命林则徐为钦差大臣，驰赴广东，督办禁烟事宜。

林则徐到达广东后，即以封锁商馆、断绝供应为手段，逼使英领事义律交出鸦片二万余箱，悉予烧毁。复传集外洋各商，令他具永不售卖鸦片甘结。如再营私贩卖，人即正法，货即入官。其时又发生英水手殴毙尖沙村民林维喜的案件，义律不肯交出凶手，双方关系，益趋紧张。道光二十年（一八四〇），英国任命乔治懿律为远征军统帅，率领兵舰东来，封锁珠江、厦门、宁波、长江、天津、大沽等处。清廷大震，免去林则徐的职务，改命琦善为钦差大臣，南下查办。道光二十二年（一八四二），英军更沿着中国的海岸内犯，进入长江，直迫江宁。清宣宗"命耆英、伊里布为议和大臣，与英使璞鼎查订立《江宁条约》"。（黄鸿寿《清史纪事本末·卷四十六·英法联军入京及和约》）开放广州、福州、厦门、宁波、上海五口，割让香港，赔偿军费商欠两千一百万两。道光二十三年，又订立附约，中国给予英国领事裁判权、协议关税、内河航行权、租界以及最惠国的待遇。美法等国，亦相继要求清廷议结修好条约。从此中国门户洞开，成为欧西各国争夺贸易的市场。

咸丰七年，英国借口亚罗号事件，法国借口一位神父在广西上林县被杀，联合对清廷作战。"十一月十四日攻陷广州，总督叶名琛被俘，幽死印度。"次年，"北上攻陷大沽炮台，强迫签订《天津条约》"，议定中英中法互派公使，增开牛庄、登州、台湾、潮州、琼州、汉口、九江、镇江为商埠，赔偿军费四百万两。咸丰九年，英法换约的专使乘舰北上，因大沽设防，发生冲突。次年（一八六〇），“英法联军北上攻陷天津，进入北京，焚毁圆明园，文宗避难走热河”。由恭亲王奕䜣与英法使节交涉，签订中英中法《北京条约》，增开天津为商埠，各口许驻英国领事，赔款改为八百万两，割让九龙司与英国，准法国传教士在各省买地建屋。

同治三年（一八六四），陕甘发生回乱，新疆的回教徒起而响应。俄国借口维持边境治安，于同治十年派兵占领伊犁。光绪四年，回乱已平，清廷派崇厚为全权大臣，向俄国交涉交还伊犁。光绪五年，“崇厚与俄国签订伊犁条约。”（黄鸿寿《清史纪事本末·卷五十七·平定新疆及收回伊犁条约》）中国仅收回伊犁一座孤城，损失广大的土地与许多经济的权益。消息到京，举国大哗。清廷将崇厚撤职查办，另派曾纪泽为使俄钦差大臣，交涉改订前约。光绪七年，议定改约二十款于圣彼得堡，争回特克斯河广大肥沃的土地，仅许俄国于肃州、吐鲁番增设领事，俄国商货往来天山南北路，暂不纳税。

光绪九年（一八八三），越南发生政变，排法党拥立新王，驱逐法人，并且否认顺化条约。法国政府大量增军，连年与黑旗军清军交战。光绪十一年（一八八五），“经过英国公使巴夏礼的调停，李鸿章与法公使巴德诺于天津签订和约。”（黄鸿寿《清史纪事本末·卷六十·法越兵事及和约》）中国承认安南为法国的保护国。光绪十三年，中法又签订《中越界务专约》，法国承认龙泽岛为中国的领土，另订商务续约十条。法国的侵略势力，因此得以伸入中国的内地。

光绪元年（一八七五），英国借口探险队在云南被土人杀害，百端要挟。光绪十一年，法取越南，日图朝鲜，英人闻中国多事，索性突然发兵，直逼缅京，掳走缅王，占领缅甸的全境，设官监治。光绪十二年，中英于北京签订《缅甸条约》，才争得“代缅入贡”四字，英国承认缅甸照常例，十年遣使向中国进贡一次。中国承认英国对缅甸有最高主权。

光绪十六年（一八九〇），清廷驻藏大臣升泰与英国印度总督蓝斯丹，签订《中英印藏条约》八款，划分西藏的边界，中国丧失了锡金与尼泊尔。

越南缅甸的中间，还有一个暹罗，也是中国藩属。洪杨乱后，贡使中绝。自从越南归法，缅甸归英，英法各想并吞，势均力敌，互生冲突。光绪十九年（一八九三），英法两国成立协议，允许暹罗独立，规定两国均不得派员入境，或谋求特别的权利，并且废止暹罗入贡中国的旧例。

光绪二十年（一八九四），朝鲜东学党作乱，国王李熙，求救于清，清廷出兵朝鲜，日本军亦大至。提督叶志超出示晓谕，解散乱党。乱党究系乌合之众，见了一纸文告，吓得四散逃走。清军拟即撤回，只日本兵，恰有进无退。袁钦使照会日将大岛圭介，仍援《天津条约》，彼此撤兵。日本用先发制人的手段，于完成部署后，在丰岛突袭中国的海军，在牙山进击中国的陆军。七月一日，中日宣战。日本陆军攻陷平壤，进取辽东半岛。日本海军于黄海击溃中国海军，攻陷旅顺大连，进逼威海卫。澎湖台湾，亦遭到日本海军的攻击。光绪二十一年（一八九五），"李鸿章与伊藤博文签订《马关条约》"，（陆奥宗光《蹇蹇录》，龚德柏译）中国承认朝鲜的自主；割让辽东半岛、台湾、澎湖；赔偿军费两万万两；开苏州、杭州、沙市、重庆为通商口岸；凡西洋各国在中国所获得的特权，日本均得享受。后来经过俄法德三国公使的劝告，日本答允由中国缴付白银三千万两，交还辽东半岛。

光绪二十二年（一八九六），俄皇加冕。中国派出李鸿章为特使，受到俄大臣征德的笼络与甘言引诱，签订中俄密约。中俄对日本实行攻守同盟，许俄国西伯利亚铁路经过吉林、黑龙江两省到达海参崴。复准俄国驻兵开矿，借俄员训练满洲军队，并租借胶州湾为军港。光绪二十三年，德国借口传教士在山东曹州府遇害，派舰强占胶州湾。中国只好同意，租借限期为九十九年。但胶州湾地方，依据中俄密约，已允趋借俄国，俄使自然不肯罢休，急向总督诘问，后经李鸿章周旋，把胶州湾一处，换成了旅顺、大连。光绪二十四年，俄国也就强占旅大，限期为二十五年，并筑造南满铁路。英国借口均势，强租威海卫，扩大九龙的界址，要求长江流域不得割与他国。翌年，法国也借口广州湾附近突有法国军官，被中国人民戕害，强租广州湾，要求海南岛、两广、云南不得割与他国。日本亦要求不得将福建割与他国。各国都在划定势力范围，中国大有被列强瓜分的危险。

美国于同治七年（一八六八）与中国订约，即有平等互惠的精神。英国重视商业，亦不希望列强在中国发生冲突。光绪二十五年，由美国向英、俄、法、德、日、意六国发表宣言，主张门户开放，各国在中国势力范围内的一切权利，互不干涉，关税、运费、港口税，一律待遇。各国先后同意，中国暂时得免瓜分的命运。

鸦片战争、英法联军、中法战争、中日战争是欧西帝国主义势力东来的主要环节。经过这四次的失败，中国门户洞开，任由列强宰割。美国势力因到达中国太迟，为了避免和先到达的列强发生正面冲突，而又能够获得与中国通商的实际利益，所以提出门户开放的政策。

随着西方帝国主义势力而来的，还有基督教的传教士。英法联军之后，传教士又获得了政治上的保障和特权，卷土重来，气势壮大。

第五节　晚清的自强和维新运动

从鸦片战争开始，清廷接续受到列强的压迫和打击，自尊自大的心理，逐渐消失。咸丰十年，英法联军二次攻入北京，满人恭亲王奕䜣、右侍郎文祥，有感于外患日深，为应付国难，统筹洋务全局，奏议善后章程六条，清廷采纳。同年十月，设总理各国事务衙门。此一措施，足以证明清廷已经知道处理夷务（外交）的重要。同治初年，太平军与湘军相持于长江的下游，淮军借着常胜军的帮助，赢得战争的胜利。李鸿章认识了开花大炮的坚利，主张采用夷技，使用西洋武器。太平天国灭平后，恭亲王奕䜣、桂良、文祥、曾国藩、李鸿章、左宗棠、沈葆桢等忧国之士，咸认为非学习西洋的长技，用来训练新军，制造器械，难以抵御列强的侵略，于是内外合作，展开以练兵制器为主的自强运动。

自同治元年至十二年，奕䜣主持中枢，曾、李、左、沈等督抚大臣，各在所治理的地区推行新政。主要的设施有成立总理各国事务衙门，成立同文馆和广方言馆，筹设江南制造局和马尾造船厂，创设轮船招商局和天津机器制造局，选派幼童留美。自光绪元年至十年，中枢主持人仍为奕䜣，重臣仍为李鸿章、左宗棠。唯其时奕䜣曾遭贬抑，态度比较以前为消极。主要的设施有派遣军官学生分赴英、法、德学习陆海军和造船，开设开平矿务局、织呢总局、南北电报线及运煤铁路，兴办水师学堂，购买铁甲船。自光绪十一年至二十年，奕譞主持中枢，张之洞、刘坤一等声誉渐隆，然与李鸿章的政见不合。此期的主要设施为成立海军衙门，设置武备学堂，开办漠河金矿，设立北洋舰队，议筑京汉铁路，设立冶矿厂、兵工厂、造纸厂、织布厂、纺纱厂和毡呢厂。

自强运动的范围，不外造船，制械，筑军港，修铁路，设立电报局、招商局、矿务局、织布局，兴办学堂，派遣留学生，培养译员。对于政教法制的根本问题，尚未顾及。其时慈禧太后掌握政治的实权，受到守旧派倭仁、徐桐等的影响，内心反对师夷。倭仁是当时有名的理学家，坚决反对师夷，其奏章有："窃闻立国之道，尚礼义不尚权谋，根本之图，在人心不在技艺。今以一艺之末，而又奉夷人为师。无论夷人诡谲，未必传其技巧，即使教者诚教，学者诚学，所成就者不过术数之士，古今来未尝有恃术数而能起衰政者也。"在当时，很多人认为这是至理名言。士大夫多以学洋文读洋书为耻辱，谁也不愿意投考同文馆。加以外患频仍，清廷穷于应付，实亦影响自强运动的成就。遂致纵有三十年的努力，甲午一役，仍被东邻战败，订立了丧权辱国的《马关条约》。

中日战争以后，我国的朝野有识之士，始悟只凭以训练新军与船坚炮利为目的的自强运动，仍然不足以图强救国。如不革新政治，加强组织，改善社会风气，仍难抵挡列强的侵略，于是而有维新运动的继起。

自强运动的目的在促进国防的建设，维新运动则进而要求政治的全面革新。康有为，广东南海人。进京道经香港上海，见到西人殖民政治的完整，因思所以致此者，必有其道德学问以为本源，于是尽购江南制造局及西教会所译各书，悉心研读，别有会悟。著书立说，宣传维新。一为《新学伪经考》。指出当时盛行的汉学，为新（王莽）代之学，皆刘歆所伪作。用以辅佐王莽篡汉，湮乱孔子的微言大义。孔子的微言大义，存于《公羊春秋》。一为《孔子改制考》，谓周秦的诸子，都是托古改制的人物。尧舜为孔子所寄托，其人有无不可知，即有亦至寻常。经典中尧舜的盛德大业，皆是孔子的理想所构成。孔子是改革家，六经皆孔子所创作。孔子为改革法制而作春秋，用以镇压反对变法的士大夫。一为《大同书》，提出他改造社会的理想，国家、家族、财产、习俗，皆在破坏之列。光绪十七年，康有为在西樵山建万木草堂，开始讲学，梁启超即于此时受业门下。光绪二十年，康有为再游京师，呈献《新学伪经考》与翁同龢，并且上书言变法。光绪二十一年，《马关条约》的订立，康有为号召入京公车六十四人，领衔上书，乞及时变法。同年，康有为成进士。光绪二十二年，组织强学会于京师，设分会于上海。自后康有为一再上书，论及亡国之惨，颇能感人肺腑。清德宗时已二十五岁，亟想奋发图强，看到康有为的奏章与所陈《俄国大彼德政变记》《日本明治维新考》各书后，决心维新变法，不做亡国的皇帝。

光绪二十四年（一八九八）的四月二十三日，清德宗下诏决定国是："试问今日时局如此，国势如此，若仍以不练之兵，有限之饷，士无实学，工无良师，强弱相形，贫富悬绝，岂真能制梃以挞坚甲利兵乎？朕惟国是不定，则号令不行，积其流弊，必至门户纷争，互相水火，徒陷宋明积习，于国政毫无补益。即以中国大经大法而论，五帝三王不相袭，譬如冬裘夏葛，势不两立。用特明白宣言，中外大小诸臣，自王公以及士庶，各宜努力向上，发奋为雄，以圣贤义理之学，植其根本，又须博采西学之切于事务者，实力讲求，以救空疏迂谬之弊。"（梁启超《戊戌政变记》）五日后，召见康有为，派为工部主事，着在总理各国事务衙门行走，统筹新政的全局。半月后，又赐梁启超六品衔，筹划新政，办理译书局。其后续命杨锐、林旭、刘光第、谭嗣同四人均赐四品卿衔，在军机章京上行走，参与新政。但这班维新党人，统是资卑望浅，一旦擢用，盈廷大员，靡不侧目。

清德宗召见康有为后，新政的命令次第颁发。在教育方面，废八股，改策论，筹办京师大学堂，设立中学堂、小学堂、华侨学堂，举办经济特科。在政治方面，裁撤闲散衙门，淘汰冗员，引用新人，澄清吏治，广开言路。在军事方面，变通武举，改考试枪炮，裁减绿营，实行征兵制，各省切实练兵。在实业方面，修筑铁路，筹办银行，开设矿务局，设立农工商总局，编译农务书籍，奖励新发明，实行专利制。此外，改良司法，编制预算，派大臣游历各国，保护传教士，不一而足。自光绪二十四年四月二十三日到八月六日，新政的诏令，多如雪片，大有百废俱举，雷厉风行的气势！其时清德宗虽已亲政，政治的大权仍旧操在慈禧太后的手中，守旧的朝臣疆吏采知太后反对新政，大都采取阳奉阴违的态度。新政的诏令，遂皆流于形式。

慈禧太后与清德宗久不和睦，互有猜疑。维新党人多以欲行新政，必斥太监，急得李莲英走投无路。礼部主事王照，上疏请清德宗剪发易服，继请皇帝奉太后游历东西洋。礼部尚书怀塔布、许应骙不为代奏。清德宗闻悉震怒，革斥礼部的尚书侍郎六堂官，旧党哭诉于慈禧太后，谓将尽除满人。慈礼太后与直隶总督荣禄密谋，欲借九月天津阅兵，废去皇帝。清德宗自知帝位不保，诏命杨锐、康有为图谋对策。咸以袁世凯久使朝鲜，深悉外情，曾参加强学会，且赞成变法，清德宗遂于八月一日、二日两次召见袁世凯，欲以取代荣禄的兵权。即谓陆军万人，星夜入都，围住颐和园，劫太后入城，圈禁西苑，俾终余年。袁世凯出卖了清德宗，走报荣禄。慈禧太后闻悉大怒，借口德宗有病，囚禁瀛台，并以德宗下诏恳请慈禧训政。时值戊戌之年，故称戊戌政变，将百日维新中的一切新政，全部推翻。八月三十日，斩杀谭嗣同、杨锐、杨深秀、林旭、刘光第、康广仁等主持维新的六君子。对于其他赞成维新的人士，或罢黜，或放逐，或下狱，或严惩。康有为、梁启超二人，幸免于难。

第六节　清末的政局

戊戌政变后，守旧派气焰万丈。慈禧太后心恨光绪皇帝（清德宗），有废立的意思。光绪二十五年十二月二十五日，逼光绪皇帝下朱笔上谕，立端郡王载漪之子溥俊为大阿哥（皇储）。对于废帝建储一事，两江总督刘坤一电陈反对意见。英国公使闻悉后，亦向总理各国事务衙门忠告："万一皇帝有意外之变，影响所及，欧西各国，将予中国以不利。"溥俊建储之日，端郡王载漪虽然令人通告外宾入贺，各国公使，置若罔闻。慈禧太后认为各国公使的不肯入贺，显系藐视其尊严；且为顾及各国态度，帝位的授受无期，阴谋不得实现，内心因而痛恨外人。载漪因为其子不得承继帝统，故亦深恨外人。

当其时，欧西帝国主义的国家都纷纷强占中国的港湾。代表帝国主义的军舰、公使、教士贪婪无厌。尤以出身地痞流氓的部分教徒，借势欺压平民。义和拳为八卦教的一个支派，托言神灵附体，能御枪炮。一般平民屡受教民欺压，相率加入义和拳，以谋抵制，声势浩荡，揭橥了扶清灭洋的旗帜。山东巡抚李秉衡视为义民，不加剿讨。光绪二十五年，毓贤继为巡抚，更明剿暗助，改义和拳为义和团，其势日盛。袁世凯继为山东巡抚，包剿七次，才将义和团驱逐出境，流入直隶。直隶总督裕禄，听其蔓延。毓贤奉调入京，谓义和拳皆为义民，且有神术可用，今国势日衰，民志不伸，若再杀义民，不啻自剪其羽翼。端亲王载漪深信毓贤的建议，遂决定利用义和团以抵拒外人。

光绪二十六年（一九〇〇），慈禧太后因受端亲王载漪等的欺蒙，竟然信用义和拳。端亲王载漪，又嘱启秀假造照会，内说："要太后归政，把大权让还皇帝，废大阿哥，并许洋兵一万人入京。"慈禧太后不辨真伪，大怒，颁发了宣战的诏书，以全世界洋人为其作战的对象。是年七月，英、美、法、德、日、俄、奥、意八国联军进攻北京，拳匪闻风逃命，两宫仓皇西奔。后来，"由庆亲王奕劻、大学士李鸿章，和各国公使签订辛丑和约。"（黄鸿寿《清史纪事本末·卷六十七·拳匪之乱及庚子和约》）严惩祸害载漪、载勋、毓贤、英年等一百一十三名，赔偿军费四亿五千万两，削平大沽至京师的炮台，并准各国驻兵防守使馆界和京师通海的要地。义和团运动充分暴露了清廷的愚昧无识，于是忧时爱国的志士，莫不绝望于清廷。

慈禧太后于西奔的途中，下诏罪己。到达西安以后，宣言变法。光绪二十七年三月，设立督办新政办事处。此后五年的新政，很受刘坤一、张之洞的影响。如增置商部、学部、巡检部，编练新军六镇，设立京师大学堂及保定武备学堂，创办各种实业、银行等，大都不出百日维新的范围。主其事者，内则奕劻、荣禄，外则李鸿章、刘坤一、张之洞、袁世凯。荣禄、李鸿章、刘坤一、张之洞先后死去，袁世凯继任直隶总督，与奕劻相互勾结，权势大盛。

光绪三十年（一九〇四），日俄战于满洲。君主专制的俄国为君主立宪的日本所打败，中国士大士因此高唱立宪，驻外使臣及内外大臣亦都以立宪为请。光绪三十一年，清廷派载泽、载鸿慈、端方、尚其亨、李盛铎五大臣往外国考察宪政。明年，五大臣回国，奏请立宪为有利，于是准备立宪。光绪三十四年，公布宪法大纲，定期九年完成。

光绪三十四年十月，清德宗、慈禧太后先后死去。慈禧遗命以三岁的溥仪继位，改元宣统，是为清少帝。以其父载沣任监国摄政王。载沣少不更事，蓄意排挤汉人，佯为赞成立宪，中央成立资政院，各省成立谘议局，都没有赋予实权，意存敷衍。其后，经过各省谘议局代表的接连请愿，才将立宪的年限缩短为六年；但各省谘议局的代表仍然继续要求，诽议朝政，清廷乃强迫解散，下诏拿办。全国的人民，更为失望。宣统三年四月，内阁正式成立，以奕劻为总理大臣，那桐、徐世昌为内阁助理大臣，梁敦彦为外务大臣，善耆为民政大臣，载泽为度支大臣，唐景崇为学部大臣，荫昌为陆军大臣，载洵为海军大臣，绍昌为法部大臣，溥伦为农工商大臣，盛宣怀为邮传大臣，寿耆为理藩大臣。十三位阁员中，满人八，蒙人一，汉人四，其中五人为皇族，被国人称为皇族内阁。这时候，就是立宪党人也不满意于清廷了。

宣统三年，邮传部大臣盛宣怀，推行铁路国有政策，向英美德法四国借款六百万镑，拟将川汉、粤汉两条铁路，改由政府兴办。把从前老百姓的已垫路本，则又统作七折八扣的计算。两湖、四川、广东四省的绅民群起反对，争持民办，川人格外愤激，组织保路同志会，定要与政府为难。四川的护理总督王人文奏请恤民，反被免职。清廷命赵尔丰继任川督，并且派出端方为铁路总办，抽调湖北的新军入川平乱。川民代表向总督请愿，阻止端方带兵入川，赵尔丰以武力弹压，拘押代表，民心大为愤慨！

武汉新军离去，防务空虚，革命党人（中国革命同盟会）乘机起事，占领了武昌、汉阳、汉口。清廷派陆军大臣荫昌领兵镇压，又调遣海军及长江的水师到湖北。其时南方各省已经为革命党所光复，声势浩大。清廷改组内阁，起草宪法，开放党禁，下诏罪己，并且起用袁世凯为内阁总理大臣，以资政院暂代国会的职权。袁世凯派出代表唐绍仪到上海，与革命军的代表伍廷芳议和。袁世凯意欲获取总统的职位，经得到革命军方面的谅解，指使所部段祺瑞等，通电主张共和。清廷势穷力绌，只得听由袁世凯与民国议定优待条件。清朝的末代皇帝溥仪，于一九一二年二月十二日退位，清朝共存续二百六十八年。

第七节　评鉴

一、清朝统治时间为二百六十八年，初期当然得力于八旗的善战，但其内部政策的正确、政治手腕的高明是非常关键的。其对蒙古，定下通好联姻的政策，公主下嫁蒙古的各汗。后妃亦多娶自蒙古，形成满蒙一家。此外，推广黄教，礼遇活佛，增建喇嘛寺，使蒙古倾诚清廷。后来于库伦置办事大臣，推行盟旗，化散漫的部落而为类似的郡县，便于部勒。其对回疆，实施汉回分居，离间回教徒与非回教徒，造成彼此的仇视，相互的残杀，而便借口镇压。其对西藏，利用喇嘛教以事羁縻。其对苗区，采用改土归流的政策，蛮悉改流，苗渐归化。其对安南、缅甸、暹罗、廓尔喀、不丹、锡金、朝鲜，虽然都用武力逼其归顺，然亦适可而止，不为已甚！其对汉人，利用降官降将来攻取收抚，尊重中原的文化和习俗，推崇儒术，优礼文士，废去明的三厂（东、西、内），罢去明的三饷（辽、练、剿），更能获得中原上下的支持。宣言满汉一体，满汉不歧视。凡此措施，皆能用以缓和汉人的反抗思想，比诸三百年前的元朝统治者，远为高明。

二、清朝康、雍、乾三朝，对内利用降官降将，招抚汉人，尊重中国的文化，笼络汉人；对外用兵边疆，征服蒙古、回、藏、苗等族，扩大帝国的领土，远播帝国的国威。雍正七年，胤祯谕旨说："我朝入主中国，君临天下，连蒙古极边诸部落，都归入版图。这样说来，中国的疆土开拓广远，应该是中国臣民的大幸，哪得再存华夷中外的成见？"中国近几百年来的外患，都是来自东北，到清兵入关，达于顶点。自清朝建国以来，亦不再有匈奴、鲜卑、突厥、契丹等异族的入侵。民国成立，自然形成大一统的五族共和的国家。此为中华民族最近最后一次融合，的确没有内外的成见了。清代的版图，东起库页岛，西至布哈尔，北起阿尔泰山，南及中南半岛，成为一个完整的自然疆界。中国的民族，赖清朝而融合。中国的领土，赖清朝而底定。作为一个中国人而来议论中国历史的发展，应该承认雍正谕旨观点的正确。

二、清朝一代，至乾隆而登峰造极。乾隆在位六十年，为太上皇四年，死时年八十九岁，在历代皇帝中，享寿最高。文治与武功，都有杰出的成就，因自号十全老人。实在说来，乾隆的学术德行不及他的祖父康熙，政治才能不及他的父亲雍正，完全靠着父祖的遗荫，尽情享用而已！及其晚年，朝政大坏。而朝政败坏的起点，则是当时盛行贪污的风气。嘉庆四年，清仁宗赐和珅自尽，籍没财产，竟然达到八万万两。其时满清政府的岁入，亦不过七千万两而已。和珅为乾隆的宠臣，如此庞大的资财，主要得之于文武百官的送礼。清朝京官待遇菲薄，平日的排场和挥霍，全靠外官，即总督、巡抚等地方官的孝敬。外官孝敬一金给京官，其取之于民者至少十金。和珅一人，估值八万万两，依此推算，全国百姓被贪官污吏剥削压榨者，必然是天文数字。贪污之风如此，官常安得不坏？影响所及，军纪不伸，官兵安肯作战？正义不张，社会安能稳定？乾隆、嘉庆以后，虽然有道光帝的倡导节俭，摒去繁华，朝上一班王公大臣，揣摩迎合，朝冠朝服，多半敝旧；退朝回府，却仍锦衣玉食，居移气，养移体呢！而各地的民乱、苗乱、回乱、教祸，不绝如缕。纵无欧西帝国主义的东来，亦已至外强中干，步向丧亡之途了。

四、从来王朝的丧亡，莫不因于官吏的贪腐。清朝乾隆时期和珅贪腐的所得，骇人听闻。道光、咸丰以还的上下相与谋求弥缝，叫作设法，乃是巧取于民，公然贪腐的别名。尤以亲近人民的僚幕人员，俗称胥吏，贪渎苛索，影响最为严重。因为这些小官小吏，都是站在政治的最前哨，亦即是政府的细胞组织，往往凭借着多如牛毛的法令和案例，上下其手，任意出入，颠倒是非，侵夺勒索，最为人民所痛恨。贪腐者，政治的癌症。贪污盛行，形成风气，便等于有如人体政府的细胞组织，为癌细胞所侵害，全面恶化，这个政府还不走向死亡吗？慎选官吏，加强监察，当然是根本的要图。简化法令，使政府的官吏难以随意解释，上下其手；严惩贪腐，使官吏不敢滥用职权，以身试法；亦应该是任何政府需要审慎而大力为之的举措。

五、十九世纪欧洲帝国主义的东来，开启了中国亘古未有的极变。兵精、船坚、炮利，非中国的军队所能抵御。曾国藩、李鸿章、左宗棠等于平定太平天国之后，知道非学习西洋的长技，不足以抵御外侮，于是与满人中的奕䜣、文祥辈，内外合力，练新军，造兵船，制枪炮，建铁路，采矿山，设纺织、电信、机器等厂局，派留学，译西书，以图自强。当时的目的在军事与裕财，而裕财的目的亦在军事。后人有以此种改革，未从根本着手，自然无济于事。平情无论，以当时中国人与欧洲人心理的隔阂，曾、左、李辈能够见及于此，已属不易。若非倭仁、徐桐等守旧士大夫的反对，假使慈禧太后不移用海军的经费，自强运动的成功，非无可能。

六、清朝中叶以后政治的腐败，与欧西帝国主义势力的东来，形成大清帝国丧亡的命运。咸丰十年，清文宗走死热河，慈禧太后与肃顺争权，发生宫庭政变，肃顺失败，乃是大清帝国在走向丧亡途中的一件决定性的大事。清文宗宴驾，肃顺等八人取得赞襄政务王大臣的名位，大政实际由肃顺一人专擅。在热河的两宫太后，在北京的恭亲王奕䜣，都对肃顺不满。北京御史董元醇上奏请两宫皇太后垂帘听政，并派近支亲王一二人辅政。肃顺等抗议，谓本朝无皇太后垂帘故事，即由军机处予以驳斥。两宫皇太后，事实上是由于慈禧太后的主使，密诏恭亲王奕䜣赴热河叩谒梓宫，定下诛肃顺的计策。肃顺在通州被捕，解京斩立决。接着，慈禧太后又打击恭亲王奕䜣，获得成功后，清廷的政治大柄，遂完全落入慈禧太后的手中。肃顺为人虽然骄横，胸襟开朗，颇有才干。太平军乱起，清文宗以满人多无功，重用曾国藩、胡林翼，肃顺颇尽推荐之力。肃顺谓本朝皇太后无垂帘听政的故事，确属事实。清太宗皇太极死，顺治（福临）六龄即位。顺治死，康熙（玄烨）八龄继立。两朝的皇太后，均不曾垂帘听政。当时的宫庭斗争，如果肃顺胜利，以其明朗的性格，开阔的胸怀，必能大力支持恭亲王、文祥、桂良、曾国藩，李鸿章、左宗棠等的自强运动，加上同治帝的青年有为，满清政府或能顺应西潮，鼓浪前进，早日在中国进行工业革命，革新政治、军事、经济、教育，大清帝国的前途，未始无贞下起元的希望！

七、继曾国藩而起的李鸿章，初在曾国藩的幕府，后来以江苏巡抚领导淮军和常胜军在上海作战，光复江苏全境，知名内外。平定捻军后，李鸿章以所部善战，立功最多，成为当时最显赫的人物。李鸿章倡议自强运动，主张“师夷人之长技以制夷人”，他明言：“克复太仓，实借戈登常胜军大炮之力。”“西洋炸炮，重者数万数千斤，轻者数百数十斤，战守攻具，天下无敌。”“中国但有开花大炮、轮船两样，西人即可敛手。”同治四年，李鸿章奏请在上海设立江南机器制造局（后改上海兵工厂），制造枪炮。其后又制造轮船、兵船、火药，各色步枪、开花实心炮弹。同治十一年，李鸿章奏请创设轮船招商局。光绪六年，李鸿章奏设南北洋电报线。九年，又上疏展接山海关等地电报线。光绪十一年至十四年，清廷设立海军衙门，向英德购买铁甲船，皆李鸿章主持其事。可惜海军经费，被李莲英辈挪用于兴建颐和园，光绪十五年以后，没有增购一艘新船。当时的守旧派又根本卑视洋务，极力排斥西法，以致甲午之战，未能全国上下一心，海陆两军，俱遭败绩。光绪二十二年，李鸿章奉命出使俄国，签订中俄密约，中国自此丧失东北权利。

八、康有为、梁启超辈的维新运动，其失败是必然的。自强运动的推行，内有恭亲王奕䜣、大学士文祥，外有曾国藩、李鸿章、左宗棠、沈保桢、刘坤一、张之洞等督抚大臣，尚能构成“师夷长技以制夷”的气势。至若康梁的维新变法，虽然获有清德宗的倚信，当时的政治大柄，仍在慈禧太后。慈禧太后既与清德宗不睦，安肯坐视新政的成功。此所以朝中的守旧大臣，无一敢公然赞誉新政，而在外的督抚疆吏，对新政亦多阳奉阴违。何况康梁等维新人物，热忱有余，历练不足。新政的诏令，多如雪片。裁撤闲散衙门，淘汰冗员，造成了异常的惶恐，群情大骇。改革科举，改试策论，也使得千千万万准备应试科举的士子，大失所望。这些不满的人，壮大了守旧派的反对力量。一个没有实权的傀儡皇帝，与十数位历练不足的闲曹小臣，焉能成就革新政治的非常事业？纵无八月六日的政变，亦难望有奇迹的出现。

九、由于平定太平军、捻军的一连串军事行动，汉人的政治地位大为提高。各省的督抚大臣，多为汉人，握有军权、政权、用人权和财政权，对于朝廷的诏令，可以表示意见，也可以不予实行，近似半独立的王国。凡国家要政，多垂询督抚大臣的意见，积久成风，足以左右朝廷的决策。慈禧太后以一妇人而当大政，性格上亲近守旧派；为维持满族的政权，亦不愿变更祖宗成法。但她懂得用人，知道这些汉人疆吏大都受过儒学（道学、理学）的熏陶，于是以名教来笼络，各省的督抚大臣，也就安于君臣名分了。后来，由于义和拳与日俄战争次第发生，慈禧太后知非立宪不足以安抚全国恚愤的人心，于是诏议变法，预备立宪。清德宗与慈禧太后于光绪三十四年先后死去，溥仪继立，载沣摄政。载沣少不更事，反欲利用立宪，打击当时已经抬头的汉人势力，采用高压的手段，拿办各省咨议局的代表，伪立宪的真面目，至是完全暴露。皇族内阁的成立，举国更是失望。所以革命军起义武昌，不匝月而全国响应。清朝因摄政王而君临天下，亦因摄政王而退位亡国。

十、清朝对于皇储的教育，最为成功。自顺治以至光绪九朝皇帝的才能，都属相当卓越。中衰以后的道光与咸丰，因为遭际极变，内外交困，难免壮志消沉，迷恋酒色；然其荒淫昏庸的程度，皆不若桀、纣、胡亥的不可救药。同治与光绪二朝，亦皆神志清明，心存社稷。若非慈禧太后的长期挟持，或可以雷霆万钧的气势，完成其自强维新的大业。十九世纪以还，欧洲帝国主义势力的东来侵略，乃是中国亘古未有的极变，纵有圣明才智的领导人物，亦恐难望有万全的对策。清文宗死后，先由一个小有聪明偏私固执的慈禧太后执掌大政五十年；然后又是孤儿寡妇，由一个少不更事的载沣为摄政王，安能面对惊涛骇浪的内外危局，而挽回其丧亡的厄运？

十一、随着帝国主义侵略势力东来的基督教，将来对于中国的影响，可能逾越佛教、道教。佛教于东汉时传入中国，魏晋清谈的风气，多有受其影响。其所宣扬的报应循环与功德消灾之说，颇能获得广大平民的信仰。历南北朝隋唐，信徒日增。虽蒙三武一宗之祸，势力不减。道教是土生土长的。两汉有太平道和五斗米道，自后繁衍的教派，绵延不绝。间有为野心分子所利用，聚众滋事。但其以符咒消灾治病，以丹鼎炼制妙药，主张恬淡清静，讲求丹田吐纳，亦能吸收众多的中国人，为其信徒。宋儒的理学，有谓系融合佛老于儒家。直到今日，佛教、道教的寺庙，香火鼎盛。基督教于元代传入中国，至明末清初，中国人信教者已达数十万。因为罗马教皇不准教徒尊天、敬祖、祀孔，为康熙皇帝所不喜，雍正时予以禁绝。鸦片战争后，西人又依恃帝国主义的势力，东来传教。太平军的兴起，义和团运动，直接间接，正面反面，多少与基督教在中国的传播有关。

春秋繁露详解	刘君祖
孙子兵法新解	刘君祖
鬼谷子新解	刘君祖

吴怡作品系列

中国哲学史话	张起钧　吴　怡
禅与老庄	吴　怡
逍遥的庄子	吴　怡
易经应该这样用	吴　怡
易经新说——我在美国讲易经	吴　怡
老子新说——我在美国讲老子	吴　怡
庄子新说——我在美国讲庄子	吴　怡
中国哲学关键词 50 讲（汉英对照）	吴　怡
哲学与人生	吴　怡
禅与人生	吴　怡
整体生命心理学	吴　怡
碧岩录详解	吴　怡
系辞传详解	吴　怡
坛经详解	吴　怡
写给大家的中国哲学史	吴　怡
周易本义全译全解	吴　怡

高怀民作品系列

易经哲学精讲	高怀民
伟大的孕育：易经哲学精讲续篇	高怀民
智慧之巅：先秦哲学与希腊哲学	高怀民
易学史（三卷）	高怀民

辛意云作品系列

论语辛说	辛意云
老子辛说	辛意云
国学十六讲	辛意云
美学二十讲	辛意云

其他

易经与中医学	黄绍祖
论语故事	（日）下村湖人
汉字细说	林　藜
新细说黄帝内经	徐芹庭
易经与管理	陈明德
周易话解	刘思白
汉字从头说起	吴宏一
道德经画说	张　爽
史记的读法	阮芝生
论语新读法	崔正山
数位易经（上下）	陈文德
从心读资治通鉴	张　元
公羊春秋的伦理思维与特质	林义正
《周易》《春秋》的诠释原理与应用	林义正
易经经传全义全解（上下册）	徐芹庭
周易程传全译全解	黄忠天
牟宗三演讲集（10 册）	牟宗三
易经之钥	陈炳文
唐诗之巅	朱　琦

人与经典文库（陆续出版）

左传（已出）	张高评	论　语	林义正
史记（已出）	王令樾	墨　子	辛意云
大学（已出）	爱新觉罗·毓鋆	近思录	高柏园
中庸（已出）	爱新觉罗·毓鋆	管　子	王俊彦
老子（已出）	吴　怡	传习录	杨祖汉
庄子（已出）	吴　怡	尔　雅	卢国屏
易经系辞传（已出）	吴　怡	孟　子	袁保新
韩非子（已出）	高柏园	荀　子	周德良
说文解字（已出）	吴宏一	孝　经	庄　兵
诗经	王令樾	淮南子	陈德和
六祖坛经	吴　怡	唐　诗	吕正惠
碧岩录	吴　怡	古文观止	王基伦

四库全书	陈仕华	说　苑	殷善培
颜氏家训	周彦文	闲情偶寄	黄培青
聊斋志异	黄丽卿	围炉夜话	霍晋明
汉　书	宋淑萍	元人散曲	林淑贞
红楼梦	叶思芬	戏曲故事	郑柏彦
鬼谷子	刘君祖	楚　辞	吴旻旻
孙子兵法	刘君祖	水浒传	林保淳
人物志	刘君祖	盐铁论	林聪舜
春秋繁露	刘君祖	抱朴子	郑志明
孔子家语	崔锁江	列　子	萧振邦
明儒学案	周志文	吕氏春秋	赵中伟
黄帝内经	林文钦	尚　书	蒋秋华
指月录	黄连忠	礼　记	林素玟
宋词三百首	侯雅文	了凡四训	李懿纯
西游记	李志宏	高僧传	李幸玲
世说新语	尤雅姿	山海经	鹿忆鹿
老残游记	李瑞腾	东坡志林	曹淑娟
文心雕龙	陈秀美	……	